21世纪经济管理新形态教材·国际经济与贸易系列

国际经济合作理论与实务

李林玥 ◎ 编著

U0369216

清华大学出版社

北京

内 容 简 介

本书系统地梳理了国际经济合作的相关理论与实务,主要包含以下主题:国际经济合作概述、国际经济合作产生的相关理论、跨国公司理论、国际直接投资、国际间接投资、国际 BOT 投资、国际风险投资、国际技术转让、国际工程承包与国际劳务合作、国际租赁、国际信息合作、国际发展援助、国际经济合作组织及国际经济政策协调等。本书积极构建具有中国特色的国际经济合作理论体系,并融入课程思政元素,紧跟学术前沿,将理论与实务巧妙地结合在一起,以全新的国际化视野,适应新文科背景下高校国际化复合型人才的培养目标。本书可以作为本科生、研究生教材,也可供相关专业人士参考。

图书在版编目(CIP)数据

国际经济合作理论与实务/李林玥编著. —北京:清华大学出版社,2023.1
21 世纪经济管理新形态教材.国际经济与贸易系列
ISBN 978-7-302-61837-9

Ⅰ.①国… Ⅱ.①李… Ⅲ.①国际合作－经济合作－高等学校－教材 Ⅳ.①F114.4

中国版本图书馆 CIP 数据核字(2022)第 172500 号

责任编辑:张 伟
封面设计:汉风唐韵
责任校对:王荣静
责任印制:刘海龙

出版发行:清华大学出版社
   网 址:http://www.tup.com.cn,http://www.wqbook.com
   地 址:北京清华大学学研大厦 A 座   邮 编:100084
   社 总 机:010-83470000   邮 购:010-62786544
   投稿与读者服务:010-62776969,c-service@tup.tsinghua.edu.cn
   质量反馈:010-62772015,zhiliang@tup.tsinghua.edu.cn
   课件下载:http://www.tup.com.cn,010-83470332
印 装 者:北京同文印刷有限责任公司
经 销:全国新华书店
开 本:185mm×260mm 印 张:17.25   字 数:394 千字
版 次:2023 年 1 月第 1 版   印 次:2023 年 1 月第 1 次印刷
定 价:59.00 元

产品编号:088817-01

前 言

在经济全球化与世界经济一体化趋势不断加强的当今世界,各个经济体在国际分工中的地位不断深化,通过全球价值链的架构形成不可分割的整体,相互联系,相互支持,谋求共同发展。因此,在坚持对外开放的同时,积极促进国际经济合作(international economic cooperation,IEC)符合世界经济发展的历史潮流。开展国际经济合作对世界经济及各个经济体都具有非常重大的理论价值和现实意义。怎样将中国故事与中国元素恰到好处地融入案例分析及实践应用之中,让课程思政的精髓如盐溶于水,潜移默化地体现在教学实践中?本书适应新文科背景下高校国际化复合型人才的培养目标,在不断总结、不断发展并且紧跟前沿的同时,注重教材既能够反映当前国际经济合作的全新发展趋势,又能够给学生一定的启迪和引导,激发学生深度学习的兴趣。

本书编写的目的在于系统性地梳理国际经济合作的相关理论与实务,对各种国际经济合作方式进行全面的介绍并加以总结,对新的较主要的国际经济合作方式及相关知识点进行逐项分析与阐述,从理论和实践的角度进行概括与探讨。本书的特点在于突出中国特色,融入课程思政,理论与实证巧妙结合,适应立德树人的国际化复合型人才培养方案。每一章都通过丰富的案例突出爱国主义情怀、人文关怀的元素以及"人类命运共同体"的理念。因此,在编写过程中,本书致力于体现如下特点:①系统性;②权威性;③前沿性;④时效性。其中,时效性主要体现在采用"互联网+"的形式通过二维码扫码的方式将最新的数据、前沿理论及案例进行更新,保持教材与时俱进的特色。与此同时,本书在编写方式上主要采用中文编写,配以专业术语的英文注释。

国际经济合作是一门研究资本、技术、劳动力等生产要素(factor)在生产领域的直接国际转移和有效配置的课程。本书主要介绍国际经济合作理论、国际直接投资(foreign direct investment,FDI)、国际间接投资(international indirect investment)、国际信贷、国际技术转让、国际租赁合作、国际服务合作、国际工程承包(international project contracting)与劳务合作、国际发展援助(international development assistance,IDA)等,充分体现了国际经济合作理论的发展及实务操作的创新。

本书希望读者在学习与思考的过程中领悟到其中的广度、深度与温度,进一步掌握国际经济合作的基本理论及其在国际直接投资、国际金融、国际技术转让与合作等领域中的应用,以及国际经济协调机制与国际经济合作主体权力的法律保护;重点是国际投资合作、国际信贷合作、国际科技合作、国际劳务合作(international labor cooperation)、国际经济援助、中国对外经济合作等国际经济合作方式的发展、特点、政策、趋势等。

本书在写作过程中吸取了国内外专家学者丰富的研究成果,力求在科学理论支撑、可靠的案例论据以及准确翔实的资料数据基础上全面介绍国际经济合作这门课程的关键知识点以及国际经济合作这一领域的前沿发展状况及趋势,具有较强的实用价值及现实意义。

限于作者水平,本书还存在不可避免的疏漏,敬请读者批评指正。

李林玥

2022 年 4 月

目 录

第一章

绪 论

学习目标（teaching objectives）

引导学生理解国际经济合作的内涵，并从日常新闻及时事中认识国际经济合作的相关问题，关注中国的对外开放与经济发展，要求学生掌握国际经济合作的基本概念与类型。

1. 重点掌握国际经济合作的概念、类型及方式；
2. 掌握生产要素国际流动与国际经济合作之间的联系；
3. 了解国际经济合作的产生与发展历程。

关键概念（key concepts）

国际经济合作（international economic cooperation）

国际贸易（international trade）

生产要素（factors of production）

生产领域（the production field）

优化组合与配置（optimize combination and configuration）

国际分工（international division of labor）

经济全球化（economic globalization）

国际经济协调机制（international economic coordination mechanism）

政策调节（policy adjustment）

国际经济组织（international economic organization）

 开篇案例

从郑和下西洋到"一带一路"

公元 15 世纪初，中国明朝的郑和曾 7 次下西洋与其他国家进行交往，然而，这并没有对中国的开放拓展与对外贸易乃至经济发展有实质性的推动。其中的原因在于郑和下西洋远航的主要性质是"宣威异域"的"朝贡贸易"。当时的中国仍是自给自足的农业经济和大陆型国家，加上资源丰富，对从事海外贸易及经贸合作而获利没有兴趣，政府禁止任何私人出海贸易，所以即便发现了通向他国的新航道也没有引发大规模的海外贸易。特别是到了明、清时期，中国政府实行闭关锁国的政策，极大地限制了中国的对外贸易。

然而，西欧各国大都资源短缺，亟须对外扩张，进口本国所需要的产品，于是在技术革

1

命的背景下对外贸易迅猛发展。欧洲航海者的地理大发现极大地刺激了国际贸易和西欧经济的发展。因为地理大发现是适应商品经济发展向外输出商品需要的探险行为,政府也极力借助新航道进行对外掠夺和殖民扩张。这就导致15世纪末16世纪初西欧哥伦布、达·伽马、麦哲伦等的远洋探险与15世纪初中国明朝的郑和下西洋相比较,产生了不同的结果。

如今,中国提出的"一带一路"(the Belt and Road,B&R)倡议已深入人心。"一带一路"倡议作为中国主导的区域经济合作模式,以构筑"人类命运共同体"为发展目标,标志着中国参与国际经济合作进入一个全新的历史阶段。丝路基金与亚洲基础设施投资银行的设立促使区域经济合作的触角从亚洲延伸至全球。

资料来源:陈岩.国际贸易理论与实务[M].4版.北京:清华大学出版社,2018.

第一节　国际经济合作的概念与内涵

一、国际经济合作的概念

什么是国际经济合作?合作(cooperation)这个词,在词典上的解释是"Working or acting together for a common purpose"或"Work or act together in order to bring about a result"。国际经济合作具有非常丰富的内涵,现有的各种著作与教材对这一概念的表述也是各有侧重。其中比较有代表性的有以下几种。

国际经济合作是指世界上各个主权国家、国际经济组织和超越国家界限的自然人与法人,基于平等互利的原则,在生产领域内,通过各种生产要素的相互转移而展开的较长期的经济协作活动,包括资本、技术、劳动力、土地资源等各种要素在国际上转移与重新配置的经济活动。

国际经济合作是指世界上不同国家(地区)政府、国际经济组织和超越国家界限的自然人与法人为了共同利益,在生产和流通领域(侧重生产领域)所进行的以生产要素的国际移动和重新合理组合配置为重要内容的较长期的经济协作活动。

国际经济合作是不同主权国家政府、国际经济组织和超越国家界限的自然人与法人为了共同的利益,在生产领域中以生产要素的移动和重新组合配置为主要内容而进行的较长期的经济协作活动;而且,国家间为了这种经济协作活动而进行的经济政策协调也是国际经济合作的重要内容。

国际经济合作是指世界上不同国家(地区)政府、国际经济组织和超越国家界限的自然人与法人为了共同的利益,在生产领域和流通领域中以生产要素的国际移动和重新组合配置为主要内容进行的较长期的经济协作活动。国家(地区)之间的经济政策协调也是国际经济合作的重要内容。

国际经济合作是指第二次世界大战以后,不同主权国家(地区)政府、国际经济组织和超越国家界限的自然人与法人为了共同的利益,在生产领域中以生产要素的移动与重新配置为主要内容而进行的较长期的经济协作活动。国际经济合作是一门新的学科,侧重于研究国际货物贸易以外的其他国际经济业务和交往方式。

在此基础上,结合国际经济合作领域的前沿理论及最新研究成果,本书将国际经济合作定义为：

国际经济合作是指世界上不同国家（地区）政府、国际经济组织等经济体和超越国家界限的自然人与法人，基于平等互利的原则，在生产领域和流通领域（主要是生产领域）内，以生产要素的国际移动和重新组合优化配置为主要内容而进行的较长期的国际经济协作活动。同时，经济体间为了国际经济协作活动而进行的经济政策协调也是国际经济合作的重要内容。其中，生产要素包括资本、技术、劳动力、土地资源等。

值得注意的是，与世界经济、国际贸易以及国际经济关系等相关学科一样，国际经济合作也是一门研究国际经济关系的学科，但侧重于研究经济体之间在生产领域所进行的经济合作及协调活动，也就是发生在生产领域中的以生产要素国际转移为本质的特殊经济关系和规律。

二、国际经济合作的内涵

具体来说，国际经济合作的内涵包括以下五个方面。

（一）国际经济合作的主体是不同国家（地区）政府、国际经济组织及各国（地区）的企业与个人

首先，不同国家（地区）政府、国际经济组织及各国（地区）企业与个人的合作必须是超越国家（地区）界限的。这里的国家是指主权国家，用"国家（地区）"的表述形式是考虑到中国港澳台地区的特殊性，也可以将"国家（地区）"换成经济体，从经济学的角度将国家和相关的地区都纳入其中。其次，与国内各地区间的自然人、法人（企业或经济组织）以及各级政府的经济协作不同，国际经济合作可能涉及的政治风险、文化背景、国家法律、管理条例等都要复杂得多。

（二）国际经济合作的开展建立在平等互利的原则上

在开展国际经济合作活动的过程中，不论国家在世界经济中的地位高低，国家实力强弱，企业的实际规模如何，都享有平等的地位和权益。这有别于历史上宗主国对殖民地的侵略、剥削和掠夺，也与不平等条约下国与国之间的经济活动不同。国际经济合作是在殖民体系全面崩溃瓦解之后发展起来的新的经济范畴。

（三）国际经济合作范围主要集中在生产领域，还包括国际经济政策协调

随着科学技术与生产力的飞速发展，经济体之间的联系不断加强，世界经济一体化的趋势也在日益增强。过去那种仅仅发生在流通领域的国际经济合作方式早已不能完全适应生产力发展的需要和科学技术的进步了。同时，现代化大生产要求在全球范围内实现生产资源和要素的优化组合与配置，以取得最佳的经济效益。国际经济合作就在这样的背景和要求下应运而生。

与此同时，国际经济政策协调可以通过不同经济体和国际经济组织的协商与会议，以及建立经济一体化组织和行业组织等形式对经济体之间的经济关系进行联合调节，从而为具体的经济合作方式创造良好的世界经济环境。因此，国际经济合作与国际经济政策协调（international economic policy coordination）互为因果、相辅相成、密不可分。另外，国际经济信息的交流与分享实质上是信息要素在国家间的转移，既属于具体国家经济合作的范围，也是国际经济政策协调的主要内容之一。

（四）国际经济合作的主要内容是不同经济体间生产要素的优化组合配置

各个经济体的自然条件禀赋与经济发展水平均不同，因此，各个经济体所拥有的生产

要素之间必然存在一定差异。这种差异既体现在数量上，也体现在质量上。只有通过国际经济合作，将不同国家占有优势的生产要素结合起来，才能更快地发展经济。在这一过程中，各个经济体可以输入自己经济发展所必需而又稀缺的各种生产要素，输出自己具有比较优势或者丰裕的生产要素，从而达到生产要素的优化组合，使得各个经济体的生产要素充分发挥功能和作用，优势互补，推动各个经济体生产力的发展。

（五）国际经济合作是较长期的经济协作活动

国际经济合作要求合作的各方建立在长期、稳定的协作关系之上，共同开展一系列的经济活动。国际经济合作活动的周期一般比较长，有些项目的合作周期可能长达数十年。由于合作经历的时间较长，跨越多个经济周期，所以一般面临的风险也比较大，如汇率风险、政治风险、经济波动等。

扩展阅读 1.1　中国国际经济合作学会

同时，与传统的国际贸易活动方式相比，国际经济合作方式更加灵活多样。国际贸易活动一般都是就某些商品的交易进行磋商，达成协议并签订合同后，卖方负责备货交货，买方则验收付款，货款两讫后，交易结束。每笔交易持续的时间，相对于国际经济合作而言，一般都不长。

在我国，中国国际经济合作学会（China Association for International Economic Cooperation，CAFIEC）于 1983 年在北京成立，是在民政部登记注册、业务主管单位为中华人民共和国商务部、具有法人资格的全国性社团组织，是专门从事国际经济合作理论、政策研究与交流，参与策划与制定对外经济合作战略的权威学术组织。它既是全国范围内为所有从事国际经济合作事业的企业、研究机构、高校及政府部门提供有关国际经济合作理论政策研究成果和信息咨询服务及人才培训的非营利性机构，也是沟通政府与科研、企业单位及国内外相关组织的桥梁和纽带。

第二节　国际经济合作的研究对象

国际经济合作研究的实质是各种生产要素的国际转移与重新组合配置的规律以及各个经济体之间的经济协调机制，结合国际经济合作学科研究的重点和热点问题，国际经济合作的研究对象具体包含以下几方面的内容。

一、国际经济合作形成与发展的理论基础

国际经济合作的理论旨在揭示国际经济合作产生的原因及规律。国际经济合作这一学科的理论基础主要有"生产要素流动理论""国际分工理论""经济一体化理论""国际经济合作规律"［即"4C"规律：竞争（competition）、矛盾（contradiction）、协调（coordination）、合作（cooperation）］及"两缺口模型"（一般指外汇缺口与储蓄缺口。外汇缺口与储蓄缺口是一种从经济上描述发展中国家利用国外资源来填补国内资源不足的理论，又称两缺口模型或双缺口理论）。

另外，国际直接投资理论以跨国公司理论为主，包括垄断优势理论（the theory of monopolistic advantage）、产品生命周期理论、内部化理论（the theory of internalization）、

国际生产折衷理论(the eclectic theory of international production)和比较优势理论(the theory of comparative advantage)。根据所查资料可知,国际经济合作的主要理论基础为生产要素流动理论、经济一体化理论、国际分工理论、垄断优势理论以及比较优势理论这五个方面(表1-1)。

表1-1 国际经济合作学科的理论结构

理论结构	主要内容
国际经济合作的理论基础	生产要素流动理论
	经济一体化理论
	国际分工理论
	垄断优势理论
	比较优势理论
生产要素国际移动的原因及规律	各个经济体的生产要素禀赋差异
	利益的驱动性
	生产、商品的国际化
	国际危机、国际竞争的加剧
	国家政策
国际经济合作中的国际经济协调机制	联合国系统的国际经济组织协调
	区域经济一体化组织
	政府首脑(包括官员)会议及互访
	国家间的行业组织及经济组织
	国际条约和协定
国际经济合作的类型和方式	国际直接投资
	国际间接投资
	国际技术贸易
	国际工程承包与劳务合作
	国际服务贸易
	国际租赁
	国际发展援助
	国际经济合作的法律保护
	国际经济合作的项目可行性研究
其他领域	比如,环境边境税、区域开放法律、开拓两洋航海权、环境规划国际化等

资料来源:李小北,李禹桥.国际经济合作学科前沿研究报告[M].北京:经济管理出版社,2014.

早在100多年前,马克思就曾在《政治经济学批判》的导言中提到诸如"生产的国际关系、国际交换、输出和输入、汇率"等国际经济关系中可能出现的问题。如今,随着国际分工的深入以及经济生活的日益国际化,在国际经济关系的发展中出现了许多亟待解决和探索的理论与实践问题。比如,生产要素的国际流动及其表现形式,各个经济体在国际交往过程中所表现出来的相互依赖、相互竞争与合作的关系,区域经济合作的发展前景等。国际经济合作是伴随着国际分工的广泛和深入而发展起来的,内容主要围绕着生产要素的优化组合配置展开。国际经济相互依赖、相互作用是其重要特征之一,经济全球化、一体化是国际经济合作乃至世界经济发展的必然趋势。因此,研究国际经济合作的一系列理论需要运用马克思主义的立场、观点和方法进行分析,解释国际经济合作形成与发展的规律。

二、生产要素国际移动的原因及规律

国际经济合作在生产要素国际移动的原因及其规律这一领域的主要研究内容有产业关联的研究方法与现状、生产力异质性、市场化进程、危机与共荣、价格差异、国际地位、经济转型的机遇与挑战、效率差异、竞争性构想、国际经济合作新特点、新态势、货币地位、农业国际化、主权债务危机、金融制度的比较与借鉴、认清经济误区、产品内分工、国际政治关系与相关政策的影响和世界政治经济格局等。其中,市场化进程、危机与共荣、国际政治关系与相关政策是当前的研究重点。

在这一研究领域,国内有代表性的研究成果主要有:裴长洪的《后危机时代经济全球化趋势及其新特点、新态势》围绕"后危机"时代,经济全球化和世界经济多极化都出现了若干新特点展开。该论文对这些新情况的分析表明,在"后危机"时代,中国全面参与经济全球化将遇到新挑战,但机遇仍然大于挑战。另外,还有余永定的《从欧洲主权债危机到全球主权债危机》、王国刚的《走出"全球经济再平衡"的误区》、杨万东的《金融海啸后全球金融版图的变化》、袁一堂和王潇的《中国经济国际化之路:国际贸易与对外投资关系实证研究》、江山和薛晗的《对夺取国际市场定价权的探讨》等。

国外有代表性的研究成果主要有 Wang Hao、Guo Xiaoli 2010 年的《典型国际经济合作机制过程演变的分析及东北亚能源合作原因》。该文首先分析了机制的演变过程及典型国际合作中的现行机制,并从中得到东北亚能源合作的启发,即源于经济利益。能源合作的演变是从企业的合作发展到产业的合作再到国际的合作。应当把技术合作当作突破点,在能源产业中取得合作。该文为东北亚提出了能源合作的机制。同年,Shen Ying、Guo Xiaoli 的《东北亚地区能源合作发展过程及影响因素的分析》通过进化博弈的动态分析法,建立区域能源合作的进化博弈模型。

三、各经济体的政策调节与协调机制

从宏观角度来看,一方面,国际经济合作主要研究各国为鼓励或限制资本、技术、劳动力等生产要素的国际移动而采取的宏观调控政策与经济措施。另一方面,国际经济合作主要研究为了解决国际经济交往中出现的矛盾、减少贸易摩擦而建立起来的国际经济协调制度和法律保护措施,以及当前世界经济发展中区域经济一体化趋势等相关问题。同时,国际经济合作还将探讨不同的经济制度、不同经济发展水平的国家在平等互利基础之上开展国际经济合作的必要性及其发展趋势。

目前,国际经济合作在政策调节与协调机制这一领域主要研究了改革与发展、合作与创新、科技创新、创新管理、国际货币体系改革、货币合作、国际气候合作、新机制、新议题、农业经济、货币政策、贸易保护制度、国际协议、税收协调、国际监管与协作、经济制裁、金融体制改革、国家间经济互动、人的发展经济学、如何应对国际金融危机、区域经济体、经济组织、经济共同体、经济一体化、经济周期、机制与实效反差、食品经济、现代化进程和国家地位等。

在国际组织与国际政策法律制度方面,国内的研究成果主要有:曾刚和万志宏的《巴塞尔新协议顺周期性特征研究评述》。其中一个达成共识的观点是:巴塞尔新资本协议具有顺周期特征,因而加剧了经济周期乃至银行体系的波动,这一效应有悖于巴塞尔新资本协议促进银行体系稳定的初衷,需要进行相应的调整和改进。关于国际政策法律制度的论文还有刘晨阳的《"跨太平洋战略经济伙伴协定"与美国的亚太区域合作新战略》、李顺明和杨清源的《中国与东盟国家之间的税收协调问题》、黄范章的《G20集团与国际货币体系改革》、齐绍洲的《中欧能源效率差异与合作》、李豫新和朱新鑫的《农业"走出去"背景下中国与中亚五国农业合作前景分析》、杨权的《东亚经济体持有大规模外汇储备的迷思》、张国强和郑江淮的《中国服务业发展态势及其国际竞争力:"金砖四国"比较视野》、刘兵权和柳思维的《亚洲"四小龙"外汇储备增长的理论与实证研究——基于新加坡数据的实证检验》、陆建人的《APEC20年:回顾与展望》、范爱军和都春燕的《"10+3"经济合作中的收敛性检验》等。国外的研究主要有:Kenneth King的《中国与肯尼亚在教育培训方面的合作:一种不同的模式?》,Dries Lesage、Thijs Van de Graaf、Kirsten Westphal的《G8+5国能源效率和IPEEC合作:可持续发展的捷径》,Mirzokhid Rakhimov的《亚洲的区域合作发展框架》以及Peter Drysdale和Shiro Armstrong的《国际与区域合作:亚洲的角色与责任》等。

四、国际经济合作的具体方式和内容

国际经济合作从微观角度来看,主要研究合作的范围领域、合作的具体内容、合作的方式及合作的环境,还研究合作各方通过一定形式在生产、投资、科技、劳动力、信息管理等领域进行合作,获取经济利益的过程,以及相关的国际市场、国际经济合作环境和有关的国际惯例。目前,该领域在国际直接投资、国际间接投资、国际工程承包与劳务合作、国际技术贸易、国际服务贸易、国际租赁、国际经济合作法律保护、国际援助等方面有一定高度和深度的研究,包括投资优势、贸易政策、跨国合资、股权问题、流动性扩张、对外战略、碳金融、跨国并购、高技术产品、纺织技术、对"金砖四国"的研究、加工贸易、贸易保护制度、产品的加工、双边合作、社会保障、人权问题、特惠贸易等。在这些内容中,国际直接投资、国际经济合作法律保护、国际援助、国际服务贸易是近年来国际经济合作研究的重点。

国内的研究成果主要有:许冰的《外商直接投资对区域经济的产出效应——基于路径收敛设计的研究》,马光明的《促进对外直接投资应对当前贸易保护主义——中国与20世纪80年代日本的比较研究》,姜玉梅和姜亚鹏的《外向型直接投资反哺效应与中国企业国际化——金融危机下的理论与经验分析》,席艳乐、曹亮、陈勇兵的《对外援助有效性问题研究评述》,熊文驰的《人权、援助与发展问题——以非洲国家为例》,黄庐进和王晶晶的《中国和印度服务贸易国际竞争力的比较研究》,许统生和黄静的《中国服务贸易的出口潜力估计及国际比较——基于截面数据引力模型的实证分析》,袁欣的《服务外包不会像加工贸易那样创造奇迹》,等等。国外的研究成果主要有:Charlotte Mathieu的《俄中及俄印太空合作评估——欧洲的机遇与挑战》，Henry Thompson、Hugo Toledo 的《海湾合作委员会的劳动技能与要素比例贸易》，还有 Marco Sanfilippo 的《中国对非洲外国直接投资：怎样的对外经济合作的新关系?》。

第三节　国际经济合作的类型及方式

一、国际经济合作的类型

国际经济合作的定义和内容十分丰富，从不同的角度切入研究可以把国际经济合作划分成不同的类型。由于国际经济合作涉及各种生产要素的跨国界流动，范围广，类型与方式也多种多样（图 1-1）。

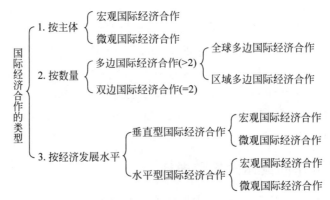

图 1-1　国际经济合作的类型及主要分类方式

（一）宏观国际经济合作与微观国际经济合作

宏观国际经济合作（macro-international economic cooperation）是指不同国家（地区）政府之间以及不同国家（地区）政府与国际经济组织之间一般通过签订双边或多边合作协议的方式开展经济协调与经济合作活动，同时保护本国法人和自然人在国外的合法权益。通过制定和完善本国的有关法律、法规来确定外国法人和自然人在本国的法律地位，应该承担的义务和责任，并保护其享有的合法权益。通过制定本国经济发展战略和规划来协调本国对外经济合作关系，开展对外经济合作有利于本国经济发展的长远目标和宏观利益。

微观国际经济合作（micro-international economic cooperation）是指不同国籍的法人和自然人通过签订契约或合同等方式来确定合作各方的权利、义务和责任，明确合作的内容与方式，以建立合作各方长期稳定的经济关系，主要是指不同国家（地区）的企业或公司之间的经济合作活动。

宏观国际经济合作与微观国际经济合作是相辅相成的。微观国际经济合作是宏观国际经济合作的基础，多数宏观国际经济合作最终都要落实到微观国际经济合作上来。而宏观国际经济合作对微观国际经济合作的主体、范围、规模和性质有较大的影响，并且服务于微观国际经济合作。

（二）双边国际经济合作与多边国际经济合作

双边国际经济合作（bi-international economic cooperation）是指两个国家（地区）政府之间进行的经济合作活动。

多边国际经济合作（multi-international economic cooperation）是指两个以上的国家（地区）政府之间以及一个国家（地区）政府与国际经济组织之间进行的经济合作活动。多边国际经济合作又可以分为全球多边国际经济合作与区域多边国际经济合作。

一般而言，双边国际经济合作与多边国际经济合作均属于宏观国际经济合作。

（三）垂直型国际经济合作与水平型国际经济合作

垂直型国际经济合作（vertical international economic cooperation）是指经济结构或经济发展水平差异较大的国家（地区）之间所开展的经济合作活动。

水平型国际经济合作（horizontal international economic cooperation）是指经济结构或经济发展水平相似或较接近的国家（地区）之间所开展的经济合作活动。

垂直型国际经济合作与水平型国际经济合作既包括宏观国际经济合作的内容，也包括微观国际经济合作的内容。

此外，国际经济合作按照所涉及的具体研究范围还可以分为广义国际经济合作（international economic cooperation in the broad sense）与狭义国际经济合作（international economic cooperation in the narrow sense）。广义国际经济合作是指除国际贸易以外的国际经济合作活动。狭义国际经济合作则仅指国际工程承包与劳务合作，以及对外经济援助。本书着重研究的是广义国际经济合作。

二、国际经济合作的具体方式

国际经济合作的内容十分丰富，方式多种多样，当代国际经济合作的具体方式主要有以下几种。

（一）国际直接投资

国际直接投资包括一个国家（地区）引进的其他国家（地区）的直接投资或在其他国家（地区）进行直接投资，其具体方式有合资经营、合作经营以及独资经营等。

（二）国际间接投资

国际间接投资主要包括国际信贷投资和国际证券投资这两种方式，具体形式包括外国政府贷款、国际金融组织贷款、国际商业银行贷款、出口信贷、混合贷款、吸收外国存款、发行国际债券和股票以及国际租赁信贷等。

（三）国际技术合作

国际技术合作（international technological cooperation）包括国际技术有偿转让和国际技术无偿转让两个方面。国际技术有偿转让主要是指国际技术贸易，所采取的方式有带有技术转让性质的设备硬件的交易与专利、专有技术或商标使用许可贸易等。国际技术无偿转让一般以科技交流和技术援助的形式出现，其具体方式有：交换科技情报、资料、仪器样品；召开科技专题讨论会；专家互换与专家技术传授；共同研究、设计和试验攻关；建立联合科研机构和提供某些方面的技术援助等。

（四）国际工程承包

国际工程承包所涉及的范围比较宽，不仅涵盖工程设计和工程施工，还包括技术转让、设备供应与安装、资金提供、人员培训、技术指导和经营管理等。国际工程承包的具体形式包括总包、单独承包、分包、二包、联合承包和合作承包等。

（五）国际服务合作

国际服务合作（international service cooperation）是指提供服务的企业和其他机构与国外企业或承包人根据服务合同的规定所进行的合作。国际服务合作包括境内服务和境外服务两种具体形式。境内服务是指一国的企业和其他机构与本国以外的企业或承包人在本国境内所进行的合作，境内服务合作形式包括加工贸易、科研生产与文化艺术合作、国际旅游、咨询服务等。境外服务是指一国的企业和其他机构与本国以外的企业或承包人在境外所进行的合作，境外服务合作形式包括对外工程承包、派遣劳务人员参加外国企业和承办人承办的项目服务等。服务外包是国际服务合作的主要内容之一，它是指作为生产经营者的业主将服务流程以商业形式发包给本企业以外的服务提供者的经济活动，目前主要包括商业流程外包（BPO）、信息技术外包（ITO）和知识流程外包（KPO）。服务外包广泛应用于 IT（信息技术）服务、人力资源管理、金融、会计、客户服务等众多领域。

（六）国际劳务合作

国际劳务合作主要包括直接境外形式的劳务合作和间接境内形式的劳务合作，具体形式有国际工程承包、劳动力直接输出和输入、国际旅游、国际咨询以及"三来一补"业务等。其中，"三来一补"是指来料加工、来样加工、来件装配和补偿贸易。

（七）国际土地合作

土地要素是一种特殊的生产要素，包括土地及附于其上的生态环境和蕴藏于其中的自然资源。土地要素参与国际经济合作是以自由贸易区、出口加工区、科学园区、经济开发区的形式出现的。国际土地合作（international land cooperation）主要包括对外土地出售、对外土地出租、土地的有偿定期转让、土地入股、土地合作开发等具体内容。

（八）国际经济信息合作与国际经济管理合作

国际经济信息合作（international land economic information cooperation）主要是指不同国家（地区）之间经济信息的交流与交换。国际经济管理合作（international economic management cooperation）的具体方式有对外签订管理合同、聘请国外管理集团和管理专家、开展国际管理咨询、联合管理合营企业、交流管理资料与经验、举办国际性管理讲习班等。

（九）国际发展援助

国际发展援助主要包括对外援助和接受外国援助两个方面，具体形式有财政援助、项目援助、资金援助、物资援助、方案援助、成套设备援助、优惠贷款、援外合资合作、人力（智力）援助和技术援助等方式。

（十）国际经济政策协调与合作

国际经济政策协调与合作（international economic policy coordination and cooperation）主要包括联合国系统国际经济组织进行的协调、区域性经济组织进行的协调、政府首脑会议以及互访进行的协调、国际性行业组织和其他有关国际经济组织进行的协调。

（十一）其他合作方式

其他合作方式(other ways of cooperation)包括双边经贸合作与多边(分为全球多边和区域多边)经贸合作等。

综上所述,当代国际经济合作方式可分成若干大类,在每一大类里,又可分成若干小类。但是,以上各大类和小类的划分不是固定和一成不变的,而往往是交错在一起的。例如,合资经营项目中可能包含技术转让。因此,不能孤立地、机械地看待这些方式。我们对国际经济合作方式进行分类,目的在于确定一个合作项目的性质,因为合作项目的性质决定合作各方的权利及义务关系。当然,在明确合作项目性质的同时,并不排斥合作当事人为了共同需要而签订另一类别的合同。

 扩展阅读 1.2　国际经济合作课程的学习思维导图

第四节　国际经济合作的产生与发展

国际经济合作是在传统的国际经济联系形式即国际贸易的基础上产生和发展起来的,是一个历史的范畴,属于国际贸易领域的一个分支,它的产生和发展有着深刻的社会、历史原因。为充分了解现代国际经济合作的性质与特点,很有必要对国际经济合作产生与发展的历史背景及其政治经济条件进行系统的梳理。

一、国际经济合作的产生与初期的发展

追溯历史,国际经济合作是在国家出现之后才有可能存在和发展起来的,随着历史的发展逐渐演化。原始社会后期出现的相邻部落与氏族之间的物质交换行为可以被看作国际经济合作的胚胎形态。从人类社会的历史发展进程来看,有了社会分工就有了社会合作。人类为了谋求生存与发展,在经济上达成一个共同的目标或取得某种效果,跨国界的经济合作活动不可缺少,于是就有了推动国际经济合作产生与发展的动力。

原始社会末期出现了阶级和国家,原始的、不发达的社会分工也在相邻的国家之间出现。随着时间的推移,经过三次社会大分工之后,社会生产力已有了长足的发展,商品交换的范围也在扩大。远距离贸易、海外贸易已有所发展。相邻的国家在关卡的通行、货物的运输等方面开始进行一定的合作,这就是原始的国际经济合作。

早期的国际经济合作主要是围绕着早期的国际贸易活动出现的。在公元前5世纪的古希腊时代,由于地中海贸易的开展,希腊与地中海沿岸各国的贸易往来相当频繁。在这种贸易往来中,逐渐出现了国与国之间为了保证贸易的顺利进行而约定互为对方的船只提供方便、在关税上互为对方提供优惠等属于国际经济合作范畴的行为。

公元4世纪前后,我国的春秋时期,各诸侯国之间的商业往来已经非常兴旺,当时的楚、晋两国曾在"函门订约",规定要有利于两国运输的进行。《春秋》中有一段记载:公元前651年,周王力不能及,齐侯便召集有关诸侯互相盟誓,不得修筑有碍邻国的水利,不在天灾时阻碍谷米的流通。这就是历史上著名的"葵丘之盟"。"葵丘之盟"也许可以称得上

中国环境权利正式诉诸谈判与合约的开端,对 2 000 多年后的今天仍具有启发和警示意义。

由于在奴隶社会和封建社会时期,社会生产力和商品生产尚不发达,自给自足的自然经济占统治地位,加上交通工具落后等因素,国际经济合作处于很低级的阶段,往往是一种偶然的、局部地区发生的、暂时性的合作活动。

在封建社会时期,欧洲出现过"汉萨同盟"式的国际经济合作。14 世纪中叶,以德国北部地区吕贝克城为中心,包括英国的伦敦、挪威的卑尔根、俄罗斯的诺夫哥罗德等在内的近 200 个商业城市结成同盟,统一商法,抵制封建法庭的干预,保护商队的安全,以合作的方式来保障盟员的经济利益。"汉萨同盟"为了保证其成员在贸易区享有特权,也采取了一些具体的措施,如:对同盟成员实施抢劫者,不许在"汉萨贸易区"进行贸易;同盟成员受到侵害,其他城市有义务援助;非同盟的商人不能在同盟市场上直接贸易,必须由同盟作为中介;等等。另外,它还规定了保护海上航行安全的措施,如建立灯塔、配置领港人员引船进港、疏通河道、修建联结吕贝克和汉堡的运河等。这些措施的实行,使同盟形成一股很大的政治力量。

在商品生产占统治地位的资本主义社会,国际经济合作有了较迅速的发展。在自由资本主义时期,殖民主义国家在进行争夺殖民地的残酷斗争的同时,在海运业务上也建立起"共同海损"方式的航运合作,以分担风险。到了垄断资本主义阶段,资本主义国家之间签订了某些公约、协定和规则,在经济技术方面有了比较广泛的合作,如 19 世纪 60 年代和 70 年代制定的《约克—安特卫普规则》、1883 年签订的《保护工业产权巴黎公约》、1891年签订的《商标国际注册马德里协定》等。在这个时期,对外直接投资逐渐成为国际经济合作的主要方式。

另外,随着俄国"十月革命"的胜利和第一个社会主义国家苏联的诞生,出现了社会主义国家与资本主义国家之间这样一种新型的经济合作关系。20 世纪 20 年代,苏联采用"租让制"形式与资本主义国家的投资者合作开办合资企业,就是社会主义国家与资本主义国家经济合作的最初形式。

在第二次世界大战以前,商品贸易是国际经济联系的最主要形式,各国生产要素的优势主要通过商品在国家间的间接转移来实现,即各国生产并出口自己拥有相对优势的商品,进口本国处于相对劣势的商品,因此,在第二次世界大战以前,国际经济合作只是处于萌芽状态。

二、第二次世界大战后国际经济合作发展的动因

第二次世界大战结束以来,出现了新的科学技术革命,同时,经济全球化和经济知识化的趋势使得社会生产力有了很大的发展。随着苏联的解体,世界政治形势也发生了重大的变化。而经济方面的变化主要表现在显著地扩大了国际经济合作的范围。当代的国际经济合作已发展成为一种涉及所有国家,遍及各个社会经济生活领域,多形式、多层次的国际经济关系体系。第二次世界大战后各国经济生活的国际化趋势已经把世界上不同社会制度和不同发展水平国家的经济活动紧密地联系在一起,国家之间在经济上的相互依赖与合作已成为不以人们主观意志为转移的普遍现象。第二次世界大战后,以国家间

生产要素转移为主要内容的国际经济合作活动成为国际经济关系中最重要的领域,从此以后,真正意义上的国际经济合作便产生和发展起来了。总体而言,推动第二次世界大战后国际经济合作产生和发展的动因如下。

（一）第三次科学技术革命的出现及其影响

第三次科学技术革命成果在生产中的运用,导致出现了大量"技术密集型"产品,而且技术商品化的形成,又导致出现了新的独立的生产要素市场——技术市场。在资本、劳动力、土地资源等其他生产要素中,技术的作用也越来越明显,使科学技术成为影响一国生产力水平的最重要因素。第三次科学技术革命对国际生产、国际通信和国际运输产生了深远的影响,使国家之间在生产领域进行广泛合作成为可能,为生产要素在国家间的直接转移与重新组合配置提供了必要的条件和实际内容。因此,第三次科学技术革命的出现是国际经济合作在第二次世界大战后产生和发展的直接动因。

众所周知的"马歇尔计划"就是第二次世界大战后初期资本主义国家之间的一次重大的国际经济合作行动。针对欧洲各国第二次世界大战后初期经济均处于崩溃局面的情况,当时的美国国务卿马歇尔提出在 3～4 年的时间内对欧洲国家提供巨额资金和技术,以帮助欧洲国家恢复和发展经济。从 1948 年 4 月"马歇尔计划"开始实施到 1952 年6 月,美国向欧洲提供了 131.5 亿美元的援助,而接受援助的欧洲国家则成立了欧洲经济合作委员会。

欧洲经济共同体的建立与发展是发达资本主义国家之间广泛开展国际经济合作的又一实例。从 1993 年 1 月 1 日开始,欧共体成员国之间实现了商品、劳务和资本的完全自由流动。1993 年 11 月 1 日,《欧洲联盟条约》生效,欧盟（European Union,EU）正式成立。欧盟于 1999 年组成欧元区,统一货币,从 2002 年起使用欧元作为单一货币,这就把发达国家之间的经济合作推向一个更高的层次。除了在国际贸易和国际金融领域的合作,欧洲还在科技方面实施了"尤里卡计划"。"尤里卡计划"于 1985 年 3 月开始酝酿,4 月 17 日由法国总统密特朗正式提出。

"尤里卡计划"建议西欧各国加强在尖端技术领域的合作,逐步成立"欧洲技术共同体",具体合作内容最初包括五个方面:①计算机——建立欧洲软件工程中心,发展高级微型信息处理机等;②自动装置——研制民用安全自动装置和全部自动化工厂等;③通信联络——发展为科研服务的信息网,研制大型数据交换机等;④生物工程——研究人造种子、控制工程等;⑤研究新型材料结构,发展高效涡轮机等。项目达 300 多个,其中有 24 个重点攻关项目。"尤里卡计划"是西欧在面临巨大挑战和压力的情况下"自我觉醒"的产物。20 世纪 70 年代中期,西欧在科技,尤其是高科技方面渐渐落后于美国和日本,进入 20 世纪 80 年代后,差距进一步拉大。西欧如果不采取措施奋起直追,到 20 世纪末就有可能成为技术上的"不发达大陆"。同时,西欧各国也意识到,在这场决定未来命运的高科技竞赛中,只有一个把"人力、物力和财力都集中起来的欧洲,才能卓有成效地保持自己在将来世界上的经济地位"。

（二）跨国公司的大发展

第二次世界大战以后,跨国公司取得了长足的发展。跨国公司与其子公司、分公司之间,以及与其他国家企业之间的生产投资和经济技术活动日益发展,遍及全世界。跨国公司的活动有力地促进了各国在生产领域的合作和生产领域的国际化,它们是开展国际经济合作和生产要素国际移动的重要主体。

第二次世界大战后,东西方、南北方之间的经济合作也是广泛存在的。国际金融市场上存在大量的国际资本,这些资本以盈利为目的,在世界各地游动,一旦哪里出现机会,就会迅速向该市场聚集。而苏联、东欧国家和广大发展中国家期望加快经济发展的步伐,又常常苦于缺乏设备、资金和技术。于是,西方发达国家和苏联、东欧国家及广大发展中国家之间开展经济技术合作成为时代的要求。20世纪60年代中期,苏联和东欧国家利用西方国家的贷款购买这些国家的设备和技术,用来开发石油、天然气、煤炭、木材等资源和发展化学、造纸、纺织、机械等工业,并用这些产业部门的产品来偿还贷款,使双方都获得了好处。1980年,欧洲经济共同体与东盟国家在吉隆坡签订了双边经济合作协定;与东非11国举行合作会议,通过了促进双方经济合作的建议;与《安第斯条约》五国在布鲁塞尔举行部长级会议,讨论共同体援助的地区开发项目,包括能源、原料方面的合作和技术转让。这些活动都有力地促进了发达国家与发展中国家之间的国际经济合作。

第二次世界大战后,取得政治独立的广大发展中国家,为了摆脱西方国家的控制与掠夺,彼此之间建立起以互相尊重主权、平等互利为基础的团结互助、合作发展的新型国家经济关系,并把发展中国家间的经济合作同建立国际经济新秩序联系起来,走集体自力更生的道路,发展民族经济。发展中国家之间的经济合作相当广泛,涉及工业、农业、贸易、金融、海运、技术等领域。如在生产合作方面,西非国家经济共同体在塞内加尔建立化工企业,利用塞内加尔丰富的磷矿石资源生产化肥,满足其成员国需要。东南亚国家联盟共同兴办印度尼西亚尿素厂、马来西亚尿素厂、菲律宾铜制品厂、新加坡柴油厂和泰国纯碱厂。发展中国家之间的直接投资在第二次世界大战后也有了一定的发展,如沙特阿拉伯、韩国等对其他发展中国家的直接投资。总之,发展中国家正在加强彼此间的合作,以促进各国经济的共同发展。

(三)第二次世界大战后国际分工的新变化

国际分工是国际经济关系的具体体现。第二次世界大战以后,世界经济进入一个全新的发展阶段,国际分工有了新的发展,出现了一些新的特征:第一,国际分工产生的基础发生了变化。第二次世界大战前国际分工产生的基础主要是自然条件,而第二次世界大战后尽管自然条件对国际分工仍有重要的影响,但国际分工产生的主要基础已经变为科学技术水平和由此决定的一国的综合竞争力。第二,国际分工的地域和范围不断扩大。国家间的经济联系进一步加强,几乎所有的国家和地区都被纳入当代国际经济的体系中来,自觉不自觉地参与了国际分工。第三,国际分工的深度进一步发展。国际分工已由部门间发展到部门内和公司内,而且还出现了国与国之间在不同产品、不同零部件和不同生产工艺流程方面的分工,即实现了按产品、规格型号、零部件、生产工艺流程的国际分工。各国的直接生产过程成为统一的世界生产过程的组成部分。与此相适应,各类生产要素不断在国家间转移与重新组合配置,出现了各国在生产领域进行商务国际合作的各种方式。第四,混合型国际分工成为国际分工的主要类型。第二次世界大战后,虽然垂直型国际分工和水平型国际分工都存在,但居于主导地位的是二者结合而成的混合型国际分工。第五,国际分工的性质也发生了改变。由于第二次世界大战后世界政治经济格局发生了重大变化,广大发展中国家纷纷独立,所以,第二次世界大战后国际分工的性质也由第二次世界大战前那种基本上不平等的分工变成了基本平等的分工。

为了适应第二次世界大战后国际经济合作发展的新趋势,世界各国都调整了对外经济贸易的方针和政策,扩大对外开放的程度,积极地参与国际分工。一些发达国家制定了一系列促进资金、设备、技术输出的政策,而一些发展中国家则制定了有利于利用外资、引进技术、输出劳务的政策。联合国等国际机构也调整了政策,相继建立了有关组织机构,通过或修订了一些国际公约,1960 年成立了以向欠发达国家提供优惠贷款为主的国际开发协会(International Development Association,IDA),1965 年成立了以向发展中国家提供技术援助为主的联合国开发计划署(United Nations Development Programme,UNDP),1965 年在华盛顿签订了《关于解决国家与其他国家国民之间投资争端公约》,这些都大大推动了国际经济合作的发展。

(四)经济生活国际化和国家间相互依赖性的加强

进入 20 世纪 50 年代以后,世界经济的一个重大特点就是经济生活国际化趋势和相互依赖关系的迅速发展与加强。经济生活国际化是生产力发展的直接结果,是世界各国和地区经济生活社会化、生产专业化协作发展超越本国界限而实行国际安排的表现。正是生产力这一最活跃、最革命的因素的不断发展推动生产的社会化跨出了一个地区或国家,进而把现代社会的整个经济生活推向了国际化。经济生活国际化具体表现为生产国际化、市场国际化、资本国际化、金融国际化、科技国际化和经济调节国际化等方面。经济生活国际化不仅强化了国家之间在经济技术领域的相互依赖,使全球经济融合为一个难以分割的整体,也使国家之间在经济协调领域的相互依赖加深。任何国家都不可能在封闭状态下求得发展,任何国家的经济活动必然会以某种渠道或某种方式"传递"到其他国家,同时也接受其他国家对自己"传递"的影响。

近年来,经济生活国际化进一步发展到经济全球化,各种商品和生产要素在全球范围内大规模流动与配置,跨越国界的经济活动日益增加,各国经济在各个层面上进一步相互渗透、融合与依存。经济生活国际化和国家间的经济依赖加强成为当代世界经济发展的主要趋势之一,也是推动国际经济合作发展的一个重要动因。

三、国际经济合作的发展趋势

国际经济合作的开展,能够推动各国经济的发展并提高人民的福利水平,并在某些方面发挥国际贸易难以起到的作用,这已为越来越多的国家所共识。国际生产要素市场的状况也会对国际经济合作的开展产生一定的影响。当代国际经济合作主要的发展趋势如下。

(一)竞争更加激烈

国际经济合作领域同国际贸易领域一样存在着激烈的竞争,今后这种竞争呈现加强的势头。比如,在资本要素市场上现在是买方竞争,众多的国家都在为吸引更多的资本流入国内而努力;在劳动力要素市场上则是卖方竞争,劳动力输出国之间为争夺劳务市场而展开的竞争丝毫不亚于为争夺有形商品市场而展开的竞争。

（二）集团化的趋势

由于生产要素移动趋向集团化,各经济集团内国家(地区)之间以及经济集团与经济集团之间的经济合作业务将会有较多的增加。国际经济合作中出现的集团化趋势,实际上是发达国家之间经济合作加强的表现。因为目前发展层次较高的区域经济一体化经济集团,主要集中在发达资本主义国家。

（三）经济合作形式多样化

形式是为内容服务的。国际经济合作形式将随着国际经济合作业务内容的发展而不断多样化。近年来在国际经济合作中出现的新形式主要有非股权形式的国际投资、BOT(建设—经营—移交)投资方式、联合研究与开发新技术或新产品、带资承包工程、带资移民、劳务支付形式的补偿贸易、对外加工装配等形式的境内国际劳务合作、跨国性经济特区等。随着世界经济一体化进程的加速,新的合作形式还会不断出现和发展。

（四）经济政策协调的制度化

国家间经济政策的协调属于宏观国际经济合作。随着国家(地区)与国家(地区)之间经济依赖性的加强,保障和推动生产要素在国家间顺利移动,需要加强国际经济政策协调。现在,世界贸易组织(World Trade Organization,WTO)成员之间、八国集团之间、欧盟成员之间、发展中国家之间以及在联合国内进行的发达国家与发展中国家之间的经济政策协调日趋频繁,并且正在向定期化和制度化的方向发展。

四、国际经济合作的意义和作用

国际经济合作的开展打破了以商品贸易为主的国际经济交往的格局,为国际经济联系增添了新的内容。国际经济合作的开展不仅会对直接参加合作的各国的经济起到积极作用,也会对整个世界经济的发展产生良好的影响。国际经济合作的意义和作用主要表现在以下几个方面。

（一）促进生产要素在国家之间互通有无

任何一个国家都不可能拥有其经济发展所需要的一切生产要素,只有通过与其他国家开展经济合作,才有可能获得本国不具备或短缺的生产要素,并将本国多余的占优势的生产要素转移到那些缺乏该生产要素的国家和地区。在国际经济合作产生之前,这种生产要素间的相互转移是通过国际商品贸易间接方式进行的。国际经济合作产生之后,各类生产要素可以在国家间直接流动,实现生产要素在国家间的互通有无,促进生产要素在国家间的优化配置,使各国获得在生产中所必需但又缺少的生产要素,使各国的经济发展能够突破本国生产要素禀赋的局限。

例如,某种产品生产需要 A 和 B 两种生产要素,如果甲国拥有较多的 A 种生产要素而不具备 B 种生产要素,乙国拥有较多的 B 种生产要素而不具备 A 种生产要素,在不存在生产要素流动的条件下,甲国和乙国都不具备生产该产品的能力。只有当甲国和乙国开展国际经济合作,甲国从乙国输入 B 种生产要素,乙国从甲国输入 A 种生产要素,甲乙两国才都具备生产该种产品的能力。

由于国际经济合作是各国间重点在生产领域开展的较长期的经济协作活动,所以也是各国在生产领域的相互结合,也就是生产的直接国际化,这就大大地扩展了生产力发展的空间和余地,使世界经济由传统的以世界市场为主要特征的时代演变成以世界工厂为主要特征的时代。

(二)推动了生产要素在国家间的合理配置

生产要素由闲置或过剩的国家流向短缺的国家,由价格低和报酬低的国家流向价格高与报酬高的国家,实际上也就是由使用效率低的国家流向使用效率高的国家,这样可以提高要素的使用效率和收益。一个国家可以通过输出本国相对充裕或处于闲置或半闲置状态的生产要素而为本国带来比较利益和绝对利益。

国际经济合作不仅能使一国获得本国不具备或短缺的生产要素,而且可以促进生产要素在国家间的合理组合,提高生产要素的利用率。众所周知,各国生产要素禀赋不同使同一生产要素在各国间的价格出现差异。例如,甲国的某种生产要素丰裕,则甲国此类生产要素的供应较多,其价格就较低;而乙国此类生产要素稀缺,供应较少,其价格就较高。因此,甲国用此类生产要素生产产品时的成本较低,而乙国用本国此类生产要素生产产品时的成本则较高。开展国际经济合作后,由于生产要素可以直接在国际流动,乙国就可以从甲国获得此类生产要素,并与本国拥有优势的生产要素相结合,使产品的生产成本比使用国内同类生产要素低,实现国际生产要素的优化组合,提高生产要素的利用率。因此,通过国际经济合作,各国都可以在产品生产过程中最佳地配置和合理地使用本国禀赋丰裕的生产要素,使生产要素利用率提高。

(三)带来规模经济效益

国际经济合作为各国产品生产规模的扩大和生产要素收益的提高创造了条件:一方面,国际经济合作使生产要素从丰裕的国家流向稀缺的国家,根据要素边际收益规律,当生产产品密集使用某一生产要素时,该要素的边际收益呈递减趋势;如果生产要素不能在国家间直接流动,某种要素禀赋优势最终将为密集使用过程中的边际收益递减所抵消,不能成为真正的优势。通过国际经济合作,生产要素从丰裕国家转移到稀缺国家,与当地丰裕的生产要素组合,形成新的生产能力,提高了要素的边际收益,带来更大的经济效益。另一方面,国际经济合作使不同国家具有优势的生产要素结合在一起产生了较大的规模经济效益。通过国际经济合作,一个国家可以从其他国家获得本国稀缺的生产要素,扩大产品的生产规模,这不仅能抑制密集使用本国某一生产要素而产生的边际收益递减,而且还能带来规模经济效益。

根据赫克歇尔—俄林—萨缪尔森定理(H-O-S定理),如果各国都以自己的要素禀赋比率和要素价格比率的差距为基础来进行商品的生产与贸易,将会使贸易前相对充裕的要素价格上升,使贸易前相对稀缺的要素价格下跌,从而逐渐达到要素价格的国际均等化。这是在分析各国之间若进行自由贸易,进行以进出口商品为载体的要素的间接移动所导致的结果。生产要素的直接移动更会导致生产要素的价格在世界范围出现均等化的趋势。但是,这仅仅是一种趋势,要达到各国之间要素价格的完全均等化是可望而不可即的。因为各国政府会对要素的国际移动施加或多或少的限制,同时,市场上的要素价格也因各种因素的影响而不停地变动。

（四）扩大国际贸易的规模及范围，影响国际贸易的流向

从动态和实际业务工作的角度来看，生产要素的国际移动将给国际贸易带来多方面的积极影响：第一，资本和技术要素的国际移动会导致机器设备与原材料等资本货物类商品的国际贸易的增加；第二，一国把从国外输入的生产要素投入出口产品生产企业或出口产业部门，会推动该国出口贸易规模的扩大；第三，国际工程承包业务的开展会带动和扩大与此相关的设备材料等商品的进出口；第四，生产要素国际移动数量的增加还意味着世界服务贸易（无形贸易）规模的扩大；第五，生产要素的国际移动，特别是以直接投资形式出现的资本要素的国际移动，可以突破贸易保护主义的限制，实现国外生产、国外销售，从而使国际贸易的商品流向发生改变。

（五）改变一些国家（地区）在国际分工中的地位

通过国际经济合作，某些国家能将国内的一部分资金、技术等生产要素向其他国家转移，把国内相对落后的出口产业转移到一些比较落后的国家和地区。劳动密集型出口产业总是呈现出从劳动费用高的国家向劳动费用低的国家进行"候鸟式"转移的特征。例如，20世纪50年代，劳动密集型产业由欧美转移到日本，80年代移向泰国、马来西亚等东盟国家和中国东南沿海地区。出口产业的国际转移，必然导致相关国家的出口产业结构、出口企业组织结构和出口商品结构发生变化，从而改变这些国家在国际分工中的地位。

近年来，日本等发达国家开始向国外转移一些资本密集型的产业。任何产业的国际转移都包含一部分资金、技术等生产要素的国际转移，也就是说，可以通过生产要素的国际移动来实现。出口产业在国际转移，必然会使相关国家的出口产业结构、出口企业组织结构以及出口商品结构发生变化，从而改变这些国家在国际分工中的地位。从另一个角度来看，一个国家要加速本国替代进口产业的发展，就必须采用开放式的替代进口发展战略，通过输入国外的生产要素促进本国替代进口产业与产品的发展，从而才能实现本国产业结构的高级化和现代化。某些西方发达国家正通过开展国际经济合作，将一些资本密集型产业转移到一些发展中国家和地区，这必将提升这些国家和地区的产业结构与出口商品结构，提高它们在国际分工中的地位。

（六）改善了世界和各国（地区）经济发展的外部环境

国家（地区）间在政策方面进行协调，发展区域和跨区域经济合作是第二次世界大战后国际经济合作的重要内容与主要特征之一。第二次世界大战后，国家（地区）间在经济上的协调包括经济水平相近或者差距较大的国家（地区）间的协调、区域性经济组织、跨区域性经济组织所进行的协调等多种形式。国际经济协调有利于化解国际经济关系中的矛盾和纠纷，有利于消除国际经济发展中的不平衡现象，有利于各国（地区）之间开展各种形式的国际经济合作。

第五节　国际经济合作与国际贸易的异同

一、国际经济合作与国际贸易的联系

国际经济合作是在国际贸易的基础上形成和发展起来的，它们都是国际分工的表现

形式,两者之间存在着密切的联系,具体表现在以下几个方面。

（一）都必须坚持平等互利的原则

无论是开展国际经济合作,还是从事国际贸易活动,有关当事方在相互之间的经济交往中,都不能把不公平或不平等的条件强加给任何一方,而必须在平等互利的基础上通过充分协商,兼顾各方的权益,使各方都有利可图、互惠互利。

（二）都是国际经济交往的重要形式

国际经济合作与国际贸易是各国和各地区参与国际分工、获得比较利益的重要手段,它们都需要在国际市场上进行交换,都受到国际通行惯例与准则的制约和调节。

（三）都与生产要素禀赋有关

生产要素禀赋决定了国际经济合作中各种生产要素的组合形式和结构类型。同时,生产要素禀赋也决定了国际贸易中不同国家或地区参与交换的商品种类、数量和结构。在国际经济合作中,合作各方以自己占优势的生产要素直接参与合作,共同生产商品和服务；在国际贸易中,各国（地区）利用自己相对占优势的生产要素生产商品,通过商品的国际交换实现生产要素间接转移,获得比较利益。

（四）在现实的经济活动中常常结合在一起进行

如国际经济合作方式中的补偿贸易、承包工程都与国际贸易结合进行。比如,技术转让、直接投资等也往往与国际贸易连接在一起,构成国际经济合作与国际贸易两种业务交织的综合性国际经济合作活动。国际经济合作与国际贸易的总关系是相互替代、相互补充、相互促进和共同发展。

二、国际经济合作与国际贸易的区别

虽然国际经济合作是国际贸易领域的一个分支,两者之间存在着非常密切的联系,但两者也存在一些区别,具体表现在以下几个方面。

（一）研究对象不同

从学科设置的视角来看,国际贸易主要研究国际商品流通的特点和规律,即生产要素在国际间接流通的特点和规律,研究的重点是商品的进出口,属于流通领域的范畴。国际经济合作则主要研究生产要素在国际直接流动和重新组合配置的特点与规律及其协调制,研究的重点是生产领域内的直接协作。国际经济合作是各国侧重在生产领域方面的合作,而国际贸易则是各国侧重在流通领域中开展的经济往来活动。

（二）业务程序与业务进行方式不同

国际贸易的业务程序,往往是一笔商品交易经过洽谈、成交和签约后,卖方合同要求的商品品质、规格和数量及时交货；买方则按合同规定及时支付货款。双方完成交货与付款责任,这笔交易即告结束。国际经济合作则完全不同,一个项目在开始合作前,要根据项目的特点共同研究与选择适当的合作方式；交易达成后,合作各方需要在一段较长的时间内进行协作并发生经济往来；有的项目必须组成一个联合性质的经济实体,参加合作的各方对项目的经营成败有着共同的利害关系,因此,有的项目要求共同管理、共担风险和共负盈亏。

业务进行方式的不同主要表现在以下几个方面。

（1）国际贸易都是买断和卖断的行为，所需时间一般较短。当交易达成后，买方收货付款，卖方交货收款，买方与卖方的关系即告结束。而在国际经济合作业务中，各方需在一段较长的时期内进行合作和发生经济往来，直到合同规定的合作期满或项目完成为止。

（2）国际贸易的方式比较简单。商品贸易的谈判签约内容相对比较简单，成交较快。而国际经济合作业务的内容一般都比国际贸易复杂，合作方式多样，合作项目的风险也较大，因而谈判成交时间长、难度大。

（3）国际贸易的作价比较容易。国际贸易在价格和支付条款方面都有国际市场行情和国际惯例可供参考；而国际经济合作项目的价格构成、计算方法以及支付方式等都要比商品贸易复杂得多。

（4）国际贸易的表现形式一般是各种各样的合同，而国际经济合作一般表现为各种各样的项目。虽然项目中包含合同，但是项目的范围比合同广，除了包括合同外，还包括项目建议书、项目可行性研究报告与项目章程等。

（三）业务周期的长短不同

国际贸易从洽谈、成交、签约到交货收汇的时间一般在 1 年以内。而国际经济合作的项目周期一般都比较长，内容也比国际贸易更为复杂，从谈判、签约到合同执行完毕，通常需要花费较长的时间，一般在 1 年以上，有的甚至长达数十年。

（四）对各国国民经济所起的作用不同

国际贸易主要是通过商品的进口和出口，使参加国获得稀缺资源，或者通过比较利益节约生产要素的耗费，它不能直接影响参加国科技水平和生产力，不能直接解决参加国的资金短缺，因而对参加国国民经济发展的促进作用比较有限。而国际经济合作则是合作各方在生产领域的直接合作，由于涉及许多生产要素，渗透到合作者的生产领域，通过资本、技术、劳动力和土地等生产要素的转移，直接促进参加国技术水平的提高和生产力的发展，并可以缓解一国经济建设时的资金紧张状况，因此对参加国国民经济的发展将产生全局性的重大影响。

第六节　国际经济合作的新发展

国际经济合作的发展历程并不是一帆风顺的，而是一直处于竞争、矛盾、协调、合作的错综复杂的状态中。于是，可以将当代国际经济中的这种矛盾、冲突和协调总结为竞争—矛盾—冲突—合作的 4C 规律。因为任何一种国际行为都反映了其行为主体所要追求的特定价值利益和目标。在实现这些价值利益和目标的过程中，该行为主体必然会遇到其他行为主体的支持或反对，它们之间就难免会发生矛盾或冲突。第二次世界大战后世界经济发展的客观现实证明，不仅在社会制度不同的国家之间会产生矛盾和冲突，在社会制度相同的国家间也会产生矛盾和冲突。然而，一方面，虽然国家间的矛盾与冲突是客观存在的，但这并不排除国家间和平共处和开展经济合作的可能性。另一方面，合作与矛盾冲突也不是一成不变的，有时合作可能会产生矛盾或冲突，冲突也可能导致新的合作。这就要求我们在对外经济交往和国际经济合作理论研究中始终坚持两分法，既看到世界经济相互依赖、相互依存的发展趋势，又看到当前世界经济中仍存在各种各样的矛盾和冲突，合作不忘斗争,以斗争求合作。

20 世纪 90 年代至今,经济全球化的发展和高科技革命的浪潮对传统的国际经济合作产生了深刻的影响,这种影响至今仍然在继续。当代国际经济合作的发展具有以下特点。

一、当代国际经济合作的发展与当代世界经济的发展变化相适应

第二次世界大战后,世界经济的发展呈现出一些新的特点:科技进步,尤其是信息技术的发展,成为推动世界经济发展的主导力量;国际分工在深度和广度上都有了巨大的推进;国际资本的流动对世界经济的发展产生着越来越重要的作用;世界经济贸易区域化、集团化大为加强;经济走向全球化、知识化等。为了与这种变化了的世界经济形势相适应,各国必须采取扩大与其他国家、国家集团、区域性经济组织、国际经济机构联系的政策,必须把引进国外先进技术置于十分重要的地位,必须采取鼓励吸收国外资金的政策。可以说,国际经济合作的发展是各国适应已经发展变化了的世界经济形式的产物,同时,国际经济合作的发展又成为推动世界经济发展的强大动力。

二、当代国际经济合作的发展以现代科学技术为基础

第三次科技革命一方面大大推动了社会生产力的发展,另一方面刺激了各国对科技投资的增加。各国经济的发展需要大量先进、复杂的技术和设备,导致任何一个国家都不可能完全依靠自己的力量单独完成众多耗资巨大、依靠各种新技术的研究和发展项目。与此同时,企业认识到分工可以提高生产效率。这就迫使各国在科学研究、大型生产项目投资等方面进行广泛的经济合作。美国的波音 747 飞机共有 450 万个零件,它是由 6 个国家、1.1 万家大企业协作生产的。奔驰汽车的海外零部件供应商有 5 万多家,IBM 公司的零部件有 70% 来自海外。现代化的大工业生产要求最佳规模以降低成本和提高劳动生产率。例如汽车制造流水线的最佳规模为年产 120 万辆,合成氨或乙烯生产的最佳规模为年产 30 万吨。这对于一个小国来说,无论从资金、技术还是劳动力各方面来看都不是力所能及的,更不用说其市场容量了。因此,一些国家必须同其他国家进行经济合作以实现规模经济效益。所以说,现代科学技术的发展和现代化大工业生产要求世界各国进行经济技术领域的广泛合作。

三、国际经济合作的方式日益多样化

第二次世界大战后,随着经济生活国际化的不断加深,各种新的国际经济合作方式纷纷被创造出来,如 BOT 投资方式、有组织的集体性质的国际劳动力转移、承接国外的加工和装配业务、以产品偿还机器设备的补偿贸易、向外国客户出租仪器设备、购买外国发明的专利技术的使用权、联合研究与开发新技术或新产品、对外进行国际咨询业务、合作开发资源、特许权经营、对外发行债券和设立基金、购买外国股票、设立科学园区(经济技术开发区、出口加工区、经济特区、自由贸易区)等。而且,各种合作方式往往交织在一起,你中有我,我中有你。

四、国际经济合作的范围日益扩大

不但发达国家与发达国家之间进行经济合作,发达国家与发展中国家、发展中国家相互之间、沿海国家与内陆国家之间、大国与小国之间,均有着广泛的经济合作关系。开展区域性经济合作的组织更是数不胜数。2010年1月1日,中国—东盟自由贸易区(China-ASEAN Free Trade Area,CAFTA)正式全面启动。目前来看,中国—东盟自由贸易区是世界人口最多的自贸区,也是发展中国家间最大的自贸区。

各个国家集团和区域性经济组织在大力发展集团内部国家之间的经济合作关系的同时,也注意发展集团间的经济合作,如东盟和中国、日本、韩国的"10+3"合作,又如参加亚欧会议的亚洲国家和欧洲国家之间的合作。

五、国际性经济组织在国际经济合作中发挥越来越重要的作用

第二次世界大战后建立或完善的一些重要国际经济机构在国际经济合作中起着十分重要的桥梁作用和协调作用,如国际货币基金组织(International Monetary Fund,IMF)、世界银行(World Bank)、世界贸易组织[前身是关税与贸易总协定(General Agreement on Tariffs and Trade,GATT)]、联合国工业发展组织(UNIDO,以下简称"工发组织")、联合国贸易和发展会议(UNCTAD)、世界知识产权组织(WIPO)等。它们为多边国际经济合作提供资金、技术和技术服务,制定有关国际经济合作的规章制度,讨论和解决有关的争端,为发展中国家提供经济技术帮助,承担研究与审议有关国家工业发展的计划和政策等,有力地推进了全球化的国际经济合作。

扩展阅读1.3 《财富》500强企业最新排名

六、跨国公司成为国际经济合作中的主体

富可敌国的跨国公司是当今活跃在国际经济舞台的重要主体之一。它们拥有强大的竞争力,在世界范围进行贸易投资、资源配置,通过补贴、转移定价等各种方式逃避税收、躲避监管,垄断国际市场,获取巨额利润。21世纪以来,伴随着世界经济复苏以及许多产业复兴,全球跨国公司经营规模不断扩大,其总体盈利情况十分明显。

由于跨国公司力量的日益膨胀,尤其是发达国家的跨国公司往往凭借其雄厚的资金和先进的技术,对发展中国家的生产和销售进行直接或间接的控制,有的采取非法手段逃避所在国海关、税务及外汇管理机构的监管,从而损害东道国的利益,这已成为国际经济合作中一个值得重视的问题。对此,发展中国家正在积极研究和采取对策来反击跨国公司的控制。

七、以中国为主导的大国外交通过"一带一路"倡议促进全球国际经济合作

"一带一路"倡议深刻诠释了人类命运共同体的理念,体现了中国作为世界大国的责任与担当。"一带一路"沿线经济体的资源禀赋各异,经济互补性较强,彼此合作的潜力和空间很大。其以政策沟通、设施联通、贸易畅通、资金融通、民心相通"五通"为

主要内容。"一带一路"倡议引领中国主动融入国际经济合作新格局：第一，发挥中国经济与产业发展的新比较优势。第二，拉动中国经济新常态下的新增长，调整重构中国在全球价值链分工体系中的地位。第三，输出中国技术和标准，为从中国制造到中国创造再到中国标准独辟蹊径。第四，需要创新更多地以资本为引领的全要素合作方式。第五，"一带一路"新增了一条有效的陆路资源进入通道。

中国参与区域经济合作的历程与成果

复习思考题

1. 什么是国际经济合作？怎样理解国际经济合作的五点内涵？
2. 国际经济合作包含哪些类型与方式？请分别举例说明。
3. 试述国际经济合作发展动因与作用。
4. 试述国际经济合作与国际贸易的区别和联系。

即测即练

第二章

国际经济合作产生的相关理论

学习目标（teaching objectives）

引导学生通过学习国际经济合作的相关理论，使其能够达到以下几点要求：

1. 重点掌握生产要素国际移动理论、区域经济一体化理论；

2. 掌握国际直接投资理论；

3. 了解国际相互依赖理论。

关键概念（key concepts）

生产要素国际移动（international movement of factors of production）

比较优势理论（theory of comparative advantage）

国际相互依赖理论（theory of international interdependence）

需求相似理论（theory of preference similarity）

关税同盟理论（theory of customs union）

贸易创造效应（trade creating effect）

贸易转移效应（trade diversion effect）

产业间贸易（inter-industry trade）

产业内贸易（intra-industry trade）

大市场理论（theory of big market）

协议性国际分工理论（theory of international division of labor by agreements）

 开篇案例

中国特色国际合作理论与实践研究

研究"国际合作"问题就是研究人类自身的生存与发展，其重要性是不言而喻的。但国际合作现象和行为的普遍性与复杂性使理论研究成为一大难题。随着经济全球化、政治多极化、社会信息化、文化多样化的发展，人类文明也进入多层次、多元化、多问题碰撞交融、竞争合作的阶段，单一或局部的、简单的方式已经无法解决世界所面临的动态性、开放性、复杂性以及系统性的发展问题。在多元全球化加速发展的进程中，人类的命运越来越紧密地联结在一起，寻求合作将会更加不以人的意志为转移。

从全球的视野和胸怀去理解"合作"已经成为理论与实践的迫切需要，"合作"理应成为当今世界"大理论"视阈中的世界观和方法论。尽管现实主义者看到的是世界之

乱与大国冲突的种种现实,但人类终究是向前看的"智慧生灵",需要以非凡的勇气、足够的"智慧"走出冲突的困境。冲突与合作是一个可以相互转化的统一体,只要有解决冲突的架构,就会有合作的基础。实践构成了人类社会向前发展的根本逻辑。如何以"大合作"的实践形式走向未来是当代世界面临的共同课题。问题驱动发展转型,危机生成发展共识。当人类社会面临共同的发展难题时,如何促进人类对全球发展问题进行理性思考和深刻反思,将决定人类的未来走向。如果国际合作世界观、国家能力与国际制度三个变量系统之间形成良性互动,在实践层面的增量改进与优化的共同作用下,实现国际秩序和谐化的可能性要素就会不断积累增加。"霸权稳定"的终结与新的"合作稳定"秩序的产生将不可避免,代替旧有观念的,将是新的"合作文明"的实践与真正"命运共同体"的实现。

具体而言,就是从马克思主义整体性方法出发,以系统化理论框架解释中国特色国际合作的实践。探求建立在"实践"基础之上的三个基本变量因素,即"世界观—能力—制度"在多大程度上影响国际经济合作。中国与世界的良性互动关系是怎样影响国际体系的变动,促进世界走向和平发展的历史进程这一规律。中国特色国际合作理论建构的最终目的是从复杂的国际经济合作现象中发现合作的"中国逻辑"与"中国特色"。

资料来源:成向东.中国特色国际合作理论与实践研究[D].兰州:兰州大学,2021.

第一节　传统的国际经济合作理论

经济理论的产生往往源于对经济现象的解释,也就是从逻辑上更严密地回答为什么会出现这样的经济现象这一问题。类似地,国际经济合作理论的产生同样是为了更合理地解释国际经济合作现象存在的原因。

国际分工是指生产的国际化分工。国际分工是国际经济合作的基础,也是社会分工从一个国家(地区)内部向外部延伸的结果,是社会生产力发展到一定阶段的产物。伴随着国际分工的发展,相关的国际分工理论也在不断地发展变化,开始对国际分工的新现象加以解释,并试图预测国际分工的发展趋势。作为世界经济的组成部分,国际经济合作是国际分工发展到新阶段的产物,是生产力发展到一定水平的标志。

一、传统的国际分工理论

15 世纪至 16 世纪的地理大发现促进了国际分工的出现。早期的国际分工理论与国际贸易理论相联系,就国际分工产生和存在的必要性作出了最初的有益探索。长期以来,指导国际分工从而说明对外贸易的基本理论是比较优势理论。早期国际分工理论以亚当·斯密(Adam Smith,1723—1790)的绝对优势理论和大卫·李嘉图(David Ricardo,1772—1823)的比较优势理论为代表,这两种理论分别通过国家之间的绝对优势和比较优势来说明国际分工产生与存在的必要性。

(一)绝对优势理论

绝对优势理论是由英国古典经济学家亚当·斯密在其代表作《国民财富的性质和

原因的研究》(又称《国富论》)中提出的,是最早的国际分工理论。该理论认为,国际贸易产生于各国之间商品生产成本的绝对差别,国际贸易可以实现国际分工,各国在分工中分别生产具有绝对成本优势的商品,然后进行国际贸易,参加贸易的国家都可以从中获得绝对利益。因此,亚当·斯密赞扬国际分工,提倡自由贸易;认为国际分工会提高各国劳动生产率,而自由贸易会引起国际分工;各国按照各自有利的条件进行分工和交换,将会使各国的资源、劳动力和资本得到最有效的利用,从而给各国带来绝对的利益。但斯密忽略了一点,即并不是每个国家都具有绝对优势。按照斯密的理论,那些不具备任何绝对优势的国家将被排除在国际贸易领域之外,但事实并非如此。因此,斯密的理论不能完全解释国际分工产生的原因。

(二) 比较优势理论

比较优势理论是 1817 年由英国古典经济学家大卫·李嘉图在他的著作《政治经济学及赋税原理》中提出的。比较优势理论可以追溯到亚当·斯密创立的绝对优势理论,这一理论发展了亚当·斯密的绝对优势理论。李嘉图认为,即使一国劳动生产率处于绝对劣势,而另一国处于绝对优势,只要某国生产的一种产品与另一种产品相比较具有相对优势,就可以利用这种比较优势参与国际分工,两国仍可以进行国际贸易,从贸易中获得比较利益(比较成本),并且把比较利益作为国际分工的理论基础,即认为两个国家如果按照各自的比较利益进行专业化分工,那么这两个国家就可以通过贸易来实现国民收入的增加和国民福利的增进。

该理论认为各国都存在资源禀赋的差异,每个国家都以自己相对丰富的生产要素进行商品的专业化生产和国际交换,就会处于比较有利的地位。比较优势理论的着眼点是一个国家产业的比较优势,各国按照比较利益原则加入国际分工,从而形成对外贸易的比较利益结构。发展中国家通常缺乏资本和技术,而具有自然资源、劳动力资源方面的优势,发达国家则具有资本和技术资源方面的优势,因此比较利益的贸易格局必然是:发达国家进口劳动密集型产品和自然资源密集型产品,出口资本密集型产品和技术密集型产品;发展中国家则进口资本密集型产品和技术密集型产品,出口劳动密集型产品。例如,中国的劳动力资源丰富,那么按照该理论,中国就应该主要生产并出口劳动密集型产品,进口资本密集型产品和技术密集型产品,这样整个世界的福利水平都会得到提升。比较优势理论不仅是国际分工理论的重大发展,也对国际投资等国际经济理论产生了深远的影响。

18 世纪和 19 世纪末,先后出现了两次工业革命,机器大工业生产方式的最终确立使国际分工在深度和广度上都达到了空前的水平。在前人探索的基础上,这一时期西方学者对国际分工展开了更为深入的理论研究。其中最具代表性的是赫克歇尔(Eli.Heckscher,1879—1959)、俄林(Bertil Ohlin,1899—1979)的要素禀赋论(H-O 理论)和里昂惕夫反论。

(三) 要素禀赋论

要素禀赋论是以要素禀赋差异为核心的新古典贸易理论。该理论的基本观点是:每个区域或国家利用其相对丰裕的生产要素(土地、劳动力、资本等)从事商品生产,产品成本就会降低,生产就会处于比较有利的地位;若利用其相对稀缺的生产要素从事生产,生产就处于相对不利的地位。国际贸易的直接原因是要素丰裕度的差异造成的产品价格差别,因此,为实现根据生产要素禀赋进行国际分工的利益就应实行自由贸易政策。由此可见,H-O 理论进一步完善了李嘉图的比较优势理论,生产要素禀赋的差异既决定了各国的相对优势和贸易格局,又是进行国际贸易的基本原因。

虽然 H-O 理论对国际分工理论的探讨仍然局限于国际贸易领域,并未涉及生产领域,但是这一理论最有意义的是引入"资源禀赋"这一概念,从生产要素供给的角度分析了国际分工产生的原因。该理论认为,各种生产要素不能相互代替,不同商品的生产对各种要素的数量有着不同的组合要求。根据商品中所包含的要素密集程度,可以将商品划分为劳动密集型商品和资本密集型商品,每个国家都以本国相对丰裕的生产要素从事商品的专业化生产和国际交换而获利。这一思想比较接近地触及了国际经济合作的核心内容,即各经济主体在生产领域中进行的以生产要素流动与重新组合配置为主要内容的经济协作活动。

(四)里昂惕夫反论

根据传统的要素禀赋论,一个国家将生产并出口自己相对丰裕、密集的生产要素所生产的产品,进口自己相对稀缺的生产要素生产出来的产品。在这样的推论下,一般认为,资本充足而劳动力稀缺的美国应该在生产、出口机器设备等资本密集型产品方面具有相对优势,而需要进口劳动密集型产品。但美国经济学家华西里·里昂惕夫(Wassily Leontief,1906—1999)采用投入产出法对第二次世界大战后美国对外贸易发展状况进行分析后却发现,美国进口的是资本密集型产品,出口的是劳动密集型产品。这与要素禀赋论刚好相反。由于要素禀赋论已经被西方经济学界广泛接受,因此,里昂惕夫的结论被称为"里昂惕夫之谜"或"里昂惕夫反论"。

1953 年,里昂惕夫在费城的美国哲学协会上宣读了题为《国内生产与对外贸易:美国资本状况的重新检验》的论文。该论文根据 1947 年美国公布的数据资料,将 200 个行业归纳为 50 个部门(其中 38 个部门的产品是直接进入国际市场的),并制定出"投入—产出表"进行一系列的计算。美国出口品所需的资本比进口替代品约少 16%,出口品所需劳动比进口替代品多 7%～8%。对此,里昂惕夫认为,美国平均每 100 万美元的出口与国内生产等量的进口替代品相比较,在出口中包含较少的资本和略多的劳动,说明美国参加国际分工是以劳动密集型产业的专业化为基础,即美国进行对外贸易的目的在于节约其资本而处理过剩的劳动。里昂惕夫指出,过去广泛流行的美国经济的特征与世界其他地区相比是资本相对有余而劳动相对短缺的看法已被证明是错误的。

后来,里昂惕夫根据 1951 年的材料,对 1947 年的计算结果进行了复核和修正,在 1956 年提出了第二个研究报告,题为《生产要素比例与美国贸易结构的进一步理论和经验分析》,结果仍发现美国进口替代品所占有的资本高于其出口品约 6%,如果把投入—产出系数中的资本替代也考虑在内,则高出 17.57%,里昂惕夫反论依然成立。

二、国际相互依赖理论

关于国际相互依赖的定义,联合国国际货币基金组织的刊物《金融与发展》是这样表述的,"一个国家的经济情况将因其他国家发生的事件而受到影响;一个国家要做的事情,在一定程度上取决于其他国家的行动和政策"。这一表述说明,国际经济相互依赖意味着任何一国的经济发展都会受到其他国家的行为和政策的影响。依据这一表述,我们认为,国际相互依赖是指国家之间或其他国际行为主体之间广泛的、一般的相互影响和相互制约关系。国际相互依赖所涉及的范围,既包括国家之间在政治、军事、经济方面的相互依赖,也包括广泛的社会生活领域的相互依赖,其中经济方面的相互依赖最为突出,是整个国际相互依赖关系的基础。

关于国际相互依赖理论的研究是从 20 世纪 50 年代末 60 年代初开始的,当时的研究主要集中在发达国家间的相互依赖关系,最典型的是当时的欧共体。20 世纪 70 年代,相互依赖理论有了新发展,研究领域扩展到发达国家与发展中国家之间的相互依赖关系。1968 年,美国经济学家理查德·库玻(Richard N. Cooper)出版了《相互依赖的经济:大西洋社会的经济政策》一书,集中反映了西方学术界对国际经济相互依赖的理论研究成果。

1970 年,美国学者罗伯特·基欧翰(Robert Keohane)和约瑟夫·奈(Joseph Nye)提出了复合相互依赖理论。他们对经济自由主义者盲目乐观的"依赖引发和平"的观点进行了批判和修正,他们认为,当代世界已与现实主义描绘的受权力支配的世界不同,是一种"复合相互依赖"关系的社会。他们发明了"敏感性"和"脆弱性"两个重要概念,成功地解释了国际关系中各国权力的转换。1977 年出版的由罗伯特·基欧翰和约瑟夫·奈合著的《权力与相互依赖》一书更是被推崇为"每一个国际关系学者都应时时翻阅的书籍",标志着新自由主义国际关系学派挑战(新)现实主义理论霸主地位的开始,构成了新自由制度主义兴起的理论基石。

有关学者常常使用比较复杂的数学模型对此进行定量的研究和分析。一是国际贸易增长率与 GDP(国内生产总值)增长率之比,反映国民经济对国外市场的依赖程度;二是出口贸易额与 GDP 之比,即出口依存度,反映对国外需求的依赖程度;三是国际资本流动量与 GNP(国民生产总值)之比,国际资本流动的规模和速度不断上升,则加速了国际经济的相互传递和依赖。世界各国经济贸易相互依赖可以表现在不少方面,具体的主要有经济贸易结构的相互依赖、经济贸易目标的相互依赖、经济贸易政策的相互依赖、经济贸易干扰因素的相互关联。

第二次世界大战后兴起的"依附"论观点曾引起国际上较多的争论,"依附"论中以阿根廷学者劳尔·普雷维什(Raul Prebisch,1901—1986)的"中心—外围"理论最为著名。早在 1944 年,他就在布宜诺斯艾利斯大学的课堂上第一次提出了"中心—外围"的概念。1949 年 5 月,普雷维什向联合国拉丁美洲和加勒比经济委员会(简称"拉美经贸会")递交了一份题为《拉丁美洲的经济发展及其主要问题》的报告,系统和完善地阐述了他的"中心—外围"理论。这一理论把世界分为两大部分:一部分是发达资本主义国家("中心"国家),另一部分是发展中国家("外围"或"边缘"国家)。"中心"国家在社会经济方面都有许多优势，而"外围"国家在社会经济方面都居于劣势地位。"中心"国家和"外围"国家之间存在根本上的不平等关系，前者越来越富，后者越来越穷。"外围"国家在经济上处于依附"中心"国家的不利地位，社会生活条件日趋恶化。

这一理论指出，当前国际上存在许多不合理的经济秩序和贸易规则，为争取在公平、合理的环境下参与国际贸易和国际竞争，修改不合理的贸易规则并参与制定新的贸易规则，发展中国家必须团结起来，争取建立国际经济新秩序，为本国经济发展创造一个良好的外部条件，但是，该理论忽略了一个重要问题，这就是发展中国家自身的力量。应该说，外因是变化的条件，内因是变化的根据，虽然国际经济贸易中确实存在许多对发展中国家不利的因素，但这并不是因为它们参与了国际经济活动，而是这些国家内部的经济结构和运行机制不能适应经济发展的需要。对于发展中国家来说，必须加强本国经济体制的改革，提高竞争能力，依照比较优势原则，利用本国一切可利用的因素，积极发展对外经济贸易合作。

从相互依赖的传导机制来看，许多国家在经济上的依赖程度往往因传导机制的推动而日趋加深，所以，有些学者针对传导的渠道或方式、作用机制和实际后果做了一些理论探索。例如，两国不仅可以通过进出口贸易，而且能够经由直接或间接投资、金融往来、技术交换、劳务流动、经济援助、本币汇率变动等诸多渠道，提高相互的经济依赖程度。在经济全球化不断深入的背景下，所有属于开放型经济体系的国家都会明显加深对外部经济世界的依赖程度。

三、结构需求理论

瑞典经济学家斯戴芬·伯伦斯坦·林德（Staffan B. Linder）从需求角度对"北—北贸易"和部门内贸易作出了解释，于 1961 年在其论文《论贸易和转变》中提出了结构需求理论。结构需求理论，又称需求相似理论（theory of preference similarity）、偏好相似理论（preference similarity theory）或重叠需求理论（overlapping demand theory）。结构需求理论成立的前提条件是：①国内生产的产品有富余，有能力向国外出口产品；②两个国家的偏好相似，需求结构接近，或者说需求结构的重叠部分越大，两国间的贸易量就越大；③两国人均收入水平相近，需求结构相似，需求重叠部分越大，两国间的贸易量就越大。

在此基础上，贸易按照以下流程进行：一国人均收入水平提高→对工业制成品尤其是奢侈品的需求增加[恩格尔定律（Engel's Law）]→带动本国工业制成品的产量增加，结果使产量的增加超过了需求的增长，从而有能力出口。对于这类产品，只有收入水平相近的国家才会有较多的需求，因而出口对象国是收入水平相近、需求相似的国家，这样就使得两国间贸易量增大。

结构需求理论与要素禀赋论各有其不同的适用范围，要素禀赋论主要解释发生在发达国家与发展中国家之间的产业间贸易（inter-industry trade），即工业品与初级产品或资本密集型产品与劳动密集型产品之间的贸易；而结构需求理论则适用于解释发生在发达国家之间的产业内贸易（intra-industry trade），即制造业内部的一种水平式贸易。因此，结构需求理论是对要素禀赋论的发展和完善。林德提出并将其发展的结构需求理论主要是用于分析自然资源和工业品的出口。林德对于自然资源贸易的解释是根据俄林与赫克歇尔的要素禀赋论,因此,结构需求理论仅仅对工业品贸易的解释具有创新意义。

林德在结构需求理论中将对外贸易领域分为潜在的和现存的这两个领域。对于潜在的出口产品,他认为,产品的国内需求量和这种产品在国内市场增长边界对产品的出口潜力有决定性的作用。他的理论出发点是:这种产品首先在国内进行生产销售。对此他给出了三个合理的理由:①一个企业想满足国外的需求,并且这个需求在国内还不存在是不可能的,因为这个企业没有关于国外的详细信息。②革新和发明通常都与企业所处的环境有关,因此革新首先是在国内开始进行。③在生产初期,为了获得有效而便宜的信息进行交流,在产品的试销过程中,商品和消费者之间的紧密联系是非常有必要的。这些条件在国内市场环境中是最有可能实现的。

如果国内的市场已经没有潜力可挖,林德认为企业将把活动空间扩展到国外。这个时候企业开始考虑产品应该出口到哪些国家。潜在的进口国主要是那些与出口国有相似需求结构的国家。并且林德将人均收入作为需求结构是否相似的衡量指标。他认为,两个国家的需求结构越相似,工业品潜在的对外贸易越有可能。

除了对潜在的对外贸易分析之外,他也论述了对外贸易的现实领域。他认为,促进工业品出口的因素有:①全球范围内垄断性的产品供应结构;②与国内、国外竞争对手相比拥有生产要素采购和加工的优势;③与国内外同行相比拥有先进的技术;④更好的管理水平;⑤通过大批量生产拥有成本的优势。

结构需求理论指出了许多影响对外贸易发生的因素,同时也给企业的领导提供了许多出口战略思维,如要想增加出口,同业垄断地位应是企业不断追求的目标。另外,从企业内部来讲,在采购方面、生产方面和技术方面以及管理方面的优势能导致成本的优势及规模经济效应;从企业的外部来讲,国内需求的结构及增长、进口国的政治文化、关税及贸易限制也影响着企业出口决策的实施。

第二节　生产要素国际移动理论

一、生产要素的内涵

生产要素在世界各国之间所进行的直接移动,是国际经济合作活动的实质内容,对各国资源的合理配置以及产业结构调整有着极大的促进作用。生产要素又称生产因素,是指进行社会生产经营活动时所需要的各种社会资源,是人们在生产过程中必须具备的一般条件。最早提出生产要素这一概念的是法国经济学家让·巴蒂斯特·萨伊(Jean Baptiste Say,1767—1832)。笼统地说,它指的是人类为满足自己的物质需求、精神需求而从事产品、服务生产过程中所必备的一切投入,即构成复杂的社会生产力系统的诸多因素。

对于生产要素的类型,从生产要素的存在形态来看,可以划分成有形要素、无形要素以及综合要素;从生产要素在生产过程中所发挥的功能看,又可以划分成资本、劳动力、土地(含自然资源)、技术、信息等。生产要素的国际移动包含两种意义：从狭义的角度讲，生产要素的国际移动仅指生产要素以国际经济合作的形式在各国间所进行的直接流动；从广义的角度讲，除了生产要素的直接移动以外，生产要素的国际移动还应包括生产要素以商品为外化形式而在国际上所展开的间接移动(即商品的输出入)。

二、生产要素国际移动理论的产生与发展

生产要素国际移动理论出现于 20 世纪 30 年代，但其理论渊源则可上溯到 18 世纪的古典政治经济学。在 1776 年出版的《国民财富的性质和原因的研究》中，亚当·斯密提出了绝对优势理论。按照他的观点，在由两个国家和两种商品所构成的所谓"2×2 模型"中，若两国各自在一种商品的生产效率上具备优势，而在另一种商品的生产效率上处于劣势，则通过商品生产的专业化以及相互间的商品交换，两国皆可获得绝对利益。决定商品优劣势的根本原因在于各国在商品生产的劳动成本上存在着差异，因而认为只有能生产出成本绝对低的产品才有可能进行国际交换。1817 年，大卫·李嘉图在其《政治经济学及赋税原理》一书中提出了比较优势理论。其主要观点是：即使一国在两种商品的生产上都具备优势或者皆处于劣势，也可通过国际的生产专业化以及商品交换而获得所谓比较利益，即生产和出口优势较大或者劣势较小的商品，进口优势较小或者劣势较大的商品。

到了 20 世纪上半叶，经赫克歇尔、俄林、萨缪尔森等人所提出、发展及完善的要素禀赋论，在批评、继承比较优势理论的基础上，提出了如下观点：人类进行商品贸易的基本单位是区域，而国际贸易理论则是区域贸易理论的延伸和应用。产生区域间贸易的必要条件在于产品相对价格上存在着差异，产生这种差异的基本原因在于各国的劳动生产率不同；而区域间能够形成商品贸易的充分条件在于各国的商品在直接可比较的绝对价格上存在着差异，这种差异起因于各国在生产同种商品时所具备的要素禀赋条件不同。参与国际贸易的各国应当生产和出口那些本国要素禀赋充裕的产品，进口那些本国要素禀赋稀缺的产品。可以看出，要素禀赋论与比较优势理论既有一些相似之处，又有一些不同。两者都把商品贸易产生的根本原因归于商品生产中的劳动生产率差异，但是比较优势理论认为决定商品生产成本的因素只有劳动力，而要素禀赋论认为影响商品生产率差异的是一切可列入要素的生产性投入物。参考要素禀赋论，可以促使参与国际经济交往的各国更加合理地对本国所拥有的生产要素加以配置和利用，使产业结构和出口产品结构、输出要素结构趋于合理，扬长避短，以国际贸易和国际经济合作为手段，提高本国的经济效益，获得更多的产品和服务，以满足人们的物质需求和精神需求。

三、新要素理论

在第三次科技革命浪潮的推动下，世界经济得到了飞速的发展，同时对国际分工也产生了革命性的影响，出现了以新要素理论为代表的国际分工的新理论。下面将侧重介绍其中的人力技能要素理论、研究开发要素理论(R&D 理论)、技术进展理论以及信息贸易理论。

（一）人力技能要素理论

西方经济学家认为，国家之间在劳动要素生产率上的差异，从实质上看是人力技能的差异。因此，人力技能也应该是一种生产要素，而且是越来越重要的生产要素。由于人力技能是人力投资的结果，所以人力技能又称人力资本。主张人力技能要素的经济学家提出了人力技能要素理论。人力技能是指人的劳动技术熟练程度，是通过储蓄和投资形成的，实际上也可以看成是人力投资。人们通过对劳动力进行投资（如教育、职业培训、保健等），可以提高劳动力的素质和技能，使劳动生产率得到提升，从而对一国参加国际分工的比较优势产生积极作用与影响。该理论认为，一个国家只有重视人力投资，提高人力技能，才能产生新的比较优势。

（二）研究开发要素理论

一些西方经济学家在注重技术要素作用的同时，进一步研究了推动技术进步的形式、途径及其与贸易的关系，提出了研究开发要素理论。研究与开发要素是指经济发展过程中用于研究与开发的各种新项目、新技术、新产品的投资，在实际衡量中多用开发经费占销售额的比重来计算。研究开发要素理论强调研究与开发作为新生产要素对于国际贸易比较利益的重要作用，认为雄厚的资金、丰裕的自然资源和高质量的人才是从事研究开发的必要条件，而市场对新产品的需求是实现研究与开发产业化的基础，研究与开发密集度高的产品就是知识密集型或技术密集型的产品。

（三）技术进展理论

技术进展理论认为，技术是过去对研究与开发进行投资的结果，也可以作为一个独立的生产要素。技术进展同人力技能、研究与发展等要素一样，也决定着一国的生产要素禀赋状况及其在国际贸易中的比较利益。由于该理论是在上述理论的基础上发展起来的，所以强调技术进展对国际贸易比较优势的决定作用，实际上也是强调研究与发展要素的作用。

（四）信息贸易理论

中西方经济学家认为，在现代经济生活中，企业除了需要土地、劳动和资本等传统生产要素外，也越来越离不开一个新的要素——信息。信息是来源于生产过程之外，但能作用于生产过程并带来利益的一切信号的总称。信息要素有别于其他传统生产要素，它是能够创造价值并进行交换的一种非物质资源。随着市场在世界范围内的拓宽以及各种经济贸易活动的日益频繁，社会每时每刻都产生着巨量的信息。这些信息在不同方面、不同程度上影响着社会的经济活动，也影响着企业的经营决策和行为方式，甚至决定企业的命运。

四、生产要素国际移动的因素

（一）生产要素禀赋在各国之间的差异性

生产要素禀赋指的是世界各国对于各种生产要素的持有和控制状况，自然地理条件的不同、社会政治经济因素的不同，是造成各国在生产要素禀赋方面各不相同的内在因素。正是因为生产要素禀赋存在差异，生产要素才得以在国际上移动。具体而言，其主要表现在资本要素差异、劳动力要素差异、技术要素差异、土地要素差异、经济信息要素差异以及经济管理要素差异上。

（二）生产要素的国际市场机制

生产要素的国际市场为要素的跨国界流动提供了条件与动力。从市场角度来划分，国际生产要素市场分别属于如下几种类型：完全竞争市场、完全垄断市场、垄断性竞争市场以及寡头垄断市场（图 2-1）。在不同类型的市场中，买卖双方的行为方式不同，可能直接导致生产要素的移动在特点上存在着很大差异。

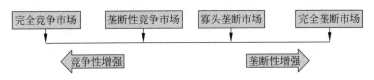

图 2-1　不同类型市场与垄断和竞争之间的关系

1. 完全竞争市场

这种市场的特征在于：

第一，供给或者需求的生产要素完全同质，供给者对于需求者或者需求者对于供给者都一视同仁、概不歧视。

第二，生产要素的供给者或需求者的数量无限多，个人的销售量或购买量仅占总供给或总需求的极小一部分，因此，个人无法影响总成交的量和价格。

第三，生产要素的供给者和需求者都可以自由地出入市场，因而，在这类市场中，任何单个买方或者卖方都无法通过操纵生产要素成交量和价格以求得额外的利益。

2. 完全垄断市场

这类市场可从买方和卖方两个角度来分析。卖方或买方完全垄断市场主要特征在于：

第一，市场上只有一个生产要素供给者或者需求者，因而生产要素供给量或者需求量的大小完全取决于其个人的行为，因此，其个人的供给量或者需求量就是市场上的总供给量或者需求量。

第二，该生产要素具备特殊的、难以为其他生产要素所代替的性质。

第三，垄断性生产要素供给者或者需求者可独自决定生产要素的价格。

第四，根据自己利益的需要，生产要素供给者或者需求者会在不同的市场中制定不同的价格，以求得整体利益的最大化。

3. 垄断性竞争市场

这一类市场介于前面两类极端市场之间，并且同时具备前两类市场的某些特征。卖方或者买方垄断性竞争市场的主要特征在于：卖方或者买方的数目非常多以致对各自的竞争者产生影响，这一点与完全竞争市场相似；然而每一个卖方或者买方所供给或需求的生产要素性质相似但不相同，其他生产要素可部分而非完全地代替它，这一点显然又与完全垄断市场相似。在现实中，大多数的生产要素市场属于这种类型。

4. 寡头垄断市场

寡头垄断就是极少数几家企业控制或左右整个行业，市场新竞争者难以进入寡头行业，其原因在于已有的寡头企业拥有巨大的知识资产垄断优势、可观的内部规模经济效益,以及为新企业有意设置进入障碍。在现实经济中,生产要素国际移动的突出力量是寡头企业,涉及的产业主要集中于钢铁、铝、石油等无差别产品行业和汽车、家用电器等差别产品行业。

在竞争激烈的国际要素市场中,不管是来自卖方还是来自买方的"垄断"因素,既有可能给有关国家造成损失,也有可能给这些国家带来额外的利益。但必须指出,尽管自然资源禀赋不易变更,但其他的一些生产要素,如资本、劳动力、技术、管理等的禀赋状态则可以相对容易地由人为行动加以改善,如通过教育投资可以提高劳动力要素的质量,通过节约可以促使资本要素的形成。因此,各国在根据自己的经济建设、社会发展的需要而开展经济合作时,在输出充裕性要素和输入稀缺性要素的过程中,如何逐渐地、合理地确立自己作为生产要素的买方或卖方所应具备的"竞争性"和"垄断性",确实是一个需要从整个国家的宏观经济角度进行深入思考和周密安排的战略性问题。

(三)各国经济发展水平的不平衡

世界经济发展水平的不平衡是造成国际生产要素流动的宏观因素。在这种宏观背景下,各国生产技术水平的差异、各国人民生活水平的差异以及所造成的生产要素价格在各国市场中的差异,是促使生产要素发生国际移动的直接动因。从各国经济结构角度来分析,各个部门之间、各个产业之间、各类产品生产能力之间的比例在经济发展水平悬殊的国家间会产生不一致,即使在经济发展水平相近的国家间也不会完全一致。

(四)跨国公司的发展和扩大

在生产要素的国际移动过程中,跨国公司所起到的促进作用很重要。由于跨国公司所具备的国际垄断、全球战略和公司内部一体化的三大本质特征,以及它在当代世界经济中日益增强的实力,大部分生产要素的国际移动与跨国公司内部的经营活动密切相关,具体可以从一体化与多样化这两个角度来考察。

1. 一体化

跨国公司所采用的垂直一体化、横向一体化以及混合一体化的经营战略,使得它能够在全世界范围内,从总公司利益的最大化角度出发,在不同国家的子公司或分支机构间进行生产要素的国际转移,这就极大地促进了生产要素的国际移动。

2. 多样化

为了保证利润率的稳定、分散投资风险,大多数跨国公司在保证投资项目能够具备规模经济的前提下,把自己所拥有的生产要素投入尽可能多的国家和地区、产业和部门,这样能够减少或避免由单一国家或地区、单一产业或部门的不确定事件所造成的意外投资损失。此外,在生产要素进行国际移动的过程中,各个有关国家的政府也都实行了不同程度的干预。从干预的目的来看,其分为鼓励性干预和限制性干预两大类;从干预措施来看,主要有行政手段、法律手段、经济手段;就干预的范围来看,则涉及了各种生产要素。尽管政府干预的动机多种多样,然而如果仅就经济动机来考察,政府的一切干预措施应当着眼于鼓励本国充裕生产要素的流出和本国稀缺生产要素的流入,限制本国充裕生产要素的流入和本国稀缺生产要素的流出。

第三节　区域经济一体化理论

20 世纪 50 年代后,国际经济呈现出经济一体化的趋势,在这样的背景下,关于经济一体化方面的理论也层出不穷。区域经济一体化的基本理论主要有关税同盟理论、大市场理论、协议性国际分工理论以及综合发展战略理论。本节主要介绍前三种比较有代表性的理论。

一、关税同盟理论

关税同盟理论是由美国普林斯顿大学经济学教授雅各布·维纳(Jacob Viner)在1950 年出版的《关税同盟问题》一书中提出的。关税同盟理论主要研究关税同盟形成之后,关税体制的变更对国际贸易的静态影响及动态影响。维纳提出的"贸易创造"和"贸易转移"这两个衡量关税同盟实际效果的新概念,使关税同盟理论从定性分析发展到了定量分析。

关税同盟,是指两个或两个以上的国家或经济主体通过达成某种协议,相互取消关税和与关税具有同等效力的其他措施,并建立共同对外关税或其他统一限制措施的经济一体化组织。关税同盟的重要特点是"对内自由,对外保护"。

对关税同盟理论研究最具影响力的是维纳和李普西(R. G. Lipsey)。根据维纳标准,建立关税同盟是否有利,取决于贸易创造效应(trade creating effect)与贸易转移效应(trade diversion effect)的比较。如果贸易创造效应大于贸易转移效应,则建立关税同盟是有利的,反之就是不利的。

关税同盟成立以后会对成员经济体产生静态影响和动态影响。静态影响是指在假定经济总量及技术水平不变的情况下,关税同盟对成员经济体的对外贸易、经济发展以及社会福利的影响。动态影响是指关税同盟对成员经济体的对外贸易及经济增长的长期作用,从而对经济结构产生较大的影响。关税同盟的静态影响包括贸易创造效应、贸易转移效应、贸易扩大效应、减少行政支出以及加强谈判力量。关税同盟的动态影响包括大市场效应、竞争激烈化、吸引第三国投资以及负面影响。

先来看看静态影响中的贸易创造效应。贸易创造是指成员经济体之间相互取消关税以及非关税壁垒所带来的贸易规模的扩大和福利水平的提高。因此,贸易创造效应是一个能够使得贸易从无到有的过程。当关税同盟中一个经济体内部的一些产品被来自同盟的另一经济体的较低生产成本的进口产品替代时,就产生了贸易创造效应(图 2-2)。

假设关税同盟建立以后,全部经济资源都得到了充分的利用,贸易创造就增加了成员经济体的福利,因为关税同盟能够带来比较优势基础上更大程度的产品专业化生产。单纯从贸易创造效应的角度来看,关税同盟同时增加了非成员经济体的社会福利,因为某一成员经济体实际收入增加的同时也将增加从世界其他国家的进口。

贸易转移效应是指关税同盟成立以后,成员经济体之间的相互贸易代替了成员经济体与非成员经济体之间的贸易,从而造成贸易方向的转移。然而,成员经济体从世界上生产效率最高、生产成本最低的经济体进口转向从关税同盟内部生产效率最高、生产成本最

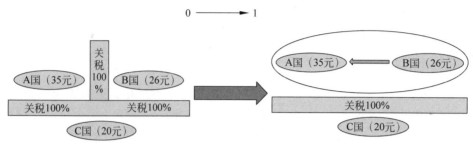

Ⅰ.关税同盟成立以前A国国内生产某产品　　　　Ⅱ.关税同盟成立以后A国从B国进口该产品

图 2-2　贸易创造效应

低的经济体进口。如果关税同盟内部生产成本最低的经济体不是世界上生产成本最低的经济体,贸易转移会减少社会福利(图 2-3)。

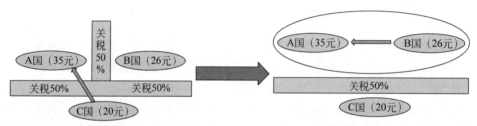

Ⅰ.关税同盟成立以前A国从C国进口某产品　　　　Ⅱ.关税同盟成立以后A国从B国进口该产品

图 2-3　贸易转移效应

　　贸易扩大效应是指当关税同盟成立以后,A 国的消费者购买该产品价格一般会比关税同盟成立前要低。因此,如果 A 国对该产品的需求价格弹性大于 1,则 A 国对该产品的需求就会增加,从而 A 国对该产品的进口数量就会增加,这就是贸易扩大效应。贸易扩大是从需求方面形成的概念,而贸易创造和贸易转移则是从生产方面形成的概念。

扩展阅读 2.1　关税同盟理论的经典著作

　　维纳认为,关税同盟的建立既可能增加也可能减少成员国和世界其他国家的福利,而这取决于产生关税同盟的环境,这就是次优理论。见图 2-4,关税同盟对 A 国的净福利效应=消费者剩余的增加-生产者剩余的减少-关税的减

少。$b+d$ 为贸易创造的福利效应。e 表示贸易转移的福利效应。加入关税同盟后对 A 国是否有利,则取决于贸易创造效应是否能抵消贸易转移效应。对 B 国来说,组成关税同盟后,出口增加,生产扩张;所以加入关税同盟对 B 国有利。对 C 国来说,因贸易转移,其出口减少,所以 C 国福利必然因其贸易规模缩减而下降。因此,关税同盟并不一定能增进社会福利。

　　关税同盟将给成员经济体带来更大的出口机会,从而带来更多的福利(图 2-5)。这对于国内市场狭小的国家尤其具有现实意义。关税同盟建立后,可以减少行政支出。这部分行政支出是指免征关税而减少的政府征税引起的相关费用支出。关税同盟建立后,可以加强谈判力量。同盟的经济力量增强,可以统一对外进行关税减让谈判,这有利于关

税同盟贸易地位的提高和贸易条件的改善。接下来是关税同盟成立以后的动态效应。

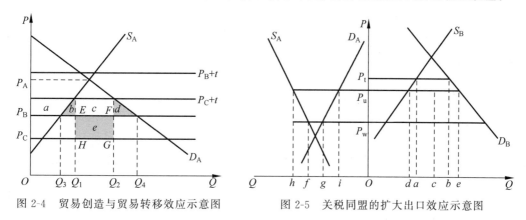

图 2-4　贸易创造与贸易转移效应示意图　　　　图 2-5　关税同盟的扩大出口效应示意图

第一，关税同盟建立之后的第一个动态效应就是大市场效应，大市场效应促进了企业规模经济的实现。

第二，关税同盟的建立促使成员经济体之间的竞争更加激烈，从而形成关税同盟内部的垄断企业，有助于关税同盟企业在第三国市场上与别的企业竞争。

第三，关税同盟的建立有助于吸引来自第三国的直接投资。第三国企业为绕过统一的关税和非关税壁垒，纷纷将资本投向关税同盟内部。

第四，负面影响。一是促成新的垄断形成，可能严重阻碍技术进步；二是拉大成员经济体不同地区间的经济发展水平的距离。

二、大市场理论

提出大市场理论的代表人物是提勃尔·西托夫斯基(1910—2002)和德纽。大市场理论也称共同市场理论，共同市场的目的是把那些被保护主义分割的小市场统一起来，结合成大市场，通过市场内的激烈竞争，最大限度地追求经济利益或福利。

德纽对大市场理论做了如下表述：(由于大市场化)机器的充分利用，大量生产、专业化、最新技术的应用、竞争的恢复，所有这些因素则会使生产成本和销售价格下降。这一切必将导致购买力的增加和实际生活水平的提高。购买某种商品的人数增加后，有可能使这种消费和供给进一步增加(图 2-6)。

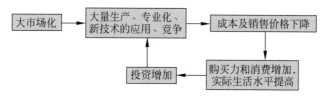

图 2-6　大市场理论的动态机制

这样，经济就会开始其滚雪球式的扩张。消费的扩大引起投资的增加，新增加的投资又导致价格的下降、工资提高、购买力的全面增加，只有在市场规模迅速扩大的情况下，才能促进和刺激经济扩张。

大市场理论的核心在于：第一，通过扩大市场才有可能获得规模经济，从而实现技术利益；第二，依靠因市场扩大而使竞争激烈化的经济条件来实现上述目的。

大市场理论的局限在于：第一，企业的经营方式从保守的消极状态转变为积极进取的状态，引进先进技术，扩大生产规模，同样可以实现积累过程；第二，只要有世界性的自由贸易，即使不组成区域性的经济贸易集团，也可能取得大规模市场的各种利益。

三、协议性国际分工理论

前面介绍的大部分经典理论都是建立在英、美学者的研究背景及理论体系之上。日本一桥大学经济学教授小岛清（Kiyoshi Kojima，1920—   ）20 世纪 70 年代提出来的协议性国际分工理论，针对以往的经济一体化理论中，西方经济学者总是遵循古典经济学家大卫·李嘉图等人提出的比较优势理论的思路，把"规模经济""大市场""激化竞争""生产成本比较"等研究作为核心，用比较优势原理来说明一体化的经济效应，而忽视规模经济和激化竞争效应所带来的企业垄断与内部贸易扩大问题的缺陷。小岛清在其代表作《对外贸易论》中对此进行批判，并从新的角度提出协议性国际分工理论，用于解释区域经济一体化。其内容主要是：协议性国际分工是指两国通过制度性一体化把协议性分工组织化，一国按照协议的要求放弃某种商品的生产并把国内市场提供给另一国，而另一国则放弃另一种商品的生产并把国内市场提供给对方（图 2-7）。

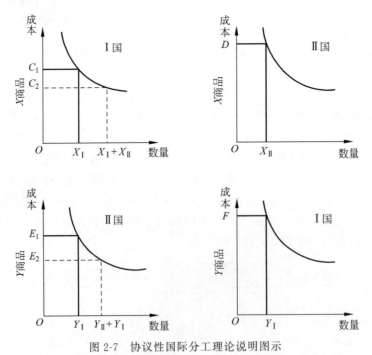

图 2-7　协议性国际分工理论说明图示

第一，在一体化内部仅仅依靠比较成本优势来形成国际分工，并通过竞争机制来实现规模经济是有害无益的。在区域内部，通过自由贸易来实现企业规模经济极易导致集中与垄断,并导致生产成本上升,甚至引起各成员国经济失衡,反过来竞争的负面效应又会伤害规模经济。因此,如何在一体化过程中实现成本长期递减、增加同盟内部贸易、实现规模经济并修正以往的国际比较利益分工原理,便成为小岛清的研究方向。

第二,小岛清认为,必须引进共同市场的内部分工原理,并在其指导下通过两国间的协议来实现国际专业化分工。与比较优势理论不同,协议性国际分工理论认为规模经济中既有内部规模经济也有外部规模经济,即生产成本存在长期递减规律。在此,该理论假设两国在生产两种商品时各有专攻,如果两国通过签订协议进行分工,相互为对方提供专业化生产商品所需的大市场,必将使两种商品的生产成本都大幅度下降,即获得规模经济,进而可引出除激化竞争之外带来的规模经济的另一途径。若考虑到成本降低后两国需求增加的贸易创造效应,实现经济利益会更加明显。

第三,协议性国际分工不能指望通过价格机制自动地实现,而必须通过当事国的某种协议来加以实现。应该注意到的是,这里的分工方向,并不是由大卫·李嘉图的比较优势的价格竞争原理决定的,即便某国在某种商品生产方面没有成本优势,也能实行协议性分工,只不过分工的利益少一些罢了。因此协议性国际分工不能通过价格机制自动地实现,它只能通过当事国的某种协议来加以实现。例如,中美洲共同市场实行的统一产业政策,是由国家间的计划决定的分工,是典型的协议性国际分工。

因此,协议性国际分工需要具备以下三个条件:首先,实行协议性分工的经济体必须具有大致相同的要素禀赋和经济发展水平,都能生产作为协议性分工的商品。其次,分工的商品必须是能够获得规模经济效益的商品。最后,对于分工的经济体而言,生产任何一种协议性商品的成本和利益差别都不大。

除此而外,区域经济一体化理论还包括综合发展战略理论等。综合发展战略理论是对发展中国家经济一体化现象进行研究的较有影响的理论。它是由鲍里斯·塞泽尔基在《南南合作的挑战》一书中系统提出来的。综合发展战略理论认为:经济一体化是发展中国家的一种发展战略,要求有强有力的共同机构和政治意志来保护较不发达国家的优势。所以,有效的政府干预对于经济一体化是很重要的,发展中国家的经济一体化是变革世界经济、建立国际经济新秩序的要素。其突破了以往经济一体化理论的研究方法,主张用与发展理论紧密相连的跨学科的研究方法,把一体化作为发展中国家的发展战略,不限于市场的统一;充分考虑了发展中国家经济一体化过程中国内外的制约因素;主张综合考虑政治、经济因素,强调经济一体化的基础生产及基础设施领域,必须有有效的政府干预。

第四节 国际直接投资理论

一、发达国家的国际直接投资理论

20世纪50年代以来,有关国际直接投资的理论随着实践经验的积累获得了迅速发展,迄今已形成流派纷呈的局面。大部分国际直接投资的主流理论起源于以英国和美国为研究背景的发达国家,各种理论从不同侧面分析国际直接投资的动因,因而,也被称作国际直接投资的动因理论。其中,海默的垄断优势理论、弗农的产品生命周期理论、小岛清的比较优势理论、麦氏模型和"双缺口"模型,巴克莱等人的内部化理论、邓宁的国际生产折衷理论被视为国际直接投资的主流理论。

(一)垄断优势理论

垄断优势理论也称特定优势理论,是产业组织理论在跨国公司和直接投资领域的应用研究成果,简言之,它是关于跨国公司如何凭借其特定的垄断优势从事国际直接投资的一种跨国公司理论。20世纪60年代,美国学者斯蒂芬·海默(Stephen H. Hymer)在他的博士论文《国内企业的国际化经营:对外直接投资的研究》(*The International Operations of National Firms:A Study of Direct Foreign Investment*)中,运用西方微观经济学中关于厂商垄断竞争的原理来说明跨国公司对外直接投资的动因,首次提出了垄断优势。海默对1914—1956年美国对外投资的资料进行研究后发现,第二次世界大战后,美国的对外直接投资迅速增加,但是对外证券投资的发展却非常缓慢,从而得出结论:对外直接投资与对外证券投资有着不同的行为表现,并以垄断优势来加以解释。垄断优势理论指出大企业凭借其特定的垄断优势从事对外直接投资,开了对外直接投资理论研究的先河。20世纪70年代,海默的导师查尔斯·金德尔伯格(Charles P. Kindleberger)对海默的垄断优势理论进行了补充和完善,从而形成一代跨国公司理论的基础——垄断优势理论,即"海默—金德尔伯格传统"(H-K tradition),成为研究国际直接投资最早并且最有影响力的基础理论。

与要素禀赋论强调的"完全竞争市场"不同的是,垄断优势理论的核心是"市场不完全"与"垄断优势"。垄断优势理论认为不完全竞争的市场是跨国公司进行对外直接投资的根本原因,因为在不完全竞争市场的条件下,企业才有可能获得东道国同类企业所不具备的企业特定优势(firm-specific advantage)。一般而言,企业国际化经营拥有的垄断优势主要包括以下七个方面:①先进的技术优势;②先进的管理经验;③雄厚的资金实力;④及时获得信息的优势;⑤良好的国际声望;⑥畅通的销售渠道优势;⑦规模经济优势。垄断优势理论还试图解释美国企业选择国际直接投资而不依赖出口和许可证交易方式以充分利用其垄断优势的原因。海默认为美国企业之所以选择直接投资,是因为一方面东道国的关税壁垒阻碍了企业通过出口扩大市场的渠道,必须以国际直接投资的方式绕过关税壁垒、维持并扩大市场;另一方面,技术等资产不能像其他商品那样通过销售获得全部收益,而国际直接投资则可以保证企业对国外经营及技术运用的控制,因此可以获得技术资产的全部收益。与此同时,海默还发现美国企业进行国际直接投资以独资经营的形式为主。

海默等学者提出的垄断优势理论不仅开创了国际直接投资理论的先河,首次提出了不完全竞争市场是导致国际直接投资的根本原因,论述了市场不完全的类型,还提出了跨国公司拥有的垄断优势是其实现国际直接投资获得高额利润的必备条件,并分析了垄断优势的内容。这些理论对研究当代跨国公司的直接投资动因具有十分重要的意义。但是海默的垄断优势理论也存在一些局限性,主要表现为其研究对象主要是少数技术经济实力雄厚、独具对外扩张能力的大型跨国公司,对于中小企业以及发展中国家的国际直接投资则没有进行系统的分析。自20世纪60年代以来,许多发达国家的中小企业也积极进行国际直接投资,特别是广大发展中国家的企业也加入国际直接投资的行列中来,然而,垄断优势理论显然对于这些新的现象无法作出科学的解释。

(二)内部化理论

跨国公司作为国际直接投资的主体,在国际直接投资中扮演着十分重要的角色,因而,大部分关于国际直接投资的理论其实是跨国公司的理论。其中最著名的一个就是内部化理论。内部化理论也被称为市场内部化理论,是由英国里丁大学(University of Reading)学者彼得·巴克利(Peter J. Buckley)和其同事马克·C. 卡森(Mark C. Casson)在 1976 年合著的《跨国公司的未来》一书中首先提出的,后由加拿大学者 A. M. 拉格曼(A. M. Rugman,1978,1981)在其出版的《跨国公司的内幕:国际市场的经济学》一书中对该理论进行了进一步的完善和拓展。内部化思想最早来源于罗纳德·科斯(Ronald H. Coase,1973)的交易成本学说。内部化理论已经成为当代比较流行的关于国际直接投资的基本理论。

内部化是指把市场建立在公司内部的过程,从而以内部市场取代原来的外部市场。公司内部的转移价格起着润滑剂的作用,使之像外部市场一样有效地发挥作用。

内部化理论建立在以下三个假设上:

(1)企业在不完全竞争市场上从事经营的目的是追求利润最大化。

(2)当生产要素尤其是中间产品市场不完全时,企业就有可能同意管理经营活动以内部市场取代外部市场。

(3)内部化超越了国界时就产生了跨国公司。

巴克利在《跨国公司的未来》一书中指出,影响企业交易成本进而导致市场内部化的因素有以下四个。

(1)产业特定因素(industry-specific factors),主要包括中间产品的特性、外部市场结构、企业的规模经济特征及行业特点等。

(2)区位特定因素(regional-specific factors),主要包括区域内社会文化差异、综合投资环境以及自然地理特征等。

(3)国家特定因素(country-specific factors),主要包括国家的政治体制、法律架构与财政经济状况等。

(4)企业特定因素(firm-specific factors),主要包括企业的竞争优势与劣势、组织结构、管理水平、生产和销售技术以及企业文化等。

在市场信息不完全、交易出现障碍并且成本不断增加的情况下,企业只能采取以内部市场取代外部市场的方法来控制企业内部的资源配置和商品分配,此时以国际直接投资为手段的跨国公司便应运而生了。由于跨国公司内部市场的存在,跨国公司在研究开发、规模经济上占有优势,同时,在绕过贸易壁垒进行直接投资的时候要比国内或东道国的竞争对手更胜一筹。在不确定性不断增加的外部市场环境下,内部交易可以使得企业能够根据自己的需要进行内部资金、产品和生产要素的调拨,从而保证效益最大化。内部化理论对跨国公司如何在经营过程中将各种成本降到最低限度的行为进行了系统的理论性说明。

内部化理论的重大贡献在于,从跨国公司面临的内部市场的差异、国际分工、国际生产组织的形式等来研究国际直接投资的行为和动机,并将市场交易内部化原理引入国际直接投资领域,着重强调知识产权的保护对企业竞争的重要意义,从而使理论分析更加接近跨国公司进行国际直接投资的现实,不仅可以很好地解释发达国家的国际直接投资行为,还可以用来解释发展中国家的国际直接投资行为,这也是内部化理论的意义所在。另外,内部化理论还有助于解释第二次世界大战后跨国公司的增长速度、发展阶段和盈利波动等特征事实。然而,内部化理论也具有一定的局限性。由于它侧重于从跨国公司的主观角度考虑对外直接投资的动因,对国际经济环境变化考虑不够,因此,虽然内部化理论具有综合性,但只解释了跨国公司行为的充分条件,而没有对跨国公司行为的必要条件,即跨国公司怎样通过其生产和销售活动以满足消费者的需求给出充分的说明与解释。

(三)技术差距理论

在新要素理论的基础上,美国学者 M. V. 波斯纳(Michael V. Posner)提出了技术差距理论(the theory of technology gap)。1961 年,波斯纳在《国际贸易与技术变化》一文中提出了国际贸易的技术差距模型。该理论引入模仿时滞的概念来解释国家之间发生贸易的可能性,认为由于各国技术投资和技术革新的进展不一致,创新国与模仿国之间存在一定的技术差距。技术资源相对丰裕或技术领先的创新国具有较强开发新产品和新工艺的能力,从而有可能暂时享有生产和出口某类高技术产品的比较优势。当一种新产品在创新国成功、模仿国掌握此技术之前,创新国具有技术领先优势,可以向模仿国出口这种产品。但随着专利权转让、技术合作、对外投资或国际贸易的发展,创新国的领先技术会流传到国外,模仿国开始利用自己的低劳动成本优势,自行生产这种商品并减少进口。这样,创新国就会逐渐失去该产品的出口市场,因技术差距而产生的国际贸易量逐渐缩小,以技术差距为基础的贸易也随之消失。1963 年,哥登·道格拉斯(Gordon Douglas)运用模仿时滞的概念解释了美国电影业的出口模式。1966 年,盖·瑞·胡佛鲍尔(G. C. Hufbauer)利用模仿时滞的概念解释了合成材料产业的贸易模式。技术差距理论对要素禀赋论做了有益的补充,并根据创新活动的连续性使要素禀赋论动态化。

(四)产品生命周期理论

在技术差距理论的基础上,美国哈佛大学教授雷蒙德·弗农(Raymond Vernon)在1966 年发表的《产品周期中的国际投资与国际贸易》一书中首先提出了产品生命周期理论(the theory of product life cycle)。该理论将国际直接投资与国际分工相联系,从技术进步、技术创新及技术传播的角度分析了现代国际分工的基础。弗农进一步将产品的生命周期划分成三个阶段,即新产品阶段(new product stage)、成熟产品阶段(mature product stage)和标准化产品阶段(standardized product stage)。不同阶段决定了不同的生产成本和生产区位的选择,以解释企业怎样根据生产条件和竞争条件决定贸易与投资战略(图 2-8)。

在新产品阶段,创新国利用其拥有的垄断技术优势,开发和生产新产品。由于竞争者和替代产品少,市场竞争并不激烈,国内市场就能满足获取高额利润的要求,产品极少出口。而在成熟产品阶段,由于创新国的技术垄断和市场寡占地位被打破,竞争者和替代产品增多,市场竞争日趋激烈,较低的产品成本开始处于越来越有利的地位。为降低成本,企业纷纷到发展中国家投资建厂。在标准化产品阶段,产品的生产技术、规模及产品本身已完全成熟,原来新产品企业的垄断技术优势不复存在,这时发展中国家已具备明显的成

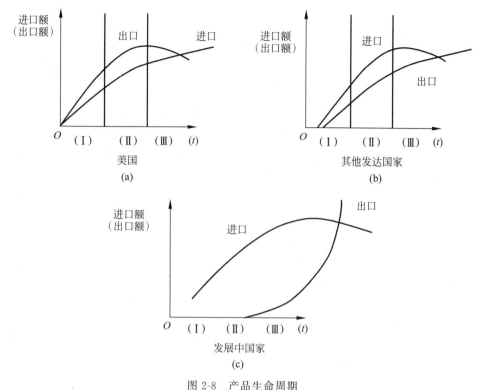

图 2-8　产品生命周期

注：（Ⅰ）新产品阶段；（Ⅱ）成熟产品阶段；（Ⅲ）标准化产品阶段

本优势，创新国和一般发达国家为进一步降低生产成本，开始大量地在发展中国家投资建厂，再将产品远销至别国和第三国市场。

在以上三个阶段中，要素的投入是随着产品生命周期的变化而发生变化的。在新产品阶段，需要大量科技的投入，这时的产品属于技术密集型；在成熟产品阶段，技术工艺基本定型，大规模的批量生产需要资金的投入，因此这时的产品转为资本密集型；在标准化产品阶段，技术工艺完全成熟，对技术的要求降低，而资本方面的不足可以由劳动替代，这使得产品生产转入劳动力丰富而资本短缺的发展中国家，这时的产品属于劳动密集型。

弗农十分重视创新的时机、规模经济和不稳定性等因素，并将国际直接投资同国际贸易和产品生命周期结合起来，用于解释美国企业在第二次世界大战后对外直接投资的动机与区位的选择。他认为，产品比较优势和竞争条件的变化是驱使美国跨国公司对外投资的决定因素。

具体而言，第一阶段是产品的创新阶段。由于创新国在新产品的生产技术上具有垄断优势，产品的需求价格弹性很低，需求量对于价格的影响不敏感，而收入弹性大，因此，产品生产的成本差异对企业生产区位的影响不大，此时在国内集中生产最有利，国外市场的需求基本上是通过出口来满足。比如，美国首先掌握了产品创新的垄断优势，其他经济结构和消费水平与美国类似的国家如果对这种新产品有需要，则美国企业主要通过出口而不是直接投资来满足这些国家（如西欧国家）的市场需求。

第二阶段是产品的成熟阶段。随着产品的技术逐渐成熟并开始呈现扩张态势，最有效的生产工序已经形成,产品的生产技术基本稳定,市场上出现了仿制品,新产品生产企业的技术垄断地位和寡占市场结构被削弱了。在竞争的压力下,以对外直接投资的方式占据国外主要销售市场成为主流。创新国企业开始进行对外直接投资,在国外建立子公司,投资地区一般选择那些消费水平与创新国相似但劳动力成本略低的地区。

第三阶段是产品标准化阶段。由于产品的生产技术、工艺、规格等已经完全标准化,创新国企业的技术优势已经丧失,市场准入障碍弱化,企业面临新的竞争压力便是生产区位的选择由成本差别因素决定。考虑到发展中国家在技术上处于相对滞后的地位,因而处于标准化阶段的产品生产将转入低工资与劳动密集的国家和地区,开辟当地市场或出口到传统的消费市场。最初的创新国将从发展中国家运回最终产品满足国内需求,原来新产品的生产企业也将由于达到产品生命周期的末端而必须转向另一种新产品的研发。

产品生命周期理论的创新和贡献在于将企业所拥有的优势同企业所生产产品的生命周期联系起来,为跨国公司的行为研究引入了时间因素和动态分析。这一理论将美国的经济结构、美国企业的产品创新取向以及跨国公司海外生产的动机和选址三者很好地连接在一起,从而也解释了美国跨国公司直接投资的特点以及为什么先向西欧再向发展中国家投资的原因。

(五)比较优势理论

比较优势理论又被称为边际产业扩张论,是小岛清 1978 年在其代表作《对外直接投资:一个日本多国企业经营的模型》(*Direct Foreign Investment: A Japanese Model of Multinational Business Operations*)中提出来的。书中系统地阐述了他的直接投资理论——"小岛清模型",他认为,根据美国对外直接投资状况而推断出来的理论无法解释日本的对外直接投资,于是,对海默、金德尔伯格以及弗农等英美学者的理论进行补充,并详细分析和比较了日本对外直接投资与美国对外直接投资的不同,从而指出日本对外直接投资发展的独特道路。小岛清的比较优势理论和弗农的产品生命周期理论一起被称为区位优势论。小岛清提出的比较优势理论的核心内容有以下方面。

(1)国际直接投资应从本国已经或即将处于比较劣势的产业,即边际产业开始并依次进行。所谓边际产业,不仅包括已经趋于比较劣势的劳动力密集部门,还包含某些行业中装配成特定零部件的劳动力密集的生产过程和部门。

(2)企业和东道国的技术差距越小越好,这将有利于当地比较优势产业的建立,两国可在国际直接投资及其引致的贸易中实现互补并更大限度地收益。

比较优势理论的贡献主要有以下几个方面。首先,对海默和弗农等人提出的以英、美跨国公司为研究基础的国际直接投资理论进行补充与完善,加入了日本国际投资的内容。其次,比较优势理论填补了国际直接投资理论的空白,突破了英美学者常用的"一种商品、一种产业、一个企业"的分析方法,而重视在"多种商品、多种产业、多个企业"的基础上深入研究。

日本对外直接投资与美国对外直接投资最大的不同在于:一方面,美国的是贸易替代型,由于一些行业对外直接投资的增加而减少了这些产业的出口。而日本对外直接投资行业是在本国已经处于比较劣势而在东道国正在形成比较优势或具有潜在比较优势的行业,所以,对外直接投资的增加会促进贸易量的扩大,产生贸易创造效应。另一方面,美国公司设立的海外企业一般采取独资的形式,与当地的联系较少,类似"飞地";而日本的对外直接投资多采取合资模式,注重吸引东道国企业参与,有时还采取非股权安排(non-equity arrangement)方式。小岛清认为,国际贸易是按照既定的比较成本进行的,按照边际产业扩张论的原则和思想所进行的对外投资也可以将两国的比较成本差距扩大,创造出新的比较成本格局。日本的传统工业部门很容易在海外找到立足点,传统工业部门到国外生产要素和技术水平相适应的地区进行投资,其优势将远比在国内新行业投资要大得多。

(六)国际生产折衷理论

国际生产折衷理论也被称为国际生产综合理论,是由英国里丁大学国际投资和国际企业的教授邓宁(John H. Dunning)20世纪70年代提出来的。与前面的几种理论相比较,国际生产折衷理论更具有广泛性,因为前面所述的这些理论虽然都各有所长,但是只能对跨国公司国际直接投资作出部分解释而缺乏普遍意义上的解释能力。当邓宁1976年发表《贸易、经济活动的区位与跨国公司:折衷理论探索》一文,将各种理论综合在一起提出生产折衷理论时,则被誉为"国际直接投资理论的集大成者"。1981年,他在出版的论著《国际生产和跨国公司》一书中进一步系统化、理论化、动态化地修正了该理论。

邓宁的理论适应国际生产格局变化的需要,在吸收和综合过去有关国际直接投资理论精华的基础上,形成解释国际直接投资的理论框架,并对国际化经营活动的三种形式,即技术转让、出口贸易和国际直接投资作出了较合理的解释。他将厂商理论、区位理论、产业组织理论以及国际经济学中各派思想有机结合,构成一个整体,力图开创一个"通论",综合地对跨国公司行为动机和条件作出分析。

国际生产折衷理论的核心内容由三个核心优势组成,分别是:源自各种特有优势理论,即海默垄断优势理论的所有权优势(ownership advantage),巴克利、卡森等内部化理论的内部化优势(internalization advantage),以及区位经济学理论、戈登(Aaron Gordon)的直接投资区位选择理论,邓宁本人提出的区位优势(location advantage)理论。

邓宁在《国际生产和跨国公司》一书中指出,企业要发展为跨国公司应具备三个优势:所有权优势、内部化优势以及区位优势,即 ownership-internalization-location 理论,简称 OIL 优势。三种优势必须同时具备,缺一不可。表 2-1 展示了 OIL 优势与不同商业模式选择之间的关系。如果缺少其中一两个优势,企业就不会进行对外直接投资而选择商品出口或特许权转让的方式;如果仅仅具有所有权优势和内部化优势而缺少区位优势,则意味着缺乏有利投资场所,只能将有关优势在国内加以利用,进行生产后再出口;如果没有内部化优势和区位优势,仅仅存在所有权优势,包括无形资产优势,则企业难以内部利用,只得转让给外国企业。

表 2-1　基于 OIL 优势和不同商业模式之间的选择

模　　　式	所有权优势	内部化优势	区位优势
许可模式(license mode)	√		
出口模式(export mode)	√	√	
投资模式(investment mode)	√	√	√

国际生产折衷理论的主要贡献在于注重综合分析、客观分析和动态分析，在理论形态上比较完整和成熟。其 OIL 优势从国家的宏观层面分析国家间的优势和不平衡分布，比较综合地说明了三种优势和三种国际经营方式之间的相互关系，是国际投资领域较系统的理论。同时，邓宁强调从理论的角度讲，只有三种优势同时具备才能进行跨国投资，然而，在现实经济活动中，并不同时具备三种优势的发展中国家不仅发展了国际直接投资，而且还向发达国家进行逆向投资，这与邓宁的理论相悖。除此而外，邓宁的理论无法解释非私人跨国公司（如国有企业）的直接投资活动，并过于简单地假设跨国公司国际直接投资的目标就是利润最大化。

除了上述理论，还有其他一些国际直接投资的理论，如投资诱发要素组合理论、寡占反应理论、产业内双向直接投资理论、纵向一体化直接投资理论、横向一体化直接投资理论、核心资产论、投资与贸易替代论、公司战略理论、动态化比较优势理论等。这些理论各有优势，有的从微观角度展开研究，有的则从宏观角度研究和分析，探讨国际直接投资的成因、资本为什么要发生国际移动等问题。

海默、金德尔伯格的垄断优势理论、产品生命周期理论（弗农的产品生命周期理论和小岛清的比较优势理论）、巴克利和卡森的内部化理论以及邓宁的"OIL 范式"均是以发达国家跨国公司的国际直接投资作为研究对象，因此，学术界将这些理论划分为国际直接投资的主流理论。国际直接投资理论还在不断发展和深化，一方面是深化认识主流理论并对其特点和规律进行把握，另一方面则是从其他新的角度或切入点提出新的理论模型。其中，发展中国家的国际投资理论就是对发达国家国际投资理论的拓展研究。

二、发展中国家的国际直接投资理论

20 世纪 80 年代中期以来，发展中国家的国际直接投资理论也开始蓬勃发展，迅速崛起的发展中国家国际直接投资已经成为全球国际直接投资的重要组成部分。由于发展中国家跨国公司整体而言在规模、技术、营销网络等各个方面与发达国家相比都存在着较大差异，不具备主流国际直接投资理论的相关假设，因此，主流的国际直接投资理论不适用于发展中国家的情况。不少学者将发展中国家的国际直接投资作为研究对象和理论创新的切入点，试图形成一个比较系统和完善的理论体系。下面是对几种有代表性观点的归纳。

（一）小规模技术理论

20 世纪 70 年代后期，随着发展中国家跨国公司的进一步发展，美国经济学家刘易斯·威尔斯（Louis J. Wells）于 1977 年在《发展中国家企业的国际化》一文中，针对发展中国家跨国公司的行为特征进行分析和总结，提出了小规模技术理论（the theory of small-scale technology）。1983 年，威尔斯在出版的专著《第三世界跨国公司》中对小规模技术理论进行了更加详细的论述。这一理论注意到发展中国家跨国公司"特定优势"的影响，认为发展中国家跨国公司的技术优势具有十分特殊的性质，具体有如下三个优势。

首先，小规模技术优势。由于大部分发展中国家的国内市场规模不大，容量较小（其中，中国和印度等少数几个大国经济体例外），需求的多样化使得发展中国家的企业在引进技术时注重生产技术的灵活性及品种繁多的产品，以适应本国小规模和多样化的市场需求。因为这些市场规模较小的发展中国家国内市场所要求的生产规模远远小于发达国家跨国公司在一国生产所需达到的最小、最佳的经济规模。小规模技术填补了发展中国家的市场缝隙,从而获得发展空间和更高的利用效率。

其次,发展中国家在民族产品的采购和特殊产品的海外生产上具有优势。当发达国家的技术转移到发展中国家后,往往需要将技术加以改造,以便适应发展中国家原材料供应和零部件配套生产的能力。与此同时,发展中国家的对外直接投资时常带有鲜明的民族文化特点,能提供具有民族文化特点的特殊产品,主要为服务于海外某一团体的需求而建立,在某些时候甚至可以具有压倒性的经营优势。例如,海外华人社团在食品加工、餐饮、新闻出版等方面的需求带动了一部分东亚、东南亚国家和地区的海外投资。

最后,物美价廉的优势。与发达国家相比,发展中国家的劳动力成本普遍较低,同时发展中国家的跨国公司更倾向于节约广告营销等费用开支,获得低价优势。

威尔斯的小规模技术理论被认为是研究发展中国家国际直接投资最具有代表性的理论之一。这一理论的突出贡献在于将发展中国家跨国公司的竞争优势与投资母国的市场特征结合起来,能解释发展中国家对外直接投资的一部分行为,为后续的研究提供了空间。然而,小规模技术理论始终将发展中国家在技术上的创新活动局限于对现有技术的继承和使用上,从而限制了理论的适用范围。

(二) 投资发展阶段论

投资发展阶段论(the theory of investment development stages)也被称为投资发展周期论(investment development cycle theory),是邓宁的国际生产折衷理论在发展中国家的运用和延伸,目的在于从动态的角度解释一国的经济发展水平与国际直接投资之间的关系。邓宁通过实证分析了1967—1978年67个国家的相关资料后将一国吸引外资的能力、对外投资能力以及其经济发展水平结合起来,从而提出了投资发展阶段论。在这一理论中,邓宁使用了"净对外直接投资额"的概念,即一国企业对外直接投资总额与引进外国直接投资总额的差值。依据人均GNP的数值,将处于工业化进程中的发展中国家的投资发展过程划分为四个阶段。一国的对外投资地位随着人均GNP的提高而增加,二者呈正比关系,随着人均GNP的逐步提高,一国的对外直接投资地位由最初的落后到赶上并超过。

第一阶段,人均GNP在400美元以下(不含400美元),由于经济发展落后,缺乏足够区位优势和所有权优势,对外资的吸引力很小,只有少量的外国直接投资,几乎没有国际直接投资的能力,净对外直接投资额为负数。

第二阶段,人均GNP在400美元(含)～2 500美元(不含),由于经济发展水平的提高,国内投资环境有所改善,利用外资量有所增加,引进外资规模也不断扩大,然而,本国对外直接投资额仍然较少,净对外直接投资额仍为负值。

第三阶段,人均GNP在2 500美元(含)～4 750美元(不含),对外直接投资增长速度高于引进外国直接投资的速度,利用的外资增加但增加的速度可能超过引进对外直接投资的速度,使得净对外投资额仍为负值。国内技术力量的增强和劳动力工资的提高使得作为东道国的区位优势逐渐丧失。外国对本国的直接投资量仍大于本国的对外直接投资量,但是本国对外投资的速度明显快于吸收外资的速度,因而净对外投资额会不断缩小。

第四阶段,人均 GNP 在 4 750 美元(含)以上,开始进入发达国家的行列,由于拥有强大的所有权优势,对外直接投资的增长速度高于引进外国直接投资的速度,净对外直接投资额由负值转为正值。

(三）技术地方化理论

英国经济学家拉奥(S. Lall)于 1983 年在出版的《新跨国公司:第三世界企业的发展》一书中对印度跨国公司的竞争优势和投资动机进行了深入的研究与分析,从技术变动的角度对发展中国家跨国公司提出了技术地方化理论(the theory of technology localization)。这里的技术地方化是指发展中国家跨国公司可以对外国技术进行消化、改进和创新,适应地方的经济环境,从而使得发展中国家也能根据自身独特的情况发展,并拥有独具特色的垄断优势。

拉奥认为,技术变动本身能够使发展中国家拥有竞争优势,尽管技术创新在很大程度上取决于开拓市场和科技知识的新突破,但技术变动使企业又能够在适当范围内对国外技术进行消化和"二次创新",从而使产品更适合自身的经济条件和需求,同时使技术本身得到发展和提高,拥有技术上的比较优势。拉奥强调,发展中国家的技术创新过程是企业技术的再生而非单纯被动的复制,即使对发达国家而言,国际直接投资的垄断优势也随各国具体情况的不同而变化,如美国企业的技术创新是属于劳动节约型的,而欧洲企业的技术创新则是属于原材料节约型的。

发展中国家特有的优势是建立在使用成熟技术和对非差异化产品的特殊营销技能基础之上,所产生的技术在小规模生产条件下具有更高的经济效益,并且效果会因为民族或语言等因素而得以强化。同刘易斯·威尔斯的小规模技术理论相比,拉奥的技术地方化理论对发展中国家国际直接投资的解释更进了一步。小规模技术理论实际上是一种技术被动论,而技术地方化理论更强调企业技术引进的再生过程。

(四）技术创新和产业升级理论

技术创新和产业升级理论(the theory of technology innovation and industry upgrade)又被称为发展中国家的技术累积优势理论,是由英国里丁大学专家约翰·坎特威尔(J. A. Cantwell)和托尔蒂诺(P. E. Tolentino)对发展中国家对外直接投资问题进行了系统考察后,于 1991 年共同提出的,试图从动态化与阶段化的角度分析发展中国家的国际直接投资。

技术创新和产业升级理论认为,技术创新是一个国家产业和企业发展的根本动力,发展中国家跨国公司的国际直接投资一般会受到母国产业结构和内在生产技术能力的影响。在发展中国家产业结构不断升级,企业技术能力稳定提高的过程中,国际直接投资的增长,与技术能力的提高直接相关。与发达国家跨国公司的技术创新有所不同,发展中国家技术能力的存在和积累不仅是国内生产方式与增长的重要决定因素,也是国际生产的重要活动,即发展中国家跨国公司技术创新活动具有明显的"学习"特征,主要利用特有的学习经验和组织能力掌握与开发现有的技术。

坎特威尔和托尔蒂诺认为,受国内产业结构和内生技术创新能力的影响,发展中国家跨国公司国际直接投资的发展是有规律可循的。不断积累的技术可以促进一国经济发展和产业结构升级,然而,技术能力的不断提高和积累影响着发展中国家跨国公司对外直接投资的形式与增长速度。从产业分布的特征上来看,以资源开发为主的纵向一体化生产活动将发展为以进口替代和出口导向为主的横向一体化生产活动。从地理分布特征上看,发展中国家跨国公司在很大程度上受到"心理距离"的影响,即投资方向遵循从周边国家到发展中国家再到发达国家的渐进发展轨迹。

由此可见,坎特威尔与托尔蒂诺提出的技术创新和产业升级理论以地域扩展为基础,以积累技术为内在动力。随着技术积累能量的不断扩展,直接投资也逐步从低级阶段向着高级阶段发展,即从资源依赖型投资向技术依赖型投资转变。

三、国际直接投资理论的最新发展

资本的国际流动伴随着经济全球化的发展变得日益活跃,使得以跨国公司为载体的国际直接投资更是发展迅猛。无论是发达国家还是发展中国家都加快了对外投资的步伐,从而促使许多经济学家试图从多个角度来审视和解释世界各国对外直接投资的行为。其中,投资诱发要素组合理论(the theory of investment induced factors combination)以及竞争优势发展阶段理论(the theory of competitive advantage development)是国际直接投资理论最新发展的代表。

(一)投资诱发要素组合理论

投资诱发要素组合理论是 20 世纪 80 年代后期到 90 年代初期,由西方经济学者提出的,目的在于说明任何类型的国际直接投资的产生都是由直接诱发要素和间接诱发要素产生的,即国际直接投资是建立在直接诱发要素以及间接诱发要素的组合之上的。

直接诱发要素主要是指各类生产要素,包括资本、劳动力、技术、管理及信息等。由于国际直接投资本身就包含了生产要素的流动,因此,直接诱发要素是国际直接投资的主要诱发要素,包括投资国的直接诱发要素和东道国的直接诱发要素。如果投资国拥有某种直接诱发要素的优势,那它们将通过国际直接投资将该要素优势转移出去。如果投资国没有某种直接诱发要素的优势而东道国有,那么投资国可以利用东道国的这种要素进行国际直接投资,如发展中国家或次发达国家在发达国家投资研究与开发(R&D)或并购企业来提高研发水平、技术水平和管理能力。

间接诱发要素是指除了直接诱发要素以外的其他非要素因素,包括:

第一,投资国政府诱发和影响国际直接投资的因素,如投资国鼓励性的投资政策和法规、政治稳定性及政府与东道国的协议和合作关系。

第二,东道国诱发和影响国际直接投资的因素,优良的投资环境,如投资硬环境(交通通信条件、水电原材料供应、市场规模及前景、劳动力成本等)、投资软环境(政治气候、贸易障碍、融资条件及外汇管制、吸收外资的政策、法律和教育状况等)、东道国政府与投资国的协议和关系。

第三,世界性诱发要素和影响国际直接投资的因素,如经济一体化、区域化、集团化的发展以及经济生活国际化,科技革命的发展及其影响,国际金融市场利率及汇率的波动;战争、灾害及不可抗力的危害,国际协议及法规。

对于大多数发展中国家而言,在资本、技术及管理知识等直接诱发要素方面往往并不处于优势地位,其国际直接投资在很大程度上而言是间接诱发要素作用的结果。从这个意义上来说,投资诱发要素组合理论为发展中国家对外直接投资提供了新的理论支持。

(二)竞争优势发展阶段理论

竞争优势发展阶段理论是由美国哈佛大学的教授迈克尔·波特(Michael Porter)于20世纪90年代提出来的。这一理论将国家竞争的发展分为四个阶段:第一阶段是要素驱动阶段,第二阶段是投资驱动阶段,后两个阶段为创新驱动阶段和财富驱动阶段。

处于第一阶段的国家只从基本的生产要素中汲取竞争的优势,整个国家对于世界经济周期和汇率的波动非常敏感,生产率可持续性增长的基础较为薄弱。处于第二阶段的国家在投资驱动的影响下,国家的竞争优势取决于一国及其企业主动投资的意愿和能力。虽然国家的经济基础依然脆弱,然而,通过大规模的投资,国家可以把促进经济增长的主要要素从初级阶段推向更高阶段。当国家进入创新驱动阶段,企业可以凭借高技能水平和先进生产技术获得成本优势。处于这一阶段的企业拥有技术优势和将产品异质化的能力,抵御宏观经济波动的能力比较强。处于第四阶段即财富驱动阶段的国家,企业投资和创新动机削弱,推动经济发展是为了保持财富的持续增长。这一阶段的明显特征是企业寻求在低风险的情况下扩张企业规模,因而导致并购的大量增加。

波特认为,一个国家的竞争优势是动态变化的,国内企业的激烈竞争促进了竞争力的大幅度提高,使其有能力走向国外。虽然波特的理论并非跨国公司理论,但是这种新的发展阶段的划分补充和解读,完善了直接投资理论体系。

 案例分析

深化高层次国际经济合作　助力新发展格局构建

复习思考题

1. 比较优势理论的主要内容是什么?
2. 关税同盟理论的贸易创造效应和贸易转移效应的含义是什么?
3. 生产要素国际移动的因素有哪些?
4. 国际直接投资理论中适用于发展中国家的理论主要有哪些?

即测即练

第三章

跨国公司理论

学习目标（teaching objectives）

本章从不同角度论述跨国公司，让学生充分认识跨国公司的内涵、产生与发展、新特点与新动向，以及与国际直接投资的关系，为后面的章节做铺垫。

1. 理解跨国公司的相关概念和类型；

2. 掌握跨国公司与国际直接投资之间的关联；

3. 了解跨国公司的组织形式。

关键概念（key concepts）

跨国公司（transnational corporation，TNC；或 multinational corporation，MNC）

战略联盟（strategic alliance）　　　　归核化（refocusing）

法律组织结构（legal organizational structure）　　母公司（parent company）

联络办事处（liaison office）　　　　子公司（subsidiary）

全球性地区结构（global regional structure）　　分公司（branch）

非股权投资（non-equity investment）

 开篇案例

鼓励跨国公司在华投资设立地区总部

《国务院关于促进外资增长若干措施的通知》（以下简称"通知"）发布，要求进一步减少外资准入限制，扩大市场准入对外开放范围。

通知鼓励境外投资者持续扩大在华投资。对境外投资者从中国境内居民企业分配的利润直接投资于鼓励类投资项目，凡符合规定条件的，实行递延纳税政策，暂不征收预提所得税。

通知指出，鼓励跨国公司在华投资设立地区总部。支持各地依法依规出台包括资金支持在内的吸引跨国公司地区总部的政策措施，积极参与全球产业格局调整。

在便利人才出入境方面，通知要求积极引进国际高端人才。通知指出，2017年下半年，制定出台外国人才签证实施细则，完善外国人才评价标准，扩大发放范围；放宽外国人才签证有效期限，对符合条件的外国人，签发长期（5年至10年）多次往返签证，并可凭该签证办理工作许可、申请工作类居留证件。制定出台外国人永久居留管理条例，明确外国人申请和取得永久居留资格的条件与程序。

资料来源：国务院：鼓励跨国公司在华投资设立地区总部［EB/OL］.（2017-08-16）. www.sohu. com/a/165096246_115433.

第一节　跨国公司的概念与类型

一、跨国公司的定义

跨国公司(transnational corporation,TNC;或 multinational corporation,MNC)在国际上有多种叫法,如全球公司(global company)、国际公司(international firm)、超国家公司(supernational enterprise)、多国公司(multinational enterprise)、宇宙公司(cosmo-corporation)等。跨国公司是垄断资本主义发展的产物,是科学技术和社会生产力发展的结果,是生产集中、资本集中和经济国际化的产物。21世纪是全球企业跨国经营的鼎盛时期,一切高水平、高层次、大规模的贸易与投资活动,均以跨国公司为主体或载体进行,其发展速度异常迅猛。

学术界出于不同的研究目的和方法对跨国公司有各种各样的定义,各种机构和学者也根据各自不同的标准对跨国公司的概念进行界定。其中,比较权威的定义来自联合国贸易和发展会议。1996年联合国贸易和发展会议的投资报告中把跨国公司定义为:拥有一定量股权资本,从而控制外国经济实体所拥有资产的企业。控制权的界限是10%以上有投票权的普通股,可见其实质是跨国界进行直接投资并且获得控制权的企业。这一定义与联合国贸发委界定的国际直接投资正好相吻合。

根据《世界投资报告(2002)》的定义,跨国公司需要具备的要素是:

(1) 必须是一个经营实体。跨国公司是由母公司及其海外分支机构组成的联合型与非联合型企业。

(2) 必须具有一个统一的决策体系。母公司被定义为通常以拥有股本金的方式来控制本国以外地区的其他实体企业,因而与海外分支机构拥有共同的政策和统一的战略目标。

(3) 企业的各个实体,包括母公司、子公司及附属企业分享权利,并分担责任。

总体而言,给跨国公司下定义主要有以下三种标准,下面我们将简单地介绍一下。

(一) 按结构标准定义

按结构标准定义是指跨国公司应当满足下面几个条件中的至少一个:

(1) 在两个以上的国家经营业务。

(2) 公司的所有权为两个以上国籍的人所拥有。

(3) 公司的高级经理人员来自两个以上的国家。

(4) 公司的组织形式以全球性地区和全球性产品为基础。

(二) 按业绩标准定义

按业绩标准定义是指凡是跨国公司其在国外或地区以外的生产值、销售额、利润额、资产额或雇员人数就必须要达到某一个百分比以上。百分比具体应为多少目前并无统一的认识,实践中采用25%作为衡量标准的情况较多。

扩展阅读3.1　专栏:跨国公司的定义

（三）按行业标准定义

按行业标准定义是指跨国公司应该具有全球战略目标和动机，以全球范围内的整体利益最大化为原则，用一视同仁的态度对待世界各地的商业机会和分支机构。

综合各种观点可以认为，跨国公司是指这样的一种企业，它在两个或两个以上的国家或地区从事经营活动，有一个统一的中央决策体系和全球战略目标，其遍布全球的各个实体分享资源和信息并分担相应的责任。

二、跨国公司的类型

按照不同的分类标准，从不同的角度，跨国公司可以被划分为以下几种不同的类型。

（一）按法律形式划分

按法律形式，跨国公司可分为母分公司型和母子公司型。

母分公司型的组织模式，适用于银行与保险等金融企业的跨国经营；母子公司型的组织模式，则比较适合工业企业。

（二）按经营项目的重点划分

按经营项目的重点，跨国公司可分为资源开发型、加工制造型和服务型。

资源开发型的跨国公司以采矿业、石油开发业和种植业为主；加工制造型跨国公司主要从事最终产品和中间产品的制造，如金属制品、钢材、机械、运输设备和电信设备等；服务型跨国公司是指从事非物质产品生产，在贸易、金融、运输、通信、旅游、房地产、保险、广告、管理咨询、会计法律服务、信息等行业和领域内从事经营活动，提供各种服务的跨国公司。

（三）按决策机构的策略取向划分

按决策机构的策略取向，跨国公司可分为民族中心型、民族多元型、全球战略型。

民族中心型跨国公司的所有决策主要考虑母公司的权益；民族多元型跨国公司的决策以众多子公司的权益为主；全球战略型跨国公司的决策以公司的全球利益为主，这种类型的决策较为合理，目前为大多数跨国公司所采用。

（四）按公司内部的经营结构划分

按公司内部的经营结构，跨国公司可分为横向型、垂直型和混合型。

横向型多数是产品单一的专业性跨国公司，该类型公司内部没有多少专业分工，母子公司基本上都制造同类型的产品或者经营同类型的业务；垂直型是指母公司和子公司之间以及子公司相互之间分别制造同一产品的不同零部件，或从事不同工序的生产，通过公司内产品转移，将整个生产过程相互衔接起来；混合型一般是经营产品多样化的跨国公司，据各产品的生产特点，母公司与子公司、子公司与子公司之间有的是垂直型分工，有的是横向型分工。

（五）按生产经营的空间分布划分

按生产经营的空间分布，跨国公司可分为区域型和全球型。

区域型跨国公司的活动范围主要局限在特定区域，而全球型跨国公司则是以整个世界市场作为其生产经营活动的空间。

三、跨国公司的特征

世界上的跨国公司多种多样,有从事制造业的跨国公司,也有从事服务业的跨国公司;有规模巨大的跨国公司,也有数以万计的中小型跨国公司;有发达国家的跨国公司,也有发展中国家的跨国公司。但无论什么类型的跨国公司,和国内公司相比,由于赖以存在的条件和环境等方面的差异,总体来说,它们一般都具有以下几个特征。

(一)生产经营活动的跨国性

跨国公司以国际直接投资作为跨国经营活动的主要方式,国际直接投资是跨国公司形成的基础。换言之,国际直接投资是跨国公司的必要条件,因为跨国公司是国际直接投资行为的结果。跨国公司为了获取资源、占领市场、保持垄断优势等,在世界各地投资设立分支机构,进行国际化的经营。国内外投资与经营环境的差异会给企业的生产经营活动带来不同的影响和风险,企业要运用自己所拥有的各种资源,主动地应对环境的各种变化,以实现企业跨国经营的目标。实际上,国际化经营就是企业与国际环境相互作用的过程。国际化经营是跨国公司的一个最主要的特征,因为如果没有国际化经营,尤其是如果没有作为国际化经营第二层次的国际直接投资,那么跨国公司也就名不符实了。

(二)经营战略安排的全球性

跨国公司不同于国内公司,首先就在于其战略的全球性。跨国公司都是先在母国开创母公司立足,进而再在海外设立分公司、子公司等各种分支机构。母国并不是跨国公司的最终目标市场,其最终目标是全球市场,并实现经营业务国际化。虽然跨国公司开始时都是在母国立足,把它作为向国外扩张的基础,但跨国公司的最终目标市场决不限于母国市场,跨国公司的战略是以整个世界为目标市场的。

(三)公司内部的一体化管理

交易成本的存在和市场失灵促使企业贸易内部化,即建立内部市场以取代外部市场,跨国公司内部贸易在国际贸易中占有相当大的比重。跨国公司虽然分支机构众多,遍布全球,但诸如制定价格、生产计划、投资计划、研究与开发计划和利润分配等重大决策均由母(总)公司作出,各分支机构执行。而指导总公司作出决策的是跨国公司的全球战略,即将所有的分公司、子公司视为一个整体,以全球的观点而不是地区观点来考虑问题。

因此,跨国公司在全球范围内整体长远利益的最大化是其制定政策的出发点和归宿。一切业务经营决策主要根据整个公司在全球范围内获得最大利益、市场情况和总的发展作出,所考虑的不是一时一地的得失,而是整个公司在全球的最大利益。跨国公司将自己视为一个全球公司,而不再是某个国家的公司。这种高度集中的一体化管理,保证了生产经营网点的合理分布以及资源的合理配置,避免了重复生产和销售中的自相竞争,减少了资源浪费。

(四)明显的内部化优势

由于跨国公司在多个国家设有分支机构,在宏观管理上又采用集中领导,因此各个分支机构之间,母公司与分支机构之间关系密切,相互协作,互相配合。这突出地体现在制定内部划拨价格、优先转让先进技术和信息资源共享上,这些做法使得跨国公司具有国内公司所不具备的独特的竞争优势。这也部分地解释了一国企业达到一定规模后就要向外扩张、向跨国公司方向发展的原因。交易成本和市场失效的存在,促使跨国公司将交易内部化,即建立内部市场来取代外部市场。实际上,也只有通过这种内部交易,跨国公司才能作为一个国际化生产体系而正常运转。

（五）以直接投资为基础的经营手段

以对外直接投资为基础开展生产经营活动是跨国公司与传统国内公司相区别的最根本特征。一般来说,跨国公司向国外市场渗透可以有三种方式,即商品输出、无形资产转让(如技术贸易、合同制造等)和对外直接投资。随着竞争的加剧,以向外输出商品为主的做法已满足不了世界市场的需要,跨国公司已越来越多地利用对外直接投资代替传统的商品输出。与出口相比,海外直接生产更符合跨国公司全球战略的需要和最大限度地扩大盈利的目的。当然,跨国公司以对外直接投资为其经营发展的基础,并不意味着对外直接投资是跨国公司唯一的经营活动方式,进出口贸易、技术转让、间接投资等也都是跨国公司经营活动的内容。

第二节 跨国公司的产生与发展

一、跨国公司是生产国际化的表现

生产资本的国际化与生产国际化之间有着密切的联系。生产国际化是指世界各国在社会生产中,日益突破国界,不断向国际范围延伸并结合为一个有机整体的过程,分工合作超越国界并在国际上进行拓展,即生产社会化。当一国的社会生产过程超越国家和民族的范围变为国际性社会生产过程,国别的社会化生产发展成为国际性的社会化生产,这就是生产国际化的本质。

生产资本的国际化流动是指资本跨越国界从一个国家或地区转移到其他国家或地区的过程,是资本的一种跨国运动形态。货币资本国际流动的形式主要是国际间接投资,生产资本国际流动的主要形式是国际直接投资,商品资本国际流动的主要形式则是国际贸易。其中,生产资本的国际化流动,即是国际直接投资在资本国际化各种形式中处于基础地位,能够促使实体资源转移,在当今经济全球化和世界经济发展过程中起着决定性作用的具体表现。所以,当代世界经济发展的重要标志之一是生产资本的国际化及其载体跨国公司的快速发展。

跨国公司是生产在国际范围内的延伸,同时又是生产国际化的主体。生产经营活动跨国化,是跨国公司经营方式的基本特征。一方面,跨国公司为追求最大利益,在全球范围内进行生产要素的最佳配置,并通过对外直接投资建立起庞大的一体化国际生产体系,把各个国家的生产紧密地联系在一起。另一方面,跨国公司的跨国生产与经营,通过其市场的内部化打破了各国市场的壁垒与国家之间的封闭,极大地推动了生产国际化的发展,形成了更为广泛的国际生产体系,并使国际化生产成为世界经济的核心特征。当前,跨国公司控制的全球生产总值达 40% 以上,已经成为当代世界的主要生产者和生产国际化的推动者。

二、跨国公司的产生与发展历程回顾

研究结果表明,跨国公司的形成与发展已有 160 多年的历史了。跨国公司是当今世界经济技术合作的新型企业组织形式,当代跨国公司又有了新发展。如果不考虑其广义

扩展阅读 3.2 近代、现代及当代的时间划分

的确切的含义界定范围,而狭义地将企业的经营范围扩展到本国市场界限之外即称之为跨国公司,则可以将其追溯到 19 世纪 60 年代中期,即以资本输出为主要海外经营扩展方式的资本主义时期。比如,当时的英、法、德、美等国所购买的国外政府发行或担保的铁路建设债券及政府公债等。

(一)跨国公司的前驱(1914 年以前)

在统一的世界市场被逐渐开拓出来以后,为了争夺市场和获得原材料,一些西方国家的公司开始进行对外直接投资,于是产生了现代跨国公司的雏形。其中比较著名的是美国胜家(Singer)缝纫机公司于 1867 年在英国建立分厂进行生产,以后陆续扩展到欧洲一些国家,占领欧洲市场。其后,德国的拜耳化学公司、美国的爱迪生电灯公司等也纷纷走向海外市场,将其新产品和新技术在国外投资生产与应用。1876 年,日本成立了第一家综合商社——三井物产公司。当时对外直接投资主要集中于铁路和采矿业,且多投资于落后地区。总的说来,第一次世界大战以前世界范围内从事跨国经营的企业数量较少,对外直接投资额也不大,跨国公司处于萌芽阶段。

跨国公司的形成与发展同现代企业的成长密切相关。19 世纪下半叶,当时发达资本主义国家的新兴工业部门中,先后出现了一批拥有先进技术和管理水平、资金实力雄厚的现代企业。出于种种动机,它们进行对外直接投资,在海外设立分支机构和子公司,形成了早期的跨国公司。1863 年,德国人弗里德里克•拜耳(Bayer)创建了拜耳化学公司,总部设在德国伍贝塔尔城,最初只生产染料。1865 年,拜耳化学公司通过购股方式兼并了美国纽约州奥尔班尼的一家制造苯胺的工厂,从 1876 年开始,又先后在俄国、法国和比利时设分厂。1881 年,该公司改组为拜耳化学股份有限公司,在主要工业国家从事药品和农药的生产经营业务。1892 年,其生产出世界上第一种合成杀虫剂,1899 年生产出驰名世界的药品——阿司匹林,从而奠定了公司的发展基础。拜耳化学公司因此被公认为跨国公司的先驱。1866 年,瑞典的阿弗列•诺贝尔公司在德国的汉堡兴办了制造甘油炸药的工厂。1867 年,美国的胜家缝纫机公司在英国的格拉斯哥建立了缝纫机装配厂。西方学术界把这 3 家公司看作跨国公司的前驱。从 19 世纪末到第一次世界大战前,美国国内的大企业不断涌现,半数以上的大公司都开始向海外投资,在国外设立工厂或分公司,如国际收割机公司、西方联合电机公司、国际收款机公司、贝尔电话公司、爱迪生电灯公司等。

据统计,截止到 1914 年,发达国家的跨国公司设在国外的子公司有 800 家左右,它们遍布世界各地,从事产品制造、销售以及采掘、种植等活动。对外直接投资总额累计达 143 亿美元,其中,英国 65 亿美元,美国 26.52 亿美元,法国 17.5 亿美元,德国 15 亿

美元。

（二）两次世界大战期间跨国公司缓慢发展

受第一次世界大战的影响，加上20世纪30年代前后出现的资本主义有史以来最大的经济危机——"大萧条"，世界金融秩序混乱，从而导致两次世界大战期间对外直接投资和间接投资徘徊不前，增长缓慢。1913—1938年，全球对外投资总额仅增加了70亿美元，增长16％，年平均增长0.6％。当时，大部分对外扩张的跨国公司属于技术先进的新兴工业领域，或者是生产大规模消费产品的行业，为了加强国际竞争力，这些公司往往先在国内进行兼并以壮大实力，再向外扩张，不断到海外建立子公司。美国187家制造业大公司在海外的分支机构由1913年的116家增至1919年的180家，1929年增至467家，1939年增至715家，说明第二次世界大战前跨国公司虽然发展缓慢，但是也有了一定的基础，尤其是美国，已经有了相当雄厚的基础和实力。

在这个阶段，对外直接投资比第一次世界大战前增加了两倍，制造业吸引了更多的国际直接投资，制造业的跨国公司发展迅速，越来越多的西方国家的大公司开始在海外建立子公司。据统计，在这个阶段共有1 441家西方国家的公司进行了对外直接投资。在这一时期，美国跨国公司的发展较快，美国在国外直接投资的比重逐渐超过英国而居世界首位。然而，由于战争、经济危机和国家管制，跨国公司虽然有了一定的发展，但整体速度仍然较慢。

（三）第二次世界大战后到20世纪70年代后期的跨国公司

第二次世界大战以来，科学技术取得了突飞猛进的发展，世界经济一体化程度不断提高，经济全球化趋势加强，这使得对外直接投资在深度和广度上迅速发展，跨国公司的数量和规模大大增加，对外直接投资的作用和影响已经超过对外间接投资。

跨国公司在广度和深度上空前发展是在第二次世界大战以后，因此，有学者认为，真正现代意义上的跨国公司是第二次世界大战以后出现的现象。联合国跨国公司中心（United Nations Centre on Transnational Corporation，UNCTC）的资料显示，截至1969年，主要发达国家的跨国公司共7 276家，其国外子公司达27 300家；而到1978年，主要发达国家的跨国公司数目发展到10 727家，分公司达82 266家。据统计，20世纪60年代，美国187家制造业跨国公司平均每年增加900家以上子公司；英国47家跨国公司同期平均每年增加850家子公司，且随着时间的推移，增速加快。20世纪60年代末期，日本67家跨国公司平均每年增加200家以上子公司。进入20世纪70年代后，美国跨国公司子公司的增速有所降低。

跨国公司规模方面，1971年年销售额10亿美元以上的制造业（包含石油行业）跨国公司有211家，1976年相同规模的跨国公司已达422家，5年时间翻了一番。同时，在一些资本和技术密集型行业中，整个世界的生产主要集中在几家或十几家巨型跨国公司手中。如1980年农机工业世界销售总额的80％以上集中在11家跨国公司手中。在10家规模最大的计算机跨国公司总的销售额中，仅IBM就占了将近一半。随着跨国公司的发展，在一些工业部门中，跨国公司不但控制了国内市场，而且控制了相当份额的世界市场。

（四）20 世纪 80 年代跨国公司经营的转变

20 世纪 80 年代以后，随着经济全球化趋势的日益加快，国际市场竞争更加激烈，新贸易保护主义有所抬头，在此期间跨国公司的经营和发展又呈现出与以往不同的特征。

1. 对外直接投资规模继续扩大，发展中国家对外直接投资增长迅速

据联合国有关部门统计，1983—1990 年，全球对外直接投资的增速是全球国内生产总值增速的 4 倍，是全球国际贸易增速的 3 倍。1990 年，对外直接投资流量达到创纪录的水平，为 2 403 亿美元。

与此同时，发展中国家的对外直接投资总额所占比重虽然不大，但增速快，成为世界对外直接投资中的新生力量。据国际货币基金组织统计，1960—1980 年发展中国家和地区对外直接投资年均增长率为 16.1%（同期发达国家年均增长率为 10.7%），年均投资额为 10 亿美元；而 1986—1990 年，年均增长率为 47%，同期发达国家年均增长率为 26%，年均投资额为 60 亿美元。

2. 建立全球战略，实施战略联盟

20 世纪 80 年代中期以后，经济全球化发展的趋势日益明显，国际竞争越发激烈，加之区域经济一体化发展迅速，跨国公司的海外扩张遇到越来越多的挑战，迫使跨国公司调整经营发展战略，越来越多的跨国公司开始采取开放型的跨国联合经营战略。不同跨国公司之间的资金、技术、生产设备、销售、分配渠道、融资能力等方面相互渗透，形成一种国际经营联合体。这一联合体不同于一般的合资企业，联合体中的各家企业都采用同一目标，即共同开发、共同生产、共享市场。这样，跨国公司的全球经营战略又发展到了一个新的阶段，即不同国家的大型跨国公司彼此联合起来，实施全球的战略联盟。

3. 投资方式由新建企业转变为并购，经营更加广泛

20 世纪 80 年代以来，由于科学技术的发展，新产品、新工艺不断涌现，这些新兴产业部门的形成，需要在各个部门之间进行新的调整。这些调整，不仅是企业进行经营结构的调整，还使整个世界经济进入产业结构大调整的时期。在此期间，主要跨国公司的对外直接投资中用于新建企业的比重相对减少，而进行跨国并购的比重则急剧上升。随着跨国公司跨部门、跨行业的混合并购高潮的到来，生产和资本更加集中，跨国公司的经营更加广泛，出现了越来越多的跨领域和跨行业经营的跨国公司。

（五）20 世纪 90 年代跨国公司的发展变化

20 世纪 90 年代以来，美国等发达国家开始了技术创新推动经济发展的阶段，经济发展进入从工业经济向知识经济转型时期。随着世界经济加速走向市场化、自由化和网络化，跨国公司的全球影响越来越大，作为国际直接投资主要载体的跨国公司是连接发达国家的资金、技术和管理经验与发展中国家的资源、廉价劳动力和广阔市场的不可替代的紧密纽带，在世界经济的发展中起着举足轻重的作用。

在此时期，世界经济发展的一个显著特征就是地区经济一体化加强，其中一体化程度最高的当属北美、欧盟、亚太三大经济圈，体现在国际直接投资上，就是一体化的区域内部国家之间的相互投资占了主导地位。

欧盟各国内部的相互投资成为它们对外投资的重要组成部分。1998 年,欧盟国家之间的内部投资额占总投资额的 49%,区域内直接投资的增长速度超过了区域内部的贸易增长速度。

在北美自由贸易区(NAFTA)内,美国和加拿大成为最大的投资伙伴,加拿大对外投资的 2/3 流向了美国,而美国对外投资的 1/5 投向了加拿大。1989—1995 年,美国对墨西哥的直接投资存量从 83 亿美元增加到 164 亿美元;1993 年,墨西哥在美国的直接投资存量为 12 亿美元,1996 年达到 22 亿美元。与此同时,加拿大对美国的投资也增加了 5 倍。

(六) 21 世纪初跨国公司的发展趋势

进入 21 世纪以来,在信息技术革命的加速推动下,面对迅速形成的全球市场,跨国公司前所未有地进行经营理念与经营战略的调整或转变,它们从过去以母国为中心的跨国经营转向多中心网络型的全球经营。

1. 经营理念日趋全球化、绿色化

一方面,跨国公司的决策者越来越以"地球村"作为公司的长远战略市场,谋求在全球范围内最大限度地优化配置、吸纳整合各种有形无形的优质资源。跨国公司在过去所建立的金字塔式的公司总部拥有绝对决策控制权、通过中心辐射等级制管理模式,逐渐转变为在全球若干重点国家或地区拥有地区总部的、多中心的、多结点式的全球网络管理模式。这种全球网络管理模式有利于跨国公司针对动态、复杂、多变的全球经营环境迅速地作出相应的反应,以有效地利用全球资源。例如,麦当劳、肯德基、家乐福、沃尔玛等跨国集团公司在全球范围内开设分公司,不断拓宽自己的市场。

另一方面,跨国公司渐渐淡化公司的母国国籍,民族中心文化潜移默化为全球多元文化,本土化观念日趋增强,整合地方文化特性于管理理念之中,寻求全球一体化与本土化的协同效应。这有利于吸纳与有效激励全球各地最优秀的人力资源,加速跨国公司向全球公司方向的迈进,客观上也推动了全球经济一体化进程。

但是,面临日趋严峻的生态环境恶化、自然资源枯竭和人类生存危机,当代跨国公司在寻求全球利润最大化的过程中,逐渐意识到自己必须承担更多的社会责任,企业价值观从过去的股东价值最大化提升到包括股东、人类社会和自然生态环境在内的全球公司责任体系,推崇绿色管理,以期逐步改善全球经营环境,并给社会和公众留下良好的企业公民形象,促进公司全球长远战略目标的实现,这也标志着跨国公司向全球公司转型的完成。全球经营将成为跨国公司发展的常态。

2. 生产经营体系日趋全球化、网络化

随着中国、印度、俄罗斯、巴西等新兴经济体的迅速崛起,以及互联网革命带来的距离的拉近,全球市场竞争强度不断加大,产品生命周期越来越短,驱使跨国公司在追逐规模经济性与范围经济性的同时,更加看重速度的经济性与网络的经济性。在遵循全球本土化战略的思维模式和全球产业价值链最优配置的原则下,越来越多的跨国公司将经营重点转向全球产业价值链中附加价值最大的研发与营销服务环节,放弃或退出附加值低的制造及组装环节,将其转移到新兴市场或更适合加工组装的国家、地区,并按照自己的标准合资或发包给经过认证的海外企业。将来,跨国公司甚至也会把财务管理、人力资源管理、企业信息化、产品设计等由自己完成的服务业务部分或全部外包给其他企业。这样,跨国公司全球内部生产经营网络与外部生产经营网络有机融合,形成全球生产经营网络体系,使跨国公司能够在全球范围内最大限度实现资源的优化配置,跨国公司的速度经济性与网络经济性的优势得以充分释放出来。

3. 研究和开发体系日趋创新化、网络化

在全球经济时代,当代跨国公司能否在技术这一战略要素上取得主动权,直接关系到其全球动态可持续竞争优势的构建与维持。技术创新全球化作为当代跨国公司的一种战略行为,主要通过在全球范围内的知识创造、转移与利用,整合全球的技术和知识资源,以达到实现和保持其全球竞争优势的目标。

为此,自20世纪90年代中期以来,随着制造及组装业务的全球转移或扩散,跨国公司也开始把研发设计业务向全球转移,一改以往在单一母国进行研发活动的做法,依据全球各个不同国家或地区经济发展水平、科研实力、市场需求以及公司的全球生产运营网络体系的战略规划等因素,在全球范围内有组织地分散 R&D,进一步形成全球化的 R&D 网络,加速提升技术创新效率,进而增强全球持续、动态的竞争优势。

三、第二次世界大战后跨国公司迅速发展的原因

(一)世界科学技术革命和世界生产力的发展

20世纪50年代开始的以原子能、电子为代表的第三次科技革命,无论是广度或深度都超过了前两次科技革命,大量科技成就广泛应用于生产,出现了一系列新产品、新技术和新兴的工业部门,大大促进了生产力的发展。生产力的发展要求更多的原料和销售市场,要求生产和销售的国际化。科学技术革命的发展为跨国公司奠定了物质基础。

(二)生产和资本的集中导致资本"过剩"

第二次世界大战后,发达国家生产和资本不断集中,垄断程度加深,拥有大量资本和先进技术的垄断企业迫切要求到国外寻找有利的投资场所和销售市场。同时,第二次世界大战后发生了第三次企业兼并高潮,使原有大公司规模不断扩大,在一些新兴工业部门形成少数垄断性大企业。日本在20世纪60年代也出现了企业兼并高潮,形成了许多大企业。这些大企业垄断了国内市场后,要进一步发展就必须越出国界。当企业规模扩大、某一行业超出国内有支付能力需要的生产能力加大、在国内找不到"有利可图"的投资场所时,为寻求利润丰厚的投资市场必然要向外扩张。因此,跨国公司的发展是生产和资本集中的必然结果。

(三)国际分工的深化、生产和资本的国际化

随着科技革命的发展、生产和资本的集中,第二次世界大战后国际分工在广度和深度上进一步发展,大大加强了各国之间的互相依赖和协作,各国之间的国际分工已经不仅仅局限于部门之间的分工,国际经济联系也不仅仅局限于商品流通领域,而进入生产领域。

国际分工向部门内部分工、产品专业化、零部件专业化和工艺专业化方向发展，大大促进了生产国际化和资本国际化。因此，发展跨国公司是第二次世界大战后生产国际化和资本国际化的客观要求。

（四）现代交通运输和通信信息的发达

科学技术的发展为交通运输和通信的革命提供了技术条件，交通运输和通信的发展大大缩短了国与国之间的距离。19世纪中叶，从美国到欧洲的邮件一般要21天，互联网使通信技术有了突变。海运技术大发展，海运运输量大、及时、价廉，为各国之间的经济联系提供了必要保证，使跨国公司有可能把各地的子公司紧密联系起来，形成整体，实现其全球战略目标和战略部署。

第三节　跨国并购与合并

一、跨国并购的概念和形式

（一）跨国并购的概念

企业的并购（mergers and acquisitions，M&A）包含兼并和收购两种方式。国际上习惯将兼并和收购合在一起使用，在我国称为并购。企业之间的兼并和收购行为是企业法人在平等自愿、等价有偿的基础上，以一定的经济方式取得其他法人产权的行为。跨国并购则是指外国投资者通过一定的法律程序取得东道国某企业的全部或部分所有权的投资行为。跨国并购在国际直接投资中发挥着重要的作用，现已发展成为设立海外企业的一种主要方式。

（二）跨国并购的形式

企业的并购主要包括公司合并、资产收购和股权收购这三种形式，是企业进行资本运作和经营的一种主要形式。跨国并购有投资者单独出资进行的，也有投资者联合出资进行的。收购与兼并既有相同之处也有所区别。相同之处主要在于动机相似，为扩大企业市场占有率或者经营规模，实现规模效益，或者为拓宽企业经营范围、实现分散经营或综合化经营。总而言之都是为了增强企业实力的外部扩张策略或途径。其次，二者都以企业产权为交易对象。收购与兼并的区别在于：第一，在兼并中，被兼并企业作为法人实体将不复存在；而在收购中，被收购企业可以以法人实体的形式存在，可以部分转让产权。第二，在兼并之后，兼并企业成为被兼并企业新的所有者和债权债务承担者，是资产、债权、债务的一同转换；而在收购之后，收购企业则是被收购企业的新股东，以收购出资的股本为限承担被收购企业的风险并享有相应的权益。第三，兼并活动一般发生在被兼并企业财务状况不佳、生产经营陷入停滞或半停滞状态的时候，兼并之后一般需要调整期生产经营，重新组合资产；而收购活动多数出现在企业的生产经营处于正常状态的时候，产权转让之后对企业运营的影响是逐步释放的。

兼并与收购的英文解读：What's M & A?

◇ The terms mergers and acquisitions (M & A) mean slightly different things.

◇ An acquisition(收购) is also known as a takeover or a buyout.

◇ Merger(兼并) happens when two firms agree to go forward as a single new company.

◇ In practice，however，actual mergers of equals don't happen very often.

◇ Usually，one company will buy another.

—Method of Valuation for M & A

Presented by Jing Ma and Scharhabil Samirae

二、当今跨国并购的特征

美国作为西方国家企业并购的典型代表，大体经历了四次发生在国内的并购高潮：第一次是以横向（水平）并购为主的跨国并购，主要发生在 1899—1903 年；第二次则以纵向（垂直）的跨国并购为主，主要发生在 1922—1929 年；第三次以混合并购为主，主要发生在 20 世纪 60 年代；第四次以杠杆式并购为主，主要发生在 20 世纪 70 年代中期至 90 年代初期。20 世纪 90 年代中后期至 21 世纪主要在发达国家的并购高潮是世界历史中的第五次企业并购高潮，这一次以跨国并购为主的特征归纳起来有以下几点。

（一）这次跨国并购高潮主要出现在美欧之间，特别是美国与几个欧洲大国之间

原因在于这些国家的大型跨国公司比较多，产业之间的关联性强，跨国直接投资的数量大。

（二）此次跨国并购高潮是以横向并购为主，集中在服务业和科技密集型的产业

主要原因在于企业经营战略重心发生转移，强调核心业务与核心竞争力；其次，企业经营环境发生变化，各国鼓励自由化及私有化，鼓励外资进入。

（三）换购成为这次跨国并购的主要方式

并购企业增发新股换购企业旧股，可以节约交易成本、不必发生大量现金的国际流动等，还有可以合理避税以及实现股价的上扬。

（四）从并购的规模看，此次并购高潮超过以往几次

超过 10 亿美元的并购为大型并购，这一次并购高潮中所涉及的金额超过几十亿或上百亿美元的很普遍。前几年大规模的跨国并购流行的原因主要是：研发费用上涨加速了并购活动的发展；国家对经济活动的干预减少为企业并购创造了有利的外部条件；股市的繁荣为跨国并购提供了充裕的资金。

扩展阅读 3.3 运用于海外并购的主要概念术语及中英文关键词

第四节　跨国公司与国际直接投资

跨国公司是国际直接投资的载体，也是国际直接投资的主体。跨国公司作为企业国际化经营的产物，在世界经济的发展过程中具有决定性的作用。第二次世界大战以后特别是 20 世纪五六十年代以来,跨国公司得以迅速发展,并成为世界经济与政治格局中的一支重要力量。跨国公司作为当今世界经济的一个重要力量,对国别经济和全球经济的发展发挥了巨大的作用,这些作用以积极的方面为主。

一方面,跨国公司是世界经济增长的引擎。以对外直接投资为基本经营手段的跨国公司已发展成为世界经济增长的引擎:跨国公司通过对研究与开发的巨大投入推动了现代科技的迅猛发展;跨国公司的内部化市场促进了全球市场的扩展,跨国公司在传统的外部市场之外,又创造出了跨越国界的地区或全球联网的新市场——内部化市场;跨国公司的发展加速了世界经济集中化倾向;跨国公司在产值、投资、就业、出口、技术转让等方面均在世界上占有重要的地位。

另一方面,跨国公司加快了各种生产要素的国际移动,优化了资源配置,提高了资源利用效率。跨国公司通过进行一体化国际生产和公司间贸易,可以形成配置和交换各国不同生产要素的最佳途径,并可利用世界市场作为组织社会化大生产、优化资源配置的重要手段。以价值增值链为纽带的跨国生产体系的建立和公司之间内部贸易的进行已成为跨国公司提高资源使用效率的有效方法。对于整个世界经济而言,跨国公司的发展推动了各种生产要素在国家间的移动与重新组合配置,扩大了国际直接投资、国际贸易和国际技术转让的规模,促进了世界经济一体化的进程和国与国之间经济合作活动的开展。

一、跨国公司国际直接投资的基本动机

跨国公司作为对外直接投资的主体,进行对外投资时,既受企业本身所特有的优势,如资金、技术、管理、规模经济、市场销售技能等的影响,也受企业所处的客观社会经济环境,如自然资源禀赋、国内市场规模、经济发展水平、产业结构、技术水平、劳动力成本、政府政策等的制约,而这两方面在内容上存在相当大的差异,所以导致不同投资项目的动机不同。

第一,获得国外市场是对外直接投资的基本目标。无论出于何种动机,跨国公司都要通过对国外生产、技术来源地、产品销售地三方面因素进行有效组合,实现其全球一体化战略。

第二,为实现股东财富最大化,所有动机背后都隐含着两个基本财务目标,即增加销售收入、降低生产经营成本。

第三,投资动机有明显的行业倾向,而且不同的动机及与此相联系的行业倾向,决定了个别投资者对东道国投资环境中的某一类因素特别敏感。

第四,各类投资动机不是相互排斥而是相互补充的,某一投资项目往往是多种动机作用的结果,同时存在的机会越多,在投资得以完成之后对投资者的好处就越大。

第五,国际直接投资的根本动机和目的是利润最大化。各类投资动机是追求利润最大化的不同途径与方式,在获取利润的问题上,有直接和间接、局部与整体、近期与远期之分,这也导致投资动机呈现出多样化。

另外,不同企业在内外条件和所处环境之间存在着相当大的差异性,这也使企业在追求相同目标时采取了不同的手段。

二、跨国公司对外直接投资的特征

国际直接投资的一个突出特征是：投资者对所投资的企业拥有有效控制权。这种有效控制权是指投资者拥有一定数量的股份，因而能行使表决权并在企业的经营决策和管理决策中享有发言权。这种股权参与下取得的对企业的控制权有别于非股权参与的情况。如果没有这种股权参与，即使通过其他途径或方法对企业产生影响，也不构成对外直接投资。

在国际直接投资活动中，投资者对企业的控制权一般与投资者对企业股份的拥有权相适应，拥有的股份比例越高，控制权也就越大。但是国际直接投资所要求的有效控制权并不与股份拥有比例构成确定的数量关系。因为按照国际投资实践的通行原则，有效控制权是指投资者实际参与企业经营决策的能力和在企业经营管理中的实际地位。

国际直接投资的另一个突出特征是：在资本移动的形式上，对外直接投资不是单纯货币形式的资本转移，它是货币资本、技术设备、经营管理知识和经验等经营资源在国际的一揽子转移，也即企业生产和经营活动向国外的扩展，一旦企业的生产和经营活动打破了国家界限，把整个世界作为一个大市场来对待，就产生了国际直接投资。可以认为，国际直接投资是生产社会化发展走向生产国际化的必然形式，是生产分工扩大到国际范围的体现。

进行国外直接投资的企业一般称为母公司，它在国外投资的企业一般称为子公司，我国称之为海外企业。第二次世界大战后，随着国际经济技术合作方式的发展，合资经营和合作经营成为国际直接投资的主要方式。

三、跨国公司对外直接投资方式

跨国公司设立海外独资企业（亦即海外子公司）的途径有两条。

第一，在东道国新建投资项目。这是跨国公司进入国外市场的传统途径。其优越性是可以根据跨国公司总体发展策略，灵活选择投资方向、投资部门、生产规模和产品类型等，其缺点是建一个新项目比较耗时。

第二，并购东道国公司。美国和欧洲各国的跨国公司更倾向于这种途径。其方法有二：一个是收购该公司的股权，另一个是收购该公司的财产。前者是在收购人与股权持有者之间进行的，后者是在收购人与具有法人资格的公司之间进行的。

此外，跨国公司为适应东道国政策变化，还兴起了许可证协议、管理合同、劳务合同、销售协议等非股权安排形式。

值得关注的是跨国公司投资方式的调整体现出如下特点。

（1）从新建投资到并购投资。近年来，跨国公司在全球范围进行投资时常常采用并购方式。

（2）从合资到独资，独资化趋势越来越明显。从发展趋势看，新批项目的规模中，独资企业超过合资企业越来越多。

（3）从单个项目到产业链投资。与一般中小企业投资不同，大型跨国公司 FDI 不是单打独斗，而是带动整个产业链投资，进行群体竞争。

跨国公司投资对东道国经济发展的巨大作用越来越被人们认同,所以如何更多地吸引跨国公司的对外直接投资,已经成为世界各国制定外资政策的主要目标。

四、跨国公司的对外投资活动

公司在国外的股权参与是指跨国公司在其国外的子公司中拥有股权的份额,其多少取决于投资者向企业投资数额的大小。一般地说,跨国公司向海外子公司投资数额越大,拥有股权的比例就越大,就越能对子公司实行有效的控制。因此,跨国公司尽力占有全部股权或占有多数股权,从而把子公司完全纳入其全球经营体系,服从其整体利益。

(一)跨国公司的股权投资形式

跨国公司的股权投资有以下几种形式:①设立分公司或销售机构;②建立加工装配厂;③设立独资企业;④设立合资企业。其中,设立独资企业与合资企业是股权投资的两种基本形式。跨国公司在哪一个国家设立子公司,选择什么样的股权形式,不能由跨国公司单方面来决定,还必须考虑东道国的国情与法规等因素。

(二)跨国公司在国外的非股权安排

(1)非股权安排的含义。非股权安排是20世纪70年代以来逐渐被广泛采用的形式,主要是指跨国公司在东道国中不参与股权,而是通过与股权没有直接联系的技术、管理技能、销售技巧等为东道国提供各种服务,与东道国公司保持密切联系,并从中获利。非股权安排主要是跨国公司针对发展中国家的国有化政策和外资逐步退出政策而相应采取的一种投资方式,也是跨国公司在发展中国家谋求继续保持原有地位的重要手段。采用这种投资方式,投资物不是资金,而主要是各种技术、专利、管理技能、销售技巧等无形资产。跨国公司通过非股权安排方式,既可减少风险,又可使其技术、管理技能和销售技巧获取相应的利润;同时,还可以通过这些先进的技术、管理技能和销售技巧对当地企业施加影响。因此,跨国公司非股权安排的投资方式正在日益发展,在全世界范围内得到更广泛的运用。

(2)非股权安排的形式。非股权安排形式很多,并且仍在不断地发展。目前,许可证合同、管理合同、产品分成合同、协作生产合同、销售合同、联合投标合同、交钥匙合同(turn-key contract)、咨询服务合同等形式最为常用。

第一,许可证合同。许可证合同是指跨国公司与东道国公司就技术的转让和使用问题所订立的合同。许可证合同具体可分为独占许可证合同、普通许可证合同、排他许可证合同、从属许可证合同等。无论采用哪一种许可证合同,对技术价款的偿付都可采用总算偿付和提成偿付两种方式。采用总算偿付方式,对转让的技术要作价,然后由被许可方一次付清或分期付清,如果以产品偿付,那么产品也要作价;采用提成偿付时,转让的技术可以不作价,但要确定提成率和提成期,许可方根据被许可方在提成期内每年的产品产量或产品的销售价格按确定的提成率提取提成费。

第二,管理合同。管理合同亦称经营合同或经营管理合同,是指跨国公司通过合同,在不涉及股权参与的情况下向东道国企业提供综合性服务,在合同有效期内按规定提供各项服务和收取相应的报酬。管理合同分为两大类。一类是全面经营管理合同,较广泛,不但包括技术管理,而且包括生产管理、销售管理和行政管理等。这类管理合同一般适用于新产品的开发,适用于管理比较复杂或质量要求高的企业。另一类是技术管理合同,即企业的技术管理由跨国公司的技术人员或技术公司进行全权管理。管理合同的特点是不投资只管理,这样跨国公司通过签订管理合同参与并控制东道国企业的生产经营活动,在没有风险的情况下增加收益。

第三,产品分成合同。签订这种合同的跨国公司起着一个总承包商的作用,即东道国出资,跨国公司替东道国公司购买设备和进行投资并实施管理,跨国公司不拥有股权,但要与东道国在一个预先商定的分配方案的基础上分享公司的产品,以作为这种非股权安排的报酬。

第四,协作生产合同。合同中规定跨国公司提供各种产品的设计图样、技术和专利权,东道国公司提供厂房、机器设备、原材料和劳务,双方进行协作生产,跨国公司通过提取产品或销售利润的方法获得投资报酬。

第五,销售合同。一般由跨国公司提供技术,在东道国进行生产,生产的产品由跨国公司和东道国的公司共同销售,双方按销售业绩分享销售利润。

第六,联合投标合同。订立这种合同后,跨国公司和东道国的公司就要对某一大型项目进行共同投标。如果中标,双方共同负责项目的勘察、设计和施工,跨国公司主要提供专家和技术,从共同获得的收益中取得部分投资利润。进行联合投标的目的是扬长避短,发挥双方各自的优势。

第七,交钥匙合同。交钥匙合同指的是项目建造的全过程,从方案选择、规划、勘测、设计施工、设备供应到安装调试和技术培训等由跨国公司在协议范围内负责完成,保证企业能生产出符合质量标准的产品,使东道国在合同履行完毕后具备独立经营和管理企业的能力。这种合同是成套工厂设备买卖方式与技术转让方式结合起来的合同,跨国公司则以取得项目的产品为报酬。对规模大、技术复杂、各环节要求紧密配合的项目建设可采用这种形式。

第八,咨询服务合同。咨询服务合同中规定,跨国公司负责解决东道国企业提出的技术课题,或提供各种技术服务,并以此获取技术咨询费作为技术投资的报酬。在跨国公司非股权安排形式中,究竟哪一种形式最为合适,要看双方的具体情况。

跨国公司可根据对方的行业特点和需要以及自己的需要与可能,灵活运用上述各种形式,以期达到预期的目的和最大的投资效果。

 案例分析

联想并购案(英文版)

复习思考题

1. 跨国公司的定义有哪些？
2. 简述跨国公司的类型与特征。
3. 第二次世界大战之后，推动跨国公司迅速发展的原因有哪些？
4. 跨国公司对外直接投资的基本动机有哪些？

即测即练

第四章

国际直接投资

学习目标（teaching objectives）

本章侧重介绍国际直接投资的概念、类型、特点与方式，以及国际直接投资的环境评估方法和世界贸易组织的多边投资协议。

1. 重点掌握国际直接投资的概念、类型、特点以及方式；

2. 理解国际直接投资环境的概念和分类；

3. 了解国际直接投资环境的评估方法。

关键概念（key concepts）

国际直接投资（international direct investment）

国际合资企业（international joint-venture enterprises）

国际独资企业（international sole enterprises）

国际直接投资环境（international direct investment climates）

软环境（soft environment）

硬环境（physical environment）

投资环境等级评分法（evaluation method of investment environment）

与贸易有关的投资措施协议（agreement on trade-related investment measures，TRIMs）

多边投资协议（multilateral agreement on investment，MAI）

多边投资框架（multilateral framework on investment，MFI）

国际直接投资协调（coordination of international direct investment）

双边投资协定（bilateral investment treaties，BITs）

 开篇案例

中国成全球跨国投资稳定器 "十四五"吸引外资有五大重点

2020 年以来，随着生产生活秩序在全球率先恢复，前三季度经济增速由负转正，中国成为全球跨国投资的"稳定器"和"避风港"。"如无特殊情况，预计四季度仍将延续当前稳中向好的态势，有望实现全年稳外资工作目标和'十三五'圆满收官。"2020 年 11 月 5 日，商务部外资司司长宗长青在第三届进口博览会期间举行的《中国外资统计公报 2020》发布会上说。

11 月 4 日晚的进口博览会开幕式上,国家主席习近平以视频方式发表主旨演讲。习近平指出,中国将秉持开放、合作、团结、共赢的信念,坚定不移全面扩大开放,将更有效率地实现内外市场联通、要素资源共享,让中国市场成为世界的市场、共享的市场、大家的市场,为国际社会注入更多的正能量。

中共十九届五中全会也明确提出,"十四五"时期,我国要坚持实施更大范围、更宽领域、更深层次对外开放,依托我国大市场优势,促进国际合作,实现互利共赢。建设更高水平开放型经济新体制,全面提高对外开放水平,推动贸易和投资自由化便利化。

"十四五"时期利用外资发展规划将重点推进五方面工作。

(1)在持续扩大对外开放方面。加快构建以国内大循环为主体、国内国际双循环相互促进的新发展格局,让中国市场成为世界的市场、共享的市场、大家的市场。"无论国际上单边主义、保护主义、逆全球化如何回潮,我们都将坚定不移扩大开放,持续缩减外资准入负面清单,深入推进规则标准等制度型开放,不断开放的中国市场必将为外商提供更多的投资机遇。"宗长青说。

(2)在持续完善外资管理体制方面。中国将深化"放管服"改革,落实准入前国民待遇加负面清单制度,加快建立与新的外商投资法相适应的外资管理体系和制度,为建设更高水平开放型经济新体制提供支撑。进一步优化外商投资信息报告制度,加强事中事后监管。

(3)在持续加强开放平台建设方面。将赋予自贸试验区更大改革开放自主权,稳步推进海南自由贸易港建设,建设对外开放新高地。加大向国家级经开区赋权的力度,发挥其开放型经济"主阵地"作用。支持北京市打造国家服务业扩大开放综合示范区,在全国增加服务业扩大开放综合试点,助推供给侧结构性改革和产业结构优化升级。

(4)在持续保护外商合法权益方面。严格实施外商投资法及其配套法规,继续完善公开透明的涉外法律体系,加强知识产权保护,加大对假冒伪劣和侵权行为的查处力度,健全外资企业投诉工作网络,有效维护外商合法权益。

(5)在持续优化营商环境方面。对标国际一流标准和通行经贸规则,进一步做好安商稳商、招商引商工作,确保内外资企业一视同仁、公平竞争,持续优化市场化法治化国际化营商环境。加快与有关国家和地区商签自贸协定、投资协定,坚定不移推动全球贸易投资自由化便利化。"要通过打造更优开放环境,使中国开放的决心让外商放心,开放的政策让外商受惠。"宗长青说。

资料来源:中国成全球跨国投资稳定器　十四五吸引外资有五大重点[EB/OL].(2020-11-06). www.cinic.org.cn/xw/cjxw/963582.html.

第一节　国际直接投资的概念与形式

国际直接投资作为国际投资的一种主要形式,是相对于国际间接投资而言的一种投资形式。第二次世界大战后,国际直接投资的发展速度、流动规模及影响力都大大超过了其他形式的投资。经济全球化潮流和区域经济一体化趋势使得国际直接投资成为继国际贸易之后国际经济联系的又一重要方式,并且是国际经济联系较高形式的表现。一国的经济发展水平、对外开放程度和国际竞争能力在很大程度上可以通过国际直接投资的规模、收益水平和影响作用等反映出来。

一、国际直接投资的概念

国际直接投资的概念具有非常丰富的内涵,现有的各种著作中对这一概念的表述也是各有侧重。综合概括,国际直接投资又称外商直接投资或海外直接投资(overseas direct investment),是指一国的投资者(自然人或法人)跨越国境,以投入资本或其他生产要素的投资方式为媒介,以取得相应企业的经营管理权和经营控制权为手段,以获取利润或稀缺生产要素以及多种效益为目的,在国外从事制造业、商业、服务业和金融业等的一种投资活动。

国际货币基金组织在《国际收支指南》中对国际直接投资的描述为:从事获取投资者所在国之外的企业的长期利益的投资活动,投资者的目的是能够对企业的管理拥有有效的控制。无论哪种形式的国际直接投资概念,都反映了两个基本的核心因素:①生产要素的跨国流动;②投资主体拥有足够的经营管理权。

由此可见,直接投资与间接投资最根本的区别在于直接投资的主观意图是通过直接参与和控制企业经营权以获取收益。然而,对有些投资很难从外部表象上区别投资者的主观意图,因此,在美国、日本等国家通常以出资比率10%作为区分国际直接投资与国际间接投资的标准,当出资比率超过10%(含10%)时为国际直接投资,少于10%时则属于国际间接投资。

国际直接投资主要流向服务业和制造业。就全球而言,国际直接投资主要流向服务业,其次就是制造业。在服务业方面,商务服务、计算机相关服务、贸易、建筑、水电气供应、银行保险和交通运输已成为吸收国际直接投资的主要领域。在制造业方面,电器和电子产品、汽车、机械装备等行业也吸收了大量的国际直接投资,半导体、计算机、建筑机械等行业也会有大量的国际直接投资流入。

二、国际直接投资的特征

国际直接投资具有跨国性、控制性和渗透性的重要特征。

第一,国际直接投资作为长期资本流动的一种主要形式,要求投资主体必须在国外拥有企业实体并直接从事经营活动。

第二,国际直接投资通常表现为两种形态,即资产的国际转移和拥有经营控制权的资本国际流动,既有货币投资又有实物投资。

第三,国际直接投资的特点还体现在与国际间接投资的区别上,国际直接投资的目的是取得企业的经营控制权,而国际间接投资则是以获得利息、股息等为主要目的,却不直接参与企业经营,不谋求对企业的控制权。

另外,纵观国际直接投资的发展历程,国际直接投资的产生和发展需要具备以下四个条件:首先,具有跨国界培植生产要素动力和能力的投资主体;其次,拥有可以作为国际直接投资载体的生产要素;再次,具有适合国际市场需求并且有国际竞争能力的产品和产业;最后,有适合生产要素国际流动和配置的经济、法律体制和能够吸引国际资本的区位环境。

三、国际直接投资的动机

国际直接投资的动机可以从必要性的角度阐明投资者在进行投资决策时所考虑的主要因素。由于投资者在进行对外投资时既受企业本身特有的优势（资金、技术、管理、规模经济、市场技能等）的影响，也受企业所处的客观社会经济环境（自然资源禀赋、国内市场规模、经济发展水平、产业结构、技术水平、劳动力成本、政府政策等）的制约，而这两方面在内容上存在相当大的差异，所以导致不同企业的对外投资动机以及同一企业的不同投资项目的动机不同。国际直接投资的动机主要有如下几种。

（一）维持和开拓市场型动机

这种类型的投资主要以巩固、扩大和开辟市场为目的。此种动机又可细分为以下几种不同的情况。

一是绕开贸易限制。投资企业是出口企业，产品在国内生产，通过出口使商品进入国外市场，但由于进口国实行了贸易限制阻碍了出口正常进行，因而企业转为向进口国或第三国进行直接投资，以维持其原有市场，美、日、欧盟等国之间的相互投资都出于此种动机。

二是开辟新市场。投资企业在东道国原来基本没有市场，通过直接投资才有可能在该国市场占有一席之地。

三是稳定与扩大市场。企业对国外某一特定市场的开拓已达到一定程度，如果在当地直接投资进行生产、就地销售或在当地投资建立维修服务和零部件供应网点，会更为有利。

四是跟随效应。这种投资的目的是维持未来的市场份额，以防被其他竞争者占领，从而保证获取长期最大利润。

（二）降低生产成本导向型动机

出于这种动机所进行的投资主要是为了利用国外相对廉价的原材料和各种生产要素等，降低企业的综合生产成本，提高经营效益。这一动机不仅限于发达国家的对外直接投资，而且也存在于发展中国家的对外直接投资中。通常这种投资大多出于企业维持其竞争力的需要，是一种防御层次的投资动机。

（三）分散投资风险导向型动机

这种投资的目的主要是分散和减少企业所面临的各种风险。从经济方面看，这种分散风险型的投资可以取得较为稳定的收益。投资者在社会稳定国家投资的目的是寻求政治上的安全感，因为社会稳定的国家一般不会采取没收、干预私有经济等不利于企业的措施。另外，东道国的政治稳定性也有利于经济政策的连续性，使投资者获得长远的利益。

（四）优惠政策导向型动机

东道国政府为了吸收外资，都会制定很多优惠政策及鼓励性政策，如优惠的税收和金融政策，优惠的土地使用政策以及创造尽可能多的投资软、硬环境等。以这些优惠政策吸引投资者为获取利益，而到东道国投资。同样，母国政府对外投资的鼓励性政策也会刺激和诱发本国企业或个人作出对外投资决策，如鼓励性的税收政策、金融政策、保险政策等。

（五）技术与管理导向型动机

国际直接投资是企业为学习和利用国外先进技术、生产工艺、管理经验、新产品设计、关键设备和零部件、新产品等而进行的对外投资。

（六）全球战略导向型动机

国际直接投资是当代跨国公司对外直接投资发展到全球化阶段的一种投资动机。跨国公司建立起自己的国际生产体系之后，开始以全球为目标，进行世界扩张。

四、国际直接投资形式

国际直接投资形式主要有独资企业、合资企业和合作企业。投资主体采取何种形式从事国际直接投资，主要取决于自身的条件和国际投资环境。

（一）独资企业

独资企业是根据有关法律规定而在东道国境内设立的全部资本由国外投资者提供的企业。大型跨国公司尤为喜欢以创立独资企业的形式进行对外直接投资。第二次世界大战以后，无论是发达国家还是发展中国家，独资企业都得到了较大的发展。

海外独资企业有如下一些特点。

（1）法律地位独特。独资企业不是投资国的企业和法人，而是东道国的企业和法人，所以从企业在东道国从事民事活动的法律地位来看，一方面可接受东道国的法律保护；另一方面也受东道国政府对其的监督和管理，才能开展正常的生产经营活动。

（2）对独资企业掌握的尺度较严。一般东道国对设立独资企业的法律和政策都有利于本国国民经济的发展，所以往往要求独资企业采用本国尚未掌握的先进技术，要求独资企业的产品全部或部分出口。

（3）在管理权限上有充分的自主性。独资企业的组织形式、生产活动、销售活动、工资福利、职工聘任与解雇等，均由外国投资者根据东道国的法律自由决定，东道国除行使必要的法律规定的管理职能外，一般不干涉独资企业的经营活动。

（二）合资企业

合资企业（合资经营企业）又称股权式合营企业，是指由两个或两个以上属于不同国家和地区的公司（企业）或其他经济组织，经东道国政府批准，在东道国境内设立的以合资方式组成的经济实体。合资企业已发展成为国际直接投资的主要形式之一。这种形式适合小型跨国公司采用，对于生产规模小、技术水平不是很高的小型跨国公司来说，采用此种直接投资方式可以获得东道国政府的支持。其途径有二：一是通过新建投资项目的方式设立，二是通过购买东道国企业股权的方式设立。合资企业具有如下一些特点。

（1）共同投资。合资企业是由合资各方共同投资设立的，其投入的可以是资金，也可以是实物、产权、专有技术等。

（2）共同管理。根据出资比例，合资各方共同组成董事会，并聘请总经理和副总经理，建立经营管理企业的体系。

（3）共担风险。合资各方共同享受企业的盈利，共同承担企业的风险，盈亏均按股份比例分担。

（4）自主经营。合资企业是在东道国境内设立的具有独立法人资格的经济实体，其生产经营活动具有充分的自主权。

（三）合作企业

合作企业是指国外企业依据东道国有关法律，与东道国企业共同签订合作经营合同而在东道国境内设立的合作经济组织。就东道国而言，合作企业是许多发展中国家利用外资的一种简便有效的形式。

合作企业可以分为两种：一种是法人式，即合作企业有独立的财产权，法律上有起诉权、被起诉权，并以该法人的全部财产为限对其债务承担责任；另一种是非法人式，即合作企业没有独立的财产所有权而只有使用权，合作企业的管理可以由合作各方派出代表组成联合管理机构进行，也可以委托一方或聘请第三方进行。

合作企业和合资企业都表现为国外投资者与东道国的投资者在东道国创办企业，合伙经营，两者既有联系又有区别。从法律的角度来考察，合作企业是契约式合营企业，其基础是合资各方的股份。

与合资企业相比，合作企业在以下各方面有其明显的特点。

（1）经营方式。合作双方的权利和义务均由合同规定。合作双方可组成法人，也可不组成法人。作为法人的合作企业应成立董事会这种最高权力机构作为企业的代表；不组成法人的合作企业不具有法人资格，可由合作各方的代表组成联合管理机构负责管理经营，也可由外方为主要负责人进行管理。

（2）投资条件。一般情况下，东道国一方提供场地、厂房、设施、土地使用权和劳动力等，投资国企业一方提供外汇资金、设备和技术等。

（3）收益分配。由于合作企业属于契约式合营企业，投资各方不按股份计算，所以也不按股份分配收益，而是按合同中商定的比例进行分配，并且不能变动。

（4）合作期满的财产归属。不同行业项目的合作期限不同，但是一般来说，合作期满后，合作企业的全部资产不再作价，而是无偿地、不附带任何条件地转为东道国一方所有。

第二节　国际直接投资的环境评估方法

一、国际直接投资环境概述

（一）国际直接投资环境的概念

国际直接投资的环境是指影响国际直接投资的各种自然因素、政治因素、经济因素和社会因素等相互依赖、相互制约所形成的矛盾统一体。国际投资环境主要包括影响国际直接投资的各种外部条件，其英文 investment climates 可以直译为投资气候。如同自然界的气候，投资气候也会因为各种因素的影响而变幻莫测，难以让人捉摸，进而影响投资者的投资行为。起初，人们关注的重点在于投资的硬环境，即通水、通电、通气、通邮、通路、通商、通航及平整场地等有形环境，俗称"七通一平"，包括办事效率、教育文化、风俗习惯、政策法规、投资优惠等软环境也变得非常重要，对投资决策的作出和投资项目的运营有很大的影响。而现在投资者不仅关注硬环境和软环境，而且开始重视诸如产业配套能力、零部件与原材料供应的便利程度、产业链投资、企业集群布局等产业配套环境。

国际直接投资项目建成投产后的生产经营是否有利可图取决于东道国的投资环境。资本的本性总是投向风险小和增值快的地方。当一个国家或地区失去生产要素配置及实现最大利润的比较优势时,投资者就会物色更能获得高额利润的东道国,在那里获得优势资源,开拓商品市场,降低生产成本,获取高额利润。由于国际直接投资是一种跨国投资,投资对象国的政治、社会、经济、文化、法律等方面存在着差异,投资者在作出投资决策之前,要对东道国的投资环境进行国别比较,力求把安全度高、获利大的国家和地区确定为对外直接投资的地点。

(二)国际直接投资环境的分类

国际直接投资环境从不同的角度可以分为各种类型。

(1) 从国际直接投资环境所包含因素的多少可将国际直接投资环境分为狭义的投资环境和广义的投资环境。狭义的投资环境是指投资的经济环境,即一国的经济发展水平、经济发展战略、经济体制、金融市场的完善程度、产业结构、外汇管制和货币稳定状况等。广义的投资环境除经济环境外,还包括自然、政治、社会文化和法律等对投资可能产生影响的所有外部因素。

(2) 从影响国际直接投资的外部条件和范围可将国际直接投资环境分为国际环境和国内环境。前者指目标国与其他国家相互关系的各种国际性因素;后者指目标国本身的各种国别性因素。从各因素的稳定性来看,可将国际直接投资的环境归为自然因素、人为自然因素和人为因素。其中,自然因素包括自然资源、人力资源以及地理条件等相对稳定的因素;人为自然因素包括实际增长率、经济结构及劳动生产率等中期可变的因素;人为因素包含开放进程、投资刺激以及政策连续性等短期可变的因素。

(3) 从国际直接投资的环境因素所具有的物质和非物质性来看,国际直接投资环境有硬环境和软环境之分。硬环境是指能够影响投资的外部物质条件,如能源供应、交通和通信、自然资源以及社会生活服务设施等。软环境是指能够影响国际直接投资的各种非物质形态因素,如外资政策、法规、经济管理水平、职工技术熟练程度以及社会文化传统等。

(三)国际直接投资环境的基本特征

(1) **综合性(comprehensiveness)**。国际直接投资环境是由众多因素构成的有机复合体,不仅包括经济因素,还包括政治、法制、管理、物质技术、社会文化、自然地理等其他因素。而每一方面的因素又同时包含着若干子要素系统,所有这些因素都以其特有方式作用于国际直接投资。这一综合性特点,要求人们在改善或评价投资环境的实践中,必须全面顾及所有的因素及其系统,全盘考虑有利因素、主要因素和关键因素,以及不利因素、次要因素和非关键因素;同时努力探求和优选国际直接投资环境因素的最佳结构方式。

(2) **系统性(systematicness)**。国际投资环境是一个有机整体,各个部分相互连接、协调,互为条件,构成一个完整的投资环境系统。其中任何一种因素的变化,都可使涉及投资活动的其他因素发生连锁反应,进而导致整个投资环境的变化,影响到投资者对投资环境的评价。

（3）动态性（dynamism）。影响国际投资的各种因素都处在不断变化之中,因此投资环境也是在不断地变化的。如政局的稳定、政策的变更、自然界本身的变化等,都会使投资环境改善或恶化。因此在进行国际投资活动时,要注意发现各种因素变化的情况和规律性,根据投资环境的动态性特点,合理选择投资的规模和方式,决定投资的流向。

（4）先在性（pre-existence）。国际直接投资环境是先于投资行为而客观存在的。不仅自然条件和地理位置这些不可变因素如此,而且政治、经济、物质技术、社会文化等可变因素也如此。因此,东道国和地区为卓有成效地吸引外资,须提前创建良好的投资环境。

（5）差异性（difference）。国际直接投资环境在不同国家或地区之间,以及对不同投资行业适应性的差异是绝对的、显而易见的。因此,在一定时期内,一些国家或地区会成为国际直接投资的热点地区,而另一些国家或地区就成为投资者的冷落地。即使是一个既定的投资环境,因其构成因素或结构方式的特殊性,也不可能对所有行业或项目的投资具有同等的作用。例如,有的投资环境适于农业或畜牧业投资,有的适于水产业投资,有的适于旅游业投资,有的适于工业投资;适于工业投资的环境,也有适于原材料工业、能源工业、加工工业等投资的区别,或者有适于知识和技术密集工业与劳动密集工业投资之分等。

二、国际直接投资的环境评估方法

在作出投资决策之前要对国外投资环境进行综合评估,投资环境的好坏直接影响国际直接投资的决策以及国际直接投资的风险和收益。对国际直接投资环境的评估大都是将众多的投资环境因素分解为若干具体指标,分别进行评分然后再进行综合评价。目前,国际上常用的比较典型的评估方法主要包括投资环境等级评分法（evaluation method of investment environment）、国别冷热比较法（comparison method of cold and hot countries）、投资障碍分析法（method of investment impediment analysis）、投资环境多因素评分法（multi-factor scoring method of investment environment）、投资环境准数值法（quasi numerical method of investment environment）、动态分析法（method of dynamic analysis）、抽样评估法（method of sample evaluation analysis）、成本分析法（cost analysis）。

（一）投资环境等级评分法

投资环境等级评分法［又称等级尺度法（rating scale）或因素分析法（factor analysis）］,是美国经济学家罗伯特·斯托伯（Robert B. Stobaugh, Jr.）提出的。等级评分法的特点是根据国际投资环境的关键项目所起的作用和影响程度的不同而确定不同的等级分数,再按每一个因素中的有利或不利的程度给予不同的评分,最后把各因素的等级得分进行加总作为对其投资环境的总体评价。总分越高表示其投资环境越好,总分越低则表示其投资环境越差。

从斯托伯提出的这种投资环境等级评分法的表格中可以看出(表 4-1),其所选取的因素都是对投资环境有直接影响、为投资决策者所最关切的因素,同时又都具有明确的内容,评价时所需的资料易于取得和比较。在对具体环境的评价上,采用了简单累加计分的方法,使定性分析具有了一定的数量化内容,同时又不需要高深的数理知识,简便易行,一般的投资者都可以采用。在各项因素的分值确定方面,采取了区别对待的原则,在一定程度上体现出了不同因素对投资环境作用的差异,反映了投资者对投资环境的一般看法。

表 4-1　投资环境等级评分法计分表

投资环境因素 (investment environment factor)	等级评分 (score)	投资环境因素 (investment environment factor)	等级评分 (score)
一、抽回资本(capital flight)	0～12	五、政治稳定性(political stability)	0～12
无限制	12	长期稳定	12
只有时间上的限制	8	稳定但因人而治	8
对资本有限制	6	内部分裂但政府掌权	6
对资本和红利都有限制	4	国内外有强大的反对力量	4
限制繁多	2	有政变和动荡的可能	2
禁止资本抽回	0	不稳定、政变、动荡极有可能	0
二、允许外国投资者的所有权比例 (foreign ownership allowed)	0～12	六、给予关税保护的意愿 (willingness to grant tariff protection)	2～8
准许并欢迎全部外资股权	12	给予充分保护	8
准许全部外资股权但不欢迎	10	给予相当保护但以新工业为主	6
准许外资占大部股权	8	给予少数保护但以新工业为主	4
外资最多不得超过股权半数	6	很少或不予保护	2
只准许外资占小部股权	4		
外资不得超过股权 3 成	2		
不准许外资控制任何股权	0		
三、对外商的管制程度(foreign degree of control)	0～12	七、当地资金的可供程度 (availability of local capital)	0～10
外商与本国企业一视同仁	12	完善的资本市场,有公开的证券交易所	10
对外商略有限制但无管制	10	有少量当地资本,有投机性证券交易所	8
对外商有少许管制	8	当地资本少,外来资本不多	6
对外商有限制并有管制	6	短期资本极其有限	4
对外商有限制并严加管制	4	资本管制很严	2
对外商严格限制并严加管制	2	高度的资本外流	0
外商禁止投资	0		

续表

投资环境因素 （investment environment factor）	等级评分 （score）	投资环境因素 （investment environment factor）	等级评分 （score）
四、货币的稳定性（currency stability）	4～20	八、近年的通货膨胀率（annual inflation in recent years）	2～14
完全自由兑换	20		
黑市与官价差距小于1成	18	小于1%	14
黑市与官价差距在1成和4成之间	14	1%～3%	12
		3%～7%	10
黑市与官价差距在4成至1倍间	8	7%～10%	8
		10%～15%	6
黑市与官价差距在1成以上	4	15%～30%	4
		30%以上	2
总计			8～100

在分析的八项内容中,币值的稳定性和近年的通货膨胀率占全部等级尺度法评分总数的 34%,说明投资者十分重视东道国的币值稳定程度。严重通货膨胀是指两位数值以上的通胀,它会使投资者冒着投资贬值的风险,并使他们"望投资而却步"。其次是抽回资本、政治稳定性、允许外国投资者的所有权比例和对外商的管制程度。这四项关系到资本能否自由出境、跨国公司和东道国企业之间的竞争条件以及对企业所有权与经营权能否控制的问题,对投资者来说,实际上是投资的安全程度和对企业所有权与经营权的控制程度,这四项共占等级尺度评定总分数的 48%。最后是给予关税保护的意愿和当地资金的可供程度,这两项分别占等级尺度评定总分数的 8% 和 10%,所占比重较小。

由于投资环境等级评分法具有定量分析和对作用程度不同因素的逐项分析等优点,因此深为投资决策者和学术研究界所欢迎,是运用较普遍的一种投资环境评价方法。但也有些专家认为,投资环境等级评分法所考虑的因素不够全面,特别是忽视了某些投资硬环境的因素,如东道国基础设施的完善程度、基础行业的发展状况等,因而也是不够完美的。

投资环境等级评分法的优点在于引导企业辨认那些影响重大的因素,要求决策部门的专家对所考虑的国家进行深入研究,同时有助于促进有关投资决策部门之间的沟通。该评分法的局限性在于所列因素的范围偏于狭窄,未考虑诸如文化因素、经济发展水平等其他内生因素。另外,有些因素难以确定适当的权重,同时,不同行业和不同目标的项目以及某些环境因素的敏感程度是不一致的。例如,某些以技术优势为先导的行业出于独占市场目的的投资对"准许外资股权"政策的关注一般会比海外从事成熟生产的投资要大得多。

（二）国别冷热比较法

20 世纪 60 年代末,美国学者艾西亚·A.利凡克（Isiah A. Litvak）和彼得·M.班汀（Peter M. Banting）根据美国 250 家企业对海外投资的调查资料将各种环境因素综合起来分析归纳出了影响海外投资环境的七大基本因素、59 个子因素,并评估了 100 个国家的投资环境。他们以美国投资者的观念研究加拿大、希腊、埃及等 10 个国家的投资环境,认为影响投资的主要因素有下列七个：一是政治稳定性，二是市场机会，三是经济发展与成就，四是文化一元化，五是法令障碍，六是基础设施，七是地理文化差异。

他们分别比较上述各种因素，对 10 个国家的投资环境进行一一评估并以冷热来区分。热的表示投资的机会大，冷的表示投资的机会小，从而编制了"投资冷热国"表。国别冷热比较法又称冷热国对比分析法或冷热法，是以"冷""热"因素对国际直接投资环境的优劣进行评估的一种方法。对投资有利的因素多、投资环境优良的国家，即热的因素多的国家被称为热国，反之为冷国，即投资环境差的国家。对投资有利的"热国"或"热环境"是指国家政局稳定、市场机会大、经济增长较快并且文化相近、法律限制较少、自然条件有利、地理文化差距不大的投资国环境。与此相反的投资国环境则为"冷国"或"冷环境"。不"冷"不"热"居中的投资国环境则为局"中"的情形。

比如日本，第一，政治稳定，政府鼓励企业经营，所以给予"热"的评分。第二，日本市场机会多，一般顾客购买能力强，也是一个热的因素。第三，日本经济已高度发展，各种经济设施有利于外资投入，也是热的评分。第四，日本国内文化差异很小，人们的处世哲学、对各种事物的观念、奋斗目标等亦大致相同。日本的文化是一元化的，他们在消费习惯、产品嗜好等方面就较容易一致，所以是一个热的因素。第五，日本的法令一向趋于限制外资企业，条文里有一些刁难的语句，对国际投资自然是很冷的因素。第六，日本内地环境，尽管是平原丘陵交替，但交通却很便利，所以是一个冷热适中的评分。第七，无论是在地理环境方面，还是在文化、社会语言等方面，日本与美国投资环境的差异都很大，这自然是一个冷的环境。

下面就以其中的 10 国为例分析比较国际直接投资环境的"冷""热"程度，从前到后反映了投资环境由"热"到"冷"的顺序（表 4-2）。在所列的七大因素当中，前四种的程度大就称为"热"环境，后三种的程度大就称为"冷"环境，"中"为不大也不小，即不"冷"也不"热"的环境。由此可见，前四种越小，后三种越大，其投资环境就越恶劣，即投资目标国越"冷"。

表 4-2　美国企业对投资冷热国的评估（以其中 10 国为例）

国　别		政治稳定性	市场机会	经济发展与成就	文化一元化	法令障碍	基础设施	地理文化差异
加拿大	热	大	大	大		小		小
	中				中		中	
	冷							
英　国	热	大			大	小	小	小
	中		中	中				
	冷							
德　国	热	大	大	大	大		小	
	中					中		中
	冷							
日　本	热	大	大	大	大			
	中						中	
	冷					大		大

续表

国　别		政治 稳定性	市场 机会	经济发展 与成就	文化 一元化	法令 障碍	基础 设施	地理文 化差异
希　腊	热					小		
	中		中	中	中			
	冷	小					大	大
西班牙	热							
	中		中	中	中	中		
	冷	小					大	大
巴　西	热							
	中		中		中			
	冷	小		小		大	大	大
南　非	热							
	中		中	中		中		
	冷	小			小		大	大
印　度	热							
	中	中	中		中			
	冷			小		大	大	大
埃　及	热							
	中				中			
	冷	小	小	小		大	大	大

　　学者们在这项研究中还计算了美国 250 家企业在所选的 100 个东道国的投资进入模式的分布频率。研究结果表明,随着目标市场由"热国"转向"冷国",企业将越来越多地采用出口进入模式,而越来越少地采用投资进入模式。在一般的"热国"类国家,出口进入模式在所有进入模式的比例接近 50%,当地设厂生产的投资进入模式大约占 30%,技术许可合同和混合模式占 20%左右。相比之下,在一般的"冷国"类国家中,出口进入模式占所有进入模式的 80%以上,投资进入模式仅仅占了不到 3%,技术许可合同和混合模式占了余下的大约 15%。介于二者之间的中间类型的国家或地区在进入模式上也介于"热国"类国家和"冷国"类国家之间。

　　从国际直接投资的实务操作上看,在 10 个国家中,加拿大的投资环境最优,埃及的最差,日本居第 4 位。美国学者艾西亚・A. 利凡克和彼得・M. 班汀根据投资的性质不同,把投资划分为下列几种:一是独资经营开办子公司;二是开设装配制造分厂;三是设立推销和修理的分支机构;四是采取特约代理商的方式;五是采取当地批发商模式;六是与当地厂商合资制造;七是授权监制;八是代理商独资制造。

　　对投资热国,应该侧重前三项投资模式,即对国外机构进行较大的控制和参与;对投资环境处于中间的国家,则应该以特约代理商、当地批发商或与当地合资制造的方式进行投资,其控制和参与程度也相应降低;对投资冷国,只能以合资制造、授权或委托代理商独资制造的方式投资,控制和参与的程度也就最低。

　　在以投资冷热国作为投资程度分析时应注意以下几点:第一,所谓投资国,是从一国的立场和观点来评估另一个国家的投资环境。A 国的投资环境对 B 国和 C 国而言,往往差异很大。比如从美国投资者来看,德国的投资环境比泰国好,但日本投资者认为泰国投资环境比德国好。其原因是,这种方法是以本国的投资环境为基础来比较投资国的环境。不同的比较基础,当然会产生不同的结果。第二,这种投资冷热的比较只能在某些产业或部门中进行,不同的产业对某一国的冷热观点可能不同,选择的投资控制或参与程度也不相同。例如,电子业可能认为加拿大是投资热国,而食品业则认为它是冷国。第三,对投资决策人来说,企业的性质有时比投资冷热因素更重要。某种企业在投资热国可能只适合授权或委托代理商制造;另一种企业在"冷国"也可采用独资制造的方式。这说明国际投资与企业的性质很有关系。在评估国际投资环境时,既要考虑投资因素,又要考虑自己的企业是何种企业。

（三）投资障碍分析法

国际投资的障碍分析法是依据潜在的阻碍国际投资运行因素的多寡与程度来评价国际投资环境优劣的方法。这一简单易行的方法以定性分析为主,先列出外国投资环境中阻碍投资的主要因素,并在所有潜在的东道国中进行对照比较,以投资环境中障碍因素的多与少来断定投资环境的好与坏。采用这一分析法的优点在于能够迅速、便捷地对投资环境作出判断,并减少评估过程中的工作量与费用,然而,仅仅局限于对个别关键性因素的分析就作出判断有时会使公司对投资环境的评估失去准确性,从而丢失一些好的投资机会。

阻碍国际投资顺利进行的障碍因素主要包括以下十类。

(1) 政治方面的障碍(political impediments)——东道国政治制度与母国的不同;诸如政治选举变动、国内骚乱、内战、民族纠纷等政治动荡。

(2) 经济方面的障碍(economic barriers)——经济停滞或经济增长缓慢;国际收支赤字增大、外汇短缺;劳动力成本高;通货膨胀和货币贬值;基础设施不良;原材料等基础产业薄弱。

(3) 资金融通方面的障碍(financing obstacles)——资本数量有限;没有完善的资本市场;融通的限制较多;等等。

扩展阅读 4.1 投资环境评价方法评述

(4) 人力资本方面的障碍(human capital impediments)——技术人员和熟练工人短缺。

(5) 政策实施方面的障碍(policy implementation obstacles)——实施国有化政策与没收政策。

(6) 对外国投资者实施歧视性的政策(discriminatory policies for foreign investors)——禁止外资进入某些产业;对当地的股权比例要求过高;要求有当地人参与企业管理;要求雇用当地人员,限制外国雇员的数量。

(7) 东道国政府对企业干预过多(excessive intervention policy to firms from the host governments)——实施物价管制;规定使用本地原材料的比例较高;国有企业参与竞争。

(8) 普遍实行进口限制(general import restrictions)——限制工业品和生产资料的进口。

(9) 实行外汇管理和限制投资本金、利润等的汇回(the foreign exchange management

and restrictions on investment such as the principal profit repatriation)。

(10) 法律、行政体制不完善(legal administrative system is not perfect)——外国投资法规在内的国内法规不健全;缺乏比较完善的仲裁制度;行政效率比较低;贪污受贿行为比较严重。

(四)投资环境多因素评分法

投资环境多因素评分法是美国学者罗伯特·斯鲍夫在《如何分析对外投资环境》中提出来的。他认为投资环境中的各种因素对企业投资的作用各不相同,不能等量地看待,而应该根据各种因素不同的作用确定其等级评分,最后把所有因素的等级分数相加起来作为投资环境的总体评分。总体评分越高,表示投资环境越好;相反,总体评分越低,表示投资环境越差。

(五)投资环境准数值法

投资环境准数值法是以国际资本动向、本地发展战略作为主要依据,将软、硬投资环境因素归纳成类,列出"投资环境评价分类表"对各种因素分别进行评分,然后通过公式,将这些评分转换为投资环境准数值。准数值越高,表明投资环境越优越。这种方法能够注意到各种因素之间的动态性和有机关联性,决策者可以比较方便地利用准数值从全局高度来考察各个时期改善投资环境工作的重点。发展中国家和地区可以扬长避短,通过改善投资环境和地区的自然条件等,最大限度地提高准数值,达到吸引更多外国资本的投资目的。

(六)动态分析法

动态分析法是在考虑时间积累效应的情况下产生的投资环境评价法。由于投资环境不仅因国别不同而异,即使在一个国家也因不同时期而变化。所以,在评价投资环境时,对这个综合体不但要看过去和现在,而且还要估价将来可能产生的变化。这对跨国公司对外直接投资来说十分重要,因为一项投资至少需 5 年、10 年或 15 年,有的甚至无期限。

扩展阅读 4.2　投资环境评价方法探讨

(七)抽样评估法

抽样评估法是对东道国的外商投资企业进行抽样调查,了解它们对东道国投资环境的看法。首先选定或随机抽样不同类型的外资企业、列出投资环境评估要素,然后由外商投资企业的高级管理人员进行评估,评估通常采取回答调查表的形式。东道国政府常常通过这种形式来了解本国投资环境对国外投资者的吸引程度,以便及时调整吸收外资的政策、法律和法规,不断改善本国的投资环境。同时,跨国公司也常把抽样评估的结果作为了解东道国投资环境的背景参考资料。抽样评估法的最大优点是评估的项目比较具体,能使调查人员获得第一手资料,对潜在投资者具有直接的参考价值;但由于评估项目不可能列举很多,因而可能不够全面,同时评估的结果常常带有评估人员的主观色彩。

扩展阅读 4.3　我国沿海、中部、西部投资环境的比较分析

(八)成本分析法

成本分析法即把投资环境的分析折合为数字作为成本的构成,然后通过反复比较,得

出适合投资的决策。投资环境的分析与其他经济决策的选择一样,最后往往归结到成本和收益的分析。

第三节　世界贸易组织的多边投资协议

《TRIMs协议》(*Agreement on Trade-Related Investment Measures*),即《与贸易有关的投资措施协议》,是1986年10月开始的"乌拉圭回合"谈判的最后成果之一,成为世界贸易组织法律体系的有机组成部分。

一、《TRIMs协议》的内容

《TRIMs协议》由序言、正文、附录组成。

扩展阅读4.4　国际商务谈判中的技巧之一

（1）TRIMs协议的宗旨：避免投资措施给贸易带来扭曲和限制,从而促进世界贸易扩展和逐步自由化,并促进跨国投资,以达到在确保自由竞争的同时,增进所有贸易伙伴,尤其是发展中国家成员方的经济增长目的。

（2）适用范围：本协议只适用于与货物贸易有关的投资措施,不适用于与知识产权和服务贸易有关的投资措施。该协议并不适用于所有与货物贸易有关的投资措施,而是适用于那些可能对贸易产生限制或扭曲作用的投资措施。

（3）国民待遇原则和取消数量限制原则：核心内容。不是禁止成员方实施投资措施,而是禁止其实施违反国民待遇原则和取消数量限制原则等一切可能对贸易产生限制或扭曲作用的投资措施。

（4）例外规定：第四条就发展中国家在投资措施方面履行国民待遇义务和一般取消数量限制义务做了例外规定。但此等背离仅是"暂时"的。

（5）通知与过渡安排：各缔约国在TRIMs生效90天内将所有TRIMs予以通报,并在两年内(发展中国家5年,最不发达国家7年)消除这些TRIMs。

（6）透明度规则：缔约国应加强其投资政策法规以及做法的透明度。

（7）管理机构：协议专门建立了一个对参加协议所有成员方开放的与贸易有关的投资措施委员会。

（8）解决争端：《TRIMs协议》第八条：与贸易有关的投资措施协议的协商程序和争端解决使用GATT1994第二十二条、二十三条和WTO《争端解决谅解书》各项条款。

二、《TRIMs协议》的意义

《TRIMs协议》是世界上第一个专门规范贸易与投资关系的国际性协议,在国际投资法中有重要地位。它将投资问题纳入世界贸易组织的多边贸易体制,并以多边协议的形式将关税与贸易总协定中的国民待遇原则和一般取消数量限制原则引入国际投资领域。它的实施,意味着各国必须承担国际义务,取消那些限制贸易或对贸易有不良影响的投资措施,从而有力地促进世界贸易的扩展和逐步自由化,并在便利跨国投资以确保自由竞争的同时,促进全球经济,尤其是发展中国家的经济增长。不过,对于发展中国家来说,由于经济发展水平的限制,《TRIMs 协议》可能在某种程度上不利于保护民族工业的发展,甚至对其经济发展有负面影响。

TRIMs 是指对贸易有限制或扭曲作用的投资措施,并不是泛指所有与贸易有关的投资措施。1990 年 5 月,TRIMs 谈判小组达成的框架协议草案中给 TRIMs 下的定义为:一项投资措施,如果是针对贸易的流向即贸易本身的,引起了对贸易的限制或损害作用,且这种作用是与 GATT 有关规定不符的,就成为与贸易有关的投资措施。理解 TRIMs 的概念需把握以下三个要点:第一,它是针对外国直接投资项目或企业所采取的措施;第二,它是直接或间接由东道国政府通过政策法令实施的;第三,用关税与贸易总协定的条款来衡量,它限制扭曲了贸易的"自由化"进程。

第四节　国际资本流动与中国的政策选择

新中国成立以来,尤其是改革开放以来,利用外资的方式不断增加,规模也不断扩张。外资的进入,弥补了国内生产性投资的不足,引进了大量先进的技术和设备,促进了中国企业管理水平的提高,增加了就业,并使中国经济进一步融入国际经济体系之中,为中国经济发展作出了巨大贡献。在经济全球化背景下,如何更好地规划和协调中国与世界其他国家的政策,让中国在世界经济中充分发挥力量? 国际资本的流动与中国的政策选择成为国际经济合作研究的重要课题之一。

一、中国利用外商直接投资概论

中华人民共和国成立以来利用外资经历了四个阶段。第一阶段是 1950 年至 1965 年的利用外资起步阶段,主要是利用苏联的经济援助。运用外资的目的主要在于恢复和发展经济。但当时利用外资渠道比较单一,主要是苏联政府提供的援助性贷款和少量合伙经营的中外合资企业。

第二阶段是 1966 年至 1978 年,属于我国利用外资的转变阶段,也是我国利用西方国家商业资金时期,主要形式是以卖方信贷和延期付款的方式从西方国家引进技术与设备。此间由于"文化大革命",利用外资工作进度缓慢。

第三阶段从 1979 年至 1991 年,属于中国利用外资的拓展阶段,是全方位利用外资的时期。党的十一届三中全会确定了全面对外开放的战略决策,开辟了我国利用外资工作的新时期。这一时期利用外资显示出以下特点:一是利用外资的规模迅速扩大。二是外资来源渠道逐步多元化。既利用外国政府和国际金融机构的优惠贷款,也利用中国银行的国外供款和在国外吸收的外汇存款;既利用外国商业银行贷款,也利用外国的出口信贷和我国发行的国际债券;既利用国外直接投资,也利用我国向海外投资来利用外资。外国直接投资采用方式多样化,主要有中外合资、合作企业、独资经营企业、中外合作开发、补偿贸易、加工装配等。三是吸收外商投资领域进一步扩大。除了第一、二产业和旅游服务业之外,外商投资扩大到第三产业,金融、保险、商业零售以及铁路、港口、运输等领域,对房地产业的投资也有很大增长。外商投资的分布在地区上更为广泛。四是我国外资配置体制也开始发生重大变化,建立起了将外资与国内投资分开管理和分别核算的利用外资体制。

第四阶段,从 1992 年至今,是中国利用外资的全方位发展阶段。以邓小平南方谈话为开端,我国利用外资的步伐进一步加快。

实行对外开放,不断扩大对外经济技术合作和交流,这是我国一项长期的基本国策。利用外资是对外开放的一项重要内容,是实现对外经济技术合作和交流的最直接、有效的方式。积极、慎重、有效地利用外资,对于推进我国社会主义现代化建设具有十分重要的意义。

(一)可以弥补我国建设资金的不足

我国自然资源比较丰富,但由于资金缺乏,许多资源不能得到开发和利用。丰富的资源与资金短缺是制约我国社会主义现代化建设的一对矛盾。利用外资,无疑是解决这一矛盾的一把金钥匙。

(二)可以促进我国产业结构的调整

一方面,通过引进外资,可以加快能源、交通等战略部门的建设,促进国民经济的协调发展;另一方面,利用外资,引进先进技术,可以合理调整我国传统的产业结构,开拓一些新的领域,发展一些新的行业,优化产业结构。

(三)有利于加速我国企业现代化的步伐

通过兴办合资、合作、独资企业,直接从国外引进现代化建设所需的先进设备和技术,并在消化、吸收和创新的基础上加以提高,从而形成具有我国特色的技术体系。这一方面可以增强自力更生的能力;另一方面可以缩小与发达国家在技术上的差异,节省时间和科研费用。

(四)有利于改善出口产品结构

通过利用外资的方式有利于改善本国出口产品的结构,在技术外溢、学习曲线(learning curve)以及规模收益递增的共同作用下,对外开放引进的外资能够提高国内产品在世界市场上的国际竞争能力。

(五)可以引进技术

可以建立出口创汇型企业,积极发展技术密集型出口产品的生产,促使传统产品不断升级换代,提高其在国际市场上的竞争能力。

二、中国利用外商直接投资的主要形式

根据外资进入的方式和特点,我国利用外资的形式可以分为直接、间接和灵活三类。

(一)直接利用外资

直接利用外资是指以吸收外商直接投资方式引进的外资。这种形式,允许外商投资者将其资本直接用于企业的生产和经营活动,并由其直接参与企业的经营管理活动,同时承担经营风险。我国直接利用外资的具体形式有中外合资经营企业、中外合作经营企业和外商独资企业、合作开发资源等。我国吸收外商直接投资的重点是举办出口创汇型、进口替代型和技术先进型企业。

中外合资经营企业是指由外国公司、企业和其他经济组织或个人,按照平等互利的原则,经中国政府批准,在中国境内同中国的公司、企业或其他经济组织共同投资、共同经营、共享收益、共担风险的股权式合资企业。其组织形式为有限责任公司。中外合资经营

企业的双方投资者可以采用多种形式投资,既可投入现金资本,也可用建筑物、厂房、机器设备或其他物料、工业产权、专有技术、场地使用权等作价出资。

中外合作经营企业是一种契约式的合资经营企业,它是由外国的企业、其他经济组织或个人,按照平等互利的原则,依据中国的法律,同中国的企业或其他经济组织在中国境内共同举办的企业。

外商独资企业是指按照我国有关法律,在我国境内设立的全部资本由外国投资者投资,并由外方投资者独立经营、自负盈亏的企业。

中外合作开发海上石油资源是指由外国石油公司提供资金和技术,根据合同规定,在我国领海划定的区域内同中方共同合作开采石油资源。

(二)间接利用外资

间接利用外资主要是借用国外贷款和在国外资本市场发行国际债券筹资。根据贷款的来源和性质,借用国外贷款又可分为外国政府贷款、国际金融机构贷款、外国商业银行现汇贷款和出口信贷贷款等。根据财政部国际财经合作司的数据,截至2021年12月31日,我国利用国际金融组织(包括世界银行、亚洲开发银行、国际农业发展基金、欧洲投资银行、新开发银行、亚洲基础设施投资银行、欧佩克国际发展基金、北欧投资银行)和外国政府的贷款累计承诺额约1 824.81亿美元,累计提款额约1 494.75亿美元,累计归还贷款本金约938.10亿美元,债务余额(已提取未归还贷款额)约556.65亿美元。贷款用于支持我国3 840个项目,涉及疫情防控、大气污染防治、节能环保、应对气候变化、绿色发展、乡村振兴、交通、城建、教育、医疗卫生、灾后重建等领域。

(三)灵活利用外资

灵活利用外资是在合同的基础上,中外双方就一项共同进行生产或服务的事业所做的合作安排。我国灵活利用外资的方式主要包括补偿贸易、对外加工装配和租赁。

补偿贸易是指在信贷的基础上由国外厂商向中方企业提供生产技术或设备,投产之后,中方企业在约定的期限内以产品形式偿还技术、设备价款本息的做法。补偿贸易得以成立的条件是,技术设备的出口方提供信贷以便买方进口,并承诺回购进口方的产品。可以看出,这种贸易方式可使企业在缺少外汇的情况下得以引进所需的技术、设备,进行技术改造和发展生产。

以补偿产品来划分,我国补偿贸易有下述几种:直接补偿,即以引进的技术、设备所生产的产品返销对方,以返销价款偿还引进技术和设备的价款,这是补偿贸易中的基本形式;间接补偿,是指引进方以本企业生产的,并由双方约定的其他产品来抵偿引进技术设备的价款,间接补偿在直接产品不为对方所需要,或引进的技术设备本身不能直接生产物质产品情况下采用;综合补偿,即部分直接补偿和部分间接补偿结合在一起。

对外加工装配是指由国外厂商提供原材料、辅助材料、零部件、元器件、包括材料等物料,由中方企业按对方要求的规格、质量和技术标准加工装配为成品或半成品,并按约定标准向对方收取工缴费的做法。如果外商提供加工装配过程所需的设备、测试仪器和专用工具,其价款则由负责加工装配的企业以应收的工缴费抵偿。对外加工装配主要有来料加工和来件装配两种基本形式。

来料加工的具体形式包括:①外商提供全部原材料、辅料,中方企业只负责加工并收取工缴费；②外商提供部分原材料、辅料，中方企业提供部分原材料或辅料，组织加工并收取工缴费和相应的材料费；③外商在提供原材料、辅料的同时，还提供有关设备、仪器、工具、包装机械等，中方企业负责加工并收取工缴费，设备价款分期从工缴费中扣除；④外商提供种子、鱼苗和肥料、饲料等，中方企业负责种植和饲养，或者进行进一步的加工，并收取相应的劳务费。

来件装配的具体形式包括：①外商提供全部元器件和零配件，中方企业负责装配并收取工缴费；②外商提供部分重要的元器件、零部件，中方企业采用部分自产零部件装配成产品，并收取工缴费和零部件费；③外商除提供元器件和零部件之外，还提供装配机械、仪器设备，中方企业负责装配，设备价款从应收的工缴费中扣除；④外商投资兴建装配厂和购买设备，提供元器件和零部件，建设费用和设备价款分批从工缴费中扣除。

 **案例分析**

"十二五"时期中国利用外资状况及"十三五"战略选择

复习思考题

1. 简述国际直接投资的含义及特征。
2. 国际直接投资的动机主要有哪些？
3. 国际直接投资的主要形式有哪些？
4. 比较分析国际直接投资的环境评估方法。
5. 简述中国利用外商直接投资的主要形式。

即测即练

第五章

国际间接投资

学习目标（teaching objectives）

本章侧重介绍国际间接投资的概念及特点。

1. 重点掌握国际间接投资的概念、特点以及具体方式；

2. 理解国际股票投资与国际基金投资的特点及类型；

3. 了解国际债券投资与国际信贷的定义及特点。

关键概念（key concepts）

国际间接投资（international indirect investment）

国际信贷（international credit）

国际股票投资（international stock investment）

共同基金（mutual funds）

国际债券投资（international bond investment）

单位信托基金（unit trust）

投资公司（investment company）

对冲基金（hedge funds）

 开篇案例

上海如何应对国际资本流动新形势

改革开放40多年来，上海积极利用国际资本集聚主体、打造产业、提升功能和发展经济。同时上海依托资本集聚形成了地区间的错位发展，上海郊区突出了制造业集聚，中心城区则侧重打造现代服务业集聚区。借助国际资本的连接，上海推动国际经济中心、国际金融中心、国际贸易中心、国际航运中心建设，强化了其作为全球城市的功能和地位。

当前，国际资本流动态势出现了新的变化：第一，受全球政治经济等不确定因素影响，国际资本流动的规模将缩小。国际直接投资周期长、回报慢，国际投资主体将更加倾向于采取国际间接投资的方式来获取"短平快"的投资收益。第二，国际资本主要流入具有全球资本配置功能、政治经济社会稳定的国家和地区。第三，全球数字领域国际直接投资呈现快速发展的趋势。

近年来，上海面临着国际直接投资增速放缓的挑战。新形势下，上海需要更好地把握

国际资本流向的领域和区域。一方面,要紧紧围绕上海城市功能的演变,抓好金融、贸易和数字等重点领域的国际投资;另一方面,抢抓国际间接投资发展的机遇,更好支持国际资本集聚,降低企业的融资成本,鼓励企业创新发展。

其一,抓住产业开放新机遇,保持国际直接投资稳定发展。

发挥金融领域引资的"加速器"作用。当前,金融领域国际直接投资是全球主要城市吸引国际资本的重点领域。上海要借助我国进一步改革开放的重大机遇,发挥国际金融中心的功能和优势,扩大境外金融机构在沪的业务范围,拓宽中外金融市场合作领域。

发挥贸易领域引资的"稳定器"作用。改革开放40多年来,我国不仅成为制造大国,而且成为消费大国。上海作为国际贸易中心和国际航运中心,集聚了大量的航运、物流、批发、零售等贸易领域国际直接投资,以及跨国公司贸易总部。总的来看,上海对贸易领域的国际直接投资仍然具有较大的吸引力。

发挥数字领域引资的"助推器"作用。近年来,借助移动互联网、大数据、人工智能、云计算等新兴技术,数字经济企业体现出超强的市场拓展能力,数字领域跨国公司高速发展,在国际生产中的占比迅速增加,全球主要城市都在积极抓住该机遇,大量吸引数字领域国际直接投资。上海要提高对数字领域国际直接投资的吸引力,更好地完善数字基础设施,拓宽带宽,提高数字网络连通效率,加快5G布局;及时满足数据存储空间要求,消除对大数据中心"能耗高、占地大、实际经济贡献小"的错误观念,认识到数字企业的发展必须依赖大数据中心的发展,在上海产业规划布局中留出大数据发展空间;适应数字技术人才发展的要求,加大引进和培育互联网、物联网、大数据、云计算、人工智能等相关学科的人才。

其二,抓住资本市场开放机遇,实现国际间接投资规模新跨越。

未来,国际间接投资将在国际资本流动中占据主导,上海也要紧紧把握国际间接资本流动带来的机遇,支持国际资本集聚,助力实体经济发展。

扩大资本市场的开放。在设定的额度内,支持金融外资机构拓展银行间市场债券业务,打通资金业务通道;拓展自由贸易账户功能,在风险可控的前提下提高使用自由度;采取有针对性的措施,降低企业融资成本,同时提高金融监管机构创新能力,做好风险防控。

推动总部功能完善。跨国公司设立总部是为了便利管理同一地区承担着相同或相近功能的多个企业,随着投资的多元化,跨国公司设立总部的目的从优化管理架构转向完善经营功能,包括管理、投资、贸易、研发等功能,尤其是资金管理已经成为地区总部的主要职能。随着城市功能的完善和国内市场重要性的上升,上海在跨国公司地区总部战略上的重要性日益增强。上海要抓住机遇,制定适合总部经济发展的政策和制度,调整地区总部认定标准,推动数字设施联通,完善外汇、贸易便利化监管制度,适应跨国公司地区总部发展要求。

资料来源:张娟.上海如何应对国际资本流动新形势[N].经济日报理论版,2019-04-22.

第一节　国际间接投资的概念及特点

国际间接投资是在国际分工发展的基础上产生的。进入 20 世纪 90 年代以来,随着世界经济发展的主流逐渐由总量增长型向质量效益型转变,世界经济一体化的步伐加快,国际资本的流动性空前增大。于是,国际间接投资又受到了广泛的重视,从而加快了发展的步伐。

一、国际间接投资的概念

国际间接投资是指一个国家的投资者不直接参与国外所投资企业的经营管理,而是通过证券、信贷等形式获取投资收益的国际投资活动。国际间接投资的主体包括国际金融组织、外国政府、外国私人商业银行、机构投资者以及一般的私人投资者。从定义上看,国际间接投资的突出特征是不以取得对企业的经营管理控制权为投资的必备条件,而主要是以取得一定的收益为目的,即使是在进行股权投资的情况下,也不谋求对企业经营管理权的有效控制。根据国际货币基金组织的规定,间接投资者的股权拥有率不能超过 25%,美国《国际投资鉴定法》规定股权不到 10% 的即为直接投资;法国则规定间接投资的股权比例不超过 40%。

国际间接投资分有广义和狭义两个层次的概念。狭义的概念指的是国际证券投资,包括股票投资、债券投资和基金投资;广义的概念在狭义的基础上加入了国际信贷。国际间接投资的概念是相对于国际直接投资而言的。

二、国际间接投资的特点

与国际直接投资相比,国际间接投资具有以下三个特点。

(1) 风险小。间接投资的投资者是债权人,不像直接投资者那样直接承担经营风险。投资者是股东时,如果持有的是优先股,不是普通股,承担的风险要小得多。

(2) 流动性大。国际直接投资一般都要投资者参与一国企业的生产,投资周期长,一般在 10 年以上,通过利润逐年回收投资。资金一旦投入固定项目,流动性就减少了。然而,在国际间接投资中,除了国际开发、政府贷款、援助贷款的偿还期限相对比较长外,其他国际间接投资的回收期比较短,流动性较大。

(3) 投资者不参与管理。一般而言,国际间接投资的投资者都不参与企业的经营管理,而是以分得利息、股息为目的,或者低买高卖,从中赚取差价。而国际直接投资的投资者在国外参与投资时,一般都要参与企业的经营管理,直接参与企业的利润分配。

三、国际证券投资

随着商品经济的发展和国际化的进程,生产商品的企业规模也相应扩大,需要广泛地从社会上吸收资金。而资本证券化则是把企业和政府所需要的巨额资本以虚拟资本形式分割成社会成员能够买得起的许多细小部分并以商品的形式向公众出售,这样就可以迅速把零散的社会资金集中起来满足企业扩大经营规模的需要。国际化的资本首先是在国内市场进行交易,然后随着商品经济国际化的发展,国际贸易、国际金融以及国际投资活动日益增多,国内交易的证券也必然会跨越国界进行证券的国际化。由此可见,商品经济的发展引发了资本的证券化同时也导致了资本的国际化,从而使国际证券投资获得了迅速发展。总体来看,国际证券投资可以起到加速资本集中、促进资金合理流动和提高资金使用效率的作用。国际证券投资具有以下三个基本特征。

(1)国际证券投资的风险性与收益性并存。国际证券作为一种有价证券,是借以取得长期利益的凭证并代表着一定的财产权。国际证券投资的长期收益表现为利息、股息和红利等形式。国际证券投资的目的是通过买卖或转让这些权益凭证获得长期利益。

(2)国际证券投资的收益与货币市场利率密切相关。国际货币市场利率的变化直接影响国际证券投资的收益,一般而言,货币市场的利率越高,证券的价格越低。以公司债券为例,如果货币市场利率超过未到期的公司债券利率,那么该公司债券的价格将跌破其票面价值。

(3)国际证券投资的货币选择同外汇汇率的关系密切。受到国际外汇市场的影响,国际证券投资的收入会随着汇率的波动而变化。本国货币对外币汇率的上升或下降可能会导致外国证券以投资者本国货币计算的价值下降或上升,造成对投资者不利或有利的局面,从而影响投资者的收入和投资决策,最终影响投资的流向。

第二节　国际股票投资

一、国际股票投资的定义

国际股票投资是指跨国界的股票投资,包括让境外投资者直接购买本国上市公司的股票或本国在境外上市公司的股票,以及本国投资者利用海外存托凭证获得对非本国公司股票的所有权。国际股票投资与国际债券投资和国际基金投资都属于国际证券投资的范畴。国际股票投资是在一般股票投资的基础上加上跨国界的特性,因此,国际股票投资是指跨国界的股票投资。国际股票投资与一般股票投资的最大区别在于股票投资的跨界性和涉及汇率的波动问题。

(一)国际股票投资的特点

(1)国际股票投资面临的金融风险比较大。因为与国内股票相比,影响国际股票投资的因素更多,如汇率波动、经济周期、国际政策合作、国际政治活动等,同时,相关信息的收集难度也比较大,因而国际股票投资的风险比较大。

(2)国际股票投资的决策难度比较大。国际股票投资者在汇总有关决策信息资料等重要基础工作之后还可能将面临语言不畅通、信息流通渠道不畅、地理距离遥远等现实问题,使得投资者难以及时收集和反馈必要资料,从而影响国际股票投资决策的进度。

(3)国际股票投资的主要投资者是跨国公司和跨国银行。由于跨国公司及跨国银行的分支机构遍布世界各地,信息非常灵通,将外部市场内部化减少交易成本,因而很快成为国际股票的主要投资者。除此而外,跨国公司和跨国银行投资于国际股票也是其向东道国经济渗透从而获取经营权的主要途径。

（二）主要的国际股价指数

比较有影响力的股票价格指数有美国的道·琼斯股价指数、标准·普尔股价指数、纽约证券交易所票价指数、纳斯达克股票价格指数、英国《金融时报》股价指数、日经股价指数以及中国香港恒生指数等。下面侧重介绍三种最常见的国际股价指数。

1. 美国的道·琼斯股价指数

美国的道·琼斯股票价格指数是目前世界上历史最悠久、最具有权威性的股票价格指数，是由美国道·琼斯公司编制并在该公司出版的《华尔街日报》上发布。目前，道·琼斯股价指数一共分为四组：第一组是工业股票价格平均指数，包含 30 种有代表性的大工商业公司的股票；第二组是运输业股票价格指数，由 20 种有代表性的运输业公司股票组成；第三组是公用事业股票价格指数，由 15 家公用事业公司的股票组合而成；第四组则是综合指数，用前三组的 65 种股票加总计算而得。常说的美国道·琼斯股价指数通常指的是第一组，即道·琼斯工业股票价格平均指数。

2. 美国的纳斯达克股票价格指数

美国的纳斯达克是英文缩写"NASDAQ"（National Association of Securities Dealers Automated Quotations）的音译名，是"全国证券交易商协会自动报价系统"，始建于 1971 年，是世界上第一个电子化的证券交易市场。1993 年 10 月，美国的纳斯达克 100 指数开始在芝加哥期权交易所公布。1996 年 4 月 10 日，芝加哥商品交易所开始根据美国的纳斯达克指数交易期货和期权。

3. 中国香港恒生股票价格指数

中国香港的恒生股票价格指数是香港恒生银行于 1969 年 11 月 24 日开始编制的，是一种用以反映香港股市行情的股价指数，也是香港股市上影响力最大、代表性最强的股票价格指数。中国香港的恒生股价指数现在已经成为反映香港政治、经济和社会状况的主要风向标。

（三）国际股票投资的基本方法

1. 直接投资在海外上市的国际股票

国际股票投资的基本方式中比较常见的一种方式就是直接投资在海外上市的国际股票，包括香港联交所上市和纽约-泛欧证券交易所上市。

2. 存托凭证

存托凭证又被称为存股凭证、预托凭证、存券收据等，是指某国企业在外国证券市场发行股票时为避免发行股票所在国证券管理机构的管制而把股票寄存在发行股票所在国的某保管银行手中。然后，由保管银行通知外国的存托银行以发行人的股票做抵押，在外国发行代表该股份的一种有价证券，之后存托凭证便开始在外国证券交易所或柜台市场交易。

3. 欧洲股权

欧洲股权是 20 世纪 80 年代产生于欧洲的特殊国际股票形式，是指在面值货币所属国以外的第三国或国际金融市场上发行并流通的股票。"欧洲"的含义是国际金融学意义上的欧洲，而不是地理学意义上的欧洲，因此，欧洲股权与欧洲货币、欧洲债券等概念中欧洲的含义一致。欧洲股权一般在多个国家的市场上同时发行,采用国际范围内竞价发行的方式,由跨国投资银行组成的国际承销团进行跨境承销。

二、国际股票投资的特征

股票投资是企业或个人等购买股票的一种行为。股票投资者一般享受公司盈利时的分红要求权、剩余财产的分配权以及股东大会的参加和表决权。股票投资属于间接投资,具有收益性、风险性、流动性等特征。

(一)收益性

股票投资的目的在于获取收益,收益性主要包含以下三个方面的内容。

(1)股息红利收益。股息是股票投资人凭股票定期从股份公司取得的收益,相当于银行存款的利息收入,其中,优先股按照固定的股息率获得股息,普通股股息则有赖于企业利润的有无和多少而变化。当股份公司盈利较多时,股东所得超过股息的部分称为"红利"。

(2)股票溢价收益。股票是用于交易的有价证券,当股票价格上涨时,股票持有人可出售股票获得高于股票投资购买价格的利益。

(3)剩余财产分配。当股份公司由于某种原因不得不进行清算时,股票持有者有权按股权多少参与公司剩余财产的分配。

(二)风险性

股票市场的信息千变万化,价格随时随地都在变动。如果公司经营业绩不佳、没有利润,就得不到股息,股票也就会无人问津。而当公司经营出现亏损时,股东需要承担责任,一旦公司破产,可能连本金都无法收回。由此可见,股票是具有相当大风险性的。

(三)流动性

股票的流动性是指股票可以在股票市场上让渡,持股人可以在需要的时候自由及时地将股票转让给他人。股票的流动性保证了股票发行市场的顺利进行,从而促进社会资金能够有效配置和高效利用。

三、股票类型

股票的种类不同也决定了投资者享有的权利和义务不同。股票的种类和分类方法很多,按股东承担的风险与享有的权益可分为普通股和优先股,按是否记名可分为记名股票和无记名股票,按股票有无面额分为面额股票和无面额股票。

(一)普通股

普通股作为股份公司必须发行的一种基本股票,是股份公司资本构成中最重要的部分。拥有普通股的股东是企业的基本股东,享有表决权,可通过选择董事会对公司的大方针及决策进行控制。购买了公司的普通股就等于购买了公司的资产,购买得越多,享有的权利越大,每持有 1 股便拥有 1 股的投票权,若股东不参与每年一次的股东大会也可以委托代理人行使投票权。一般而言,普通股股东拥有五项权利:①收益的分享权;②资产的分享权;③决策权;④新股认购权;⑤股份的转让权。

其中,新股认股权价格的计算公式为

$$P = \frac{P_0 \times R}{1+R} \tag{5-1}$$

式中，P 为认购特权价格；P_0 为股票市价与面值的差额；R 为新股与旧股的认购比例。

（二）优先股

优先股是指股东在公司盈利或者公司清算的时候享有优先于普通股股东分配股利或资产权利的股份。相对于普通股而言，优先股股东的优先权主要体现在以下两方面：第一，公司盈利分配的优先权，即在优先股股东的股息得到满足之后普通股股东才能分得红利；第二，索债优先权，当公司破产时在优先股股东按面值得以清偿之后，如果还有剩余，普通股的股东才能得以清偿。然而，与普通股相比，优先股还具有以下三大特点：①表决权受到限制；②股息固定；③具有可赎回性。

（三）记名股票

记名股票是指股票上载有股东的姓名，并将该股东的姓名和地址记载在公司股东名册上的一种可以挂失的股票。记名股票必须经卖方背书和盖章才可转让，并在转让时办理过户手续。发放股息或红利时，需由公司书面通知股东。

（四）无记名股票

无记名股票是指在股票上不记载股东的姓名并且不能挂失的股票。由于股票不记名，无记名股票可以在证券市场上随意转让，不需要办理过户手续。公司在发行股息时，不必向股东发出书面通知而是凭票取息。这种股票发行手续简便、转让方便，但是公司不易掌握。许多国家将无记名股票发行的数额占股票发行总额的比例限制在一定的比例之内。

（五）面额股票

面额股票是指在股票上标明一定金额的股票。股票面额能使股东了解每一股所代表的股权比例，从而确定对公司所有权的大小。面额股票既可以使公司在出售股票时取得公正的价格，也可以防止公司内部人员以低价获得新股，并为股票的交易价格提供参考依据。股票的面额大小并不代表公司资产的全部价值，面额股票的发行公司一般不能以低于面额的价格发行。

（六）无面额股票

无面额股票是指在股票上不标有一定的金额、只标有总股数的股票。无面额股票可以促使投资者在购买股票时注意计算股票的实际价值，而不至于被面额所迷惑，与此同时，其发行价格也不受限制。

四、股票的价值

对于股票的价值与收益而言，股票本身没有价值，但是，股票是股东对企业所有权的凭证，它代表了一定量的资本，所以股票又有价值。

（一）股票面值

股票面值是股票上标明的金额。股票面值的作用在于说明每股股份对企业拥有权所占的比重。随着企业的发展和市场各种因素的变化，股票的市场价格往往会背离股票的面值。

（二）股票账面价值

股票账面价值也被称为股票净值，是根据公司的财务报表计算得出的，表明每股代表公司实际资产价值的额度。账面价值不仅是公司的真正资产，也是公司债权债务相抵后所剩的余额。其计算表达式为

$$账面价值 = \frac{公司净资产 - 优先股票总额}{普通股总股数} \qquad (5-2)$$

（三）股票市值

股票市值是股票的市场价格，即股票市场上的买卖价格。股票市场价格是随着股票市场行情的变化而经常波动的，影响股票市值变化的因素很多，其中，利率和股息是最主要的因素，股票市值与股息成正比，与利率成反比。其计算公式为

$$股票市值 = \frac{股票面额 \times 预期股利收益率}{市场利率} \qquad (5-3)$$

（四）股票内值

股票内值，即股票的内在价值是经济学家对企业财务状况、未来收益和其他影响企业收入的因素分析之后得出的股票所代表的真正价值。实际上，股票内值的高低取决于股票的未来预期收入。投资者都在寻找购买内值高于市值的股票。

$$股票内值 = \frac{未来预期收入}{(1 + 贴现率)^{未来年数}} \qquad (5-4)$$

（五）股票投资收益

股票投资收益是指投资者购买股票所获取的利润，主要来源于股息、红利和股票溢价。本期股票收益率就是本期（年）股利占本期股票价格的比例：

$$本期股票收益率 = \frac{本期股利}{本期股票价格} \times 100\% \qquad (5-5)$$

（六）股票的持有期收益率

股票的持有期收益率指投资者持有股票期间的股息收入和买卖差价之和与股票购买价格的比率，反映投资者在一定的持有期内的全部股利收入和资本利得占投资本金的比重。

$$股票的持有期收益率 = \frac{出售价格 - 购入价格 + 现金股利}{购买价格} \times 100\% \qquad (5-6)$$

第三节　国际债券投资

国际债券是指某国政府、金融机构、国际组织或企业，为筹措资金，在其境外发行的以某种货币为面额的债券。国际债券投资则是指在国际债券市场上购买国际债券的行为。购买国际债券主体可以是银行、金融机构、保险公司及各种基金组织和个人投资者。随着世界各国对外国投资者限制的放松和国际证券市场的迅速发展，国际债券的发行量在20世纪80年代初超过了银团贷款数量从而出现国际债券证券化的趋势。

国际债券大致可以分为三类：外国债券、欧洲债券和全球债券。

一、外国债券

外国债券是指 A 国发行人(借款国)在 B 国某地(外国证券市场)发行的以 B 国货币(市场所在国)为面值的债券。外国债券涉及两个国家:一是发行人所属国家;二是发行地国家。发行人所属国家既包括一些发达的工业化国家,也包含一些发展中国家。由于要求发行地国家必须具备一些条件才能使债券顺利发行,因而包括的范围通常比较窄。这些必备条件包括政局稳定、资金充足、证券市场活跃以及货币的信用高。与此同时,国家的外汇管理制度、某些金融市场政策,如利率等对发行债券也有很大的影响。对于发行人,人们习惯上把外国人在美国发行的美元债券称为"扬基债券",在英国发行的英镑债券叫"猛犬债券",在日本发行的日本债券称为"武士债券"。外国债券的发行一般均由市场所在国的金融机构承保。中国曾经在美国、日本、欧洲等地的证券市场上发行过外国债券。外国债券实际上是一种传统的国际债券。

二、欧洲债券

欧洲债券是指 A 国发行人在 B 国某地发行以 C 国货币为面值货币的债券。欧洲债券的发行者、面值货币以及发行地点常常分属不同的国家。简言之,欧洲债券是指以某一种或某几种货币为面额的,由大的跨国银行如国际辛迪加进行承销同时在面额货币以外的其他国家发行的债券。欧洲债券是随着欧洲货币市场的形成而出现的,由于这种本国货币存在于国外的现象最早产生于第二次世界大战后的欧洲,因而被统称为"欧洲货币"和"欧洲债券"。

据史料记载,第一笔欧洲债券是于 1961 年 2 月 1 日在卢森堡发行的,之后不同类型的欧洲债券相继出现,20 世纪 80 年代有了较快的发展。欧洲债券市场上的主要借款人是西方工业化国家的跨国公司和工商企业等。债券的面值计算货币最常用的是汇率和利率都相对而言比较稳定的国家的货币。例如,美国在法国证券市场发行的英镑债券就被叫作欧洲债券。通常,面值为美元的欧洲债券一般被称为欧洲美元债券,面值为日元的欧洲债券被称为欧洲日元债券,以此类推。

欧洲债券的特点主要表现在以下三个方面。

(1) 发行的成本比较低。比如面值货币为欧洲美元的欧洲债券的发行成本比美国国内债券市场要低 $0.125\% \sim 0.250\%$。

(2) 发行自由、灵活,不仅不需要官方批准,并且币种可以任选。

(3) 投资安全并且可获得更多收益,债券可以保存在投资者所在国以外,从而达到避税的目的。

三、全球债券

全球债券是指在国际金融市场上同时发行的,并可以在世界各国众多证券交易所同时上市、24 小时均可进行交易的债券。全球债券的最初发行者是世界银行,后来被欧洲和美国以及发展中国家所效仿。

第四节　国际基金投资

一、国际基金投资的概念

国际基金投资是指资金持有人跨国界并通过投资基金组织投资于各种有价证券,取得收益的一种投资行为。世界各国对于基金的称谓各有不同,美国的基金组织被称为共同基金(mutual funds),即共同投资基金、互助基金;在英国、日本和中国香港被称为单位信托基金(unit trust);在一些欧洲国家则被称为 investment company,即投资公司。基金投资以其他金融工具为投资对象,属于金融信托投资,也是证券投资的一种形式。

对冲基金(hedge funds)又称"避险基金"或"套利基金",是指金融期货、金融期权等衍生工具与金融组织结合之后,以高风险投机为手段而以盈利为目的的金融基金。

扩展学习视频 5.1
what are hedge funds?

二、国际基金投资的发展历程

投资基金源于 19 世纪的英国,距今 200 多年,当时,英国国内的资金积累过多,为了寻找高的收益投资,海外投资便成了主要的实现渠道。最早出现的是 1868 年设立的"伦敦海外及殖民地政府信托基金"(Foreign and Colonial Government Trust of London),投资者实际可得收益超过 7%,比当时政府债券利率的 3.3% 高很多。

第一次世界大战以后,美国从英国引进了投资基金制度。最早出现的是 1921 年 4 月设立的"美国国际证券信托基金"(International Securities Trust of America),之后又出现了"马萨诸塞投资信托基金"(Massachusetts Investors Trust)。然而,1929—1933 年的经济大萧条却使得基金投资遭受重创,直到 1940 年美国制定并实施了《投资公司法》之后,基金投资才在美国又兴盛起来。与此同时,金融业的充分发展,扩大了投资基金的领域。进入 20 世纪 80 年代,随着投资基金制度的日益完善、投资基金品种的不断增多以及投资基金运作技术的创新,货币市场每年都以成倍的速度增长,从而带动了整个投资基金业的发展。美国共同基金的总量和增速都居世界首位,其次是英国和日本。投资基金的迅猛发展使得竞争日趋激烈的金融市场体系中呈现出银行业、保险业和投资基金三个行业鼎立的局面。

扩展学习视频 5.2
什么是对冲基金

三、国际基金投资的特点

(一)专业人士管理

投资基金作为一种投资工具,管理与投资的决策和运作交由具有专业知识、丰富经验的专家进行。投资决策是在随时了解到的最新的有关经济形势、国内外市场动态、上市公司经营状况等信息的情况下,加上基金公司与金融市场联系密切,运用先进的统计数据分析手段,并经认真分析和对证券市场总体走势进行预测后作出的,因而能为投资者带来较高的回报。相比之下,个人投资者往往缺乏专业知识,信息不灵通,经验不足,有一定的盲目性,在这种情况下,多数投资者难有收益。

（二）投资风险较小

投资组合(portfolio)模式是基金运作人降低风险的一种有效方式。一般而言,投资组合是指债券和股票等有价证券的组合,包括股票、股权凭证、新股认购权证、政府债券、公司债券和金融债券等。比较理想的投资组合是选择 15～25 种

扩展学习视频 5.3　十分钟看懂金融危机次贷危机

证券,购买数量按照一个适当的比例,从而大大降低投资风险、增加安全系数。

（三）交易成本较低

投资基金因为汇集了社会闲散资金,具有规模经济效应。随着交易额的增加,大规模的资金运作相对降低了投资成本,交易成本递减。在竞争日趋激烈的国际基金市场上,基金公司也会不断降低管理费和购买手续费,从而使基金的交易成本降低。很多国家投资基金的买卖还免交印花税。基金的管理费一般一年交纳基金净资产的 1%～1.5%,购买费一般一次性交纳 3%～5%,持有基金的第一年交纳 6.5%,从第二年开始每年只需交 1%～1.5%。

（四）较强的变现性

由于投资基金的种类众多并涉及几乎一切领域,因此,对投资者而言,投资基金有很大的选择性,投资基金的品种也适合各类投资者。与此同时,不论是大额投资者还是小额投资者,都可以随时随地购买基金的股份或收益凭证。当投资者想将基金股份变现时,他们可以随时在市场上出售,因此,流动性比较高。

第五节　国 际 信 贷

一、国际信贷的概念

国际信贷又称国际信用,是指以资本为媒介,超越国家或地区界限的国家间的资本借贷行为和融资关系,以偿还本金和利息为条件的一种国际价值运动方式。这一概念包含两点内涵:第一,由于国际信贷的媒介是资本要素,因此,其最初形态和最终形态一般是货币形态而非商品资本与生产资本形态;第二,国际信贷是国际资本要素流动的一种方式,因为国际资本流动通常采取国际直接投资和国际间接投资两种方式,而国际信贷则只是国际间接投资方式之一。

二、国际信贷的类型

目前,国际信贷早已成为国际经济关系中一个规模庞大、形式繁多的金融领域。划分国际信贷可以有多种方式:一是按贷款期限将其分为短期贷款、中期贷款和长期贷款;二是按信贷资金的来源将其分为世界性国际金融组织贷款、外国政府贷款、外国商业银行贷款和银团贷款、出口信贷以及联合贷款。

（一）世界性国际金融组织贷款

世界性国际金融组织主要包括国际货币基金组织、世界银行集团（World Bank

Group)、亚洲开发银行(ADB)、非洲开发银行、泛美开发银行、欧洲投资银行、阿拉伯货币基金组织以及东欧剧变之后成立的欧洲复兴开发银行等。这些国际金融组织贷款的主要任务,是通过较为优惠的贷款来扶助各国的生产和经济发展。国际货币基金组织贷款的另一主要任务是平衡国际收支和满足成员方的外汇需要,贷款对象主要是成员方的政府和企业。

(二)外国政府贷款

外国政府贷款是由一个国家政府通过其财政预算划拨向另一个国家政府提供的贷款,主要有三个明显特点。

1.优惠程度高

政府贷款具有一定的援助性质,必须包括 25%～30% 的赠予成分,贷款期限一般为 20～30 年,最长的达到 50 年。宽限期也很长,一般 5～10 年,有的可达 20 年。

2.设有专门机构负责管理

由于政府贷款的资金来源于财政预算,是政府拨款,金额有限,约占政府预算的 1%,因而对拨款和使用都比较严格,呈现法律化和程序化。各国政府都设有专门的主管机构,如美国的国际开发署、日本的海外协力基金组织、德国的联邦经济合作与发展部以及英国的贸工部、海外发展署和出口信贷担保局三个部门,我国主管这项事务的是商务部。

3.审批严格、程序复杂

这类贷款需要经过外交途径达成协议、互换文件之后才能签订贷款协议。协议中需要规定贷款的用途并有采购一部分贷款国物资的限制等。

(三)外国商业银行贷款和银团贷款

外国商业银行贷款又被称为国际银行贷款,是一国借款者在国际金融市场上向外国贷款银行借入的资金,具有以下特点。

(1)借取方便,使用自由,不受贷款银行的制约。

(2)利率比较高,条件苛刻。

(3)获得这一贷款不仅需要签订协议,还要有借款国政府提供的担保。

银团贷款又被称为辛迪加贷款,一般金额比较大,期限较长,多属于大型或特大型工程项目的贷款。这类贷款的风险比较大,成本也比较高,一般独家银行无法承担,需要多家银行联合组成一个贷款集团。这一银团的形成必由一家或多家银行牵头进行组织和筹资。在国际上,银团贷款的借款人多为各个国家的政府机构、国际机构和大公司。当前,银团贷款早已成为国际信贷领域最为重要的途径之一。

(四)出口信贷和联合贷款

出口信贷是出口国为了推销本国的大型机械、成套设备等的出口贸易,在政府的支持下由出口国专业银行或商业银行以优惠的利率向本国出口商,对方国家的进口商或进口方银行提供的贷款。这是仅仅限于购买提供信贷国的出口商品的一种专门贷款。这一信贷方式对于西方国家推动本国商品出口、摆脱经济危机、争夺海外市场等都起到了极其重要的作用。经济合作与发展组织为缓和竞争,签订了所谓的"君子协定"也有利于出口信贷的发展。这也成为我国购买西方国家大型设备的重要形式之一。在"一带一路"政策实施中,中国政府也开始使用这种形式的贷款。

联合贷款是 20 世纪 80 年代以来,在国际上一些发展中国家债台高筑的情况下,国际金融组织、政府金融机构或发展基金与商业银行联合起来共同向某一国家提供贷款的形式,既要规避风险,又要帮助发展中国家解决资金不足。联合贷款的特点是既有利于发挥各贷款主体的优势,即国际金融组织贷款审查严格、偿还有保障和政府贷款的优惠性,又能吸引商业银行参与贷款促进发展中国家经济发展,相辅相成,共同合作,获得较好的效果。

三、我国利用的国际信贷

我国利用的国际信贷,是以少量的政府贷款和国际金融机构贷款为主,商业贷款比重非常小。这也是长期计划经济体制下我国一度不主张对外借款的缘故。从对外借款的类型来看,我国从国际信贷市场贷款的主要方式有以下几种。

（1）商业银行贷款。中国银行、中国国际信托投资公司(现为中国中信集团有限公司)以及其他金融机构与西方商业银行签订了短期和中长期的双边借款协定,主要包括双边商业贷款、国际银团贷款和联合贷款。

（2）政府贷款。财政部和中国人民银行代表政府与西方国家政府、金融机构签订了一系列带有援助性质的政府贷款。此类贷款协议的签订基于双方良好的经贸关系,款项基本用于长期的涉及进口的重点项目建设,涉及的相关国家有日本、丹麦、科威特、英国、法国、奥地利、加拿大、西班牙、澳大利亚、瑞士、瑞典等。

（3）出口信贷。我国自 1980 年接受意大利第一笔出口买方信贷以来,先后与法国、西班牙、瑞士、意大利、奥地利、英国、比利时、荷兰、德国等出口信贷机构签订了一系列买方信贷协议。

（4）国际金融机构贷款。目前我国是世界银行最大的借款国。我国政府和企业逐步加强与主要国际机构的接触,运用成员国的融资权利筹措各类贷款成为我国利用国际多边信贷资金的重要方式。2006 年 4 月 12 日,世界银行执行董事会批准向我国提供 2 000万美元的贷款,支持各级政府进一步推进经济改革。项目支持的关键领域包括:减少贫困、不平等和社会排斥现象;改进公共和市场机制;管理资源稀缺和环境挑战;为持续高效的经济增长融资;帮助中国融入世界经济;促进中国实现千年发展目标。此外,我国还是国际金融公司(International Finance Corporation,IFC)的第九大投资国,同时也是其投资增长最快的成员国之一。

案例分析

监守自盗(金融危机纪录片)

复习思考题

1. 与国际直接投资相比,国际间接投资的特点是什么?
2. 国际证券投资的基本特征有哪些?
3. 国际股票投资的基本方式有哪些?
4. 简述欧洲债券的特征。
5. 国际基金投资的特点有哪些?

即测即练

第六章

国际 BOT 投资

学习目标（teaching objectives）

　　本章侧重介绍国际 BOT 投资的概念及特点，让学生们在学习国际直接投资与国际间接投资的基础上，逐渐熟悉国际资本合作的新形式。

　　1. 重点掌握 BOT 投资的概念以及特点；

　　2. 理解国际 BOT 投资的特点及发展历程；

　　3. 了解国际 BOT 投资的运作流程及合同。

关键概念（key concepts）

　　国际 BOT 投资（international BOT investment）

　　风险管理（risk management）

　　建设—经营—移交（build-operate-transfer，BOT）

　　建设—拥有—经营—移交（build-own-operate-transfer，BOOT）

　　建设—拥有—经营（build-own-operate，BOO）

　　建设—移交—经营（build-transfer-operate，BTO）

　　建设—拥有—经营—出售（build-own-operate-sale，BOOS）

开篇案例

MIGA 在一带一路 BOT 投资模式中的作用

　　多边投资担保机构（Multilateral Investment Guarantee Agency，MIGA）作为世界银行集团的成员之一，于 1988 年《多边投资担保机构公约》生效时建立，截至 2019 年，该公约的成员国已达 181 个，其中发达国家 25 个、发展中国家 156 个。根据公约的规定，MIGA 的目标是鼓励在会员国之间，特别是向发展中国家会员国进行生产性投资，以补充国际复兴开发银行（International Bank for Reconstruction and Development，IBRD）、国际金融公司和其他国际开发金融机构的活动。MIGA 的业务包括投资担保和投资促进，其主要职能是对流向发展中国家的投资提供担保，向投资者和贷款方提供多种非商业风险，主要是政治风险的担保。MIGA 担保地区多、范围广，也帮助投资者和东道国政府解决可能对其担保项目造成不利影响的争端，防止潜在索赔要求升级，使项目得以继续。

　　BOT 是英文 build-operate-transfer 的缩写，是指私营企业承揽一国的基础设施建设，向社会提供公共服务，即政府授予私营企业（包括外国企业）以一定期限的特许专营

101

权,许可其融资建设和经营特定的公用基础设施,并准许其通过向用户收取费用或出售产品以偿贷款、回收投资并赚取利润,特许权期限届满时,基础设施无偿转让给政府。

由于"一带一路"BOT项目投资额大、建设周期长且项目各方之间的合同关系复杂,而政府一般又不提供任何直接的项目融资担保,BOT项目从其开始到结束,建设和经营的每个阶段都充满着各种各样的风险。风险大是"一带一路"BOT项目的一个显著而重要的特点,这些风险既有商业性风险,也有政治性风险。

MIGA为没有国内投资担保机构的资本输出国提供了一个投资担保机构。它强调担保的投资对东道国发展的贡献,该投资在东道国受非商业风险影响的可能性就小。对MIGA的违约将直接影响该国与世界银行集团其他机构的合作,所以一般东道国不会对由MIGA担保的项目违约。MIGA具有评级高、财务稳健、风险承受能力强等国内投资担保机构不可比拟的优势。MIGA机制下承保的货币汇兑险、征收和类似措施险、违约险、不履行金融支付义务险以及战争与内乱险的险别为BOT项目中政治风险"量身定做",贴合度很高。

MIGA近年增加了政策咨询方面的业务,并成立了许多合资企业,如其与国际金融公司联合建立了外国投资咨询服务机构(FIAS)。其关于投资的情报和资料,可为各会员国改善国内投资环境提供依据。MIGA是一个政府间的国际组织,相比作为实现一国对外经济政策工具的国内投资担保机构,它更加有利于消除外国投资者与东道国之间的猜疑,促进两者的合作。MIGA关于东道国投资环境和投资机会的意见与建议,能对BOT项目投资者的决策起到举足轻重的作用。

中国作为MIGA的创始会员国之一,在其法定资本10亿特别提款权中名列第二类会员国的第一位,可见,作为最大的发展中国家以及"一带一路"倡议国,中国对MIGA是认可与支持的。尽管MIGA具有一定的局限性,但是通过MIGA这一世界银行集团的下属机构来减少与非商业性风险特别是政治风险有关的忧虑,促进并进一步鼓励发展中国家吸引私人投资,为实现"一带一路"倡议的目标保驾护航,MIGA仍是一种可选的制度。MIGA与BOT投资方式,其核心价值以及对于发展中国家的贡献,在某种程度上是一致的,它与"一带一路"这一开放、包容的国家级顶层合作倡议的框架思路与国际意义不谋而合。

资料来源:师华.MIGA在一带一路BOT投资模式中的作用[N].中国社会科学报,2019-06-11(4).

第一节 国际 BOT 投资的概念及特征

20世纪80年代以来,随着国际经济合作的广泛深入,国际上出现了一种新型的国际经济合作方式——国际BOT项目投资。国际BOT项目投资为世界各国,特别是发展中国家的基础设施建设以及大型工业项目的建设开辟了一条新型的融资与建设途径。

一、国际 BOT 投资的概念

BOT的基本含义是项目方政府将通常由国家公营机构负责的大型基础设施或工业项目的设计、建设、运营、融资和维护的权利特许给国内外私营机构的合同商或主办人,允许私营机构在固定的期限内运营该设施,在规定的期限内收回其对项目的投资、运营与维修费用以及一些合理的服务费、租金等其他费用,以保证该私营机构有能力偿还工程所有的债务并取得预定的资金回报收益,在规定的特许期限届满后,项目设施将无偿转让给项目方政府。

按照不同的工程项目,项目产品或产出可以出售给公营电力管理机构,BOT 公路项目可以直接向过路者收取过路费。在实践中,国际 BOT 方式融资建设的项目一般被称为"国际 BOT 项目"或"BOT 项目",这些项目的特许经营期一般为 15~20 年。

国际上对 BOT 有以下几种定义。

工发组织所下的定义是:国际 BOT 是指在一定时期内对基础设施进行筹资、建设、维护及运营,此后所有权移交为公有。

世界银行《1994 年世界发展报告》将国际 BOT 定义为,政府给予某些公司新项目建设的特许权时,通常采取这种方式——私人合伙人或某国际财团愿意自己融资,建设某些基础设施,并在一定时期内经营该设施,然后将它移交给政府部门或其他公共机构。

亚洲开发银行对国际 BOT 所下的定义是,项目公司计划、筹资和建设基础设施项目;经所在国政府特许在一定时期经营项目;特许权到期时,项目的资产所有权移交给国家。

我国将国际 BOT 称为"外商投资特许权项目",并将其定义为政府部门通过特许权协议,在规定的时间内,将基础设施项目的特许权授予外商为特许权项目成立的项目公司,由项目公司负责该项目的投融资、建设、运营和维护。

二、国际 BOT 投资的特征

国际 BOT 是一种新的利用外资的方式,与传统利用外资的方式不同,具有以下特征。

(1) 国际 BOT 方式的主体一方为项目方政府,另一方为私营机构的项目公司;而传统利用外资的方式,一般发生在企业与企业之间或者政府与政府之间。

(2) 国际 BOT 项目的实施是一项复杂的系统工程,需要金融、贸易、保险、技术引进、工程承包、土地、交通能源、通信、广告等各种行业的相互协调与合作,尤其是项目方政府的强有力支持,是一个 BOT 项目成功的关键;而传统利用外资的方式则没有这么复杂。

(3) 国际 BOT 方式下对项目建设方的选择,一般采用国际招标方式;而传统利用外资的方式则一般不通过招标。

(4) 国际 BOT 方式的资金来源主要是国际金融机构提供的无追索权贷款,采用 BOT 方式,允许政府参股;而传统利用外资的方式,其注册资本以外的贷款不是无追索权的贷款,同时亦不允许政府投资。

(5) 国际 BOT 方式的经营管理通常是在项目方政府的许可范围内,由项目公司按自身的管理模式进行操作;而传统利用外资的方式,则按项目方政府有关法律及双方的约定来进行操作。

(6) 国际 BOT 方式合作期满后,该项目被无偿移交给项目方政府;而传统利用外资的方式,在期满后,外方一般按合同规定将标的转让给东道国企业。

扩展阅读 6.1 国务院办公厅关于加快发展外贸新业态新模式的意见

国际 BOT 方式的适用范围比较广,但主要适用于一国的基础设施和公共部门的建设项目,如电站、高速公路、铁路、桥梁、隧道、港口、机场、钢铁企业、教育、医疗卫生基础设施,环保设施等。这些项目一般工程量大、建设时间长、耗资巨大、关系国计民生,并属于急需项目,而且这些项目的市场需求一般都较好,能够获得较稳定的收入。

三、国际 BOT 投资的内容

(一)建设

国际 BOT 中的 build 是建设,其含义应纳入直接投资的范畴。在通常情况下,投资者根据东道国的法律、法规等,按照一定的出资比例与东道国共同组建股份公司或企业等,这种公司或企业即为双方共同成立的合资经营公司。运用国际 BOT 方式,在投资方面具有形式多样、选择灵活的特点,具体表现为以下几点。

1. 资产的取得方式

允许投资者出资兴办新企业,也可以通过购买产权等方式在旧企业占有股份,达到成立合资经营公司的目的。

2. 公司的组织形式

可以成立股权式的合营公司,也可以成立非股权式(契约式)的经济组织,还可以成立股权加契约式的实体等。

3. 公司的法律地位

成立公司,可以构成一个独立的实体,具备法人资格,也可以不构成独立的实体,而成为一种不具备法人地位、相对独立的经济组织。

4. 投资比例

根据东道国的起点要求,由投资者自主决定投资的比例,可以独资,也可以合资或合作经营。

(二)经营

国际 BOT 中的 operate 是经营,其含义是企业的运转、操作和管理。经营方式主要包括独立经营、参与经营和委托管理三种。

1. 独立经营

独立经营是指由外商独资经营,自负盈亏。这种方式有利于东道国学习外商的先进技术和管理经验。同时,对于东道国来说,仅仅利用税收、使用费和提供材料供应即可增加收入,不用承担任何经济风险。

2. 参与经营

按照国际惯例,参与经营是指由投资者和东道国共同成立股权式的合营企业,合营企业成立董事会,依照合同及章程的规定,对重大问题作出决策,并决定任命或聘任总经理,负责日常的经营管理工作。

3. 委托管理

委托管理是指投资人不参与经营管理,而是经合营或合作双方商定,委托所在国一方或聘请第三方进行管理工作。

(三) 移交

国际 BOT 中的 transfer 是移交,这是采用 BOT 投资方式与其他投资方式相区别的一个关键所在。采用国际 BOT 投资方式,可以是合资经营、合作经营或独资经营。但是,在经营期满后,都会遇到投资方如何将财产移交给东道国的问题。通常情况下,合作经营(契约式或包括契约加股权式的合营企业)的投资方大都在经营期满以前已经通过固定资产折旧及分利方式收回了原投资。因此,大部分契约中都规定,合营期满即将全部财产无条件移交给东道国所有。

合资经营(股权式)的特征是投资双方按照投资比例(股份)共同经营,共享利润,共担风险。在合营期内,即使出现亏损也不允许一方收回投资本金。合营期满后,如双方不再继续合资经营,则对财产、债权、债务进行清算并分配剩余财产。对原有企业的处理方式有转售、有价出让和拍卖。东道国要获得企业,可以用自己应分得的一部分剩余财产折抵或追加投资购买。在合资经营的国际 BOT 方式中,经营期满后,原有企业转移给东道国,但是这种转移是一种有条件的转移,具体条件由双方在合资前期的谈判中商定。外商独资经营也采用有条件转移的方式。

国际 BOT 投资方式是一个系统方式,它跨越独资、合资与合作之间的界限,可以运用各种各样的投资方法,其最大的特点是可以以物引资,这一特点特别适合发展中国家的国情。

第二节　国际 BOT 投融资的发展历程

一、国际 BOT 投资的产生

国际 BOT 并非一种新生事物,它自出现已有至少 300 年的历史。17 世纪,英国的领港公会负责管理海上事务,包括建设和经营灯塔,并拥有建造灯塔和向船只收费的特权。但是据罗纳德·科斯的调查,从 1610 年到 1675 年的 65 年当中,领港公会连一个灯塔也未建成。而同期私人建成的灯塔至少有 10 座。这种私人建造灯塔的投资方式与现在所讲的 BOT 如出一辙,即私人首先向政府提出准许建造和经营灯塔的申请,申请中必须包括许多船主的签名,以证明将要建造的灯塔对他们有利,并且表示愿意支付过路费;在申请获得政府批准后,私人向政府租用建造灯塔所须占用的土地,在特许期内管理灯塔并向过往船只收取过路费;特许期满后,由政府将灯塔收回并交给领港公会管理和继续收费。到 1820 年,在全部 46 座灯塔中,有 34 座是私人投资建造的。可见国际 BOT 模式在投资效率上远高于行政部门。

国际 BOT 作为项目融资,是国际经济合作发展到一定阶段的产物。第一次世界大战之前,许多基础设施建设项目(如铁路、公路、桥梁、电站、港口等)就已经开始利用私人投资,这些私人投资者为了赚取巨额利润,甘愿承担所有风险。然而,在第一次世界大战后到第二次世界大战的相当长的时间里,基础设施建设主要由政府部门来承担。这种模式给各国政府带来了沉重的负担,尤其是对于发展中国家来说,在许多情况下,根本无法满足基础设施的资金需求。

　　国际 BOT 项目最早产生于 20 世纪 80 年代初期的国际工程承包市场,当时国际工程承包市场不景气,很多业主无力投资营造工程项目,于是就出现了带资承包方式,即由承包商自带资金承包工程,待工程建设完工后,由承包商自行经营若干年,用经营所得偿还工程建设款项,偿还完毕后将项目无偿交给业主单位或国家政府。此后,一些发达国家和发展中国家的基础设施需求不断增长,但长期的经济不景气又使得这些国家难以承担巨额的建设资金。所以,这些国家的政府部门力促公共部门与私营企业合作,为基础建设提供资金。

　　1984 年,时任土耳其总理土格脱·奥扎尔首先提出了 BOT 这一术语,其出发点是想利用 BOT 方式建造一座电厂,以解决政府的资金短缺问题。这一想法立即引起了世界的关注,尤其是发展中国家,如菲律宾、马来西亚、泰国等把 BOT 看成减少公共部门借款和推动国外直接投资的一种方式。此后,许多国家和地区纷纷采用这一方式加快基础设施建设,改善本国的投资环境。这种方式被认为是减少主权国家借款和吸引国外直接投资基础设施项目的有效手段。

二、国际 BOT 投资的派生形式

　　国际 BOT 方式在不同国家的应用中遇到的情况不同,在实际操作过程中,因时间、地点、外部条件、政府的要求及有关规定不同,派生出了 20 多种类似的方式,其中主要方式有以下 10 种。

扩展阅读 6.2　推动"一带一路"向高质量发展转型

　　(1) BOO(build-own-operate):建设—拥有—经营;

　　(2) BOOT (build-own-operate-transfer):建设—拥有—经营—移交;

　　(3) BOOS(build-own-operate-sale):建设—拥有—经营—出售;

　　(4) BOOST (build-own-operate-subsidize-transfer):建设—拥有—经营—补贴—移交;

　　(5) BTO(build-transfer-operate):建设—移交—经营;

　　(6) BLT(build-lease-transfer):建设—租赁—移交;

　　(7) BT(build-transfer):建设—移交;

　　(8) BOL(build-operate-lease):建设—经营—租赁;

　　(9) BMT(build-manage-transfer):建设—管理—移交;

　　(10) BOD(build-operate-deliver):建设—经营—转让。

　　上述各种方式虽然提法各不相同,在操作上也存在差异,但它们的结构与国际 BOT 并无实质区别,都是项目公司代替项目业主政府或其公共部门建设和运营此前由一国公共部门垄断的基础性项目,所以习惯上也将上述所有方式统称为国际 BOT 方式。

第三节　国际 BOT 项目的运作程序及合同

　　国际 BOT 所涉及的项目一般来说是那些投资规模大,建设、经营和投资回收周期长,风险高的基础设施项目,任何一个环节上的失误,都有可能导致整个 BOT 项目的失败。为使整个国际 BOT 项目的每一项工作和每一个环节都建立在扎实、稳固和可靠的基础之上,按照国际惯例,政府和企业应按照以下实施步骤进行项目的运作。

一、东道国政府方

从政府方面来看,对于东道国政府而言,一个典型的 BOT 项目要经过以下四个阶段。

(一)确定项目方案

传统的政府融资项目一般是通过聘请咨询公司或设计院,编制项目建议书和进行可行性研究,召开咨询和审查会议,对项目的规模、技术、经济等方面进行优化,并以计划管理部门下达批文的方式加以确定。与传统的政府融资项目不同的是,国际 BOT 项目在这一阶段的主要目标是确定项目建设的必要性,因为并不是所有的项目都适合采取国际 BOT 方式进行建设和经营。如果根据市场需求和产业政策,确定采用国际 BOT 方式,再进一步研究确定建设规模和项目目标,但不必确定项目采用的技术、项目投资额或投资收益水平。

根据市场需求以及产业政策等提出一个特定项目之后,项目方政府需要委托咨询公司进行可行性研究,确定项目技术参数,进行实施方案的比较。确定采用国际 BOT 方式之后,政府委托咨询公司要进行项目的前期准备,按照基本的建设程序完成立项和制定规划,编制招标文件,邀请投标商。一般而言,项目准备阶段的内容依国别、项目变化而变化。这是由于发达国家和发展中国家的法制、市场条件不同,从而项目立项前的准备工作有所不同。

因此,在招标文件中不需要详细规定项目的技术方案和实施方案,只需勾画出项目在规模技术、经济等方面的轮廓,鼓励投标人在项目构想和设计方面提出新的观点,发挥其各自的技术和经验优势,便于政府从各投标方案中选择出最佳方案。当然,为做到心中有数,政府聘请咨询公司或设计院预先进行可行性研究,提出项目技术要求并进行实施方案的比较也是可行的。

(二)招标前的准备

政府在确定了国际 BOT 项目以后,应进入招标准备阶段。政府在这一阶段一般要做以下几方面的工作:一是成立招标机构。招标机构的确立对于落实项目基本条件、加快招标进度和提高工作效率具有非常重要的意义。二是聘请中介机构。聘请包括专业的投融资咨询公司、律师事务所和设计院等中介机构,对项目的经济、技术、法律等方面的问题作出细致、完整、严密的规定。三是准备资格预审文件,制定资格预审标准。资格预审对前期工作周期长、情况复杂的国际 BOT 项目尤为重要。四是邀请感兴趣的投资者或发起人组成联营集团,共同提出一份满足邀请建议书要求的标书,就费用分担、各成员在项目中应起的作用及可能的项目结构达成初步协定。在某些情况下,应当允许在标书中对项目的一个或几个方面提出修订意见或替代性方案,以便更好地完成项目建设。

(三)项目的招标与评价

项目招标的主要过程是发表招标广告、根据邀请的投标商所提交的公司情况进行资格预审、发售招标文件、投标准备证书、开标与评标、合同谈判与签约。由于国际 BOT 项目前期费用比较高,一般初审后选定 3～5 家正式准备投标。国际 BOT 项目标书的准备时间较长,一般在 6 个月以上。政府委托咨询公司要随时解答投标者提出的问题,开标、评标之后,要对评标结果进行排序,选择 2～3 家进行合同谈判,有时候还需要进行循环谈判才能签约。

国际上比较普遍的做法是以竞争性招标方式选定 BOT 项目的授权单位,这样做有利于项目以更低的成本和更合理的运营价格取得更快的建设速度。项目招标后,会有众多的投标商参加投标。招标者应对响应邀请建议书而提交的标书进行挑选,选出暂定中标人,评估标书的成员既包括政府官员,也包括技术、财务和法律顾问等。评估标书的依据包括价格、可靠性、经验等因素以及所设想的拟议项目能在多大程度上给招标者带来其他利益,这类利益包括节约外汇、促进技术转让、提供就业机会和为招标单位人员和承包商提供培训等。在某些情况下,招标者也会通过与投标人直接谈判,对最低限制标书作出改进。但是,不应过分依靠这类进一步的谈判,以免影响竞争性投标程序的公正。

(四)合同谈判与授权

特许权合同的签署是国际 BOT 项目的核心,因为特许权合同明确了特许期内项目方政府和中标者的权利与义务,反映了双方的风险和回报。特许合同的内容涉及项目的产品性能和服务质量、建设投资与资产寿命、竣工日期以及合作期限、产品价格以及价格调整的公式、资本结构和资本回报、原材料供应与产品收购、外汇安排、不可抗力、维修计划、移交条件、奖惩以及仲裁等事项。合同谈判往往集中在经济条款上,如产品价格、价格调整公式、资本结构、产品收购、资本回报、外汇安排等。

评标结束后,招标人邀请第一标进行实质性谈判。谈判的内容涉及项目的技术、经济、法律、运营、管理等诸方面,并且关于项目的所有法律文件都将在这个阶段形成。在初步选定标书后,招标者请中标人制定并签署最后的合同文件。某些情况下,招标者应向中标人发出一份意向书,一旦签署意向书,就意味着当事双方承诺真诚合作,通过谈判协商,政府与项目承建方正式形成设计项目建设、经营与转让的所有合同、授权法律和特许权协议文件,最后签订这些文件。由于国际 BOT 项目一般都比较庞大和复杂,政府应主要选择那些具有承担大型建设工程能力的企业以及信誉良好的贷款机构作为中标人。

二、企业方面

对于运用国际 BOT 方式融资建设项目的企业来说,通常要经过以下几个阶段。

(一)投资决策与评估

无论是私营企业、发展商还是银行或财团,对国家拟建或准备发展的基础设施项目,都要经常不断地跟踪了解。对于自己感兴趣的项目,可以向政府提出建议,根据政府招标邀约规定的投资项目、投标者要求、投标条件的衡量标准等方面的信息,组织有关专家对项目的可行性进行评估,主要包括调查东道国的投资环境、研究投标的技术、评定资金投入额及自身现有条件、初步估标、核算项目的经济效益等。

国际 BOT 项目的发展商必须满足贷款人的要求,就是说拟建的项目必须能长期地从公共使用中产生足够的资金来偿还借款及利润。作为国际 BOT 项目的贷款人,其主要保障是项目长期运作所产生的效益。

（二）组建项目公司

特许合同签署并取得政府主管部门批准后,中标者将组建项目公司,开始项目运作。企业的 BOT 项目开发建议得到政府批准后,可以组建一个承揽项目的财团,中标后可以作出更确定的承诺,在项目所在地成立一个国际 BOT 项目公司,由该公司全权负责与政府部门谈判、签订特许权协议、融资、建设和经营管理。项目公司一般由多个企业组成,包括银行、财团、工程承包商和设备供应商等。项目公司的建立可以采取股本方式,也可以采取发行股票或少量的政府资金入股的方式。

（三）投标与执行

项目公司成立以后,应组成一个专门的投标小组开展项目投标的全部工作,并与政府谈判直到获得项目的最终授权。在此期间,项目公司要取得贷款方的承诺;组成项目公司的各方还要就项目资金筹措、项目实施管理和项目的运营进行最后的协商。

（四）项目建设

在项目公司完成融资并与各当事人签署有关协议之后,建设工程公司或承包商将负责国际 BOT 项目的建设施工,要编写开工报告,确认各分包单位,审查施工组织设计、施工技术方案和进度计划、设备清单,督促、检查建设工程公司或承包商执行合同的情况(包括投资额度、进度、质量三方面),批准工程变更,检查安全防范措施,督促整理合同文件和技术档案资料,处理索赔和争议,组织有关单位进行初验,提出竣工报告,审查工程结算等。

一旦进行财务交割,建设阶段即正式开始。项目公司根据特许权协议或合同规定的技术和时间要求,组织项目的设计、施工和采购等工作,即组织有关机构对项目进行详细设计、委托建筑公司对项目建设总体承包、建筑公司对项目进行施工并交付项目公司等。国际 BOT 项目一般都以"交钥匙"(turn-key)的建设方式进行,即项目建设总承包商对工程建设负全责,直到项目建成投产且有关工程、产品的质量符合政府的要求为止。有些情况下,一些现场组装或开发甚至某些初步建设可能先于财务交割。但是,项目的主要建筑工程和主要设备的交货大多在财务交割后,因为一般来说,只有到那时才会有支付这些费用的资金。工程竣工后,项目通过规定的竣工试验,政府接受竣工的项目,建设阶段即告结束。

（五）项目的经营

根据国际 BOT 合同,项目公司在规定期限内拥有项目的经营权以及相关辅助项目的经营和开发权。项目公司对于经营权的运用可以采取委托经营、联合经营和独资经营这三种方式,但是未经允许,不得将经营权转售。在经营期限内,项目公司有责任接受政府的定期调查并公开自身的财务状况,有责任维持项目简单再生产及扩大再生产,不能人为压低折旧率。在产品定价上,项目公司往往要求价格浮动权,但是政府应当保持价格调整审查和制定价格浮动上限的权利。在期限到期时,项目公司有责任为政府培训管理人员及技术人员。

因此,BOT 项目建成后,项目公司在整个项目运营期间,应按照协定要求对项目设施进行保养。为了确保运营和保养按照协定要求进行,贷款人、投资者、政府都拥有对项目进行检查的权利。

扩展阅读 6.3　中资企业在越南投资的第一座 BOT 大型电厂全面投入商业运行

（六）项目的转让（BOO 方式除外）

特许经营权期满后，项目公司按照特许协议中规定的项目质量标准和资产完好程度，将项目的资产、经营期预留的维护基金和经营管理权全部移交给东道国政府。项目公司将国际 BOT 项目的所有权按照合同的规定无偿转让给项目方政府。在转让过程中，项目公司的责任是为项目方政府提供有关国际 BOT 项目的经营技术信息以及资料。一般来说，项目的设计应能使国际 BOT 发起人在特许经营期间内还清项目债务并有一定的利润。项目最后移交给政府时是无偿的，或者项目发起人象征性地得到一些政府补偿。政府在移交日应注意项目是否处于良好状态，以便政府能够继续运营该项目。

三、国际 BOT 项目中的主要合同

（一）特许权协议

国际 BOT 的当事人之间的权利和义务是通过合同的形式来体现的。特许权合同是国际 BOT 合同中最基本的合同，是政府部门与项目公司之间达成的合同，也是整个国际 BOT 项目的核心及依据。在特许权协议的各项条款中，项目方政府和特许各方的权利及义务条款最为重要，要求更加具体、明确。如政府在设计阶段时对项目公司提交方案的审查、修改和取消权；在施工阶段的监理权、变更审批权；在竣工验收阶段的检测验收和最终确认权；在运营阶段的监察权、劳务政策制定权以及最终接管权；等等。

同时，项目方政府承担为项目公司提供施工用地、水、电等原料、燃料供应等各项责任，承诺实现项目收益，以及提供临时资金或备付贷款（stand-by loans）的义务。项目公式享有收费权、税收优惠权、优先受让权、外汇平衡权、申请政府援助和保护权等；同时承担按照项目方政府审查批准确认的规范设计项目、按照批准的设计方案建设项目、按照规定的收费标准经营项目并且保证项目移交时的完好性义务等。

（二）股东协议

股东协议是在股东之间签订的合同，股东协议规定招股条件和合同条件。项目公司的主要股东一般为土建公司、设备供应商、国际贸易公司和金融机构等。有的国家在其特定的领域，如石油和电力工业等领域，项目方政府作为股东参股的情况也很普遍。

（三）建设协议

国际 BOT 项目工程的建设一般是以固定价格的交钥匙工程承包合同形式来进行的。如果国际 BOT 项目既包括土建又包括供应重型机械设备的内容，项目公司往往会与有经验的土建公司和设备供应商的联合体进行谈判以确保工程项目能够按时、按质地全面完成。

（四）采购协议

如果国际 BOT 的项目方政府是该项目的唯一用户，那么项目公司则与政府机构洽谈单独的采购协议。该协议明确项目方政府保证最低采购数额并确定价格结构。这样，只要项目方政府履约，按时付费，项目公司就能有充足的资金来承担项目成本、偿还债务

并获取利润。

（五）贷款协议

国际 BOT 项目的主要合同之一是项目公司与贷款人之间的贷款协议。国际 BOT 项目的融资方式和贷款条件千变万化，因此，在实践中也没有统一的模式。

（六）运营协议

国际 BOT 项目公司一般是通过与专业管理公司签订运营管理合同来运营一个国际 BOT 项目。该合同规定运营方在一定期限内的经营范围、设备的维护标准、经营成本和奖励措施等。

第四节　国际 BOT 项目的风险管理

国际 BOT 项目的一个重要特征就是它的风险性。任何一个国际 BOT 项目，在每一个阶段都存在着发生损失的不确定性，万无一失的项目是不存在的。对项目风险的有效控制与合理分摊不仅是对国际 BOT 项目各当事人的主要挑战，而且也是对项目进行有效管理、降低成本并提高效益的关键所在。

一、国际 BOT 项目风险

国际 BOT 项目风险是指国际 BOT 项目在特许、建设、运营以及移交等各个阶段可能遇到的风险，这是一种潜在的危险因素。由于国际 BOT 项目与其他类型的工程项目有重要的区别，其风险因素也有独特性，因此，概括国际 BOT 项目风险的特征并不容易。实际上，每个东道国、每个基础设施部门和每个具体的国际 BOT 项目都有各自的风险特征。对于国际 BOT 项目而言，可以从不同的角度进行不同的分类。

（1）按照项目风险的特点，可以将国际 BOT 项目风险划分为系统风险和非系统风险。系统风险又称不可控制风险，是指那些由于某种全局性因素引起的投资收益的可能变动，以及超出自身行为所能控制和避免的风险，主要包括政治风险、金融风险以及不可抗力风险等。非系统风险又称可控制风险，是指那些受微观因素影响的、国际 BOT 项目融资中的各参与方可以自行控制、处理和避免的风险，主要包括信用风险、完工风险、生产经营风险和环保风险等。

（2）按项目的阶段，可以将国际 BOT 项目风险划分为准备阶段的风险、建设阶段的风险以及经营阶段的风险。

（3）按参与项目的主体，可以将国际 BOT 项目风险划分为政府风险和项目公司风险。政府风险是指由于政府在国际 BOT 投资项目中将项目授权给项目公司建设和经营所带来的风险。项目公司风险是指项目公司在从政府获得国际 BOT 项目建设授权后，将独立承担筹措资金建设项目及经营项目职责的风险，主要包括政治风险、财务风险、完工风险、销售风险等。

（4）按风险的性质，可以将国家 BOT 项目风险划分为政治风险、经济风险以及技术风险。其中，政治风险包括国有化风险、获准风险、税收风险和法律风险等。经济风险是指由于经济前景的不确定性，使项目各方蒙受经济损失的可能性。技术风险是指在项目生产过程中存在的由于制度上的细节问题安排不当所带来的风险。

二、国际 BOT 项目风险管理

（一）国际 BOT 项目风险管理的过程

通常来说，国际 BOT 项目风险管理过程应包括以下几个阶段。

（1）风险识别。风险识别是指识别项目风险的来源和种类。

（2）风险分类。风险分类是指研究各类项目风险以及风险对个人和组织所产生的影响。

（3）风险分析。风险分析是指运用分析技术研究与评价各类风险及风险组合的可能后果和影响。

扩展阅读 6.4　绿色"一带一路"背景下我国环保产业如何"走出去"

（4）风险态度。风险态度是指任何有关风险的决策均会受到制定决策的个人或组织态度的影响。

（5）风险回应。风险回应是指通过风险转移或风险自留等方式对风险进行管理。

通过对项目进行风险的识别、分析与评价，可以构建一个基于各参与方风险和阶段性风险决策的项目风险管理体系，采取具有针对性的预案和措施。

（二）国际 BOT 项目风险管理的类型

国际 BOT 项目风险管理分为系统风险管理和非系统风险管理两部分。

1. 国际 BOT 系统风险管理

国际 BOT 的系统风险管理主要是通过项目各参与方相互之间的约束和制约来完成的，各方通过反复协商谈判，达成各种内部协议。这些协议明确界定 BOT 项目融资参与各方的权利和义务，相关的系统风险也被有效地进行分配和管理。国际 BOT 的系统风险管理主要包括政治风险管理、金融风险管理和不可抗力风险管理。

（1）政治风险管理。

① 购买海外投资保险。海外投资保险制度首创于美国。1948 年，随着美国"马歇尔计划"的实施，它的对外援助体制也日臻完善。当时，美国政府管理援外事务及海外投资的经济合作署首创了投资保险制度，但起初这一制度仅适用于欧洲发达国家，保险范围也仅限于外汇风险。后来，随着美国私人海外投资大量涌向发展中国家和地区，这些投资时常面临国有化和战争等政治风险，经济利益受到严重威胁。因而，从 1953 年起，保险范围扩大到战争、革命、内乱和征用等政治风险，保险制度也转而仅限于发展中国家和地区。美国的海外私人投资公司（Overseas Private Investment Corporation，OPIC）从 1971 年开始承担海外投资保险业务，成为主管美国私人海外投资保险的专门机构。第二次世界大战以后，各主要资本主义国家为鼓励资本输出，纷纷仿效美国制定了投资保险制度。企业通过投保，将可能发生的政治风险转嫁给政府设定的保险机构，这是一种比较积极的预防性对策。在承保的政治风险类别上，其通常包括外汇禁兑险、财产征用险和战争内乱险。

② 与东道国政府签订特许协议。跨国公司在进行海外投资的过程中，首先要考虑的

就是政治风险问题,而这种风险仅凭经济学家和经济工作者的经验是很难进行评估的。但是,项目公司可以通过谈判,与东道国政府签订特许协议,明确各参与方的权利、义务与风险分担原则,从而抵消一部分政治风险。特许协议主要包括:东道国政府保证 BOT 项目实施期间该国的政策法律较少变动;东道国政府对于未来可能发生的政权更替、国内社会动荡和暴力冲突等政局不稳定风险以及不可避免的政策法律变动风险,给予项目公司一定数额的资金补偿或其他的附加优惠政策。

特许协议在 BOT 项目中居于核心地位,反映东道国政府对特许项目授权内容的基本原则与立场,项目的建设、经营、产品或服务的销售等各个重要阶段都紧紧围绕这一核心开展,如设计建筑合同、运营维护或委托管理合同、供应合同等都是在遵循特许协议确定原则的基础上派生出来的,是对特许协议具体条款进一步的细化。因此,一份完备的特许协议必须授权明确,同时能统管整个 BOT 项目的建设、运营与移交。

③ 尽量避免东道国政府采取干预行动。项目公司应尽量避免东道国政府采取干预行动,具体做法包括:为避免东道国因政治、政策等原因采取干预活动,将各种与经营相关的担保合同置于东道国管辖之外,由外国大银行或大公司为项目贷款提供担保;与东道国以外的买主订立项目产品买卖合同,并要求买主将货款存入在东道国以外的银行开立的信托账户;在项目融资过程中引入多边机构,尽量让政府也参与其中,这样不但可以有效分担政治风险,而且因为政府置身其中,会使得政策法律的变动对国际 BOT 项目的实施更有利。

充分利用多边法律保护措施。由于国际 BOT 项目是一种跨国的投融资活动,项目当事人来自多个国家和地区,有时仅靠东道国的国内法律保护很难奏效,项目公司或投资者可以在贷款法律文件中选择外国法为准据法,并选择外国法院为管辖法院,以免受东道国法院的管辖和法律变动的影响;同时还可以利用两项重要的国际投资公约,即《关于解决国家与其他国家国民之间投资争端公约》(《ICSID 公约》)和《多边投资担保机构公约》(《MIGA 公约》)所提供的保护措施来维护自身的合法权益。

其中,《ICSID 公约》又称《华盛顿公约》,依据私人国际合同的执行经验而制定,它提供了一套中立的规则和仲裁程序来解决私人投资者与东道国之间的争端;1965 年 3 月 18 日,由国际复兴开发银行提交各国政府,1966 年 10 月 14 日开始生效。

《MIGA 公约》又称《汉城公约》,是世界银行为减轻投资者在发展中国家投资面临的非商业性政治风险而制定的,公约将争端解决分为三类:一是有关公约解释和施行发生的争端;二是机构与成员国间的争端;三是被保险人或保险人间的争端。该公约于 1985 年世界银行汉城年会通过,1988 年 4 月正式生效。

(2) 金融风险管理。

① 利率风险管理。利率风险管理包括以下三个方面。

第一,寻求政府的利率保证。由东道国政府为项目发起人提供利率保证,当项目期内利率增长超过规定的百分比时,发起人可以得到补偿。

第二,采用理想的多种货币组合方式。由于多种货币有各自不同的利率,将多种外币加以理想组合,可以有效降低利率变动可能带来的风险。

第三,运用调期及封顶、利率区间、保底等套期保值技术减小利率变化的影响。

② 汇率风险管理。汇率风险管理也包括三个方面。

第一,同东道国政府或结算银行签订远期兑换合同,事先把汇率锁定在一个双方可以接受的价位上。

第二,双方商定一个基本汇率,确定出中性地带,在中性地带各自承担外汇风险和利益,如超过中性地带则由双方按一定比例来分担风险。

第三,以开立还款信用证方式或获得政府批准文件方式保证外汇汇出。

（3）不可抗力风险管理。对于不可抗力风险,通常采用的防范措施是由项目公司向保险公司投保,将风险转移给保险公司;对于不能投保的不可抗力风险则由双方共同承担,并在协议中规定分担方法或寻求政府的资助和保证。

① 投保。投保主要针对直接损失而言,即通过投保把风险转移给有承担能力的保险公司或出口信贷机构。保险的种类依据各国的法律规定,主要有建筑工程综合保险、第三方责任保险、工伤事故赔偿保险、设备物质运输保险等。

② 寻求政府资助和保证。寻求政府资助和保证是针对间接损失而言的,是对不能保险或不能以合理成本保险的不可抗力风险的防范方法。有些不可抗力风险无法确定成本,不能保险或不能按照合理的保险费投保。而项目发起人往往不愿意承担债权人方面的不可抗力风险,债权人则希望不承担风险。在这种情况下,发起人与债权人往往要求东道国政府提供某种形式的政府资助和担保。例如,允许项目发起人在遭遇不可抗力风险时,延长合同期限以补偿投融资中尚未回报、偿还的部分,延长期限相当于实际遭受这种不可抗力的影响期。需要说明的是,这种资助不是正式的政府保证,在性质上只是对项目表示支持的一种承诺,因此不具有金融担保性质。

③ 当事人各方协商分担。如果尚在贷款偿还期间,应当由政府、项目发起人、债权人三方按照事先约定的比例分担损失;如果在贷款已经偿还结束的运营期间,则由政府和项目发起人按照事先约定的比例分担损失。

2. 国际 BOT 非系统风险管理

国际 BOT 非系统风险管理主要包括信用风险管理、完工风险管理、生产经营风险管理和环保风险管理。

（1）信用风险管理。对于信用风险,需要各参加方通力合作,采取对各方有利的管理措施。政府应委派国际 BOT 法律专家或财务顾问与债权人和发起人接触并协助其工作,要求其将有关财务信息、担保手续公开化,以便确信届时的 BOT 项目有足够的资金到位;项目公司提供担保合同或其他现金差额补偿协议,一旦出现资金不足,能筹措到应急资金以渡过难关;建筑承包商提供履约保函;产品购买者提供或取或付的长期购买合同;项目供应商提供供货合同或其他形式的长期供货合同以保证原材料的来源。

（2）完工风险管理。对于完工风险,首先要做好项目的可行性研究,选择合适的建筑承包商,尽可能使用成熟的技术。同时与承包商签订一揽子交钥匙工程合同或固定价格合同。这类合同在一定程度上可起到防止发生超支风险的作用。对于技术故障风险的防范,应要求建筑承包商出具履约担保,期限一般延续到完工后的几个月甚至几年。其中,固定价格合同中应订立更新补贴条款和严格的惩罚性条款。

（3）生产经营风险管理。

① 风险规避。风险规避是指在国际 BOT 项目中,事先预料到风险产生的可能性程度,判断导致其产生的条件和因素以及对其进行控制的可能性,尽量避免风险的发生或设法以其他因素抵消造成的损失,必要时可改变投资的流向。常见的风险规避的措施有:放弃高风险国际 BOT 项目的投资;闭关自守;改变建设、经营的地点;改变生产流程或产品。

② 风险抑制。风险抑制是指在国际 BOT 项目中,采取各种措施减小风险发生的概率及降低经济损失的程度。风险抑制的主要措施有:安全教育,执行操作规程和提供各种设施;建立健全各种设备预防检修制度;在投资决策时做好灵敏度分析;在充分进行市场调查和预测的基础上开发市场需要的新产品。

③ 风险自留。风险自留是指在国际 BOT 项目中,投资者对一些无法避免或转移的风险采取现实的态度,在不影响投资根本利益的前提下自行承担下来。在风险自留措施下,投资者要承担风险损失,必须事先做好各种准备工作,并对自己的行为方式进行修正,努力将风险损失降到最低程度。

④ 风险转移。风险转移是指在国际 BOT 项目中,投资者借助各种经济技术手段把风险转嫁他人。风险转移一般包括保险转移和非保险转移两种。保险转移是指向专业保险公司投保,通过缴纳保险费,保证在风险发生时能从保险公司获得相应的赔偿,由保险公司来承担风险损失;非保险转移是指通过保险公司以外的其他途径实施风险的转移,如通过保证互助、基金制度或合同中免责规定和赔偿条款等方式,将可能发生的风险转移给另一些机构或个人去承担。

（4）环保风险管理。对于环保风险,应将国际 BOT 项目环保方面的法律研究作为项目总的可行性研究的重点,制定好项目文件,该项目文件应包括项目公司的陈述、保证和约定,确保项目公司重视环保并遵守东道国的法律、法规等。同时在运营过程中,运营商要不断提高生产效率,努力开发出符合环保标准的新技术和新产品。

 案例分析

中老铁路——共建人类命运共同体范本

复习思考题

1. 简述国际 BOT 项目的定义及特征。
2. 国际 BOT 投资的派生形式有哪些?
3. 国际 BOT 项目主要包括哪些合同?
4. 国际 BOT 项目的风险管理包括哪几个阶段?

即测即练

第七章

国际风险投资

学习目标（teaching objectives）

本章侧重介绍国际风险投资的概念及特点，让学生们在学习国际直接投资、国际间接投资以及国际 BOT 投资的基础上，熟悉国际资本合作的其他新形式。

1. 重点掌握国际风险投资的概念以及特点；

2. 理解国际风险投资的进入与退出；

3. 了解国际风险投资的发展历程。

关键概念（key concepts）

国际风险投资（international venture capital）

"大拇指规则"（rule of thumb）

首次公开上市（initial public offering，IPO）

私募股权投资（private equity，PE）

管理层收购（management buy-outs，MBO）

员工收购（employee buy-outs，EBO）

柜台交易（over-the-counter，OTC）

员工持股计划（employee stock ownership plan，ESOP）

全国证券自营商协会自动报价系统（National Association of Securities Dealers Automated Quotations，NASDAQ）

未正式上市公司股票市场（unlisted stock market，USM）

 开篇案例

ESG 投资理念推动私募股权投资行业可持续发展

ESG 投资，是指在投资研究实践中融入 ESG 理念，在传统财务分析的基础上，通过 E（environment）、S（society）、G（governance）三个维度来考察企业中长期发展潜力，希望找到既创造股东价值又创造社会价值、具有可持续成长能力的投资标的。

2021 年，在"双碳"目标的指引下，资本市场绿色发展被前所未有地重视，越来越多的企业以及投资机构将 ESG 投资理念融入日常投资决策中。监管部门也在稳步推进 ESG 信息披露相关工作，推动上市公司引领绿色发展、履行社会责任、提升治理水平。展望2022 年，ESG 投资理念将得到更广泛的应用。日前，《金融时报》记者就 ESG 投资理念的

发展与实践采访了盛世投资可持续发展官、合伙人姜燕。

中国证券投资基金业协会发布的《中国私募股权投资基金行业发展报告(2021)》显示,受访的私募股权基金管理人关注 ESG 的比例有所上升,机构有望把握新能源、碳中和转型机遇,落实 ESG 责任投资理念,积极布局环境友好型和社会友好型的绿色产业。中国证券投资基金业协会也在 2021 年 11 月成立了绿色与可持续投资委员会,旨在帮助基金行业把握绿色与可持续发展规律,优化投研方法,创新投资工具,完善行业规范,推动基金行业更有效地服务于国家创新驱动战略、绿色发展战略、共同富裕战略等。

设立统一的披露标准绝非一蹴而就之事,需要进一步明确标准背后的数据统计口径、核算标准、披露程度等。同时,还应考虑到世界各国的国情和发展阶段有所不同,需要综合考量数据披露的维度,提升 ESG 信息披露的有效性。

从现有的披露标准来看,可以适当增加易于量化的信息披露要求。目前,我国尚未制定相对统一的披露指引与框架,也没有具有行业特性的披露标准可供参考,建议监管部门制定一个通用的披露框架,企业可在此基础上增加行业的特色指标,逐步提升 ESG 信息披露的完整性、系统性与行业可比性。另外,企业 ESG 信息披露的真实性和可信度需要引入第三方评估与验证机制,帮助投资人更准确地评估标的。

在防范企业的"漂绿"行为上,一是在尽职调查过程中充分考察及评估企业是否制定可持续发展战略或应对气候变化等相关制度,是否配备相应的人员负责绿色与可持续发展的相关工作,充分识别企业的绿色风险及机遇,是否具有 ESG 或环境信息披露机制,有条件的机构也可考虑引入第三方进行专业的尽调;二是加强投后管理中企业应对气候变化举措的跟进及改善,以及要求相应数据的披露,全面评估企业的绿色实践程度;三是可考虑引入第三方进行绿色认证或绿色绩效评估。

资料来源:解旖媛.深入践行 ESG 投资理念 推动私募股权投资行业可持续发展 访盛世投资可持续发展官、合伙人姜燕[N].金融时报,2022-01-27(6).

第一节　国际风险投资的概念及特点

一、国际风险投资的概念

国际风险投资(international ventrue capital)是一种集融资、投资、资本运营和企业管理等内容于一体的跨国界的错综复杂的资本流通过程,同时也是集金融、管理、技术、法律等方面知识与经验于一体的创新过程。按照美国风险投资协会(National Venture Capital Association,NVCA)的定义,国际风险投资是指由职业金融家投入跨国界新兴的、迅速发展的、具有巨大竞争潜力的企业中的一种权益资本。

根据"'风险投资金融中国'98 研讨会"上经济学家成思危的定义,风险投资(VC)是指把资金投向蕴藏着失败风险的高技术及其产品的研究开发领域,旨在促进新技术成果尽快商品化,以取得高资本收益的一种投资行为。在此基础上,国际风险投资则是将风险投资国际化,从而形成跨国界的风险投资。

二、国际风险投资的特点

国际风险投资的特点(characteristics of international venture capital)是指国际风险投资区别于其他投资的特殊属性,归纳起来看,主要包括以下八个方面。

（一）国际风险投资是一种权益资本投资

国际风险投资是一种权益资本投资,而不是一种借贷资本投资,因此,国际风险投资的着眼点并不在于投资对象当前的盈亏,而在于投资对象的发展前景和资产的增值,以便能够通过投资对象上市或出售股权而获得高额的回报。

（二）国际风险投资具有高风险和高收益性

国际风险投资是风险投资的跨国体现。风险投资,顾名思义是一种高风险的投资行为,高风险时常伴随着高收益,这是风险投资区别于一般性投资项目的重要特征。而国际风险投资由于其国际化和跨国性的特征,面临汇率波动、国内外政治经济等不稳定因素的影响,与一般的风险投资相比较,更加具有风险性。

在美国硅谷,有一个广为流传的"大拇指规则"（rule of thumb）,这是指在 10 个运用风险资金的公司中,一般有 3 个会垮台,有 3 个勉强生存,另外还有 3 个能上市并且有不错的市值,只有 1 个能够脱颖而出并大发其财。与高风险高度相关的是高收益。就这样,风险投资是冒着九死一生的巨大风险进行技术创新投资的,虽然失败的可能性远大于成功的可能性,但是技术创新一旦成功,便可以获得超额的垄断利润,进而弥补其他项目带来的损失。

（三）国际风险投资是一种长期投资

国际风险投资是一种将科研成果转化为新技术产品的过程,要经历研究开发、产品试制、正式生产、扩大生产到盈利规模,进一步扩大生产和销售等阶段,直到企业股票上市,或者通过出售股权等其他方式才能取得收益。这个过程需要一定的时间,少则 3～5 年,多则 7～10 年,而且在此期间,通常还需要不间断地对有成功希望的高新技术项目进行增资。因此,风险投资也被誉为"耐心的投资"。

（四）国际风险投资是一种组合投资

为了有效地分散风险,国际风险投资不能"把鸡蛋放在同一个篮子里"。高风险的国际风险投资,显然不是只投资一个项目,而是投向一组项目,即组合投资。风险投资追求高潜在收益,但不是指单个项目的高收益,而是项目投资组合的整体高收益。风险投资通常投资于包含数个项目的高新技术群（通常包括 10 个以上的项目）。尽管可能只有少数项目能够获得成功,但由于某一项目或几项成功的投资具有极高的收益率,其收益足以弥补失败项目的投资损失。

（五）国际风险投资是一种分阶段的投资

国际风险投资的资本家通常把风险投资企业的成长过程分成几个阶段,并相应地把资金分几次投入,上一阶段发展目标的实现会成为下一阶段资金投入的前提。这是国际风险资本家降低风险的一种重要手段。

（六）国际风险投资的资金主要流向高新技术中小企业

国际风险投资的特征是以冒高风险为代价追求高收益。传统的产业无论是劳动密集型的轻纺工业,还是资金密集型的重化工业,由于其技术、工艺的成熟性和产品市场的相对稳定,其风险相对较小,因而收益也就相对稳定和平均。而高科技产业,由于其风险大、产品附加值高,因而收益也高,适应风险投资的特点,理所当然地成为风险投资家选择的对象。

(七)国际风险投资是一种主动参与管理的专业投资

国际风险投资不仅向创业者提供资金,其管理者——风险投资家还用他们长期积累的经验、知识和信息网络帮助企业管理人员更好地经营企业。

(八)国际风险投资具有再循环性

国际风险投资以"投入→回报→再投入"的资金运行方式为特征,而不是以时断时续的阶段方式进行投资。风险投资者在风险企业的创业阶段投入资金,一旦创业成功,他们即在证券市场上转让股权或抛售股票,收回资金并获得高额利润。风险资本退出风险企业后,并不会就此罢休,而是带着更大的投资能力和更大的雄心,去寻找新的风险投资机会,使高新企业不断涌现,从而推进高科技产业化的进程。

三、风险投资的主要参与者

(一)投资者——资金的供给者

在风险投资的早期,资金主要来源于富裕的家庭和个人。这些富裕的家庭和个人,除了满足自身消费外,手头还存有一定的资金,希望找到资金增值的渠道,他们或购买上市发行的股票、债券,或直接投资兴办企业。但与风险投资相比,一般投资的收益较低,因此,他们会将一部分资金投向风险投资。随着风险投资的发展,政府对风险投资采取种种扶植政策,越来越多的机构投资者纷纷介入风险投资,但这些机构投资者只是将资金交给风险投资公司运作,而不亲自参与运作。

(二)风险投资公司——资金的运作者

风险投资公司是风险投资流程的中心环节,其工作职能是:辨认、发现机会;筛选投资项目;决定投资;退出。资金经风险投资公司的筛选,流向创新企业,取得收益后,再经风险投资公司回流至投资者。一家风险投资公司每天都会接到许多申请,其中会有像英特尔、康柏这样的"金牛"企业,也会有大量的糟糕项目和陷阱。风险投资公司的任务就是区分这些项目,根据自己的现状和投资重点,决定投资企业或项目。一旦双方意见最终达成一致,双方就会签订投资合作协议,风险投资公司向创新企业投资资金,并通过派人参加创新企业董事会、进行战略规划、提供管理咨询、必要时接管创新企业经营权等方式保证其利益的实现。

(三)创新企业——资金的使用者

一个好的创新企业是完成风险投资流循环的关键。如果说风险投资家的职能是价值发现的话,那么创新企业的职能则是价值创造。创新企业家是新技术、新发明、新思路的发明者或拥有者。他们在其发明、创新进行到一定程度时,由于缺乏后续资金而寻求风险投资家的帮助。除了缺乏资金外,他们往往还缺乏管理的经验和技能,这也需要风险投资家提供帮助。风险投资家应当也有权利对创新企业家进行鉴定、评估,并决定是否提供及如何提供资金,这是风险投资成功的重要环节;与此同时,创新企业家也应当并有权对资金提供者进行考察。

第二节 国际风险投资的产生与发展

国际风险投资的历史可以追溯到 15 世纪的欧洲,但其真正形成系统的、有组织的产业是在第二次世界大战之后的美国。其标志就是 1946 年美国研究与发展公司(American Research and Development Corporation,ARD)的建立。ARD 当时的业务是对高风险、技术型新兴国防工业公司进行投资。1956 年,ARD 对数字设备公司(DEC)投资 7 万美元,占该公司当时股份的 77%。1971 年,这 7 万美元的投资增值为 3.55 亿美元,增长了 5 000 倍,年均投资回报率达到 84%。从此,风险投资出现在美国及全世界各地,成为推动新兴的高科技企业发展的一支生力军。

美国风险投资业的正式起步源于 1958 年《中小企业投资法案》的立法,该法案促成了中小企业投资公司(small business investment company,SBIC)制度的成立,风险投资事业的第一次浪潮因此应运而生。同年,第一家合伙制风险投资公司在美国诞生,这种形式很快被其他人模仿,在某种程度上使风险投资产业的发展有所加快,但总的来说,整个产业的发展步伐仍然非常缓慢。到 20 世纪 60 年代末 70 年代初,美国全部风险投资机构累计筹集的资本总额只有几百万美元。

1978—1981 年,风险投资的发展出现了重大转折。美国国会连续通过了一系列具有重大意义的法案,其中最重要的一项是允许养老基金进入风险投资领域,从此奠定了有限合伙制在风险投资领域的主导地位。20 世纪 80 年代至今,有限合伙形式占整个风险投资机构的 80% 以上。这种有限合伙制和通常意义上的合伙制略有不同,有限合伙制企业既包括承担有限责任的股东,即有限合伙人;也包括承担无限责任的股东,即普通合伙人。有限合伙人一般提供占公司资本额 99% 的资金,但一般只分得 75%～85% 的资本利润,同时其责任也仅以其在公司的出资额为限。如果风险投资公司资不抵债,他们不会承担无限责任和个人责任。普通合伙人一般提供 1% 的资本,在税后利润中分成 15%～25%,主要负责管理公司(如果亲自运作,他们还可得到 2%～3% 的佣金)。如果风险投资公司资不抵债,他们不仅要承担亏损,还要承担无限责任和个人责任。

自 1992 年以后,随着全球高科技产业的兴起、新经济模式的提出,美国风险投资更加繁荣,使美国成为目前世界上最大、机制最完善的风险投资国。根据《美国风险投资市场研究报告》的数据,2021 年是风险投资行业取得非凡表现的一年,也是风险投资活动的一个特殊基准。2022 年第二季度给美国风险投资生态带来了各种变化和挑战,上半年的募资已达到 2021 年全年总额的近 87%,基本由 10 亿美元以上的大型基金推动。美国风险投资生态系统延续了第一季度的部分市场收紧。

以英国为首的欧洲资本主义国家也在 20 世纪 70 年代末至 80 年代初纷纷建立起本国的风险投资产业。目前,欧洲的风险投资无论是从规模方面还是从制度建设方面都处于世界前列。其中,英国是仅次于美国的第二大风险投资国。英国风险投资的快速发展是在 20 世纪 80 年代。当时英国经济发展比较强盛,创业环境得到改善,并建立起了创业板股票市场。英国拥有欧洲最发达的股票市场——伦敦证券交易所。法国的风险投资产业位居欧洲第二,目前已处于相对较为成熟的阶段。1999 年,法国风险资本融资总额为 43 亿欧元,增长率为 17%;以银行为中心的德国风险投资业,由于没有发达的股票市场,它的发展与其经济实力相比,显得相对落后。

继美国和欧洲之后,日本、加拿大、澳大利亚、以色列等国家和我国台湾、香港地区的风险投资产业也相继建立,并对全球风险投资市场产生了一定的影响。以日本为例,进入 21 世纪以来,日本合格的风险企业有 1 800 多家,比 1980 年增加了近 40 倍。

第三节　国际风险投资的进入与退出

一、国际风险投资的进入

一般而言,国际风险资金投入一个创新企业要经过三个阶段。

（一）第一阶段：投资项目的产生与初步筛选

国际风险投资公司每天接到的风险投资项目申请书是大量的,不可能每一个申请书都去仔细研究,因此,第一步是去粗取精,初步筛选出可能较有市场潜力的符合公司投资需求的项目。不同的风险投资公司会有不同的筛选标准,但基本上不外乎这样一些。

（1）投资产业。一方面,风险投资一般侧重于高新技术产业,若不是,则先行删除;另一方面,随着风险投资的行业分工逐渐趋向细化,有些风险投资公司会侧重于某些产业,若该项目不在其擅长之列,就有可能会被删除。

（2）技术创新的可行性。由于风险投资一般涉足高新技术产业,不少项目只有一项发明创造,有的甚至只有一个想法、一个概念,因此这一项目是否可行,就成为风险投资家所关心的问题之一。他们需要判断产品的技术设想是否具有超前意识、是否可实现、是否需经过大量研究才能变为产品、产品是否会为市场所接受,以及技术是否易于保密等。

（3）市场前景。从长远考虑,国际风险投资的市场前景关系到这项投资未来可持续发展的多个方面。不管一项投资计划做得多漂亮、技术有多先进,如果没有市场,就不会有收益,因此一个项目的市场前景是国际风险投资公司必须考虑的因素。

（4）投资项目的发展阶段。一个风险企业的成长通常分为种子期、创业期、成长期和成熟期四个阶段,不同发展阶段的企业会面临不同的风险,有不同的资金需求,因此筛选时需要考虑其所处的阶段。一般来讲,处在种子期的企业资金需求量少,但风险大,同时面临着技术风险、市场风险和管理风险;处在创业期的企业资金需求量比种子期明显增加,技术风险已有所下降;处在成长期的企业资金需求量比前者又有所增加,此时企业主要面临的是增加的市场风险和管理风险;处在成熟期的企业各方面都比较成熟,资金需求量很大,但由于其收益相对较低,风险投资一般很少介入。

（5）投资规模。考虑到风险问题,风险投资公司不会将资金全部投入一个项目中。此外,由于精力和时间有限,风险投资公司也不会投资太多的小项目,而是寻求一个好的组合。风险投资公司会结合自身的实际情况综合权衡投资规模。

（6）公司的人员和管理状况。"一流的管理加二流的项目远优于一流的项目加二流的管理"，这是风险投资界公认的准则。风险投资说到底还是对人的投资，因此，风险投资公司在审核计划时会有意识捕捉有关公司的人员及管理状况方面的信息。

扩展阅读 7.1　风险投资如何选择环保标的？

经过这几方面的审核和筛选，风险投资公司会初步产生一批有投资价值的项目。按照国外的经验，通过这一阶段筛选的项目所占比例一般为 10%。

（二）第二阶段：投资项目的调查、评价与选择

在对国际风险投资项目初步筛选后，风险投资家即开始展开对这些项目的调查，作出相应的评价，并根据评价结果作出选择，确定项目。

国际风险投资家对风险企业的调查一般是通过向公司员工和有关管理人员提问、交流等方式进行的。但绝大多数风险投资家还会采取其他方式了解风险企业的状况：收集该公司以往的经营资料；向公司的供应商、客户、竞争对手以及其他熟悉该公司的人员了解情况；通过中介机构掌握资料，深入取证；分析公司的经营计划和财务报表；征求其他风险投资家的意见等。

经过调查，掌握充分确凿的资料后，风险投资家会对该项目的产品市场情况、人员素质情况、经济核算情况以及有关的法律和政策等方面进行进一步的评价。通过上述综合评价，确定有投资价值的项目。

（三）第三阶段：投资项目的谈判与协议

通过前两个阶段的审查评价，风险投资家基本确定了有投资意向的项目，之后就开始与风险企业的有关管理人员进行谈判协商，共同设计、确定交易结构，并达成协议。在达成协议后，双方会成为利益共同体，通过合作来推动风险企业的发展，实现各自的利益。同时，双方又都要追求自身利益的最大化，这一谈判阶段相当关键和艰难，需要确定一套相互协作的机制来平衡各自的权益。

二、国际风险投资的退出

尽管国际风险投资在投入风险企业后占有相当一部分股份，但国际风险投资的目的并不是控股，而是带着丰厚的利润和显赫的功绩从风险企业中退出，继续下一轮投资。因此，退出对国际风险投资公司是至关重要的。风险投资的退出主要有以下几种方式。

（一）公开上市

公开上市被誉为风险投资的黄金通道，对于风险投资公司和风险企业而言，都能较好地实现各自的利益。公开上市可分为首次公开上市（initial public offering，IPO）和买壳上市。首次公开上市通常是在二板市场发行上市的；买壳上市又称借壳上市，是指收购公司通过一定的途径获得对上市公司的控股权，再通过资产置换或反向收购等方式，使收购的公司资产注入上市公司，从而达到非上市公司间接上市的目的。

（二）被兼并收购

一般而言,被兼并收购有以下三种方式:

1. 管理层收购

管理层收购(management buy-outs,MBO)是指公司的高级管理层借助从金融机构或风险投资得到的资金支持,从公开市场上买下公司很大比例甚至全部的股权以达到控股的程度。这种收购方式是并购的一种特殊形式。

当风险企业发展到一定阶段,资金规模、产品销路、资信状况都已经相当好了,这时候,如果风险企业家暂时不想让新股东介入,而是希望自己控制整个企业,则可以自己购入风险投资者的那一部分股权,也可以经董事会或投资人会议通过后,由企业购回风险投资者所拥有的股权。如果企业没有足够的现金用于支付,公司管理层可以通过个人资信或者所收购公司的资产进行担保,向银行或其他机构借入资金将股份买回,用贷款偿还风险投资者的股权价格。这种方式可以使得原来的风险企业和其他股东拥有企业100%的股权,但同时也会使得企业的债务增加。风险投资人在这种情况下所获得的价款一般会比公开上市情况下获得的少一些,但费用也会变少,变现时间更短,且便于操作,所以一般情况下,风险投资人都愿意接受这种方式。

2. 员工收购

员工收购是指一个企业中的大部分或所有员工利用借贷融资获得的资本购买目标公司的股份,从而改变公司的所有者结构、控制权结构和资产结构,达到重组本公司的目的并取得预期收益的一种收购行为。随着管理层收购在实践中的发展,其形式也在不断变化,相继出现了管理层收购与员工持股计划(employee stock ownership plan,ESOP)或者员工持股收购(employee buy-outs,EBO)相结合的形式。

然而,ESOP 与 EBO 在西方国家的操作实践中并不相同。ESOP 是指企业内部员工通过一定的法定程序,有条件地拥有企业股份的企业制度。ESOP 多体现为一种企业的福利计划,有杠杆化的 ESOP 和非杠杆化的 ESOP 两种类型。杠杆化的 ESOP 通过借款来购买公司发行的股份,发行企业以每年对 ESOP 的捐献和支付的股息来偿还贷款本息,公司捐献给 ESOP 用来偿还利息和部分本金的资金可在计算纳税时扣除。在非杠杆化的 ESOP 中,一般由公司直接向 ESOP 捐献新股或现金,现金用来购买公司股票。在我国现阶段,ESOP 与 EBO 几乎等同。

3. 卖股期权与买股期权

卖股期权与买股期权(put options and buy options)是由卖出期权与买入期权衍生发展而来的,分别是在行情看跌的时候采用卖出期权和在行情看涨的时候采用买入期权。具体而言,卖股期权是指风险投资家具有的要求风险企业家或公司以预先商定的形式与价格回购其持有的公司股票的权利;买股期权则是指赋予风险企业家或者公司以相同或者类似的形式购买投资方持有的股票权利。因此,当国际风险投资考虑通过兼并收购的方式退出时,除了以上几种比较常见的途径,还可以通过卖股期权和买股期权来实现。

（三）转让股份

转让股份是指被其他企业或者投资者收购,即国际风险投资公司将所持有的股份转让给其他投资者。当国际风险投资企业发展到一定程度之后需要追加更多的投资才能保证其继续发展,如果不能获得期待中较好的利润及收益,国际风险投资家和国际风险投资人往往不愿意或者不能够继续进行投资,他们想从所投资的国际风险企业中退出。这时,他们可以将企业整体出售转卖给其他企业。在这种情况

扩展阅读7.2 完善股权投资市场,助推中国经济高质量发展

下,风险企业一般达不到上市的要求,无法公开出售其股权。但是,如果企业具有独特的技能和良好的发展前景,就会有另外的企业投资者对这家企业感兴趣并将其接管下来。这样做不仅能够使得风险投资人退出所投资的国际风险企业,而且也能够使原来的国际风险企业所有者退出自己的企业,因为对于原来的企业所有者来说,卖掉原企业后可以得到一大笔资金,同时还可以解除与风险投资者之间的关系。

在通常情况下,企业整体转让的支付方式包括股票换现金、股票换票据、股票换股票、资产换现金、资产换票据、资产换股票等。但企业转让大多建立在股权流动的基础之上,因此需要有一个股权交易市场,即二板市场。二板市场以发行高科技风险企业的股票为主,发行的标准低于一般的证券主板市场,只要国际风险企业的规模和资金达到一定的标准,就可以在这类市场上市公开发行股票,因此有广泛参与的投资者,从而也能比较顺利地解决风险投资的出口问题。美国专门为不具备在纽约证券交易所等主板市场上市条件的较小企业的股票交易而建立的 OTC(over-the-counter,柜台交易)市场以及在此基础上发展起来的 NASDAQ、英国于 1980 年建立的 USM(Unlisted Securities Market,未正式上市公司股票市场)等都是二板市场。

(四)寻找新的投资者

在国际风险投资人出于种种原因需要从国际风险企业撤资的情况下,很难将企业转手给圈外的投资者,因为在国际风险企业发展到一定规模前,圈外投资者很难判断其经营前景,难以对国际风险企业进行合理的估价,所以一般不敢贸然认购该企业。但是,其他的国际风险投资者却有可能具备对该风险企业进行准确判断的能力,一旦他们认定这个企业具有投资价值,便可能从原有的风险投资人手中认购该企业。这个新的投资者可能会成为风险投资人的合作伙伴,也可能只想长期拥有企业股权,进而分得红利,但并不想成为企业的管理者。这时,只要双方愿意,便可实现国际风险投资人的退出。新的投资者可以是一个企业,也可以是一个国际风险投资人。

(五)企业清算

企业清算是指被投资的国际风险企业因经营不善等原因宣布破产。高风险的特点决定风险投资成功的比例一般比较低,每一家风险投资公司都要面对完全失败的投资项目,由此造成的损失只能由其他成功的投资项目来弥补。根据著名的"2-6-2"法则,风险投资非常成功的项目一般占项目总数的 20%,业绩平平的占 60%,完全失败的占 20%。一旦确认失败就应该果断退出,以保证最大限度地减少损失,并及时收回资金。破产清算固然痛苦,但却是进行国际风险投资时必不可少的一种退出方式。据统计,美国风险投资的完全失败率高达 20%~30%。清算是国际风险投资公司和风险企业最不愿意看到的结果,但当国际风险企业经营不善、亏损严重、运转状况不好且难以扭转时,解散或破产并进行清算又是最大限度地减少损失的最好办法。

在国际风险投资界,导致企业清算的原因通常是贷款协议中规定的违约情况已经出

现。在这种情况下,所有应付债务会加速到期,企业的现金需求极度膨胀,通常会迫使企业清算。清算方式的退出会让国际风险投资者感到痛苦,被迫清算时企业资产的变卖价格会大大低于其账面价值,在这种情况下,风险投资人往往会遭受较大的亏损。但如果不及时退出,则会带来更大的损失。即使是仍能正常经营,但成长缓慢、收益很低、不能给予预期的高回报,也要果断地撤出国际风险资本,将能收回的资金用于下一投资循环。因为沉淀在此类公司的资本机会成本巨大,风险投资家不愿意承担这种巨大的投资成本。

第四节　中国的风险投资现状

国际风险投资在中国起步于改革开放之后的 20 世纪 80 年代,发展于 90 年代,在市场经济的大潮中,中国的风险投资事业有了较大的发展。20 世纪 90 年代初期,搜狐、百度、腾讯这几家科技公司纷纷获得国际风险投资基金的注资。与此同时,这些企业也是国内最初获得飞速成长的优质企业。随着 GDP 的不断提升带来的高净值个人增多,高净值个人以其丰富的资产存量及较高的风险承担能力对投资

扩展阅读 7.3　专访成思危:"中国风险投资之父"的多彩人生(上篇)

的风险偏好逐渐提升,也尝试着不动产、存款、股票以外的投资方式,并以追求超高回报为最终目标。进入 21 世纪之后,天使投资开始步入快速发展阶段。随着天使投资的崛起,国内的一级市场逐渐呈现天使、VC、PE(private equity,私募股权投资)各司其职的格局,天使投资行业的发展由过去以个人投资者为主开始向机构化天使转变,天使、VC、PE 之间的界限也渐渐模糊化。

从 1985 年我国中央政府颁布有关发展投资风险行业的政策开始,随着国家综合实力的强化,风险投资在我国经历了 30 多年的发展,已经获得了较大的进步。尤其是从 2004年发展至今,国内经济市场的进一步发展推动了国际风险投资业的高速发展。中国产业调研网发布的《中国企业风险投资行业发展现状分析与投资前景研究报告(2022—2029)》显示:随着中国经济持续稳定的高速增长和资本市场的逐步完善,中国的资本市场在最近几年呈现出强劲的增长态势,投资于中国市场的高回报率使中国成为全球资本关注的战略要地。

一、中国风险投资业的发展历程

(一)产生阶段(20 世纪 80 年代中后期)

中国的风险投资业是在改革开放以后发展起来的。中国政府对风险投资的探索始于1985 年。1985 年 3 月,《中共中央关于科学技术体制改革的决定》提出"对于变化迅速、风险较大的高技术开发工作,可以设立创业投资给以支持"。这是中国首次提出以风险投资的方式支持高科技产业的开发,为中国风险投资业的发展提供了政策上的依据和有力的

扩展阅读 7.4　专访成思危:"中国风险投资之父"的多彩人生(下篇)

保证。1985 年 9 月,以国家科学技术委员会和中国人民银行为依托,国务院正式批准成立了我国第一家官方性质的风险投资公司——中国新技术创业投资公司,注册资本金 2700 万元,通过投资、贷款、租赁、财务担保和咨询等方式为

高新技术风险企业的发展提供支持。

1986年,经国务院批准,国家科学技术委员会公开发布《中国科学技术政策指南》(第1号),这是中国第一次以政府部门的名义出版的科学技术白皮书,其中首次提到了发展风险投资事业的战略方针。1986年颁布的《金融信托投资机构管理暂行规定》和1987年颁布的《中国人民银行关于审批金融机构若干问题的通知》规定,全国性投资公司的设立由中国人民银行总行审核,报国务院审批;省级风险投资公司的设立由中国人民银行省级分行审核,报人民银行总行批准。1988年5月,国务院正式批准以中关村电子一条街为基础建立北京新技术产业开发试验区,我国第一个高新技术产业开发区从此诞生,此后又实施了国家高新技术产业化发展计划——"火炬计划",各地纷纷创办高新技术产业开发区。

(二)初步发展阶段(1991—1997年)

20世纪90年代以来,中国的风险投资事业开始有了初步发展。1991年,国务院在《国家高新技术产业开发区若干政策的暂行规定》中指出,可以在高新技术产业开发区建立风险投资基金,用于风险较大的高新技术产业开发,条件成熟的高新技术开发区可创办风险投资公司,这标志着风险投资在我国已受到政府部门的高度重视。1991年,国家科学技术委员会、财政部和中国工商银行联合发起成立"科技风险开发事业中心"。1992年,国务院批准建立了52个国家级以高新技术产业开发为依托的高科技风险投资基金。1995年,针对科技成果产业化资金严重缺乏的状况,中共中央、国务院发布的《中共中央国务院关于加速科技进步的决定》的白皮书明确指出要逐步探索建立支持科技产业发展的风险投资机制。1996年5月15日,我国颁布了《中华人民共和国促进科技成果转化法》,该法第二十一条首次以法律条文的形式对我国的风险投资加以规定,第二十四条规定:国家鼓励设立科技成果转化基金或者风险基金,其资金来源由国家、地方、企业、事业单位以及其他组织或者个人提供,用于支持高投入、高风险、高产出的科技成果的转化,加速重大科技成果的产业化。1996年9月15日,国务院发布《国务院关于"九五"期间深化科学技术体制改革的决定》,再次提出"积极探索科技发展风险投资机制,促进科技成果转化"。

(三)快速发展阶段(1998年至今)

中国风险投资真正进入快速发展阶段是在1998年以后,此前的风险资金投入仍是沿袭传统政府拨款式的投资机制,从严格意义上说,只是将财政"拨款"改为"投资",与真正意义上的风险投资还有一定的差距。1998年3月,成思危在全国政协九届一次全会上提出了被列为"1号提案"的《民建中央关于加快发展我国风险投资事业的提案》,这一提案在理论界、经济学界、各级政府都引起了强烈的反响,风险投资成为热门话题。从此,中国风险投资事业进入稳步发展阶段。2000年由中国民主建国会中央委员会发起设立的中国风险投资有限公司是专业从事风险投资、基金管理等业务的投资机构,是国内最早的风险投资机构之一。

根据智研咨询发布的报告,截至2021年8月底,中国企业风险投资机构中母公司有432家,即58%是上市公司,企业风险投资的母公司在A股占比43%,上市的数量远远超出美股(9%)和港股(6%)。从区间分布值来看,成立20年以上的互联网企业和非互联网企业占比差距达到18%,69%的非互联网企业成立10年以上才进行对外投资,只有6%的互联网企业成立20年以上才投资。其中,仅占21%的159家互联网企业对外投资总事件数量占据了中国企业风险投资总数的 58%,具有明显的领先优势;另外 588 家非互联网企业的投资数量占中国企业风险投资总数的 42%。

二、中国风险投资的规模

整体来看,企业风险投资机构与风险投资机构保持着一致的活跃趋势。2016 年,425 家来自各行各业的成熟企业有意愿和实力对外投资,在整个出手的投资方中占比为 12%;此后,对外投资的企业风险投资机构逐渐减少,到 2021 年,对外投资的国内企业风险投资机构已降到 168 家。

截至 2021 年 8 月底,腾讯投资的对外投资数量达到 1 175 起,在整个企业风险投资中遥遥领先;小米集团以 408 起投资事件位列第二;阿里巴巴对外投资总数有 387 起;百度及百度风投的投资总数为 324 起;360 和京东分别对外投资出手 241 起和 226 起。联想创投投资数量 146 笔;教育巨头好未来投资 134 笔,投资标的 80% 是教育公司;用友集团对外投资数量有 81 起;科大讯飞、惟一资本、苏宁、昆仑万维等都是活跃的非互联网行业企业风险投资方。根据智研咨询发布的报告,2019 年后老牌互联网大厂投资声势急转直下,2021 年老牌大厂占比仅仅有 5%;新互联网大厂投资事件从 2015 年的 105 起增长到 2021 年的 146 起;腾讯占比从 2016 年的 7% 增长到 2021 年的 23%;投资数量从 2015 年的 118 起增长到 2021 年的 201 起。

中国企业风险投资的未来发展趋势将呈现产业逐步多样化、投资阶段开始逐步向起步期甚至种子期转移、资本来源多样化以及资本退出方式改变等特征。在"大众创业"社会环境的影响下,将会有一些大型国有企业或民营企业借着资本充足的优势主动接盘并购风险创新企业。

三、中国风险投资的行业分布

1994 年,中国互联网诞生;随后经历了三次创业热潮。第一次创业热潮是由新浪、搜狐、网易三大门户的创建开启,第二次创业热潮诞生了百度、阿里巴巴等展现中国特色的互联网公司。自 2008 年金融危机以来,开放平台、云计算、社交加移动的应用使创业成本降到最低,产品周期不断缩短,推动创业活动进入新一轮发展热潮。因此,在行业选择上,互联网、IT 行业最受投资机构追捧。根据智研咨询发布的报告,截至 2021 年 8 月底,从风险投资企业的核心业务所在行业来看,中国有 159 家是互联网企业,占比 21%;其余 79% 属于非互联网企业。在非互联网企业中,生产制造企业、传媒业和生物医药企业、游戏公司、软件公司等曾对外投资收购的企业数较多。

在具体细分领域的选择上,投资机构根据自己的偏好及经验,有着不同的侧重。总体来说,O2O(线上到线下)、教育、制造、物流、旅游、社交、互联网金融、电商、手游等细分领域均有投资机构涉及。特别是能够通过互联网、移动互联网改变传统行业的细分领域,被投资机构一致看好。当然,多数投资机构也明确表示,自己在行业的选择上,不会单纯追求市场热点,盲目投资,而是通过深入的行业研究,以及自身经验的判断,挖掘出有价值的项目。此外,对于完全不熟悉的领域,部分投资机构也会选择性参与,通过与该领域专业性较强的创始人沟通,在一定程度上可增加自己对行业的把握度,储备行业能力,为以后此领域内更大规模的投资做准备。

四、中国风险投资的地区分布

中国风险投资具有明显的空间集聚性,经济实力较强的地区投资较为密集,经济薄弱的地区投资相对较少。根据风险投资事件的数据库统计,中国主要的风险投资投出地集中在北京、上海、香港、深圳四个城市。同时,广州、南京、杭州、苏州、成都、福州、南通、西安、香港等城市的投入事件数量也较多。此外,国外地区也是一个不容忽视的部分。投入事件涉及亚洲(韩国、日本、以色列)、欧洲(英国、俄罗斯)、美洲(加拿大、美国)等地。可见,中国的风险投资已呈现全球化的趋势。

根据智研咨询发布的报告,截至 2021 年 8 月底,从分布来看,北京和广东企业风险投资主体公司占据 50%,北京作为国内风险投资高地,拥有规模庞大的风险投资和各类大企业;另外 27% 集中在上海、浙江、江苏等民营企业具有活力的地方;其余则分散在福建、山东、四川等全国各地。综合投出事件和投入事件的两方面数据,可以发现:只有北京、上海和香港 3 个城市的投出数量大于投入数量,是中国风险投资的净投出地;而其他城市的投出事件均少于投入事件,是投资的净投入地;深圳、苏州、杭州、广州、南京、成都等城市的投入事件也多于投出事件,同样是主要的净投入地。北京和上海显然是中国风险投资网络中最核心的城市,两者之间的风险投资联系最密切,其他城市的投资主要来源于北京和上海。比较北京、上海、深圳、香港等核心城市的主要投资地可以发现:北京的投资地大多集中在东北、华北地区的城市;上海的投资地大多集中在长三角地区及珠三角地区;而深圳的投资地主要集中在云南、福建、江西等南方省份的城市;香港的投资地则相对比较分散,既有南方的城市,又有北方的城市。由于香港和深圳地理位置邻近,加之政策环境的限制,两者事实上共同承担了珠三角地区的核心城市功能。

同时,我国的风险投资业还存在诸如道德风险和商业风险较高、知识产权保护有待提高、政府的鼓励政策不足、风险投资退出不畅、公司法对风险投资限制太强、法律保护投资者利益不够等问题,制约了我国风险投资的发展。因此,必须完善我国风险投资发展的政策和法律环境,尽快建立以风险资本退出市场为核心的多层次风险资本市场。从 2022 年起的 10 年被认为是中国风险投资"由弱到强"、飞速发展的"黄金十年",需要以长远的眼光和全球视野来正视中国风险投资事业所面临的发展机遇。

 **案例分析**

战略导向与公司风险投资的跨国投资策略

复习思考题

1. 简述国际风险投资的概念及特点。
2. 国际风险投资的退出方式有哪些？
3. 简述中国风险投资的行业分布。
4. 简述中国风险投资的地区分布。

即测即练

第八章

国际技术转让

学习目标(teaching objectives)

本章侧重介绍国际技术转让的概念及特点,让学生们通过本章的学习,能够完成以下几项任务。

1. 重点掌握国际技术转让的概念及特点;

2. 理解国际技术转让的主要内容;

3. 了解国际技术转让的主要方式;

4. 了解国际技术转让的知识产权保护途径。

关键概念(key concepts)

国际技术转让(international technology transfer)

特许经营(franchise)

专有技术(know-how,即 know how to do something)

世界知识产权组织(World Intellectual Property Organization,WIPO)

《与贸易有关的知识产权协议》(*Agreement on Trade-Related Aspects on Intellectual Property Rights*,TRIPs)

 开篇案例

搭建知识产权保护国际合作桥梁

保护知识产权就是保护创新——近年来,中国知识产权事业高质量发展,知识产权保护工作成效突出,创新的意愿和能力越来越强。《"十四五"国家知识产权保护和运用规划》(以下简称《规划》)印发。"知识产权国际合作取得新突破"成为"十四五"时期知识产权保护的重要目标之一。

拓展知识产权海外影响力

世界知识产权组织日前发布的全球创新指数显示,中国创新能力综合排名从 2015 年第 29 位跃升至 2021 年第 12 位。在分项指标中,中国在知识传播大类指标进步明显,知识产权收入在贸易总额中的占比持续进步,表明中国正逐步从知识产权引进大国向知识产权创造大国转变。

"十四五"时期,中国知识产权事业发展有何目标? 在日前举行的国务院例行政策吹风会上,国家知识产权局局长申长雨表示,《规划》明确了"十四五"时期知识产权保护迈

上新台阶、运用取得新成效、服务达到新水平、国际合作取得新突破的"四新"目标,并提出8项预期性指标,确保知识产权强国建设阶段性目标任务如期完成。

与"十三五"时期相比,8项指标中延用指标2个、改进指标3个、新增3个指标,形成了"创造+运用+保护"的整体格局,体现出质量和价值导向。

在创造方面,《规划》提出每万人口高价值发明专利拥有量达到12件、海外发明专利授权量达到9万件;在转化运用方面,明确知识产权质押融资登记金额达到3200亿元、知识产权使用费的年进出口总额达到3500亿元、专利密集型产业增加值占GDP比重达到13%、版权产业增加值占GDP比重达到7.5%;在保护方面,设置了知识产权保护社会满意度达到82分、知识产权民事一审案件服判息诉率达到85%两个指标。

具体分析来看,"每万人口高价值发明专利拥有量"指标重点突出"高价值",有利于引导专利从追求数量向提高质量转变。"海外发明专利授权量"反映我国海外专利布局情况,更能体现创新质量。"知识产权使用费的年进出口总额"不仅体现中国知识产权海外影响力,也体现高质量创新成果引进利用的情况,有利于促进营造更完善的国际知识产权贸易环境,优化知识产权进出口方式和结构。

主动参与知识产权全球治理

近年来,中国持续加大在知识产权保护领域的国际合作。世界知识产权组织发布的年度报告指出,中国已成为世界知识产权发展的主要推动力。

"知识产权国际合作取得新突破"也是《规划》提出的主要目标之一。统筹推进知识产权领域的国际合作与竞争,实现知识产权更大范围、更宽领域、更深层次对外开放,将成为"十四五"时期知识产权国际合作的主旋律。

近年来,知识产权成为包括中国企业在内的跨国企业开展国际竞争的焦点问题。加强知识产权保护,不仅是维护内外资企业合法权益的需要,更是推进创新型国家建设、推动高质量发展的内在要求。

同时,中国还将实施对外贸易知识产权保护工程,包括:加强海外知识产权纠纷应对指导体系建设,建立与知识产权有关的贸易对象国调查报告机制;拓展打击知识产权侵权犯罪国际执法协作渠道;建立海关跨境合作机制。

让创新创造更好地惠及各国人民

近年来,互联网、大数据、人工智能等新技术、新业态蓬勃发展。2020年,中国数字经济在疫情中逆势崛起,数字经济规模达39.2万亿元,成为国民经济的核心增长极之一。网上购物、在线教育、远程办公、智慧医疗等全面融入人们的日常工作和生活。

数字经济发展为经济高质量发展注入了动力和活力,也向数字领域的知识产权保护提出了更高要求。申长雨说,要想让数字经济行稳致远,必须解决好数据作为新生产要素的产权问题,只有这样,才能让数据合理流动起来、充分利用起来、高效保护起来。

同时,中国还将推动相关领域的知识产权保护国际合作,支持世界知识产权组织发挥主平台作用,推动大数据、人工智能等新兴领域知识产权规则制定;主动加强与有关国家的合作,率先开展相关研究与实践,加快构建面向未来、顺应时代、开放包容、平衡普惠的知识产权国际规则,让创新创造更好地惠及各国人民。

资料来源:刘峣.搭建知识产权保护国际合作桥梁[N].人民日报海外版,2021-11-04(9).

第一节　国际技术转让概述

国际技术转让是国际经济合作的一个重要组成部分和重要方式。国际经济合作的实质是生产要素在各国间的转移及重新组合配置。因此,从这个意义上来说,国际技术转让就是生产要素中的技术要素在国家(地区)之间的移动及重新组合配置。国际技术贸易额在国际贸易总额和国际服务贸易总额中所占的比重持续增高。

"科学技术是第一生产力",当今世界科技革命正在形成新的高潮,一个科技和经济大发展的时代已经来临了,世界各国都在加紧制定适合本国科技和经济的发展战略,增强以科技和经济实力为基础的综合国力。而国际技术方面的合作对于促进一国的技术进步、节省研发费用、迅速增强国家的经济实力和缩小与发达国家的差距具有重要的意义。

一、国际技术转让的概念

国际技术转让的主要对象或标的是技术。对于"技术"的概念,目前国际上还没有明确、统一的定义。世界知识产权组织给技术下的定义是:技术是为制造某种产品、采用某种工艺过程或提供服务,为设计、安装、开办、维修某个工厂和某个工商企业或提供其他协助所需要的系统知识。其表现形态有两种:一种是有形的形态,如语言、文字、数据、公式、图表、配方等;另一种是专门技术、实际经验、操作手艺和思维观念等无形形态。作为技术转让标的的技术一般是指专利、商标和专有技术。

联合国在《国际技术转让行动守则草案》中,把技术转让定义为:"关于制造产品、应用生产方法或提供服务的系统知识的转让,单纯的货物买卖或者只涉及租赁的交易都不包括在技术转让的范围之内。"因此,国际技术转让是带有涉外因素的转让,是跨越国境的转让。

技术转让是指技术持有者通过各种方式将其拥有的生产技术、销售技术和管理技术以及有关的权利转让给他人的行为。国际技术转让包括非商业性技术转让和商业性技术转让。非商业性技术转让是指通过政府援助、技术情报交换、学术交流和技术考察等形式进行的技术让渡。商业性技术转让是指技术的有偿转让,也就是技术贸易。国际经济合作中研究的国际技术转让是指有偿的技术转让。在有偿技术转让中,销售技术的一方称为技术出让方,购买技术的一方称为技术受让方,或技术引进方,因此从购买者角度来看,技术转让又可称为技术引进。

国际技术转让实际上是指国家间以技术买卖为目的的特殊交易,拥有技术的一方将自己的技术知识或经验传授给对方,允许对方使用,并从中获得经济报酬。技术转让的主要内容是专利使用权、商标使用权和专有技术使用权。技术转让一般是指无形的技术知识,亦即所谓的"软件"买卖。有时,技术转让交易也包括一些机器和设备的进出口,这种机器设备交易是与技术转让结合在一起的,是技术实施必不可少的物质条件。一笔交易如果只涉及机器设备的买卖,而不包含无形技术和经验的让渡,那么就属于货物贸易的范畴,而不属于技术转让的范畴。在具体业务中,技术引进和设备进口常常会结合在一起,但在学科建设和教学过程中,应当将技术转让和设备进出口区别开来。国际技术转让不同于一般的商品贸易,它不是一般的买卖,而是一种特殊的、系统知识型商品的有偿转让,是一种产权或所有权使用的让渡。

此外,在国际技术转让中,技术输出方为了垄断技术和市场,以获取最大利益,往往在技术转让合同中增加一些限制性的商业条款,显然这样做不利于技术输入方的经济发展和科技水平的提高。尤其是在发达国家和发展中国家之间的技术转让中,发达国家常常是技术的拥有者和输出方,而发展中国家主要是技术的购买者或者使用者,是技术的输入方,合同中的这些限制性条款对技术输入方很不合理,也不公平,因此,技术输出方政府的严格管制条款受到许多发展中国家的反对。

二、国际技术转让的特征

在多数情况下,国际技术转让的是技术使用权。同时,国际技术转让常常同资本输出和机械设备出口相结合,是一个交易双方较长期的密切合作过程,软件技术在国际技术转让中的比重日益提高,发达国家的跨国公司在国际技术转让市场中占据主导地位,并且国际技术转让的竞争日趋激烈。因此,国际技术转让与国际商品贸易有着很大的区别,具体表现在以下几个方面。

(一)国际技术转让的标的是无形的知识

商品贸易的标的具有固定的形状,可用一定的标准或表示描述其质量,如消费品、生产原材料、零部件、机器设备等都是有形的物质,既可以看得见、摸得着,又可以检验其质量的优劣。而技术转让的标的是某种特定的、无形的技术知识和经验,如工程或新产品的设计、制造工艺、材料配方、测试技术和计算机软件等。在实践中,技术转让往往把技术知识的买卖和机器设备的买卖结合在一起,前者称为"软件",后者称为"硬件"。但是要构成技术转让,必须包含"软件"的买卖,否则只是一般的货物买卖,不属于技术转让。

(二)国际技术转让一般只限于技术使用权的转让

由于技术转让的标的可以不经"再生产"而多次出售(转让),因此技术转让的标的在转让之后,标的所有者一般并不丧失其所有权,它所转让的仅仅是该标的的使用权和相应产品的制造权、销售权。而一般商品贸易的标的一经出售,卖方即失去对商品的所有权,卖方再无权继续支配和使用,也不可能将同一标的出售给多个买主;买方对购进的商品享有完全的所有权,有对该商品占有、使用、转售、出租、赠送等任何权利。

(三)国际技术转让的当事人是合作与竞争的关系

技术转让的当事人一般是同行,在传授和使用技术的过程中构成较长时间的合作关系。但同时双方之间又存在着很大的矛盾,因为受让方希望从出让方处获得最先进的技术,从而提高自己的生产能力和水平;而出让方既不希望受让方成为自己的竞争对手,又想通过转让技术获得更多的利润,因此总是千方百计地对受让方使用转让的技术施加种种限制。从这方面说,技术转让的双方是竞争的关系,在商品贸易中一般不存在这种合作和竞争的双重关系。

(四)国际技术转让的作价难

在技术转让中,技术的价格不像商品价格那样主要取决于商品的成本。另外,技术转让后,出让方不会失去对这项技术的所有权,仍可以使用这项技术或多次转让,以获取经济上的利益。因此,决定技术价格的主要因素是引进方使用这项技术后所能获得的经济效益;而引进方所获得的经济效益在谈判和签订合同时往往难以准确预测,这就形成了确定技术转让价格的复杂性。

(五)国际技术转让所涉及的问题复杂

技术转让涉及的问题,除供受双方的责任、权利和义务以及使用费的确定外,还有对工业产权的保护、对技术秘密的保守、限制与反限制以及技术风险等特殊而复杂的问题。有些事项的执行,贯穿在技术转让合同的整个有效期间,并不因提供了技术、支付了使用费而终止。有的合同有效期长达几年,甚至十几年,使用费的支付也要延续若干年。此外,技术转让所涉及的法律也比一般商品转让所涉及的法律复杂。

(六)国际技术转让的国家管制较为严格

在现代社会,技术已成为支撑一国经济的主要资源,并与该国的政治、军事利益密切相关,因此各国政府都采取立法、行政手段加强对技术转让的管理和干预,以维护本国的政治、经济利益。许多发展中国家都在有关技术转让的法律中规定,凡重要的技术引进协议必须呈报政府主管部门审查、批准或登记后才能生效。许多技术输出国家(主要是发达国家)为了控制尖端、保密技术的外流,往往也对技术转让合同进行审查、批准,在政策和法律上作出许多限制性或禁止性的规定。特别是一些发达国家出于政治目的,严格限制对一些所谓敌对国家技术的输出。比如,美国为了保持其在对尖端技术的垄断,严格控制本国先进技术的外流,经常运用国家安全机密法和出口管制法来限制某些先进技术的出口。日本为了保持自己在微电子技术等方面的领先地位,也不断地加强对技术出口的限制。

第二节　国际技术转让的主要内容

国际技术转让主要包括专利使用权的转让、商标使用权的转让和专有技术使用权的转让。国际技术转让一般仅限于国际技术使用权的转让,同时,国际技术转让的标的是以知识产权形态存在的技术知识。知识产权是指法律所赋予知识产品所有人对其创造性的智力成果所享有的专有权利。因此,作为国际技术转让的标的或客体就是有关的知识产权,国际技术转让的主要标的是专利技术、商标权、专有技术这三种知识产权。

一、专利技术

(一)专利技术的概念

专利通常是指专利权,是政府主管部门根据发明人的申请,经核查认定该项目发明符合法律规定的条件,而在一定时期内授予发明人或其合法承受者的一种法定权益,依法获得专利权的发明创造即为专利技术。由此可见,一项技术成果经向国家有关部门申请、审查批准后,该项获得专利的技术成果本身称为专利或者专利技术,受有关国家专利法的保护。该专利技术的所有者获得对该专利技术的专有权,通称为专利权,专利技术所有者本人称为专利权人。专利起源于中世纪的英国,当时的英国国王为了鼓励发展国内产业,发给引进外国技术的个人一种专利证书,授予其使用该技术的独占权,但是专利权仍然属于国王,这实际上是现代专利制度的雏形。

扩展阅读 8.1 中华人民共和国专利法

专利就其内容来说应该包括三个方面:一是独占的实施权,即在一定期限内,发明人对其发明所享有的独占实施权;二是受法律保护的发明创造,包括发明专利、实用新型专利和外观设计专利;三是专利文献,包括说明书、权利要求等。

《中华人民共和国专利法》将发明、实用新型、外观设计三种技术知识作为保护的对象。在有些国家,专利主要是指发明专利,实用新型和外观设计则作为独立的工业产权受到保护。

1. 发明

发明不同于发现,发明是指对产品、方法或其改进所提出的新的技术方案,这种新技术方案是人类在认识世界、掌握自然规律的基础上,利用自然规律改造世界的产物。而发现则是揭示自然界已存在但尚未被人们所认识的事物。

2. 实用新型

实用新型是指对产品的形状、构造或两者的结合所提出的实用的新的技术方案。实用新型具有三个特点:一是它必须是一种产品,可以包括机器、设备、用具或其他器具,也可以理解为这些物品的构成部分;二是它必须是一种具有形状的物品,因此液体、气体、粉状物等都不是实用新型;三是它必须能在产业上或者生活中有直接的使用价值。

3. 外观设计

外观设计是指对物体的形状、图案、色彩或其结合所作出的富有美感并能应用于工业的新设计。它只涉及产品的外表,不涉及制造技术。外观设计应具备以下条件:一是外观设计必须与物品有关,应该是对物品外表所做的设计;二是外观设计必须是有关物品外形、形状、图案等方面的设计;三是外观设计能够产生美感。

(二)专利的特点

专利权是一种具有财产性质的权利,是受到专利法保护的一种工业产权。《中华人民共和国专利法》规定:授予专利权的发明和实用新型,应当具备新颖性、创新性和实用性。

1. 新颖性

一般而言,新颖性是指一项发明在申请人提出专利申请时,必须是从未公开发表、公开使用或以其他形式为公众所知的。如一项发明是已有技术的一部分,它就丧失了新颖性,不能获得专利保护。新颖性是指该发明或者实用新型不属于现有技术;也没有任何单位或者个人就同样的发明或者实用新型在申请日以前向国务院专利行政部门提出过申请,并记载在申请日以后公布的专利申请文件或者公告的专利文件中。根据《中华人民共和国专利法》的相关规定,现有技术是指申请日以前在国内外为公众所知的技术。

判断发明和实用新型是否具有新颖性一般依据以下三个标准。

(1)时间标准。大多数国家在时间标准上采用申请日原则,即发明和实用新型在申请日以前未被公开过,也就是说没有其他人向专利机构就相同内容的发明和实用新型提出过专利申请。也有少数国家以发明时间为准,即专利权授予技术的最先发明者,而不是最先提出申请的人。

（2）地域标准。目前，世界各国所采用的地域标准有世界新颖、国内新颖以及混合新颖三种。世界新颖是指发明和实用新型必须在全世界任何地方未被公开或未被使用过，英国、法国、德国等采用该标准；国内新颖是指发明或实用新型在本国范围内未被公开和使用过，澳大利亚、新西兰和希腊等国采用该标准；混合新颖是指发明和实用新型从未在国内外出版物上发表过，并从未在国内公开使用过，中国、美国、日本等采用混合新颖标准。

（3）公开的形式标准。世界各国专利法均规定，一项发明或者实用新型必须从未以任何形式为公众所知，否则不具有新颖性。

然而，授予外观设计专利的条件与授予发明和实用新型专利的条件有所不同。根据《中华人民共和国专利法》，授予专利权的外观设计应当不属于现有设计，也没有任何单位或者个人就同样的外观设计在申请日以前向国务院专利行政部门提出过申请，并记载在申请日以后公告的专利文件中。授予专利权的外观设计不得与他人在申请日以前已经取得的合法权利相冲突。现有设计是指申请日以前在国内外为公众所知的设计。

2. 创造性

创新性又称先进性，是指申请专利的发明必须比已有技术先进。美国、德国、英国、法国等国对于一项发明是否具有创新性，是根据该技术领域的普通人员是否能轻易作出这项发明来判断的。根据《中华人民共和国专利法》的规定，创造性，是指与现有技术相比，该发明具有突出的实质性特点和显著的进步，该实用新型具有实质性特点和进步。

实质性特点是指申请专利的发明和实用新型克服了已有技术的某些缺陷与不足，并取得了较大的进步，如降低了原材料的消耗和成本，或者提高了劳动生产率等。在实际操作中，创造性比新颖性更难评判，但是判断发明的创造性和新颖性有本质的区别：创造性是对发明或者实用新型的技术质量进行判断，即发明和实用新型比已有技术的先进程度与创造程度更高，而新颖性则是判断发明和实用新型是否已经包括在已有技术之中，只要没有包括在已有技术之中，不管其创造程度或者先进程度如何，均被认为具备新颖性。

3. 实用性

实用性是指申请专利的发明必须在产业上能够实际制造和使用，并能够产生积极效果。如果一项发明不能应用于实践，即使具备了新颖性和创新性，也不能申请专利。根据《中华人民共和国专利法》的规定，实用性是指该发明或者实用新型能够制造或者使用，并且能够产生积极效果。这里的"能够制造或者使用"是指能够在生产过程中制造和使用，并能够多次、反复地制造和使用。"能够产生积极效果"是指能提高劳动生产率，节省劳动力，改进产品的质量。实际上，实用性既是发明创造的技术属性，也是发明创造的社会属性。

（三）专利权的法律特点

专利是一种无形的财产权，具有与其他财产权不同的特征。概括而言，专利权具有独占性、地域性、时间性以及实施性这四个方面的特点。

1. 独占性

独占性是指同一发明在一定的地域范围内，其专利权只能授予一个发明者，专利权的所有者拥有该专利的独占权,他有权自己占有和使用其专利发明,也有权将其转让给他人,或将其使用权授予他人使用。除了专利权人以外,其他任何人未经专利权人的同意,都不得擅自使用其专利,否则即构成侵权。

2. 地域性

专利权是一种有地域范围限制的权利。除有些情况下依据保护知识产权的国际公约以及个别国家承认另一国批准的专利权有效以外,一国授予的专利权只在专利授予国的范围内有效,对其他国家不具有法律约束力。但是,同一发明可以同时在两个或两个以上的国家申请专利,获得批准后其发明便可在该国受到法律保护。

3. 时间性

时间性是指各国专利法规定的专利保护期限。在法定期限届满后,发明人所享有的专利权便自动丧失,一般不能续展,发明便成为社会公有的财富,任何人都可以自由使用。各国专利法对专利的保护期限一般为 15～20 年,《中华人民共和国专利法》规定发明专利的保护期限是 20 年,实用新型的保护期限是 10 年,外观设计专利的保护期限是15 年。

4. 实施性

对于发明者所得到的专利权,除了美国等少数几个国家以外,大多数国家要求专利权人在授予的国家内实施其专利,即利用专利技术制造产品或者转让其专利。

(四)专利使用权的转让

专利使用权的转让是指专利权人通过签订合同,在一定条件下允许其他人使用其专利,但专利的受让方要付给专利权人一定的报酬。在专利使用权转让中,受让方并不取得专利的所有权,即仅取得使用专利技术制造和销售产品的许可,专利所有权仍掌握在专利权人手中而并没有转移。此外,一项专利被转让给他人之后,在合同无相反规定的情况下,专利权人自己仍可以使用或转让给他人使用。

二、商标

(一)商标的概念

商标是企业为了将自己制造或销售的商品与他人制造或销售的商品区别开来,或者服务业者为宣传其服务的质量,而为商品加上的文字、名称、图案、记号或综合标志。商标可以由具有特色的文字或图形,或文字与图形的结合组成。

在现代商品大潮中,商标的作用越来越重要,它是消费者识别商品的标志,是保证产品质量的重要手段,是宣传商品、促进销售的有力手段。正因如此,世界上大多数国家都对商标予以法律保护。商标权即是商标所有人向有关部门办理注册登记之后,依法取得的对商标的专有权,是受法律保护的权利,任何人不得仿冒,否则就构成了侵权行为,会受到法律的制裁。

商标要取得法律的保护,必须向有关部门进行注册登记,并取得商标的专用权。商标权是商标的使用者向主管部门申请,经主管部门的核准所授予的商标专用权,受商标法的保护。商标权是重要的工业产权之一,经注册核准的商标是商标所有人的财产,因此商标权是一种财产性质的权利。

依照不同的标准,商标可以划分为不同的种类。下面介绍几种常见的划分方式,包括按构成要素划分、按所有者划分、按商标的用途划分以及按商标的性质划分。

1. 按构成要素划分

按构成要素,商标可分为文字商标、图形商标和组合商标。

(1)文字商标。文字商标是指由文字组成的商标。文字一般包括中文、外文、汉语音、字母或数字等。

(2)图形商标。图形商标是指由几何图形、符号、记号、山川、建筑图案、日用品、动物图案等组成的商标。

(3)组合商标。组合商标是指由文字和图形两部分组合而成的商标。

2. 按所有者划分

按所有者,商标可分为制造商标、商业商标、服务商标和集体商标。

(1)制造商标。制造商标是商品生产者在其生产的产品上使用的标记,这类商标代表企业的商誉和产品的质量。商品上的商标多属这类商标,如 IBM 计算机、丰田汽车、索尼电器和北京的天坛家具等。

(2)商业商标。商业商标又称销售商标,它是商品销售者在其经销的商品上所加的标记,往往是享有盛誉的商业企业使用的。加这种标记的一般为大百货公司或大型的连锁店,用以树立企业形象和进行广告宣传。如天津粮油进出口公司出口葡萄酒使用的"长城"商标,日本三越百货公司使用的"三越"商标等。

(3)服务商标。服务商标是旅游、民航、运输、保险、金融、银行、建筑、维修等服务性企业使用的商标,如中国人民保险集团股份有限公司使用的 PICC 等。

(4)集体商标。集体商标是指由商会、协会等组织注册的为该组织所有的商标或几个所有人共同占有的商标。

3. 按商标的用途划分

按商标的用途,商标可分为营业商标、等级商标和证明商标。

(1)营业商标。营业商标是指以生产或经营企业的名称命名的商品商标,如"同仁堂"药店、"盛锡福"帽店、"六必居"酱菜园、"狗不理"包子铺等,这类商标有助于提高商品或企业的知名度。

(2)等级商标。等级商标是指同一企业根据同一类商品的不同质量、规格等使用的系列商标。这种商标在国外的使用相当普遍,如瑞士手表,"劳力士"为最高档次的手表,"浪琴"为二级表,"梅花"为三级表,"英纳格"则为四级表。

(3)证明商标。证明商标又称为保证商标,是指用于证明商品原料、制造方式、质量精度或其特征的商标。如绿色食品标志、真皮标志、纯羊毛标志、电工标志等均属于证明商标。

4. 按商标的性质划分

按商标的性质,商标可分为未注册商标、注册商标和驰名商标。

(1)未注册商标。未注册商标是指商标所有人未经法律规定的申请注册程序获得专用权的商标。

（2）注册商标。注册商标是指商标所有人向国家主管部门申请商标登记注册,按照法律程序经核准注册的商标。

（3）驰名商标。驰名商标是指在市场上享有较高声誉并为相关公众所熟知的商标。世界各国都给予驰名商标特别保护,即使未注册的驰名商标也可阻止与其相同或相似的商标注册。

（二）商标的注册原则

关于商标的注册,根据各国商标法的规定,必须由商标使用人提出书面申请,并缴纳申请费。商标申请经有关部门批准后,才予以登记注册,授予商标权。各国对商标权的确定,大致有三个原则。

1. 先使用原则

先使用原则也称使用在先原则。这是指按使用商标的先后来确定商标权的归属问题,即谁先使用该商标,商标权就属于谁。即使该商标被其他人抢先注册,先使用人也可以对已注册人的商标提出异议,要求予以撤销。美国、英国等少数国家和地区采用这一原则。

2. 先注册原则

先注册原则也称注册在先原则,是指只有商标的最先注册人才有权取得商标专用权。目前大多数国家采用先注册原则,《中华人民共和国商标法》也采用这一原则。在采用这一原则的国家里,商标权属于首先注册的申请人。注册后取得的权利将压倒其他任何人的权利,包括商标的先使用人。因此,首先使用但未申请注册商标的人,或被他人抢先注册的人,则无法再取得该商标的所有权。

3. 无异议注册原则

无异议注册原则实际上是上述两个原则的折中。按照这一原则,商标专用权原则上授予先注册人,但先使用人可以在规定期限内提出异议,请求撤销。如果超过规定期限无人提出异议,则商标权属于先注册人。如果在规定的期限内先使用人提出异议,并且异议成立,已经授予先注册人的商标权即被撤销而授予先使用人。

（三）商标权的法律特点

商标权属于知识产权的范畴,是一种受工业产权法和商标法保护的知识产权,一般具有独占性、地域性、时间性和可转让性的特征。

扩展阅读 8.2　中华人民共和国商标法

1. 独占性

商标权的独占性又称专用性,它包括两方面的内容:一是商标权人在特定商品上享有独占使用权,未经其同意,其他人不得乱用或滥用;二是商标权人享有禁止权,即其他人不得将与商标权人的注册商标相同或相近的商标用于同一类或类似的商品上,否则就会构成商标的侵权。因此,独占性是指商标是其所有人的私有财产,所有人对其享有排他的专用权。如果他人未经商标权人的许可使用商标,商标权人可诉至政府主管部门或法院,由政府主管部门或法院依法勒令第三方停止侵权,并予以赔偿。

2. 地域性

与专利法一样,各国的商标法都是国内法,商标权人享有的专用权只在授予该项权利的国家领域内受到保护,在其他国家不具有法律效力。如果需要得到其他国家的法律保护,那么必须按其国家的法律规定在该国申请注册。因此,商标权的所有人只有在授予该商标权的国家境内才受到法律保护。在这一点上,商标权的地域限制与专利权相同。

3. 时间性

商标权的保护有时间限制,各国法律均对商标专用权的保护规定有一定的期限,一般为 10～15 年,我国为 10 年。但与专利权不同的是,在商标权保护届满时,可以申请续展,续展的时间多少与保护期相同。各国对续展的次数均不加以限制,商标权人只要按期办理续展手续,并缴纳规定的费用,可以永远保持商标权的有效性。

4. 可转让性

在技术贸易中,商标作为贸易对象有商标使用权许可和商标转让两种做法。商标使用权许可是指商标专用权所有人通过与他人签订许可合同,允许对方在指定的商品上及规定的地域内使用其注册的商标。商标转让则指商标权所有人放弃其所拥有的专用权利,将商标权转让给他人。商标转让方式有两种:一是单纯转让,即只转让商标专用权;二是商标连同企业或与商标有关的部分业务一起转让。

(四) 商标权的转让

商标权的转让是指商标权人放弃对已注册商标拥有的一切权利,将商标及商标权转归他人所有。转让注册商标须符合商标法的有关规定。首先,商标注册人对其在同一种或类似商品上注册的相同或近似的商标,必须一并办理转让注册,以防止发生商品出处混淆;其次,商标注册人如果已许可他人使用其注册商标,必须征得被许可人的同意,才能将注册商标转让给第三方,否则不能申请转让注册;最后,为了保护消费者的利益,注册商标的受让人必须承担保证商品质量的责任。

三、专有技术

(一) 专有技术的概念

专有技术这个术语译自英文中的 know-how,即 know how to do something 的缩写。我国原有众多不同译名,如技术秘密、技术诀窍、专有技术等,现统称为专有技术。目前国际上对专有技术尚无统一的定义。

从国际技术转让的角度对世界上绝大多数国家存在的专有技术的法律地位和法律特征加以简单归纳,专有技术可定义为:具有动态的实用价值,能够在经济活动中获得经济利益,未在任何地方公开过其全部内容,不受专利法保护的知识、经验或方法,以生产技术为主,但也包括与生产有关的管理知识和商业知识。

专有技术的表现形式既可以是文字图形,如图样、资料、照片、磁带、软盘等,也可以是实物,如尚未公开的关键设备、产品的样品、模型等,还可以是口头或操作演示等无形的形式,如存在于少数专家大脑中的生产管理和操作的经验、技巧以及一些关键的数据、配方等。随着科学技术的发展,单一形式表现出来的专有技术将同时以两种或两种以上的形式表现出来。

（二）专有技术的特点

1. 专有技术是适用技术，具有经济价值

专有技术必须有利于工业的目的（包括商业、管理等），能够产生经济效益。一项成果不管其研制时投资多少，如果无经济上的使用价值，那么就不能称为专有技术。

2. 专有技术是不公开的，具有保密性

凡众所周知的、业已公开的技术内容，都不能作为专有技术。所谓的专有技术，就是保密的技术，它被技术所有人垄断。技术所有人千方百计地将技术内容保密，以求最大限度地保存其价值。在专有技术许可合同中，专有技术的许可方一般都要向被许可方提出严格的保密条件，以保证专有技术的拥有权和技术所有人的垄断地位。

3. 专有技术是动态的技术，具有历史性

任何专有技术都有一个研究、发展和形成的过程，也就是经验的积累过程，其内容随着生产实践的增多不断丰富，或在出现更先进的研究成果时被淘汰，或由于保密不利提前丧失其商业价值。所以，在签订专有技术许可合同时，首先要了解专有技术的发展历史，是属于初期的、中期的，还是快要淘汰的，只有了解了专有技术的现状，技术引进方才能决定是否对技术感兴趣、支付多少使用费才算合理。

（三）专有技术与专利的区别

专有技术与专利都是人类创造性思维活动的智慧的结晶，都是无形资产，都属于知识产权的范畴，都具有技术价值、产权价值与商业价值的特性。两者成为国际技术转让的主要交易对象，而且两者往往共处于实施一项技术所需的知识总体之中，联系十分紧密。但是，专利与专有技术在法律上是有所区别的，主要表现在以下几个方面。

1. 专利是工业产权，是受专利法保护的独占权

专有技术不属于工业产权，不受专利法的保护，但可以援引其他一些法律，如合同法、反不正当竞争法等法律的保护。专有技术不具有独占性，不同的研究者均可通过自身的实践或研究取得专有技术，内容相同亦不造成侵权。因此，从法律地位看，专利是一种工业产权，经过法律程序得以授权，并受工业产权法和国家专利法保护；而专有技术则是由于某种原因没有申请专利或不能取得专利的技术，靠自身的保护来维持其所有权，是事实上的占有，而不是法定的占有，主要受民法、刑法、反不正当竞争法以及有关工商秘密立法的保护。

2. 专利有一定的保护期限

专利过期后其技术内容便从专有领域进入公有领域，任何人都可以利用；专有技术没有法定保护期限，它存在的期限是不固定的，取决于保密措施和新技术的出现时间。

3. 专利要通过技术说明书公开技术内容

专有技术必须保密才能存在。从表达方式看，专利是公开的，而专有技术是秘密的。发明人在申请专利时，必须把发明内容在申请书中予以公开，由专利主管部门在官方的"专利公告"上将其发表，因而专利成为公开的技术；专有技术则不同，它完全是靠保密来加以保护，是一种非法定的权利。

4. 专有技术的内容比专利的内容广泛

专利是有利于工业生产目的的内容；而专有技术除包括用于工业生产目的的技术之

外,还包括商业、管理等有助于工业发展的技术。从技术内容的范围看,专有技术比专利技术宽泛。世界各国都对授予专利的技术领域作出了明确限定,不是所有的技术都能申请专利。而专有技术的内容不仅包括各种能授予专利权的生产和服务等行业的技术,还包括不能授予专利权的管理、经营等方面的技术。

5. 专有技术既可以通过文字、图样来体现,也可以是人们大脑掌握的知识技能

专有技术是动态的,经常变化的;而专利则必须通过书面内容来体现,是静态的。

另外,从专利权与商标权的联系来看,专利权与商标权都是工业产权,都受到工业产权法律和国家专利法及商标法的保护,并且都有时间和地域的限制。二者的区别在于,专利权不能续展;而商标权可以申请续展,且续展次数不限,只要商标权人不断申请续展,商标权就可以长期有效。

(四)专有技术使用权的转让

和专利、商标一样,专有技术可以通过签订转让合同的形式把其使用权转让给他人。专有技术使用权的转让在当代技术贸易中处于十分重要的地位,它往往是技术转让合同中不可缺少的部分。从理论上来说,专利、商标权和专有技术都可以单独作为技术转让的标的,但在实践中,大多数技术转让合同都是把专利或商标的使用权和专有技术结合在一起进行转让的。这是因为,一般关键技术并不在专利说明书中公开,而是以秘密的形式存在,如果只取得专利使用权,而不同时引进这部分保密的专有技术,就不能生产出合格的产品。

第三节　国际技术转让的主要方式

技术作为商品是无形的。因此,技术转让的方式与有形商品贸易相比有很大的不同,技术转让虽然不经过租船、报检、报关、装运、投保及验收等有形商品贸易的履约程序,但往往要涉及有关国家的法规、国际公约及众多的技术人员,并常常伴随着设备及原材料等有形商品的贸易。技术转让从交易的开始到交易的结束一般需要很长一段时间,因为技术转让的内容和方式极为广泛与复杂。目前,国际技术转让的主要方式有许可证贸易、特许经营、技术服务、合作生产与合资经营、国际工程承包、补偿贸易等。

一、许可证贸易

(一)许可证贸易的概念

许可证贸易是指技术的出让方与受让方之间签订的,允许受让方对出让方所拥有的技术享有使用权及产品的制造权和销售权的一种贸易方式。许可证贸易的核心内容是转让技术的使用权以及产品的制造权和销售权,而不是技术的所有权。许可证贸易都是有偿的。

许可证贸易是目前国际上进行技术转让的最主要方式。随着科学技术的进步、新技术的不断涌现以及技术在经济发展中的作用日益明显,各国都把技术作为当务之急。而技术所有人为了获取高额利润,或绕开贸易壁垒,或开拓新的技术市场,不断以有偿许可的方式来出让技术的使用权,这就促使许可证贸易在全球范围内迅速发展。

（二）许可证贸易的种类

1. 按交易的标的划分

按交易的标的,许可证贸易可分为专利许可、专有技术许可、商标许可和综合许可。

（1）专利许可。专利许可是指将在某些国家获准的专利使用权许可他人在一定的期限内使用,专利许可是许可证贸易的最主要方式。

（2）专有技术许可。专有技术许可是指专有技术所有人在受让方承担技术保密义务的前提下,将专有技术有偿转让给受让方使用。保密条款是专有技术许可合同的主要条款,双方应以该条款就保密的范围与期限作出规定。在转让专有技术时,转让方有义务帮助受让方掌握受让的技术。

（3）商标许可。商标许可是指商标权人授予受让方在一定的期限内使用其商标的权利。由于商标涉及企业的商誉,因此许可方对受让方使用该商标的商品质量有严格的要求,并对使用该商标的商品质量有核准和监督权。

（4）综合许可。综合许可即技术的所有者把专利、专有技术和商标的使用权结合起来转让给他人使用。许可证贸易大多属于综合许可,单纯以专利、专有技术或商标为标的的很少。

2. 按授权的范围划分

按授权的范围,许可证贸易可分为普通许可、排他许可、独占许可、分许可和交叉许可。

（1）普通许可。普通许可是指许可方将技术和商标的使用权、专利产品的制造权和销售权,授予被许可方在一定的地域或期限内享用,许可方在该地区仍享有上述权利,及将上述权利转让给该地区第三方的权利。

（2）排他许可。排他许可是指许可方将技术和商标的使用权、专利产品的制造权和销售权,转让给被许可方在一定的地域或期限内享用,许可方虽然在该地域内仍享有上述权利,但不得将上述权利转让给该地区的第三方享用。排他许可也称全权许可。

（3）独占许可。独占许可是指许可方将技术和商标的使用权、专利产品的制造权和销售权,转让给被许可方在一定的地域或期限内享用,许可方不仅不能在该区域内将上述权利转让给第三方,就连许可方自己在该区域内也丧失了上述权利。

（4）分许可。分许可亦称可转售许可。它是许可方将其技术和商标的使用权、专利产品的制造权和销售权转让给被许可方在一定的地域或期限内享用以后,被许可方还可以将所得的上述权利转让给其他人使用。

（5）交叉许可。交叉许可又称互换许可。它是指许可证贸易的双方将各自所拥有的技术和商标的使用权、专利产品的制造权和销售权相互交换,互相许可对方享用其上述权利。交叉许可贸易既可以是普通许可,也可以是排他许可或独占许可。

二、特许经营

（一）特许经营的概念和特点

1. 特许经营的概念

特许经营(franchise)是指商标权人(特许经营许可方)授权企业或个人(特许经营被

许可方)在特定区域内使用其产品商标或者服务商标营销该公司的货物或提供服务,而商标权人相应地提供便利及履行其他约定义务的运作模式。比如,肯德基和麦当劳等。

2. 特许经营的特点

特许经营实际上是以商标权为核心,当事人围绕商标权而展开商务运作。特许经营的特点如下。

(1)经销有特许经营许可方商标的商品,或者提供有特许经营许可方商标的服务。

(2)特许经营许可方往往是一个拥有成功业务模式的公司,将运营方法总结之后,有偿授权他人以其名誉和方法从事同样的业务以获利。

(3)特许经营许可方对特许经营被许可方的经营方法享有重要的控制权或给予重要的协助。

(4)特许经营被许可方是独立于特许经营许可方的经营主体。

(5)特许经营以特许经营合同来确定特许经营被许可方和特许经营许可方之间的权利义务关系。

(6)特许经营被许可方必须向特许经营许可方交纳一定的费用,包括初期加盟费和以后按销售额或毛利提取的特许经营使用费。

(二)特许经营的分类

1. 产品特许经营

此类特许经营主要涉及特许经营被许可方使用特许经营许可方的有效方法来批发、销售其产品。作为独立商人的特许经营被许可方仍保持着其原有企业的商号,单一地或在销售其他商品的同时推销特许经营生产并取得商标所有权的商品。该类特许经营主要应用于汽车销售、汽车加油站、自行车、电器产品、化妆用品以及珠宝首饰等行业。

2. 制造加工特许经营

在此类特许经营中,被许可方要自己投资建厂,加工或制造从许可方那里取得特许权的产品,然后向批发商或零售商出售,被许可方不与消费者直接联系。许可方有权维护其企业信誉,要求被许可方按照规定的技术和方法从事生产加工,保证产品的质量,以保护其商标及商品的信誉。同时许可方有权过问被许可方的广告宣传内容及推销方法。

3. 经营模式特许经营

被许可方有权使用许可方的商标、商号名称、企业标记及广告宣传,按照许可方的企业管理模式推销许可方的产品;被许可方完全以许可方企业的形象在公众面前出现,接受许可方的培训和监督并受到一定程度的控制;许可方为被许可方提供培训、管理、广告、研发和后续支持。

三、技术服务

技术服务是伴随着技术转让进行的。目前,国际上出现了很多以提供信息、咨询、技术示范或以指导为主的技术服务性行业,主要是通过咨询服务和人员培训来提供技术服务。咨询服务的范围很广,如帮助企业进行市场分析和制定行业发展规划,为项目投资进行投资前可行性研究,为项目施工选择施工机械,对企业购置的设备进行技术鉴定,为大型项目提供设计服务等。人员培训是指技术服务的提供方为生产企业所需的各类技术人员进行的专业培训,培训的方法既可以是让需要培训的人员到技术服务的提供国接受集中而又系统的培训,也可以是由技术服务的提供方派专家到技术服务的接受方所在国进行讲学,或进行实际操作示范。技术服务与许可证贸易不同,它不涉及技术使用权与所有权的转让,而是技术的提供方用自己的技术和劳动技能为企业有偿服务。

四、合作生产与合资经营

合作生产指的是两个不同国家的企业之间根据协议,在某一项或某几项产品的生产和销售上采取联合行动并进行合作的过程。而合资经营则是指两个或两个以上国家的企业所组成的共同出资、共同管理、共担风险的企业。合作生产与合资经营的区别在于,前者强调的是合作伙伴在某一领域合作中的相互关系,而后者主要强调企业的所有权及其利益的分享和亏损的分担问题。不管是合作生产还是合资经营,技术在这两个过程中都实现了转让。在合资经营过程中,一方一般以技术作为资本来换取效益和利益,而另一方无论以什么形式的资产为股本,都成了技术的受让方。合作生产的内容比合资经营更广泛,既可以是项目合作、开发合作、生产合作,也可以是销售合作。在生产合作的过程中,其中的一方实际上是以获取技术要素为宗旨,以提高其产品质量及增强企业实力为目的。利用合作生产或合资经营来引进国外先进技术,已成为世界各国的普遍做法。

五、国际工程承包

国际工程承包也是国际技术转让的一种形式。它是通过国际招标、投标、议标、评标、定标等程序或其他途径,由具有法人地位的承包人与发包人,按一定的条件和价格签订承包合同,承包人提供技术、管理、材料,组织工程项目的实施,并按时、按质、按量完成工程项目的建设,经验收合格后交付给发包人的一项系统工程。国际工程承包方式适用于大型的建设项目,如机场、发电站和各类生产线的新建或扩建等。这类项目不但规模大,而且伴随着技术转让问题。在施工中,承包人将使用最新的工艺和技术,并采购一些国家的先进设备,有些项目还涉及操作人员的技术培训、生产运行中的技术指导以及专利和专有技术的转让。由于国际工程承包活动盛行"交钥匙"工程及 BOT 等方式,这就使国际工程承包中技术转让的内容十分广泛。现在许多国家都想通过国际工程承包活动来带动本国企业的技术改造。有关内容具体见第九章。

六、补偿贸易

补偿贸易是指在信贷的基础上,一国企业先向国外厂商进口技术和设备,然后以回销产品或劳务所得的价款,分期偿还外商提供的技术和设备的价款。补偿的具体办法大致可以分为五种:第一种是直接补偿,即以引进技术和设备所生产出的产品返销给对方,以返销所得的价款补偿;第二种是用其他产品补偿,即技术和设备的进口方不是以进口的技术和设备产出的产品,而是以双方约定的其他产品补偿;第三种是以进口的技术和设备产出的产品所获取的收入补偿;第四种是以提供劳务的形式补偿,即技术和设备的进口方以向出口方提供一定量的劳务来补偿其进口技术和设备的价款；第五种是混合补偿，即技术和设备的进口方一部分以直接产品，一部分以其他产品或现汇、劳务来抵偿进口技术和设备的价款。

与此同时，补偿贸易也是发展中国家引进技术的一种途径。因为在补偿贸易方式下，技术和设备的出口方向进口方提供信贷，这正好解决了急需技术和设备的发展中国家的资金问题。通过补偿贸易，一些老企业得以进行技术改造，填补了进口国的某些技术空白，增强了进口国的出口创汇能力，进而推动了进口国的技术进步与经济发展。

第四节　知识产权保护

一、知识产权的概念

知识产权的概念源于西方，17世纪法国人卡普佐夫最先使用，在英文中被称为intellectual property，在中国曾经被译为"精神财产""精神财产权""智力成果""智力成果权"等，后来才逐渐统一为知识产权。知识产权与传统财产权的含义不同，传统财产权指的是有体物，如动产和不动产。知识产权不是指包含智力成果的复制件或载体，而是指复制件或载体中包含的信息，这些信息可以无限量、低成本、高质量地被复制，更能为权利人创造经济利益。换言之，它指的是一种无形资产，如专利权、商标权、著作权、商誉等。

知识产权是指法律赋予人们对其智力成果享有专门利用的权利，它不局限于智力成果的创造者依法所享有的权利，还包括通过投入资金、设备和劳动参与取得知识产权的主体以及通过协议约定、转让、继承等方式取得该权利的主

扩展阅读 8.3　中国多项知识产权申请量居世界首位

体所依法享有的权利。从知识产权的历史以及现状来看，并非一切智力成果都可以成为法律的保护对象，各国所保护的对象也不尽相同，同一国家的不同时期，知识产权的保护对象也有所不同。

二、知识产权的范围及分类

通常，知识产权的保护客体分为两部分：工业产权（industry property）和著作权。

（一）工业产权

工业产权，是指工业、商业、农业和采掘业等领域的智力成果所有者对其成果所享有的一种专有权。"工业产权"一词最早出现于1791年法国国民议会通过的该国第一部《专利法》中，体现了《人权宣言》中把思想作为精神财产的观点，后来被各国普遍接受。工业产权中的"工业"不是狭义的工业，它包括商业、林业、采掘业等各个产业部门，适用于一切制成品或天然产品。根据《保护工业产权巴黎公约》第一条第Ⅱ款，工业产权保护的客体包括：①发明；②实用新型；③工业品外观设计；④商标；⑤服务标志；⑥厂商名称；⑦货源标志；⑧原产地名称。

（二）著作权

著作权在我国等同于版权，是指作者或得到作者许可的其他人依法所享有的权利，如制作文学艺术作品的复制品。著作权人有权禁止他人未经其许可而以复制、表演、录音、录像、改编、翻译等方式表现该作品，作者思想的表现受到保护，而不是作者的思想受到保护。享有著作权保护的作品必须有独创性，不得剽窃、抄袭、模仿他人之作，但可以借鉴他人思想、研究方法。

三、有关知识产权的国际组织和国际公约

（一）世界知识产权组织

世界知识产权组织是根据 1967 年在斯德哥尔摩签订的《建立世界知识产权组织公约》设立的，隶属于联合国，是一个政府间的组织，参加该组织的成员达 100 多个，我国于 1980 年正式承认该组织，成为其成员。世界知识产权组织的前身是保护知识产权联合国际局，来源于 1883 年签订的《保护工业产权巴黎公约》和 1886 年签订的《保护文学艺术作品伯尔尼公约》，世界知识产权组织成立后，原来的保护知识产权联合国际局成为世界知识产权组织的秘书处——国际局，巴黎联盟和伯尔尼联盟则成为世界知识产权组织的两个所属机构。

世界知识产权组织的宗旨是在全世界范围内尊重和维护知识产权，鼓励创造性活动、便利技术和文学艺术的传播，促进工业进步和文化交流。它的工作分为三类：第一类是为工业产权的申请人或所有人提供注册服务，通过申请人缴纳有关费用来供给活动经费；第二类是促进各国政府在知识产权方面的合作，涉及统计、分类、检索专利文件以及设计和调查各地区工业产权以及著作权法律管理的状况；第三类是对该组织的工作进行长远规划性活动，如促进更多的国家和地区接受现有的条约、修订旧条约使之与知识产权发展情况相适应、缔结新的条约、组织和参与知识产权的发展与合作的一系列活动。

在世界贸易组织成立之前，世界知识产权组织是唯一在知识产权保护方面影响较大的国际性组织，现在，世界贸易组织协定中《与贸易有关的知识产权协议》（TRIPs）把知识产权的国际保护与国际贸易紧密地联系起来，国际贸易也成为影响知识产权保护的重要因素。

扩展阅读 8.4 《与贸易有关的知识产权协议》（《TRIPs协议》）的签署历程

（二）世界贸易组织与 TRIPs

1994 年 4 月 15 日签订的《与贸易有关的知识产权协议》，统一了知识产权国际执法的基本原则，并引入关税与贸易总协定的争端解决机制（dispute settlement body，DSB）来强化有关原则的执行。TRIPs 的出现是由多方面的因素促成的。首先，随着科学技术的日新月异，20 世纪 60 年代以来国际技术贸易额平均每 5 年翻一番，20 世纪 80 年代以来涉及知识产权的贸易领域扩大，贸易额上升，国际贸易中知识密集型产品和资本密集型产品的比例逐年上升，关于商标、商誉、专利等知识产权组织的贸易纠纷越来越多。其次，现有的国际公约存在着缺陷，未能建立起有效的解决争端机制，各公约的保护范围不一致，公约成员过少，对集成电路、生物技术、计算机软件等最新科技不能进行保护。最后，各国知识产权保护的法律和政策的差异，也促成了 TRIPs 的产生。各国对外国自然人和

法人的知识产权保护在原则、措施和范围方面有很大差异。例如美国对国内发明实行发明在先的原则,对国外发明实行申请在先的原则,而大多数国家都提出申请在先的原则;法国对外国公民实行互惠原则,而大多数国家实行国民待遇原则;在版权保护方面,法国对计算机软件的保护期是登记后 25 年,而很多国家是保护 50 年。

总的来说,在国际贸易中涉及知识产权的纠纷案件呈上升势头,索赔总金额甚至高达数百亿美元,各国知识产权法律和政策存在差异,缺乏解决国际知识产权纠纷案件的有效机制,TRIPs 的出现成为必然趋势。从 1973—1979 年"东京回合"美国和欧共体提出知识产权保护问题,到 1986 年知识产权正式成为"乌拉圭回合"的谈判内容,直至 1994 年 TRIPs 的签订,知识产权保护在国际贸易中逐渐得到了加强。

TRIPs 由序言和七个部分组成,主要规定如下。

(1) 国民待遇、最惠国待遇和透明度原则。在知识产权保护方面,各缔约方应给予其他缔约方国民与本国国民相同的待遇,应立即无条件给予其他缔约方不低于任何第三方的优惠、特权和豁免,有关的法律和政策规定应予以公开。

(2) 产权保护包括版权及相关权利、商标权、地理标志权、工业品外观设计权、专利权、集成电路布图设计(拓扑图)权、未泄漏信息专有权以及对许可合同中限制商业性条款的控制。

(3) 在执行知识产权保护的行政和司法程序时,不能以阻碍正常的竞争和贸易为代价,必须遵循公平合理的原则,裁决必须建立在有关各方都有机会了解证据的基础之上,司法复审可以推翻行政最终裁决和司法最初裁决。

(4) 协议生效 1 年,所有缔约国家(地区)都必须实施该协议,并调整国内法与协议一致,发展中国家(地区)和最不发达国家(地区)可以有一段时间的宽限期。发展中国家(地区)或计划经济向市场经济转型的国家(地区)可以推后 4 年,最不发达国家(地区)可以推后 10 年,经过批准还可以适度延长。在宽限期内,发展中国家(地区)针对未给予专利保护的医药、食品、化工等产品,给予专利权人或销售许可权人 5 年的独占销售权,宽限期满后,应在专利剩余期给予保护。

四、知识产权保护的作用

知识经济的建立直接依赖于知识的创新、生产、传播和应用。其中,无论是构造维护知识创新者利益的氛围,还是有效地促进知识的传播和利用,都离不开切实有效的知识产权制度的保护。知识产权制度对知识经济发展的作用主要表现在以下几个方面。

(一) 对知识创造的激励作用

知识产权制度依法授予知识产权创造者或拥有者在一定期限内的排他性独占权,并保护这种独占权不受侵犯,侵权者会受到法律的制裁。有了这种独占权,知识产权创造者

扩展阅读8.5　2021 中国科技创新收获满满

或拥有者就可以通过转让或实施生产取得经济利益、收回投资,这样才有继续研发的物质条件,从而调动其积极性。据美国某研究单位统计,在美国的制药工业中,如果没有专利制度,至少会有 60% 的药品研究不出来,因为药品的研制需要高额的投入,并且周期长,一般需要 10 年左右。而在日本,1940—1975 年,仅创制了 10 种新药,1975 年日本开始对

药品施行产品的专利保护后,1976—1983 年就创制了 87 种新药。因此,知识产权制度对发明创新起着极大的激励作用。

此外,知识产权拥有者的同行或竞争对手要想得到这一知识产权或取得许可使用的权利,往往要付出高额费用,而在很多情况下,知识产权的拥有者不同意转让许可。这就使同行或竞争对手为取得市场竞争优势,必须在已有知识成果的基础上进行创新,并依法取得自主的知识产权。这种不断前进的循环往复,有力地推动着科技的进步和发展。

(二)知识产权具有调节公共利益的作用

知识产权制度虽然保护知识产权创造者的利益,但并不等同于垄断。知识产权制度有两大功能:一是保护功能,这使知识产权创造者的正当权益得到保护,从而调动了人们从事创造活动的积极性;二是公开功能,也就是知识产权创造者在申请知识产权保护的同时,要向社会公开自己创造的内容。在中国,保护期限结束,专利技术就会公开,这样全社会都能从专利技术中获取利益。因此,知识产权制度既保护了知识产权创造者的利益,又兼顾了社会公众的利益,有利于调动各方面发明、创造的积极性,从而为国家提供更多的科研成果和知识产品。

(三)知识产权制度具有促进对知识产业投资的作用

科学技术的发展需要新的投入,才能有新的突破。一项科研成果的取得需要经过基础研究、应用研究、开发研究的复杂过程,需要大量的投入和付出艰辛的劳动。例如,一种新药从研制开发到生产,需要花费十几年的时间和几亿美元的经费才能上市。而这种科技发明成果作为知识财产是一种无形财产,属于信息财富的范畴,在经济学上它作为"易逝财产"极易丢失,难以控制,因为复制这些知识几乎没有什么成本。在信息时代,这种现象就更严重,越是有市场前景的智力成果,就越是容易被任意仿制或剽窃。

因此,需要法制化、规范化使知识产品的流通向着健康的方向发展,而知识产权制度的建立正是适应了这一需要。知识产权制度通过确认成果属性,保障主要物质技术投入单位或个人充分享有由此产生的合法权益,通过保护专利、商标、服务标记、厂商名称、货源名称等专属权利和制止不正当竞争,维护投资企业的竞争优势,维护市场的公平和有序的竞争,并用法律正确规范人们的行为,促使人们自觉尊重或被迫尊重他人的知识产权,形成尊重知识、尊重人才、尊重他人智力劳动成果的良好社会环境和公平、公正的市场竞争机制,从而使更多的财力、物力和智力资源投向研发。

(四)有利于促进国际经济、技术交流与合作

知识经济在本质上是一种全球化的经济。当今世界经济、科技正向着全球化发展,既为知识经济的发展创造了条件,又是知识经济发展的一个突出表现。随着信息网络的发展,知识在世界范围内传播、扩散的速度大大加快,为各国获取知识成果、进行交流与合作提供了一个非常好的机遇。同时,在知识成果贸易和知识含量高的产品贸易在世界贸易中所占比例越来越大的情况下,必须有一个各国共同遵守的规则,而知识产权制度就是这方面的规则。尽管知识产权法是国内法,由各国制定,但是其中有许多共性的内容,如时间性、地域性、独占性等。为了与国际管理接轨,许多国家加入世界性知识产权组织或条约,遵守共同的原则,如国民待遇原则、优先权等。不仅如此,世界贸易组织还从发展世界贸易的角度制定了 TRIPs,提出了在世界贸易发展中各国家(地区)在知识产权方面必须

遵守的若干规定。

如果没有这种规则,没有知识产权制度,那么知识成果的引进、合作、交流就难以进行。在当今世界,任何一个国家经济发展所需要的知识都不可能完全自己创造,即使美国也是如此。对于发展中国家来说,在大力发展拥有自主知识产权的高新技术及其产品的同时,从国外大量引进先进技术和外资,仍然是促进本国经济发展的一条重要途径。日本在第二次世界大战后能够实现经济的腾飞,其主要原因就是大量引进了美国等国的先进技术。在知识经济时代,引进知识成果和资金,实现国际双边、多边的知识成果的交流与合作,必将更加依赖于知识产权制度。知识经济的发展为各国企业参与国际市场竞争创造了条件,而在激烈的国际市场中,要保持企业的竞争优势、保护企业自身的合法权益,也越来越离不开知识产权制度。

案例分析

《世界知识产权组织调解规则》主要内容及应用案例

复习思考题

1. 国际技术转让与国际商品贸易的区别主要体现在哪些方面?
2. 专利的保护对象有哪些?
3. 专利与专有技术有哪些不同点?
4. 国际技术转让有哪些方式?
5. 特许经营的种类有哪些?

即测即练

第 九 章

国际工程承包与国际劳务合作

学习目标（teaching objectives）

本章侧重介绍国际工程承包与国际劳务合作的概念及特点，让学生通过本章的学习，能够完成以下几项任务。

1. 重点掌握国际工程承包与国际劳务合作的概念及特点；

2. 理解国际工程承包与国际劳务合作的主要方式；

3. 了解国际工程承包与国际劳务的合同内容；

4. 了解国际工程承包的报价。

关键概念（key concepts）

国际工程承包（international contracting for construction）

招标（tender）

国际劳务合作（international labor cooperation）

投标（to submit tender）

业主（owner）

发包方（promoter）

承包商（contractor）

工程师或监理师（engineer）

直接费用（direct cost）

间接费用（indirect cost）

毛利（mark-up）

总价合同（lump-sum contract）

单价合同（unit price contract）

成本加酬金合同（cost-plus-fee contract）

成本补偿合同（cost reimbursement contract）

工程咨询合同（consultant contract）

施工合同（construction contract）

工程服务合同（engineering service contract）

交产品合同（product-in-hand contract）

总包合同（principal contract）

分包合同（separate contract）

二包合同（sub-contract）

基于国际经济合作的国有大中型建筑企业发展战略研究

随着大数据时代的不断发展,建筑业也进行创新与改革。我国建筑业与国外相关企业相比,仍存在很大的缺陷。与此同时,与国际接轨、参与国际经济合作已成为当今时代各行业的发展要求,是让企业持续健康发展的重要方式。国有中大型建筑企业的发展代表的是整个建筑行业的发展水平,其发展状况具有重大的参考价值,因此,将其融入时代背景,让其走出国门具有重大意义。

一、对当前国家建筑业发展状况的分析

1. 存在缺陷分析

产业结构的不断优化升级,导致国内市场产能过剩问题愈渐严重,从而使本就激烈的国内市场竞争更加猛烈,建筑业在国内市场上的进一步发展道路遇到阻碍,在此种状况下,建筑业必须进行改革。国内企业在管理系统、技术设备与发展模式上仍存在较大的缺陷,这就要求企业积极向国外建筑业的领军企业借鉴学习,不断完善自身的不足。此外,在经济全球化的形势下,企业在经过长时间的资本积累后,最终都会走上国际市场,闭门造车是无法实现企业的可持续发展的。

2. 可进行国际经济合作的优势分析

国有中大型建筑企业得到国家、政府的支持,资金储备丰富,综合实力雄厚且规模较大,这些都是民营企业所不能达到的。除此之外,国有中大型建筑企业对技术的要求水平高于普通建筑企业,且有国家专项科研经费,是建筑领域专家、人才的汇集地,科技水平在国内处于顶尖地位。当然,对于国有企业来说,其存在历史悠久,积攒的经验较多,因而拥有完善产业链与丰富经验。

二、基于国际经济合作的国有大中型建筑企业的发展战略建议

1. 提升企业内部管理水平

相较于国外建筑业企业,管理水平偏低是我国企业普遍存在的问题。我国国有企业经营模式水平滞后,周转能力差。同时,建筑行业的管理比其他行业更为复杂,特别是在国际经济合作时,对管理的要求更为严格。因此,只有加强内部管理,才能让国有建筑企业在中外合作中有更为稳固的根基。培育专业管理人才、建立管理部门,能解决这一问题,并能发挥积极影响。

2. 在国际经济合作中精准定位潜在市场

我国建筑业的国际经济合作,首先出现在对非洲地区进行技术支援上。通过对现实数据的研究发现,我国建筑业主要面向的国外市场集中在大多数发展中国家。因此,我国国有中大型建筑企业可以以承包的方式进入亚非市场,而对于技术水平高的欧美国家,我们首先应以资金参股的方式,与当地实力较强的企业进行交流合作,并在不断交流学习中找到自己的优势,从而慢慢打开欧美市场。

3. 大力培养专业型、外向型人才

人才在各个领域的重要程度都不言而喻,是企业的灵魂。对于参与国际经济合作的国有中大型建筑企业来说,所需的人才不仅要精通当地语言,而且要熟练掌握建筑类专业的知识,还要拥有高超的谈判技巧和对当地的风俗文化的一定了解。

4. 做好防范风险的措施

近年来,国内企业"走出去"而导致亏损的并不在少数,这是由于国外市场与国内市场存在很大的差异,而大多数企业对风险的防范意识薄弱,在遇到突发情况时,由于对情况的不了解而难以及时采取对应措施,最终酿成苦果。这就要求国有中大型建筑企业在国际经济合作前对国外市场、政策及风俗习惯进行深入的了解,并建立专门风险防范部门,对潜在的风险进行预测,提前列出解决措施。

5. 打造企业特色品牌

在经济全球化的发展中,品牌效应发挥的作用越来越大。自主培育研发企业特色品牌,并提高品牌知名度,可以从品牌中展现企业文化,从而吸引客户,加强竞争力,品牌效应起着不可或缺的作用。对于建筑行业来说,打造绿色、可持续的品牌一方面顺应了潮流发展;另一方面通过对自身的转型升级来更好地与国际接轨,最终实现企业的可持续、绿色和健康发展。

资料来源:沈明勇. 基于国际经济合作的国有大中型建筑企业发展战略研究[J]. 现代物业,2019(10):253.

第一节　国际工程承包概述

一、国际工程承包的概念

国际工程承包(international contracting for construction)是指通过招标、投标或者其他途径,承包商负责承包兴建国外发包人所委托的工程建设项目,经过验收合格之后交付给发包人,从而获得报酬的一种国际经济合作活动。因此,国际工程承包是一个工程项目从咨询、投资、招标、投标、承包设备采购、技术培训到工程监理,各个阶段的参与者来自不止一个国家,并且按国际上通用的工程项目管理模式进行管理的工程。由此可见,国际工程承包包括:一国去国外投资的工程,一国的咨询和施工单位去国外参与咨询、监理和承包的工程以及由国外参与投资、咨询、投标、承包(包括分包)、监理的一国国内的工程。各国的投资公司、咨询公司、工程承包公司在本国以外地区参与投资和建设的工程的总和,就构成了世界全部的国际工程。

具体而言,国际工程承包是一个国家的政府部门、公司、企业或项目所有人(一般称为工程业主或发包人),以自己的资金、技术、劳务、设备、原材料和许可权等,承揽外国政府、国际组织或私人企业即业主的工程项目,并按承包商与业主签订的承包合同所规定的价格、支付方式收取各项成本费及应得利润的一种国际经济合作方式。

二、国际工程承包的主要当事人

国际工程承包涉及的当事人主要有工程项目的所有人(业主或称发包人)和承包商,业主主要负责提供工程建造所需的资金和酬金等,而承包商则负责工程项目的建造,工程所需设备和原材料的采购,以及提供技术等。

具体而言,国际工程承包的主要当事人有 3 个:业主(owner)、承包商(contractor)和工程师(engineer)。

业主是指建设单位,也称为发包方(promoter)。一般来说,业主是项目的发起组织者,负责项目的资金筹集和组织实施,也是项目的产权所有者。业主可以是政府部门和国有企业,也可以是各类私营公司。

承包商是指国际投标中标后,直接与业主签订工程承包合同,负责实施和完成合同中规定的各项任务(如工程实施、设备采购与安装、调试、维修等)的公司。业主可以将一个工程分成若干个分项工程,对外招标,分别与几个承包商签订合同,也可以将国际经济合作工程作为一个整体发包给一个承包商进行总承包。承包商通常在征得业主和工程师的同意后,可将一部分工程项目分包出去,并与分包商签订分包合同。

工程师也叫监理师。工程师受雇于业主,执行与业主所签合同中规定的各项任务(如可行性研究、设计、监理工程等),协议书中一般可以对工程师的权限范围进行具体的规定。

三、国际工程承包的具体内容

随着科学技术的进步和经济社会的发展,国际工程承包的内容日趋复杂,具体承包方式和合同种类日益多样化。国际工程承包的业务极为广泛,几乎遍及国民经济的每个部门,甚至进入军事和高科技领域,其规模更加庞大,分工越来越细。国际工程承包就其具体内容而言,大致包括以下几方面。

(1)工程设计。工程设计包括基本设计和详细设计,基本设计一般在承包合同签订之前进行,其主要是对工程项目所要达到的规格、标准、生产能力等的初步设计;而详细设计一般在承包合同的签订之后进行,其中包括机械设计、电器设计、仪表仪器设计、配套工程设计及建筑物设计等,详细设计的内容往往根据工程项目的不同而有所区别。

(2)技术转让。国际工程承包中往往涉及工程所需的专利技术和专有技术的转让问题。

(3)机械设备的供应与安装。工程项目所需的机械设备既可由业主提供,也可由承包商提供,还可由双方分别提供不同的设备,设备的安装主要涉及技术人员的派遣及安装要求等。

(4)原材料和能源的供应。原材料和能源的供应与机械设备的供应一样,既可由业主供应,也可由承包商提供,还可由双方分别提供不同的部分。

(5)施工。施工主要包括工程建造及施工人员的派遣等。

(6)资金。资金应由业主提供,但业主往往要求承包商提供信贷。

(7)验收。验收主要包括验收方法、验收时间和验收标准等。

(8)人员培训。人员培训是指承包商对业主派出的人员进行有关项目操作技能的培训,以使他们在项目建成并投入运营后,充分掌握该技术。

(9)技术指导。技术指导是指在工程项目建成并投入运营以后,承包商为使业主能维持对项目的运营继续对业主进行技术指导。

(10)经营管理。有些承包合同是属于 BOT 合同,即要求承包商在项目建成投产并经营一段时间以后,再转让给业主,这就使经营管理也成为承包商的一项重要内容。承包商不仅要使其各类人员和施工设备配套成为一条龙,还必须具有较高的组织管理水平和技术水平。

四、国际工程承包方式

(一) 总承包

总承包是指一家承包公司从外国业主那里独立承包某项工程,从投标报价、谈判、签订合同到组织合同实施的全部过程,其中包括整个工程对内和对外的转包与分包,均由承包商对业主(发包人)负全部责任。采用这种承包方式签署的承包合同也叫总包合同。在这种方式下,总包商对整个工程项目负责,工程竣工后,经业主验收才结束整个承包活动。工程建设所需的材料、设备、劳动力、临时设施等全部由总承包商负责。国际工程承包普遍采用这种总承包的方式。

(二) 单独承包

单独承包是指由一家承包商单独承揽某一工程项目。这种承包形式适用于规模较小、技术要求较低的工程项目。采用单独承包的承包商必须具有较雄厚的资金和技术实力。

(三) 分主包

分主包又称分项工程承包,简称分包。分包是指业主把一个工程项目分成若干个子项或几个部分(如房屋按基础结构、水电和室内装饰等),分别交由若干个承包商承建。分项工程承包商都直接与业主签订分包合同,向业主负责。在整个工程项目建设中,由业主或业主委托某个工程师,或业主委托某个分包商负责各分包工程的组织与协调工作。在分包条件下,业主分别与各承包商签订的承包合同叫分包合同或分项合同。

(四) 二包

二包是指总包商或分包商将自己所包的工程的一部分转包给其他承包商。二包商不与业主发生关系,只对总包商或分包商负责,但总包商或分包商选择的二包商必须征得业主的同意。总包商或分包商与二包商签订的合同叫二包合同。一般说来,总包商或分包商愿意把能发挥自己专长、利润较高、风险较小的子项目留下来,而把利润较低、施工难度较大、自己不擅长、风险较大的子项目转包出去。

(五) 联合承包

联合承包是指同一国籍或不同国籍的两家或两家以上的公司以合同方式组成联营或合营公司,各承包商分别负责工程项目的某一部分,以联合体的组织形式共同参加某工程项目的承包人资格审查、投标,中标后共同签约承建工程项目。联合承包一般适用于规模较大和技术性较强的工程项目。联合承包时,几个公司作为一个整体共同对业主负责。但是,就联合承包商的内部而言,在履约过程中各自负责内部协议所规定的责任范围,有比较独立的分工。联合承包商在工程结束后一般即解散拆伙。近年来,由于国际工程承包项目向高技术领域发展,有的规模巨大,单独一家公司难以完成,因此联合承包方式逐渐盛行起来。

（六）合作承包

合作承包是指两个或两个以上的承包商，事先达成合作承包的协议，各自参加某项工程项目的投标，不论哪家公司中标，都按协议共同完成工程项目的建设，对外则由中标的那家承包商与业主进行协调。

五、国际工程承包的特点

国际工程承包不同于其他的国际经济合作方式，具有其显著的特点，具体包括综合性强、合同金额大、工程期限长、严格按合同管理、风险与利润并存这五大特点。

（一）综合性强

国际工程承包是一项综合性输出，是商品、技术、劳务和资金的一起输出；每一个具体的工程内容也很多，有工程设计、技术转让、人员培训、物资供应、资金融通；国际工程承包涉及的学科也很广泛，需要工程技术、管理、法律、合同、金融、外贸、保险和外语等学科知识。

（二）合同金额大

由于国际工程承包的项目规模不断扩大，合同金额也越来越大，上百亿美元的工程已司空见惯。对合同金额大的项目，由于业主一时无法筹措到巨额资金，于是工程承包市场上出现了许多新的承包方式，如带资承包、实物支付以及近年来十分盛行的"建设—经营—移交"方式。

（三）工程期限长

工程期限通常为两三年，多的长达十几年。这一特点要求有关当事人充分考虑到工程期间可能产生的各种情况和遇到的各种问题。

（四）严格按合同管理

国际工程承包实质上就是围绕着"合同"两字展开的。由于是国家间的合作，不可能完全依靠行政手段来管理，而是要靠国际业已形成多年、行之有效的一整套合同管理办法。使用这套办法从工程准备到招标虽然花费的时间较多，但却为以后订好合同，从而在实施阶段严格按合同进行项目管理打下一个良好的基础。

（五）风险与利润并存

国际工程承包是一个充满风险的事业，每年国际上都有一批承包公司倒闭，但国际工程承包市场上也有相当的利润可赚，特别是那些技术含量高、工程规模大的项目，其经济效益非常可观。

第二节　国际工程承包的报价

一、国际工程承包报价的概念

在招标过程中，对于承包商来讲最重要的工作就是对工程的报价进行确认。报价也被称为估价或者做标，是指承包商在以投标方式承接工程项目时，以招标文件为依据，结合现场考察及市场所获得的信息，根据有关定额、费率、价格资料，计算确定承包该项工程的全部费用。报价正确与否,直接影响着承包商是否能中标以及盈利的大小。

二、报价的依据

报价的依据主要有招标文件、承包商自身的技术水平和经营管理水平、客观环境因素这三个方面。

(一)招标文件

招标文件对招标工程的具体情况以及招标人的要求做了详细的说明和规定,每一条说明和规定都涉及经济责任。因此,承包商在报价前应仔细研究招标文件,凡是由自己承担的风险费用,均要计算在报价之内,不可遗漏。特别要注意工期、付款条件、保函要求、税收、争议解决、法律规定、验收规范、施工要求、材料设备的要求、合同类型等方面的内容。

(二)承包商自身的技术水平和经营管理水平

承包商自身的技术水平和经营管理水平主要反映在各项定额、施工工艺和施工方法等方面。定额与成本有关,定额先进则成本低廉;先进的施工技术和施工方法不仅可以提高工效,降低费用,还可以缩短工期。

(三)客观环境因素

客观环境包括承包商所在国的国内环境、项目所在国环境以及有关的其他国家的环境;客观环境主要是指有关法律、法令、市场供应、运输条件、价格水平等。

三、报价的条件

报价是承包商投标的中心环节,是一项技术性较强的业务。报价过高,竞争力差,会失去中标的机会;报价过低,不仅使承包商无利可图,甚至亏本,而且也会使业主产生怀疑。因此,报价水平的确定应建立在科学的经济分析和经济核算的基础之上。为了达到既中标又赚钱的目的,承包商所报价格应当保持在一个合适的范围内。

合适的价格水平应满足以下四个条件:一是工程项目各项费用的计算应比较准确,高低适中;二是价格水平与承包商自身的技术水平和技术条件相适应;三是所报价格应根据国际市场行情变化而变化;四是所报价格与标底相近。只有满足了上述条件,报价才具有竞争力。报价的竞争力,是指一项工程的价格在投标中被业主认可并接受,并获得承包该项工程的可能性。因此,从某种意义上讲,报价的竞争力主要是指价格水平的高低。有的承包商虽然技术水平很高,能力很强,但若报价高,也不会中标。

四、投标价格构成

投标价格通常由直接费用(direct cost)、间接费用(indirect cost)和毛利(mark-up)三部分组成。

(一)直接费用

直接费用是指那些用于工程施工,并且能够直接计入各项工程造价中去的生产费用,包括人工费、设备材料费和施工机械使用费等。人工费是指直接从事施工的工人以及在现场直接从事制作构件和运料等辅助工人的基本工资、附加工资和各种津贴。管理人员、材料采购和保管人员、使用施工机械和驾驶运输工具的人员的工资不包括在人工费内。人工费占工程总造价的 20%～25%。设备材料费是指为实施工程所耗用的设备、材料、零部件、半制成品的费用以及周转性材料(脚手架)的摊销费。施工机械使用费是指在施工的过程中由于使用施工机械所发生的费用,即使用施工机械时的台班费和租赁费,其中包括机上人工费、修理维护费、动力燃料费、运杂费、安装拆卸费等。其他直接费用主要包括施工过程中所需要的水电费以及设备材料的二次搬运费等。

（二）间接费用

间接费用是指为组织和管理工程施工而发生的,但又不能直接计入各工程造价中去的综合费用,由于它无法直接计入某一特定项目,必须分摊到各个项目中去,故又称应分摊费用。间接费用主要包括投标开支费、保函手续费、保险费、各种税金、业务代理费、临时设施费、贷款利息、管理费用等。

（三）毛利

毛利包括利润和意外费用两部分。承包工程的目的是赚取利润,利润应根据不同情况来确定,一般以工程总费用为基础进行计算。意外费用亦称不可预见费或风险费用,是指为应付各种风险而发生的应急费用。意外费用的高低受到多重因素的影响,如合同形式、工程规模和施工难易程度、物价上涨水平、业主工程师的态度等。总之,意外费用的高低与施工过程中风险大小有关,而风险的大小又与预期利润有关。

综上所述,直接费用加上间接费用构成工程总费用,工程总费用加上毛利构成标价。

第三节　国际工程承包合同

一、国际工程承包合同的概念

工程承包合同又称工程承包契约,是业主和承包商为了确定各自应享有的权利与应履行的义务而订立的共同遵守的法律条文。工程承包合同是双方在合同实施过程中应遵守的行为准则,也是解决双方可能发生纠纷的基本依据,因而,应对双方当事人的权利与义务予以明确规定。合同一经签字,对双方都有法律约束力,违反者将受到处罚。

由于国际工程承包合同的当事人往往分属两个或两个以上的国家,因而每一方的经济活动既要受到本国法律的监督和保护,同时又要受到项目所在国法律的监督和保护。国际工程承包具有项目期限长、规模大、风险大等特点,这使得承包合同的谈判更为复杂。对于一个承包商来说,弄清合同的种类、内容和特点,对于正确履行合同、运用合同维护自己的正当权利,具有非常重要的意义。

二、国际工程承包合同的种类

从不同的角度进行划分,国际工程承包合同有不同的种类。

（一）按价格形式划分

按价格形式,国际工程承包合同可分为总价合同(lump-sum contract)、单价合同(unit price contract)和成本加酬金合同(cost-plus-fee contract)。

1. 总价合同

（1）总价合同的概念。总价合同又称总价不变合同，是指业主要求承包商按照规定完成全部工程而付给确定价款的合同。也就是说，业主支付给承包商的价款在合同中是一个确定的数目，承包商同意按照该数目履行规定的全部工程。总价合同是国际工程承包中应用较广的一种形式。

采用总价合同形式，无论承包商承担多大的风险或者获取多大的利润，业主和承包商最终以合同规定的总价进行结算。因而采用这种合同，承包商必须对发包工程的详细内容及各种经济技术指标进行深入研究，并把可能发生的费用计入工程报价，否则将会蒙受损失。

（2）总价合同的具体形式。总价合同包括四种不同的形式：①固定总价合同；②调整总价合同；③固定工程量总价合同；④管理费用合同。

（3）总价合同的优缺点。总价合同对当事人既有利又有弊。从业主的角度来讲，它可以在工程开工前确定工程的总造价，易于评标，便于项目的管理；在施工过程中，可以集中精力控制质量和工程进度；但业主需花大量的时间进行招标的准备工作。从承包商角度讲，承包商承担风险较大，因而在标价前应对一些不可预见的因素（如工资上涨、原材料价格上涨等）作出综合评价和判断。但采用这种形式，也可调动承包商的积极性，如其管理得好，就可获得高额利润。

2. 单价合同

（1）单价合同的概念。单价合同即单价不变的合同。这种合同固定了工程单价，而工程量仅是一个近似值，一般按实际完成的工程量结算，若实际完成的工程量与图纸中的工程量出入较大，承包商就可能在单价方面承担风险。因此，在订立合同时，应规定工程量增减的幅度。

（2）单价合同的形式。单价合同有估计工程量单价合同和纯单价合同两种形式。①估计工程量单价合同：估计工程量单价合同的合同价格是以工程量表为依据来计算的，合同中规定的单价乘以实际完成的工作量即为项目结算时的总价格。②纯单价合同：在纯单价合同中，招标人将工程项目分解为若干分项的工程，但是不对工程量作出任何规定，由投标人对各分项工程提出报价，经过竞争后确定的报价即为合同价格。

3. 成本加酬金合同

（1）成本加酬金合同的概念。成本加酬金合同也叫成本补偿合同（cost reimbursement contract）。在这种形式下，业主按实际成本另加一笔酬金的方式向承包商进行支付。当工程内容及其各项经济技术指标尚未全面确定而又必须发包时，一般采用这种形式。从客观上讲，这种合同有两个明显的缺点：一是招标人无法控制工程总造价；二是承包商对降低成本无兴趣。当然，总体上来讲，这种形式对承包商有利。为鼓励承包商降低成本，节约资金，业主可以在合同中订立一些补充条件。成本加酬金合同在战争时期或其他急需时被广泛采用。

（2）成本加酬金合同的形式。按酬金支付方法的不同，成本加酬金合同又分为成本加百分比酬金合同、成本加固定酬金合同、成本加奖金合同等几种形式。

上述三种合同形式的选择通常根据发包时设计文件的准备情况而定。一般来讲，设计可分为三个阶段,即概念设计(conceptual design)、基本设计(basic design)和详细设计(detailed design)。如果处于概念设计阶段,可选用成本加酬金合同;若处于基本设计阶段,可选用单价合同;若处于详细设计阶段,则可采用总价合同。

(二)按合同范围划分

按合同范围,国际工程承包合同可分为工程咨询合同(consultant contract)、施工合同(construction contract)、工程服务合同(engineering service contract)、设备供应合同及设备供应与安装合同(supply of equipment and supply of equipment with erection contract)、交钥匙合同和交产品合同(product-in-hand contract)。

1. 工程咨询合同

工程咨询合同即业主与咨询人(工程师或建筑师)签订的合同。这种合同是专业服务合同。咨询人(或称咨询公司)通常由工程业务不同的会员公司组成,各自承担不同的专业咨询业务。

工程咨询业务主要分为投资前研究(preinvestment studies)、项目的准备服务(preparation service)、工程实施服务(implementation service)和技术服务(technical service)四种。

2. 施工合同

施工合同亦称建筑合同,是业主与承包商签订的工程实施合同。许多国家都制定了本国的标准合同形式。

3. 工程服务合同

对于大型或复杂的工程项目,业主往往要委托工程公司、制造公司或生产公司负责有关工程服务工作,为此而签订的合同叫工程服务合同。此合同项下的工作与咨询合同的内容基本相同,但前者范围更广。

4. 设备供应合同及设备供应与安装合同

为了完成整个工程的设备部分,业主可以根据情况,签订四种范围不同的设备供应合同及设备供应与安装合同。

(1)单纯设备供应合同。这种合同属买卖合同,在这种合同下,业主和承包商属于买卖关系。

(2)设备供应与安装合同。在这种合同下,承包商以卖主的身份向业主出售和供应设备,同时承包商还须负责设备的安装服务。

(3)单纯安装合同。在这种合同下,承包商只负责为业主安装设备,这种合同属服务合同。

(4)监督安装合同。在这种合同下,业主自行安装设备,承包商(一般是设备的供应厂商)负责指导监督安装。

5. 交钥匙合同

交钥匙合同又称一揽子合同(all-in contract),是指承包商从工程的方案选择、建筑施工、设备供应与安装、人员培训直至试生产承担全部责任的合同。也就是说,承包商自始至终对业主负责。工程竣工后,承包商只要交给业主工厂的钥匙,业主开门即可正式投入生产。这种合同实际上是以业主为一方,以咨询人、设备供应厂商和土建承包商为另一方所签订的合同。承包工程的一方可以是一家公司,也可以是合资公司或集团。采用这种方式对于业主来讲,省时、省事,但费用过高;对承包商来讲,则有较大的主动权,可掌握项目的进展,但责任重大,对项目的履约保证程度较高,同时风险也较大。在交钥匙合同的基础上除去建筑施工部分就是半交钥匙合同(semi-turn-key contract),在这种合同下,总承包商只对建筑施工负监督责任。

6. 交产品合同

交产品合同亦称产品到手合同,是指在工程项目投产以后,承包商仍在一定时间内(一般为 1～2 年)继续负责指导生产、培训人员和维修设备,保证生产出一定数量的合格产品,并达到规定的原材料、燃料等消耗后才算完成任务,故又称为"保产合同"。这种合同形式是在交钥匙合同形式的基础上发展起来的,与交钥匙合同相比,这种合同下承包商的履约保证范围更大,要通过实际运转,而不仅是试运转和试生产。

(三)按承包方式划分

按承包方式,可以将国际工程承包合同划分为总包合同(principal contract)、分包合同(separate contract)和二包合同(sub-contract)。

1. 总包合同

总包合同是指承包商对整个发包工程负全部责任的合同。业主将全部工程发包给一个承包商,该承包商就是总承包商。总承包商对业主负全部责任,但它也可以把工程的一部分转包给其他的承包商。这种合同对业主来讲风险较小,由有经验的承包商负责管理,工程质量、进度得以保障;对总承包商来讲,有利于安排工程进度,提高工作效率,但要额外增加一笔管理费用。

2. 分包合同

分包合同亦称分项合同,是指业主将一个工程分为若干项目或部分,分别发包给几个承包商,各承包商同业主分别签订的合同。这里的各承包商称作分包商,各分包商之间是平等的关系,各自对业主负责,由业主负责工程的组织与协调。对业主来讲,每部分发包工程都可以找到合适的专业承包商,但由于同时有多家承包商,业主不易协调他们之间的关系。

3. 二包合同

总承包商或各分包商将自己所包工程的一部分转包给其他专业承包商,各专业承包商与总承包商或分包商签订的合同称为二包合同。二包商对总承包商或分包商负责,总承包商或分包商对业主负责。但二包商必须接受总承包商或分包商与业主所签合同的约束,同时二包商的选择要事先征得业主的同意。

三、国际工程承包合同的内容

国际工程承包合同的内容也被称为合同条款,是业主与承包商权利和义务的具体规定。对于合同内容无统一规定,合同双方可根据工程的实际需要商定,一些国际性组织和机构编制有标准合同(即范本),供业主和承包商选用。标准合同种类较多,目前国际市场上应用最为广泛的是由国际咨询工程师联合会(FIDIC)编制,并经过几个国际性组织批准的《土木建筑(国际)施工合同条款》。这个范本得到了世界银行的推荐。FIDIC 的合同条款主要由一般条款和专用条款组成,一般条款具有普遍性,适用各种项目;专用条款是一般条款的具体化、补充和修改,它根据工程的特点制定。

FIDIC 合同条款的主要内容包括以下几个方面。

(一) 合同范围

合同范围(scope of contract)条款一般包括两个方面内容:一方面规定承包商的责任范围;另一方面规定工程的范围。有时此项条款省略,写入其他有关条款中。

(二) 工程期限

工程期限(period of construction)即工期,是指工程从开工之日起到全部建成为止所需的时间。工期条款中要明确规定开工时间和竣工时间。如果承包商无故拖延工期,给业主造成损失,则要向业主支付罚款。

(三) 承包商的义务

承包商的义务(contractor's obligation)这一条款明确规定承包商应承担的义务。承包商主要的义务包括:按合同规定完成并维修该项工程,提交履约保函,提出工程进度计划,接受工程师的监督,执行工程师的命令,在工程师签发竣工证书之前照看工程,对工程进行保险,对二包商的工作负责。其中,最重要的义务之一就是按合同规定的工期和质量要求完成项目。

(四) 业主的义务

业主的义务(employer's obligation)这一条款明确规定业主应承担的义务。业主应承担的义务主要有:按合同规定支付工程价款,提供建设土地,负责工地的"三通一平",协助承包商办理施工机械、原材料、设备、生产用品的出入境手续,采取适当措施保护现场,派遣工程师及其代表等。

(五) 工程师及其代表

工程师及其代表(engineer and engineer's representative)这一条款明确规定工程师及其代表的职责。对工程师的职责一般规定如下:工程师与业主签订工程服务合同,在工程施工中,作为业主的代理人;但工程师在执行任务时,又处于独立的地位;工程师派驻工程现场的代表为驻地工程师;工程师应把委托给驻地工程师的权限,以书面形式通知承包商。

(六) 价格条款

价格条款(price clause)中应写明是总价合同、单价合同或是成本酬金合同,价格中是否包括税金,计价采用的货币,以及采用固定价格还是滑动价格等。

(七) 支付条款

支付条款(payment clause)包括支付方式和支付期限。国际工程承包经常采用银行保函和信用证办理支付,它们都属银行信用,风险小,收汇有保证。由于一些国家经济不景气,其常采用延期付款和实物支付工程款的方式。

(八) 误期罚款

误期罚款(liquidated damage)这一条款一般规定,承包商如不能按期完成工程建设,要被罚款。

（九）转包

转包（sub-letting）这一条款一般规定，承包商未经业主事先书面同意，不得转包工程的任何部分，同时，承包商选择的二包商还需要征得业主的同意。

（十）工程变更条款

工程变更条款（contract modification clause）一般规定，合同签订后，由于各种原因，在履行过程中，可能要做一些必要的修改。其主要原因是：当事人的要求、原图纸有误或意外事故等。不论何种原因引起的工程变更都必须由工程师以书面的形式下达变更命令。否则，承包商无权更改工程。工程变更必然会影响价格，当工程量变化超过一定的幅度时，应对合同价格进行调整。

（十一）承包商违约

承包商违约（default of contractor）这一条款，一般规定若承包商违反了合同中列举的事项，则应受到处罚，如承包商未经许可转包工程、无正当理由不开工、质量不合格等。在承包商违约时，业主有权没收承包商的履约保证金，并另雇承包商完成该项工程，有权免费使用工地上的施工机械并要求赔偿损失。

（十二）业主违约

业主违约（default of employer）这一条款一般规定，若业主未按合同规定履行义务，如干涉工程师签发各种证书、未按规定向承包商办理支付或处于破产停业清理等，承包商有权发出书面通知，甚至可以终止合同并撤离现场，同时还可要求业主赔偿由此造成的损失。

（十三）不可抗力条款

不可抗力（force majeure）条款一般规定，哪些事故属于不可抗力，如果出现了不可抗力的事故致使合同不能履行或不能如期履行的情况，相应可免除当事人的责任。

（十四）仲裁条款

仲裁条款（arbitration clause）一般规定，在合同实施过程中，业主和承包商之间如发生争端，应尽量通过双方协商或工程师调解解决；如经协商和调解仍无法解决，就可提交有关仲裁机构进行仲裁，仲裁的裁决对双方都有约束力。

（十五）验收条款

验收条款（acceptance clause）一般应订明验收的组织形式、验收方法和时间以及文件等内容。业主对承包商所提供的一切设备、材料、做工，经检查、试验、试生产后，认为完全符合合同的规定并表示满意，验收即为合格，验收合格的应发给合格证书。验收不合格的，如果责任在承包商一方，则承包商负责修补，直到合格为止。

第四节　国际劳务合作概述

国际劳务合作产生于第二次世界大战之后，是发生在主权国家之间的劳动力要素的流动，是国际经济合作的重要方式之一。当代国际劳务合作的广度和深度都有空前的发展。随着国际分工深化，劳务的输出与输入不断增加，目前已成为国际经济合作的一个重要组成部分。

一、国际劳务合作的概念和方式

劳务是指以提供活劳动的形式满足社会和他人某种需要并索取相应报酬的活动。

国际劳务合作是指一国(地区)的企业或个人通过某种特定形式向另一国(地区)的企业和个人提供各类劳务,并按合同要求进行的一种经济合作的新形式。它实际上是一种劳动力要素在国际上的重新组合配置。

从一般意义上理解,国际劳务合作是指劳务的国际流动,实际上是一种劳动力要素在国家间的重新组合配置,包括劳务的输出和输入,所以也可称为国际劳务贸易。劳务输出也称劳务出口,实际上就是劳动力的输出,是指拥有一定技能或符合国际劳动力市场需求的普通劳动者为获得各种形式的收益,出国从事各种形式的有偿服务,在人口学上叫"人口流动"或"有劳动能力的人口流动"。劳动力的流动一般是以实现其自身的价值增值为动力,并伴随着国际市场需求而产生的。输出劳务的国家称为劳务输出国。劳务输入也称劳务进口,是指一国从另一国进口劳务从事某项事业并支付报酬。输入劳务的国家称为劳务输入国。

根据世界贸易组织《服务贸易总协定》对国际劳务合作概念的界定,国际劳务合作在广义上应包括对外派出各种服务人员提供劳务,也包括境内对外劳务合作活动,如开展"三来一补"、国际旅游、医疗保健等服务。狭义的劳务合作主要是指对外派出人员提供劳务,向外国雇主收取工资或议定的服务费用;以服务成果(如承担地形地貌测绘、资源勘探、项目可行性研究、技术指导和培训人员、维修设备等)向境外雇主收取费用。在国际经济合作活动中,国际承包工程和劳务合作往往密切联系并相互交织,这两种活动由其性质和特点所决定,在实践中很难完全区分开来。

国际劳务合作有别于国际上的"难民""非法移民""奴隶贸易""苦力贸易",它是国际劳动力流动的组成部分,但不能概括所有劳动力在国际上的流动。国际劳务合作也不是国际移民活动。国际劳务合作与国际服务贸易还有一定的区别,国际劳务合作讲的是作为生产要素之一的劳动力要素在国际上的移动,是国际服务贸易的一部分。

从劳动力流动的角度可以将国际劳务合作分为以下两种形式。

(1) 境外劳务合作。境外劳务合作即劳动力跨国、跨地区提供劳务。

(2) 境内劳务合作。境内劳务合作就是劳动力不跨国、跨地区提供劳务合作,如国际旅游、国际金融服务、国际教育培训等。

目前,国际劳务合作主要采取以下几种方式。

(一) 通过国际工程承包的劳务合作

国际工程承包一般涉及考察、勘探、设计、施工、安装、调试、人员培训甚至经营等工作,这些工作需要承包商向业主所在国派出一定数量的施工、技术和管理人员。

(二) 通过技术和设备进出口的国际劳务合作

技术的出口国在向技术的进口国出口技术时,技术的进口国一般会要求出口国派出有关技术人员进行技术指导,或对进口国的有关技术人员进行培训,这种方式派出的劳务人员一般是技术劳务。

（三）直接输出输入劳务

有些国家通过签署合同的方式，直接向需求劳务的国家出口各类劳务人员，如医生、护士、海员、厨师、教师、体育教练员等。

（四）在海外投资设厂的国际劳务合作

一国的投资者在海外创办独资企业、合资企业和合作经营企业的同时，派出一些技术人员和管理人员，如果东道国允许，甚至还会派出一些普通工人。

二、国际劳务合作的形式

国际劳务合作从不同角度可分为若干种不同的形式，一般而言，主要有以下四种划分方法。

（一）按劳动力流动的方向划分

（1）劳务输出。劳务输出是指一国向其他国家或地区提供劳动力并收取外汇报酬的活动，它特指劳动力在境外短期居住并提供有偿服务，而非移民。无论是发达国家，还是发展中国家，都在开展劳务输出活动，但两者输出劳务创造的附加值水平有较大的差距。

（2）劳务输入。劳务输入即一国接受来自国外的生产技术和劳动的服务活动，各国总是根据自身的需要来选择一定的劳务人员输入，以达到或降低生产成本，或提高技术和管理水平，或完成某项工程建设的目的。

（二）按劳务合作发挥的作用划分

（1）生产型劳务合作。生产型劳务合作即一国向另一国的生产部门提供技术和劳动量务的活动。这主要是在工农业生产领域的劳务合作，如提供设计人员、工程技术人员、随工人员等，这些人员是在劳务输入国的物质生产部门作为生产要素之一发挥作用的，因而生产型劳务合作被称为"要素性劳务贸易"。

（2）非生产型劳务合作。非生产型劳务合作即一国向另一国的非物质生产领域和部门（比如，饮食业、旅馆、零售业、医院、保险业、银行、咨询业等）提供服务人员的活动，输出人员都从事非直接生产性的工作，故非生产型劳务合作被称为"非要素性劳务贸易"，其合作内容大多为提供服务性技术和管理的人员。

（三）按劳务合作的内容划分

（1）一般劳务输出。一般劳务输出即提供简单的劳动力服务，通常与国际承包工程结合在一起。

（2）特种劳务输出。特种劳务输出即提供某些特定行业和满足特定需要的专业劳务，如输出医生、护士、厨师、工程师等专业人员提供服务。

（3）技术服务输出。技术服务输出即派遣专家和技术人员到国外，与劳务输入国开展技术项目合作，或对劳务输入国进行技术诊断和技术指导。

（4）技术人员培训。技术人员培训即劳务输出国为工程所在国的技术人员和操作人员提供工艺流程和操作要领等方面的技术培训，还包括帮助工程所在国进行设备的安装、调试和维修等服务活动。

（四）按劳务输出的方式划分

（1）通过对外承包工程输出劳务。

（2）通过业主或第三国承包商开展工程劳务承包。

（3）通过对外直接投资进行劳务输出。

（4）政府或有关机构聘请的高级劳务。

（5）通过招工机构或雇主招募，根据劳务合同输出劳务。

三、国际劳务市场及其与商品贸易市场的区别

国际劳务市场是世界上从事劳务交易的场所。国际劳务市场是整个国际市场的重要组成部分，它对劳动力要素在国家间的流动起着非常重要的作用。经过 20 世纪五六十年代的孕育与发展，形成了西欧和北美两大国际劳务市场。随着 20 世纪 70 年代西方国家经济陷入滞胀和 80 年代的缓慢增长，以及中东国家石油收入的剧增，国际劳务市场已从只进行普通劳动力流动的西欧和北美两大市场，发展成为涵盖亚太、中东、西欧、北美、拉美和非洲并能提供多种劳动服务形式的多元化市场。20 世纪 90 年代以后，由于世界经济增长缓慢，各国的贸易保护主义日益加强，劳务市场上的竞争更加激烈。

国际劳务市场与商品贸易市场有很大的不同，其不同点主要表现在两个方面：一是交易的对象不同。商品贸易市场交易的对象是有形的，即有形的实物，故称之为有形贸易；而劳务市场上交易的标的是无形的，即非物化的活劳动，故称之为无形贸易。二是交易场所的设置不同。商品交换场所有很多是固定的，如各类商品交易所以及定期举办的展销会和贸易洽谈会等，而劳务市场一般没有固定的场所，经常是哪里有劳务需求，哪里就是劳务市场。

四、国际劳务合作的产生与发展

在人类社会发展史上，很早就出现了劳动力在各地区乃至各个国家间的流动，但由于当时生产力水平低下，交通工具极为落后，因而这种流动的规模和距离极其有限。伴随着资本主义生产方式的萌芽和形成，开始了国际大规模和远距离的劳动力流动。在 15 世纪哥伦布发现"新大陆"后，西欧国家在 300 多年中大量移民至北美，并且有不少欧洲殖民帝国还将非洲大量的黑人奴隶贩卖去美国。

在第一次世界大战与第二次世界大战期间，国际上正常的移民虽大为减少，但与战争有关的移民和国际劳务合作则有了较大的发展。到了第二次世界大战后，随着经济国家化趋势的不断加强，当代劳动力的国际流动更为频繁和扩大。

智研咨询发布的《2022—2028 年中国劳务派遣行业竞争现状及投资策略研究报告》显示，2020 年，中国对外劳务合作派出各类劳务人员 30.1 万人，较上年周期减少 18.6 万人，同比下降 38.19%；2021 年，中国对外劳务合作派出各类劳务人员 32.3 万人，较上年同期增加 2.2 万人，同比增长 7.31%。

总体来看，国际劳务合作产生与发展的动因可以归纳为以下几个方面。

（一）世界经济发展的不平衡性

从 19 世纪英国工业革命以来，世界经济发展的不平衡性是普遍的规律和特征，形成了发达国家和发展中国家两种国家类型。第二次世界大战后，世界经济发展的不平衡性

并没有消退,反而有所加重。发展中国家技术落后、资源有限、资金短缺,而人口却较多,受国内技术水平和产品销售市场所限,其国内的企业数量和工业规模也十分有限,这就造成了就业压力。而发达国家国家技术先进,工业规模十分可观;也有些国家凭借独特的矿产资源而大幅提高国民收入水平,如石油输出国家,因而劳动力的相对不足便显示出来,需要引进外籍劳务来弥补国内劳动力的短缺。因此世界经济发展的不平衡性是国际劳务合作的根本原因。

(二)经济生活的国际化

第二次世界大战以来,和平的国际环境使科学技术飞速发展,各国之间的经济关系也日益密切,谁都不能在封闭的状态下求得发展,各国为求得发展便开始了经济生活国际化的进程。即使最发达的国家也不可能做到在所有领域都领先,因而引进技术和技术劳务便成为其保持领先地位的一个重要途径。发展中国家也在逐步对外开放,融入经济国际化的潮流中,一方面允许其国内供应充足的要素性劳务输出海外,另一方面又从海外输入短缺的技术劳务。

(三)世界产业结构的调整和国际分工的深化

世界产业结构的调整和国际分工的深化促使资金、原材料、设备、技术在国际自由移动,发达国家往往还在输出大量过时技术的同时,带动了很多技术劳务和普通劳务的输出,以缓解国内的就业压力。而发展中国家引进技术发展经济的同时,需要外籍的技术劳动力对国内劳动力进行技术指导,以发展国内的落后产业或创建国内的空白产业。这些都推动了劳务输出。

(四)经济全球化

经济全球化是当今世界大转折中最突出的特征。经济全球化的迅猛发展已成为世界经济发展不可逆转的客观进程,它对世界各国的经济和社会生活产生了深刻的影响,同时也推动了当代国际劳务合作的发展,具体表现在以下三个方面:一是世界贸易的急剧增长。近年来,全球贸易的增长率始终高于生产的增长速度,说明世界经济对世界市场的依存度越来越大,各国的生产和消费相互联系、相互融合,而国际贸易是追求经济利益和财富的手段,也是促使服务贸易产生的重要前提,并将最终导致劳动力流动的产生。二是跨国公司的发展。跨国公司控制了全世界 1/3 的生产、2/3 的贸易、70% 的对外直接投资与 70% 以上的专利和其他技术转让,集资本、生产、贸易、技术于一体的跨国公司的蓬勃兴起,带动了当代国际劳务合作的发展。三是国际直接投资的力度加大。

自 20 世纪 80 年代以来,国际直接投资的增速高于国际贸易的增速,不但发达国家之间的相互投资在增长,而且发达国家与发展中国家、发展中国家之间的相互投资也在增长。国际直接投资使伴有企业经营控制权的生产要素或一揽子资源(如资本、劳动力、技术、管理和信息知识等)转移到东道国,从而促进了当代国际劳务合作的发展。

(五)科技国际化

自 20 世纪 50 年代以来,以微电子技术、生物工程、航天技术、新能源、新材料为代表的新技术革命方兴未艾。20 世纪 90 年代,信息技术、克隆技术等高新技术的发展,加快了科技人员的跨国流动。科技进步决定着社会分工的发展与深化,也决定着生产力的发展与提高,因而科技研究国际化趋势必然导致大量双边或多边政府之间国际科技合作协定的签订。从第三次科技革命发生以来,航天技术、计算机及计算机软件技术人员的需求急剧增加,生产力发展水平低的国家需要技术劳务,就连发达的工业化大国也需要技术劳务和专家,因此,为了加快自身的发展,重视并注意吸收科技人才已成为各国的一项重要策略,这种策略被执行必将加快技术劳务合作的发展。

(六)世界多极化

世界多极化是国际政治经济格局演变的必然趋势。苏联解体,"冷战"结束,世界格局出现的重大变化是:以美苏两个超级大国争霸为特征的两极格局完结,多种力量和谐并存以及国际新秩序逐步形成,世界正向着光明和进步迈进。多极化趋势的出现,促进了经济全球化朝着有利于实现共同繁荣的方向发展,从而也为当代国际劳务合作的发展提供了较为宽松和良好的国际社会环境。正如习近平主席在 2018 年中非合作论坛北京峰会开幕式上所做的深刻论述:当今世界正在经历百年未有之大变局。世界多极化、经济全球化、社会信息化、文化多样化深入发展,全球治理体系和国际秩序变革加速推进,新兴市场国家和发展中国家快速崛起,国际力量对比更趋均衡,世界各国人民的命运从未像今天这样紧紧相连。

目前来看,多极化趋势在全球或地区范围内,在政治、经济等领域都有新的发展,世界上各种力量出现新的分化和组合。大国之间的关系经历着重大而又深刻的调整。各种区域性、洲际性的合作组织空前活跃。广大发展中国家的总体实力在增强。多极化趋势的发展有利于世界的和平、稳定和繁荣。

(七)经济协调国际化

国际经济协调,是指为达到一定经济目的或解决共同面临的经济难题,不同国家(地区)、国家集团以及国际经济组织通过协商和会谈来制定共同的经济政策,并通过经济一体化组织、政府首脑会议及互访(或称经济外交)以及行业组织等形式,对国际经济关系进行联合调节。国际经济协调既是经济协调客观基础作用的结果,也是新的国际局势使然。国际劳务合作是一项全球性经济合作活动,它的开展和扩大往往要有关各方的经济组织或政府进行卓有成效的协调。

劳务合作各方经济状况、文化背景、劳工政策等方面存在着种种差异,因此,相互合作必然存在障碍,甚至会出现各种各样的劳工纠纷和劳务壁垒,这些摩擦和冲突需要加以及时的处理与解决,不然会阻碍国际劳务合作的进一步发展。因此,国际经济协调在全球经济化进程中的地位和作用显得越来越重要,它既是国际经济活动的"催化剂",也是当代国际劳务合作发展的"润滑剂"。

五、国际劳务合作对世界经济的影响

(一)促进了科学技术在世界范围内的普及

在劳动力转移过程中,有相当部分的劳动力是具有某种专业知识的,他们将其所拥有的技术带到世界各地,使输入国也能分享世界上最先进的技术所带来的效益。

(二)加深了生产的国际化程度

源源不断的劳动力转移使世界形成了庞大的劳动力市场,作为生产要素之一的劳动力要素在世界范围内进行配置。与此同时,技术劳务的转移有些是通过跨国公司的海外投资带动的,这不仅促进了劳务输入国的产业结构调整,也加深了生产的国际化。

（三）扩大了贸易的数量

技术劳务在国外提供各种技术服务时,往往要求技术输入国使用其母国的设备、原材料,或推荐具有国际先进水平的其他国家的产品,从而增加与扩大了国际贸易的数量和范围。

第五节　国际劳务合作合同

一、国际劳务合作合同的要素

一般而言,国际劳务合作合同包含以下几点要素:派遣的人员,雇主的义务和责任,派遣人的义务和责任,费用的构成,工伤、疾病和死亡,休假,工作中断,支付办法,工作条件,合同之外的工作,当地法律规章、安全条例,人员的更换和解雇,制裁,履约担保,转让,保密,争议的解决。

二、国际劳务合作合同的内容

（一）派遣的人员

要列明派遣人员的工种类型、人数、所要求的条件、工资及服务期限。

（二）雇主的义务和责任

雇主应适时向派遣人员发出通知,说明派遣人员应到达现场的预定日期,并协助办理有关手续(工作许可证、居留证等),做好一切工作前的准备,提供办公及生活设施,提供翻译,并采取有效的措施,防止意外事故的发生。

（三）派遣人的义务和责任

派遣人应在人员派遣之前一个月内向雇主提交派遣人员姓名、出生年月、护照号码等有关入境所需的资料,自费办理出境手续,并及时通知派遣人员的出发日期。派遣人应按规定选择合格的人员,并对自己的过失向雇主承担责任。

（四）费用的构成

(1) 基本工资。一般按月付酬,也有按日或小时付酬的。

(2) 每月津贴。派遣人员自离开本国国境之日起直至回国之后为止,应付给每月津贴。

(3) 工作时间和报酬。工作时间可规定每月工作多少天,或每周工作多少天,或每天工作多少小时,并规定公休日。

(4) 加班加点。加班加点包括正常工作日的加班加点和节假日的加班加点两种,其费用另付。

(5) 窝工。任何不属派遣人员的责任造成的窝工,应按正常工作时间付酬。

(6) 旅费。雇主应负担国际旅费、工作往返交通费以及回国探亲休假往返旅费。

（五）工伤、疾病和死亡

(1) 医疗。雇主应向派遣人员提供医疗保障。

（2）遣送回国。若因病需回国治疗者，雇主应负担费用并以最快的方式将病人送回国。若病人自己要求回国，则不应由雇主负担。

（3）替换人员。若因派遣人员死亡或生病不宜工作达 4 个星期以上者，派遣人应自费提供替换人员。

（六）休假

派遣人员在合同期间连续工作 1 年以上者，应有一次回国探亲 1 个月的假期，费用由雇主负担。

（七）工作中断

若工作是由于非派遣人的原因和不可抗力的原因而中断的，则雇主有权要求派遣人撤回人员，由雇主负担费用。派遣人的撤回并不意味终止合同。若中断期太长，使订立合同的基础发生了根本性的变化，则任何一方都有权终止合同。

（八）支付办法

明确规定支付货币，规定雇主在收到派遣人有效发票后一定时期内必须办理支付，派遣人向雇主提供工作时数和加班的发票后，雇主在现场的主管人应对其进行核对。否则，就认为发票是正确无误的。

（九）工作条件

雇主应为派遣人员提供良好的工作、生活环境和医疗条件。若雇主未能提供上述条件，派遣人在不损害其享有的权利的条件下可拒绝工作。

（十）合同之外的工作

未经派遣人的同意，雇主无权使用派遣人员从事与合同无关的工作。

（十一）当地法律规章、安全条例

雇主应帮助派遣人获得对工作适用的当地法律规章等资料，并将有关派遣人员必须遵守的安全条例通知派遣人。

（十二）人员的更换和解雇

对不称职的，或触犯所在国法律的，或违反工作纪律的，或不尊重当地风俗的派遣人员应予以更换和解雇，其费用由派遣人负担。

（十三）制裁

派遣人或雇主不履行合同规定的义务，均应受到惩罚。

（十四）履约担保

派遣人应在规定的时间内，向雇主提供经有关银行开具的履约担保。其金额一般为合同额的 5%～8%。

（十五）转让

未经雇主同意，派遣人不得将合同的全部或部分转让给他人。

（十六）保密

雇主和派遣人都应对合同条款的内容保密，派遣人员应遵守工作现场的保密制度。

（十七）争议的解决

在履约过程中，若双方发生争议，应首先通过双方友好协商或第三者调解。当上述方法不能解决问题时，可采用仲裁的方法来解决。为此，双方需在合同中订立仲裁条款。

 案例分析

国际经济合作的理论与实践——新疆对外工程承包发展现状分析

复习思考题

1. 国际工程承包的方式有哪些？
2. 国际工程承包的特点有哪些？
3. 国际工程承包的投标价格由哪几部分构成？
4. 国际工程承包合同的种类有哪些？
5. 国际劳务市场与商品贸易市场的区别在哪里？
6. 简述国际劳务合作对世界经济的影响。

即测即练

第十章

国际租赁

学习目标(teaching objectives)

本章侧重介绍国际租赁的概念及特点,让学生们通过本章的学习,尽可能多地了解现代租赁业在国际经济合作中的作用,熟悉有关租赁方面的国际法规以及租金的计算方式。

1. 重点掌握国际租赁合作的概念及特点;

2. 理解国际租赁合作的主要方式;

3. 了解国际租赁合作的合同内容;

4. 了解国际租赁合作的运作程序。

关键概念(key concepts)

国际租赁(international leasing)　　融资性租赁(financial lease)

售后回租(sale and lease back)　　经营性租赁(operating lease)

杠杆租赁(leveraged lease)　　综合租赁(comprehensive lease)

维修租赁(maintenance lease)　　国际租赁贸易(international lease trade)

出租人(leaser)　　承租人(leasee)

 开篇案例

全球租赁业竞争力论坛峰会探索行业高质量发展新路径

2021年12月22日,由全球租赁业竞争力论坛、中国·东疆租赁产业(人才)联盟主办的2021年(第八届)全球租赁业竞争力论坛峰会在天津举办。

探索新格局下租赁业高质量发展之路

据了解,此次峰会以"融入产业链,擘画新租赁"为主题,探索租赁业可持续发展道路,以理性、建设性态度促进融资租赁业健康发展。为期两天的峰会,设置主旨演讲、两场高峰圆桌及7场平行论坛,来自政府、银行、制造厂商、头部金融租赁公司、融资租赁公司的主要负责人出席,并在峰会期间就不同主题做发言。

"碳达峰"、"碳中和"、绿色发展、高质量等话题成为此次论坛上的热词。"随着我国科技创新、'双碳'工作的深入推进,企业相关设备投入继续加大,融资需求快速增长。租赁公司融资与融物相结合,开展设备租赁业务,既能有效降低企业的融资门槛,为企业提供更加灵活方便的金融服务,又能回归租赁本源的发展要求,迎来更大的发展机遇。"

有业内人士表示,"碳达峰""碳中和"已成为我国中长期发展的重要框架,并带来广泛而深刻的经济社会系统性变革。产业结构调整为融资租赁行业带来了广阔的市场空间和庞大的客户群体。招银租赁党委书记、总裁张连怀在论坛上表示,随着我国经济由高速发展阶段切换到高质量发展阶段,经济发展也将呈现出更绿色、更开放、更创新、更公平、更市场化的特征。对于金融租赁行业来说,整个行业也告别了粗放式增长阶段,进入高质量发展阶段。

也有业内专家认为,在新业务、新领域,面对复杂多变的经济环境和产业结构调整需求,融资租赁企业的行业和投资研究能力面临严峻考验。应当持续完善风险防控体系,严把项目准入关,严控不良资产,强化监督检查,加强风险过程管控和协同处置。走专业化发展之路,精准理解市场环境,深刻认识国内外产业链的发展趋势,积极把握经济形势和政策导向,持续加强行业分析和产品研发,集中力量发展拥有比较优势的专业领域,不断增强企业的核心竞争力。

东疆持续引领全国租赁业创新发展

融资租赁是天津的特色金融业态,在2021年发布的《天津市金融业发展"十四五"规划》中,天津市明确表示,要"打造国际一流国家租赁创新示范区"。剑指"国际一流",滨海新区乃至天津市正加速打造良好的融资租赁发展环境,更好地发挥租赁服务实体经济作用。

同时,在滨海新区,实体经济优势为租赁业发展提供天然沃土,租赁企业从"保链""接链""促需""护企"等多个角度精准融入,业务延伸到制造、销售、服务等环节,累计为千余家新区企业提供租赁服务,金额超过千亿元。特别是东疆率先探索实行融资租赁物的出口退税、经营性租赁收取外币租金、海关异地监管等创新政策,区域内租赁资产规模已经超万亿元,是全球第二大飞机租赁聚集地,创造了业界认可的"东疆模式"。

资料来源:张广艳.全球租赁业竞争力论坛峰会探索行业高质量发展新路径[N].滨城时报,2021-12-23.

第一节 国际租赁概述

一、国际租赁的概念

国际租赁(international leasing)也称跨国租赁或者国际租赁贸易(international lease trade),是指分居不同国家和地区的出租人与承租人之间通过订立租赁契约,出租人以收取一定数量的租金为代价,把物品交给承租人在一定期限内专用的一种贸易方式,是一种灵活地利用外资贸易的方式。

承租人向出租人租借设备进行以生产经营为主要目的的生产,承租人一般以企业用户为主,拥有租赁设备的使用权,出租人享有法律上的设备所有权。国际租赁是在国内租赁的基础上发展起来的。在目前的国际租赁市场上,租赁物非常广泛,包括交通设备、开发资源的设备、通信器材、基建设备以及工业机械等。

与传统国际租赁不同,现代国际租赁是以金额巨大的机器设备、飞机、船舶等为出租对象,以融资为目的。其主体既可以是个人和企业,也可以是国家政府和国际组织。现代国际租赁实际上是企业进行长期资本融资的一种手段。由于租赁公司提供以"融资"代替"融物"的服务,企业在获得使用权的同时,实际上减少了长期资本的支出,并能将其有限的资金用于其他短期业务的支出。因此,租赁融资已经与银行借款、公司债券和分期付款等长期信贷方式一起成为金融大家族中的一员。

二、国际租赁的特点

国际租赁是跨越国境的租赁交易,出租人和承租人分属不同的国家,因此,国际租赁业务具有如下特点。

(1)国际租赁的双方一般是不同国籍的当事人,国际租赁是超越一国的租赁业务。

(2)出租人以信贷方式取得利润,由承租人向其交付租金。租金按规定分期支付或递减支付。

(3)国际租赁的物品所有权归属于出租人,而承租人在规定期限内只有对租赁物品的使用权。

(4)国际租赁的物品在协议期满后应退回出租人,但一般都以"对价"(consideration)的方式,即由承租人支付很少的金额获得租赁物品的所有权。

具体到现代国际租赁,它既不同于销售、分期付款和租用,也不同于古代租赁和近代租赁。由于现代租赁是以融资为主要目的,因此,它具有以下几个特征。

(1)现代租赁是以融资和融物相结合,并以融资为主要目的的经济活动。近代租赁的承租人只是为了获取租赁物的使用权,到期偿还,对租赁物的所有权则不感兴趣。在现代租赁业务中,出租人按承租人的需要购得设备后,再将其出租给承租人使用,目的在于收取超过贷款本息的租金,这实际上是出租人的一种投资行为。而承租人则通过取得设备的使用权,解决其资金不足的问题,并用租来的设备生产出具有高额利润的产品来偿还租金。租赁的设备在使用一段时间后,可以将其退回、续租或留购。在现代租赁合同中,租期往往与租赁物的寿命一样长,这就等于将所有权引起的一切责、权、利转让给了承租人,实际上已变成了一种变相的分期付款交易,即融资与融物相结合。这表明,承租人的目的不仅是在某一段时间内使用该物品,而且还想以此为融资手段占有该物品。

(2)承租人对租赁物的所有权和使用权是分离的。现代租赁虽然在租期结束时,出租人和承租人可能具有买卖关系,或在租期未到之前就已含有买卖关系。但在租期内,由于设备是由出租人购进的,设备的所有权仍属于出租人,承租人只是在按时支付租金并履行租赁合同各项条款的前提下,对所租设备享有使用权,而不存在所有权。

(3)一笔租赁业务往往存在两个或两个以上的合同,并涉及三方或更多的当事人。在现代租赁活动中,有些租赁方式往往要在一笔租赁交易中签订两个或两个以上的合同。例如,融资性租赁至少涉及三方当事人,即出租人、承租人和租赁物的供货商,并由出租人与承租人签订一个租赁合同及由出租人与供货商签订一个购货合同。如果出租人需要融资,那不仅涉及银行或金融机构,还需要由出租人与银行或金融机构签订一个贷款合同。

(4)承租人有选择设备和设备供货商的权利。在现代租赁业务中,承租人租赁的设备往往是根据承租人提供的型号、规格、技术指标和性能购置的,甚至连提供设备的供货商及购买设备的商务条件都是由承租人指定和商定的。

三、国际租赁的当事人

（一）出租人

出租人（leaser）是指在合同约定的时间内，把其物品出租给他人使用，以期获得一个固定收益的机构。目前，经营租赁业务的机构有如下几种。

（1）专业租赁公司。专业租赁公司有的只经营某一类商品，如电视机、小轿车、拖拉机、车床等；有的经营一大类定型商品，如纺织设备、机械设备、建筑设备等；还有多种经营的租赁公司，出租各种类型的、技术复杂并附有技术资料的设备。

（2）银行、保险等金融公司。它们以雄厚的资金进入租赁业务领域，给租赁公司提供贷款，有的银行自设租赁公司。

（3）融资租赁公司。它们有别于专业租赁公司，只从事租赁的资金融通业务，只限于接受承租人的请求，向制造厂商购买机器设备，并运交租赁的机器设备。这种情况下，承租人与制造商不发生直接的关系。

（4）制造厂商租赁部门。发达国家的大工业制造商，为了出租其生产的机器设备，多在工厂内设立租赁部，或设立附属于其、在法律上完全独立、在会计上有独立核算账户的租赁公司。

（5）经销商、经纪人。它们本身并不经营租赁业务，只是代表出租人或承租人寻找交易对象，并代表委托人与对方磋商租赁条件，促成交易，从中收取佣金。

（6）制造厂商和大的租赁公司与供应资金的银行或其他金融机构联合组成的多边租赁联营或卡特尔等垄断组织。这些垄断组织是为了保证公司能参与开拓国外的租赁市场。

（7）国际性租赁组织，如美国、英国、德国、意大利、日本、加拿大等国联合组成的东方租赁控股公司。

（二）承租人

承租人（leasee）是指向出租人租用其物品者。其在合同约定的租期内交纳一定的租金，以此来获得租赁物品的使用权。承租人在租赁期内应在合同规定的地区和固定企业使用机器设备；如需转移该项租赁物，应事先通知出租人，妥善保管设备，并按技术规则操作使用；未经出租人书面同意，不得改动租赁设备的结构，在设备使用过程中所发生的一切与设备有关的问题，应及时向出租人报告；对租赁设备的性能和技术资料予以保密，不得泄露租赁设备的构造和使用特点，以保障设备所有人的利益。

（三）供货人

供货人是租赁标的物的生产者或者其他供应商。出租人一般从供货人那里购进货物，然后由供货人直接将货物交付给承租人使用。

四、国际租赁的产生与发展

租赁业务的历史可以追溯到原始社会末期，在漫长的发展过程中，租赁业经历了古代租赁、近代租赁和现代租赁三个发展阶段。

古代租赁出现于原始社会末期，其具体表现为一些富人出租其工具、牲畜、货物乃至人,以获取租金。公元前 3000 年前,腓尼基人开始租赁船只。巴比伦王国曾在公元前 1750 年通过了一项立法,规定个人资产也可以进行租赁交易。古代租赁实际上是一种实物租赁,它是以获取租赁物的使用价值为目的、以支付一定的报酬为前提的。

近代租赁开始于 18 世纪中叶,它是随着欧洲工业革命的开始而发展起来的。其租赁物主要为船舶、制鞋机、缝纫机、电话等设备。但租赁的目的仍然只限于使用设备本身,并且只租不售。

现代租赁则起源于第二次世界大战后的美国,其标志是美国在 1952 年创立了世界第一家专营租赁业务的企业——美国租赁公司(现更名为美国国际租赁公司),该公司开始了真正意义上的集融资与融物于一体的租赁业务。融资与融物相结合实际上是现代国际租赁业的特征,此后,集融资与融物于一体的融资租赁方式被其他发达国家效仿。进入 20 世纪 70 年代,银行开始参与租赁业务。从 20 世纪 80 年代起,发达国家的租赁业进入成熟期,其租赁物主要包括飞机、汽车、计算机、无线电通信设施、工业机械与设备、医疗设备、废物处理设施、家具和办公用品等,而且发展中国家也开始将租赁业作为一种融资手段,如 1994 年巴西一家航空公司从美国、日本及欧洲以融资租赁的方式租进了 60 架飞机。

伦敦金融集团(London Financial Group)的《全球租赁报告》(*Global Leasing Report*)已有多年研究世界范围租赁市场的经验,每年它都将所收集到的世界主要国家和地区租赁业的规模、增长率和市场渗透率数据进行比较,并发表在《世界租赁年报》(*World Leasing Yearbook*)中。《2022 世界租赁年报》显示北美、欧洲和亚洲仍是全球最主要的租赁市场,截至 2020 年底,三个地区的新增业务额总和占全球的 96.5% 以上。其中,北美地区的业务下降了 36.7%,欧洲地区的业务下降了 37.5%,亚洲地区由于中国大陆、中国台湾和韩国市场的出色表现,业务额不降反增,增幅达到 13.0%。另外,南美洲地区融资租赁行业发展迅速,较 2019 年增长了 10.5%。

按照租赁年报的编制惯例,2022 年的报告披露的是截至 2020 年底的数据。2020 年,新冠肺炎疫情迅速蔓延,扰乱了世界经济运行的正常秩序。然而,面对挑战,全球租赁业依然表现出顽强的韧性,2020 年全球租赁业新增业务额为 13 381.9 亿美元,比 2019 年的 13 623.8 亿美元仅下降了 1.8%。

中国作为全球第二大租赁市场,2020 年融资租赁新增业务额 3 004 亿美元,增幅达 12%。对比世界其他国家受疫情影响经济动荡下行,中国经济表现强劲,足以彰显其经济发展的雄厚实力。

五、国际租赁的作用

国际租赁是一种融资与融物相结合的中长期信贷方式。它对承租人、出租人、制造商和金融机构等租赁市场上的参与者以及租赁物的进出口商来说,与简单的商品买卖相比均有较大的益处,具体体现在以下几个方面。

(一)降低了企业的生产成本

很多发达国家都对租赁设备采取了一定的鼓励措施,如税收减免和加速折旧,只能将所付利息计入成本,本金的归还是不能免税的。此外,出租人由于能从其应税收入中抵免设备的投资支出,从而大大降低了其购买成本,使承租人以租赁方式获取设备的成本比购买方式更低成为可能。鉴于出租人将其投资和加速折旧的部分好处给了承租人,以及承租人本身享有的优惠,采用租赁比采用借款购买设备的成本要低得多。

(二)加快了设备的引进速度

在企业缺乏资金购买设备的情况下,申请各种形式的贷款往往手续复杂,如提供担保或进行资信调查,有些贷款还需借款国政府出面商谈或提供担保以及审批等。这往往需要很长时间,有的甚至长达1~2年。如果采用租赁方式,设备和供应商可由承租人指定,设备的引进一般由租赁公司包办,这就大大节省了设备的引进时间。

(三)促进了销售

在租赁方式下,由于承租人的租金是分期支付的,再加上享有税收和折旧的优惠,以租赁方式购买设备比贷款购买设备便宜,这就增加了社会购买力,实际上是增加了销售量,即可以依靠租赁方式来维持商品的销售。

(四)加强了设备的有效利用

对出租人来说,将自己闲置不用的设备或本国已经淘汰的设备出租给其他需要设备或经济不发达的国家,会使一些已无任何价值的设备仍然可以产生经济价值。

(五)增加了利用外资的数量

国际上所采用的利用外资的方式很多,但是,在很多方面都有所限制。政府贷款虽然条件比较优惠,并且往往与项目相联系,但均有限制性的采购规定,金额也不会太大。出口信贷不仅限定购买的商品,而且只贷给购买设备合同金额的85%。商业贷款虽然也能得到购买设备所需的100%的贷款,但是,往往以各种形式的抵押作为贷款条件。因此,相比而言,采用租赁的方式,不仅可以使得承租人享有购买设备所需资金的100%的融资,而且国际货币基金组织一般不把租赁货物视为承租人所在国的对外债务,因此,不会影响该国从其他途径筹集资金,这实际上增加了利用外资的数量。

(六)避免了通货膨胀造成的损失

在当今世界,通货膨胀已经成为一个普遍的现象。由于租赁设备的租金是固定的,即使以后物价上涨,承租人仍然可以以签订租赁合同时的货币价值支付租金,这就避免了由于通货膨胀而给承租人造成的损失。

(七)减少了投资风险

在国际租赁期间,由于承租人对租赁设备不具有所有权,当承租人不能按时支付租金时,出租人有权收回租赁物。而在贷款的情况下,当债务人不能偿还债务时,债权人只能通过法律程序起诉,当债务人的资产和资金不足以偿还债务时,债权人只得自认倒霉,这说明租赁融资的风险小于贷款风险。此外,由于承租人可以在租期结束后将租赁的设备退还给出租人,这也使得承租人避免了借入巨资购买的设备在使用几年之后弃之无用或者设备过时而需要更新所产生的损失。

第二节　国际租赁业务的具体方式

随着科学技术的进步和经济的迅速发展,各国的租赁公司为了满足不同状况客户的需求及适应不断变更的经营环境,以增强自身的竞争能力,采用或创立了迎合当前国际市场需求的各种租赁方式。因此,掌握现代国际租赁业务的主要方式对于准确把握现代国际租赁业的基本特征及法律性质有着非常重要的现实意义,以便对现代租赁业务中所出现的争端进行公正的仲裁,而不为现代租赁业中的各种具体形式所迷惑。

根据租赁的目的、业务程序以及出租人收回投资的方式的不同,现代租赁主要分为经营性租赁(operating lease)、融资性租赁(financial lease)、杠杆租赁(leyeraged lease)、售后回租(sale-leaseback)、综合租赁和维修租赁。

一、经营性租赁

(一)经营性租赁的概念

经营性租赁亦称营业性租赁,是指出租人根据市场需求购进通用设备,通过不断出租给不同用户使用而逐步收回租赁投资并获得相应利润的一种租赁形式。出租人负责提供设备的保养、保险、维修和其他专门性技术服务,并承担设备过时的风险。

经营性租赁适用于专业性较强、需要精心保养和管理、发展较快而且是承租人自己进行保养和维修有一定困难的设备,如计算机、科学仪器、工业建筑设备等,也可以是市场上有普遍需求的小型设备和工具,如汽车、照相机、摄像机、录像带等。

(二)经营性租赁的特点

1. 租期较短

经营性租赁以满足用户短期需要为主,租期一般远远短于设备的使用寿命,大多在3年以下,短于租赁物件的折旧年限,中途可以解除合同。

2. 租金较高

经营性租赁的出租人要向承租人提供各类专门服务,如设备的维护与保养,并承担设备过时的风险。经营性租赁的租金要高于其他租赁的方式,因为出租人一般会负责设备的保养维修,租金包括这项费用。

3. 非全额清偿

在经营性租赁方式下,出租人的投资回收来源于不同的承租人在每一租期内所缴纳的租金之和,因此,其投资回收表现为非全额清偿的特点。

4. 只涉及两方当事人

经营性租赁的当事人为两方,即出租人和承租人,作为出租人的租赁公司购买设备的过程是独立行为,一般与承租人无关。因此,经营性租赁的关系简单,只涉及两方当事人,只签订一个合同,即租赁合同。

5. 租赁对象多为有一定市场需求的通用设备

因为出租人不能从一次租约中收回成本和赢得利润,而要通过多次出租给不同的用户来达到收回成本和赢得利润的目的,因此,出租人购置的用来出租的设备多为具有普遍需求的通用设备。

同时,经营性租赁所出租的设备物件一般属于:需要高度保养管理技术的;技术进步快的;泛用设备或者机械等。承租人使用这种设备一般期限较短,租进而不购买,一是为了避免资金积压,二是为了防止技术落后。

扩展阅读 10.1 完善监管规制 促进金融租赁公司业务持续稳健发展

6. 出租人始终拥有租赁物的使用权,并且承担有关的一切利益与风险

因为所有权不可转让,所以出租人始终拥有租赁物的使用权,并承担有关的一切利益与风险。与此同时,租赁期满后,承租人对租赁设备只有退租和续租两种选择。另外,承租人可根据自身的需要,在租赁交易到期之前,通过一定的手续,提前终止合同。

(三) 经营性租赁的基本交易程序

经营性租赁的基本交易程序如图 10-1 所示。

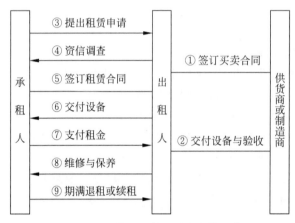

图 10-1　经营性租赁的基本交易程序

资料来源:卢进勇,等.国际经济合作[M].北京:机械工业出版社,2013.

二、融资性租赁

(一) 融资性租赁的概念

融资性租赁也称金融性租赁或购买性租赁,是指出租人根据承租人的请求及提供的规格,与第三方(供货商)订立一项供货合同,根据此合同,出租人按照承租人在与其利益有关的范围内所同意的条款取得工厂、资本、货物或其他设备(以下简称"设备"),并且出租人与承租人订立一项租赁合同,以承租人支付租金为条件,授予承租人使用设备的权利。因此,融资性租赁是承租人指定设备及生产厂家,委托出租人融通资金购买并提供设备,让承租人使用并支付租金,具有融资、融物双重职能的租赁形式。租赁期满,租赁设备通常有三种处理方法,即退租、续租和转移给承租人。

目前,融资性租赁已成为国际上应用最为广泛的融资方式,其实质是租赁公司给予用户的一种中长期信贷,出租人支付了全部设备的价款,相当于对企业提供 100% 的信贷,具有较浓厚的金融色彩。由于在融资性租赁期间,出租人通过收取租金的形式收回购买设备时投入的全部资金,包括设备价款、利息和利润,所以,融资性租赁又被称为完全支付租赁。融资性租赁适用于价值较高和技术较先进的大型设备,如大型电子计算机、施工机械、生产设备、通信设备、医疗器械、办公设备等。在现代租赁业务中,融资性租赁是最基本的租赁方式。

（二）融资性租赁的特点

1. 至少涉及三方当事人和两个合同

融资性租赁是一项至少涉及三方当事人（出租人、承租人和供货商），并至少由两个合同（买卖合同和租赁合同）构成的自成一类的三边交易。这三方当事人相互关联，两个合同相互制约。

2. 承租人自行选定设备和供货人

在融资性租赁方式下，拟租赁的设备由承租人自行选定，出租人只负责按用户的要求给予融资便利、购买设备，不承担设备缺陷、延期交货等责任和设备维护的义务，承租人也不得以此为由拖欠和拒付资金。

3. 全额清偿

出租人在基本租期内只将设备出租给一个特定的用户，可在一次租赁期限内全部收回投资及合理的利润。或者承租人在租约期间分期支付的租金数额，足以偿付出租人为购置设备的资本支出并有盈利，美国称之为"完全付清"的租赁。

4. 租期内合同不可撤销

对承租人而言，租赁的设备是承租人根据自身需要自行选定的，因此承租人不能以退换设备为条件提前终止合同。对出租人而言，因设备为已购进商品，所以不能以市场涨价为由在租期内提高租金。租赁合同一经签订，原则上承租人不得解除租约。总之，一般情况下，租期内租赁双方无权终止合同。

5. 设备的所有权与使用权长期分离

租期内设备的所有权在法律上属于出租人，而经济上的使用权则属于承租人。

6. 承租人承担风险

在融资性租赁方式下，设备的保险、保养、维护等费用及设备过时的风险均由承租人负担。租期结束时，承租人对设备拥有留购、续租和退租三种选择权。在大多数情况下，承租人以一定名义支付较小数额的费用取得出租物的所有权作为固定投资。

7. 制造商提供的设备由承租人负责检查，并代出租人接受该项资产，出租人对设备的质量与技术条件不予担保

与经营性租赁不同，在融资性租赁方式下，制造商提供的设备由承租人负责检查，并代出租人接受该项资产，而在整个过程中，出租人对设备的质量与技术条件不予担保。

8. 租赁期满，承租人拥有对租赁物的处置权

与经营性租赁不同，融资性租赁的承租人在租赁期满后可拥有对租赁物的处置权。

9. 出租人可以在一次租期内收回投资并获得盈利

根据融资性租赁的定义，出租人支付了全部设备的价款，相当于对企业提供100%的信贷，因此，出租人可以在一次租期内收回投资并获得盈利。

（三）融资性租赁的基本交易程序

融资性租赁的基本交易程序如图10-2所示。

（四）融资性租赁和经营性租赁的区别

1. 租赁业务的性质、本质不同

经营性租赁和融资性租赁是租赁业务中的两种主要形式，经营性租赁是指由出租人

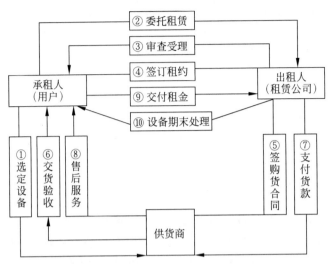

图 10-2　融资性租赁的基本交易程序

资料来源：公言磊.融资租赁在我国的应用研究[M].大连：东北财经大学出版社,2007；江沿,孙雅玲,黄锦明.国际经济合作[M].北京：清华大学出版社,2018.

向承租人提供租赁资产,并提供资产维修、保养和人员培训的一种服务性业务,又称服务性租赁。因此,经营性租赁具有服务业的性质。而融资性租赁是由出租人(或租赁公司)按照承租人(或承租企业)的要求融资购买资产,并在契约或合同规定的较长时期内提供给承租人使用的信用业务,因此融资性租赁具有信用业务性质,在租赁期内出租人一般不提供维修和保养资产等方面的服务。

经营性租赁的本质是承租人不在于通过租赁而融资,而在于通过租入资产取得短期内资产的使用权和享受出租人提供的专门技术服务。而融资性租赁的本质在于承租人通过融物达到融资的目的。另外,经营性租赁虽然是以出租人提供服务为主要目的,但从承租人不必先付款购买资产即可享有资产使用权这个角度来看,也有一定的短期筹资作用,因此属于短期筹资方式。而融资性租赁是以融通资金为主要目的,是融资与融物的结合,带有商品销售性质,是筹集长期资金的一种重要方式,因此属于长期筹资方式。

2. 租赁期限不同

经营性租赁是一种临时性租赁,一般属于短期租赁。由于经营性租赁期限短,租金数额较小,从某种角度来说,此种租赁不属于借贷关系的范畴,因此,承租人的偿债压力较小。而融资性租赁由于租赁期限较长,租金数额较大,出租人与承租人之间形成了一种债权债务关系,因此承租人的偿债压力较大。

3. 租赁合同的稳定性不同

经营性租赁在租赁合同期内,承租人按照协议有权发出书面通知取消合同,因此,其合同的稳定性较差。而融资性租赁在租赁合同期内,承租人必须连续支付租金,非经双方同意,不得中途退租,这样既能保证承租人长期使用租赁资产,又能保证出租人在基本租赁期限内收回投资并获得一定收益,其合同的稳定性较强。

4. 会计处理方法不同

对于经营性租赁,承租人租入的租赁资产不做自有固定资产处理,需在"租入固定资产登记表"备查账簿中登记,支付的租金计入有关成本费用之中,出租人对以经营性租赁方式租出的资产不能冲减出租人账面上的固定资产,所租资产还是出租人拥有的固定资产,只不过要在固定资产有关明细账之间进行调整,并照提折旧,当收到承租人支付租金时,按照其他业务收入处理。而对于融资性租赁,会计处理方法却截然不同,对于承租人来说,收到融资性租赁资产时,要视作自有固定资产进行处理,在交付使用后还要计提折旧;支付租金时,冲减长期付款,不能再计入有关成本费用中。对于出租方,出租时应作为销售或分期收款销售处理,而收到承租方支付租金时,按照收回销售货款或确认销售收入处理。

5. 租赁期满后对租赁资产的处理方式不同

经营性租赁在租赁期满后,承租人将租赁资产退还给出租人,一般没有续租或优先购买选择权。而融资性租赁在租赁期满后,承租人有优先选择廉价购买资产的权利,也可采取续租方式,或将租赁资产退还给出租人。

三、杠杆租赁

(一)杠杆租赁的概念

杠杆租赁在英美法系的国家被称为衡平租赁,是指在一些金额较大的租赁项目中,出租人只需提供设备购置成本的 $20\%\sim40\%$,其余的 $60\%\sim80\%$ 由出租人以设备做抵押向银行等金融机构贷款,然后将用该方式获得的具有所有权的设备出租给承租人使用的一种租赁方式。由于出租人以较少的资金便获得了相当于 $60\%\sim80\%$ 的信贷便利,其效果与杠杆原理相似,因此被称为杠杆租赁。

杠杆租赁是把投资和信贷结合起来的一种融资方式,它起源于 20 世纪 70 年代末的美国,随后英国和澳大利亚也广泛采用这种方式。杠杆租赁实质上是一种举债经营,出租人将以定期收取的租金来偿付贷款。通过财务杠杆,可以充分享有政府提供的税收优惠和加速折旧的好处,使出租人和承租人共同受益。杠杆租赁适用于价值百万元以上及有效寿命在 10 年以上的大型设备或成套设备。

(二)杠杆租赁的特点

1. 当事人关系复杂

杠杆租赁通常涉及供应商、承租人、出租人和长期贷款人等多方当事人,如果是联合贷款或银团贷款,涉及的当事人则更多。

2. 贷款人对出租人无追索权

出租人是以设备、租赁合同和收取租金的受让权作为贷款担保的,在承租人无力偿付或拒付租金时,贷款人只能终止租赁,通过拍卖设备得到补偿,而无权向出租人追索贷款。

3. 出租人拥有设备所有权并承担风险

当承租人未按规定支付租金时,贷款人保留对租赁设备的处置权,有权停止租赁合同,收回设备并转租他人。

4. 租金费用支付压力不大

各期所要支付的租金相对平衡,不能悬殊,租金费用相对较低。

5．期满可以留购

租赁期满，承租人必须以设备残值的市场价格留购该设备，不得以象征性的价格留购。

（三）杠杆租赁的基本交易程序

杠杆租赁的基本交易程序如图 10-3 所示。

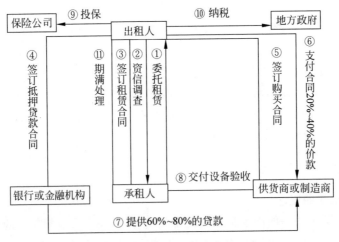

图 10-3　杠杆租赁的基本交易程序

资料来源：卢进勇，杜奇华.国际经济合作教程[M].北京：首都经济贸易大学出版社，2006；江沿，孙雅玲，黄锦明.国际经济合作[M].北京：清华大学出版社，2018.

四、售后回租

（一）售后回租的概念

售后回租简称回租，是指设备的拥有者将设备出售给出租人，然后再作为承租人以融资租赁形式租回使用的一种租赁方式。售后回租实际上可以使承租人在继续对原来所拥有的设备保持使用权的前提下，收回设备的投资，以解决资金不足的困难和加速企业的资金周转。

售后回租通常在以下情况被使用：当某一企业缺乏资金而又不便于从其他渠道融资时，可借此融得一笔资金以维持正常生产。售后回租的方式因涉及的当事人仅有两方，业务程序比较简单。

（二）售后回租与融资性租赁的区别

售后回租与融资性租赁相类似，都是租赁公司把购入的设备租给承租人使用，承租人按合同规定定期向租赁公司支付租金的融资方式，但是二者有着明显的区别。融资性租赁是出租人出资直接从供货商或制造商那里购买承租人选定的设备。而售后回租则是承租人先出资从供货商或制造商那里购买所需设备，然后转卖给出租人并继续租用该设备。售后回租的租赁物多为已使用过的旧设备，售后回租新设备的情况极为少见，即承租人一般不会为出售给出租人而出钱购买设备，而是为使用而购买该设备，并在使用一段时间后，为解决企业资金的暂时困难采用回租方式。如果售后回租的设备在出售或回租前已提足了折旧,企业在售后回租后仍享有租金免税待遇或折旧的好处。如果出售设备的价款高于其账面价值,承租人还可以获得资产差价的收益。

（三）售后回租的基本交易程序

售后回租的基本交易程序如图 10-4 所示。

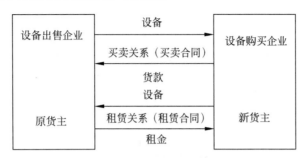

图 10-4　售后回租的基本交易程序

资料来源:刘文涛,吕佳.国际经济合作[M].北京:中国物资出版社,2011;江沿,孙雅玲,黄锦明.国际经济合作[M].北京:清华大学出版社,2018.

五、综合租赁

（一）综合租赁的概念

综合租赁是指将租赁方式与其他贸易方式相结合的租赁方式。采用这种方式可以减轻承租人的外汇负担,扩大承租人和出租人两国之间的贸易往来,带动双方国家的商品出口,促进商品贸易与租赁业的共同发展。

（二）综合租赁的形式

由于结合的方式不同,综合租赁主要包括以下四种形式。

（1）租赁与补偿贸易相结合,即出租人把机器设备租给承租人使用,承租人不是以现汇而是以租进机器设备所生产的产品来抵付租金。

（2）租赁与来料加工、来件装备相结合,即承租人在租进设备的同时,承揽出租人的来料加工、来件装配等业务,并以来料加工与装配业务的加工缴费收入来抵付租入设备的租金。

（3）租赁与包销相结合,即出租人把机器设备租给承租人,并包销由承租人通过租入设备所生产的产品,出租人从包销收入中扣取租金。

（4）租赁与出口信贷相结合,即出租人把利用出口信贷所购买的租赁物出租给承租人使用,从而降低承租人租金的一种租赁形式。这种做法可以增强出租人在租赁市场上的竞争能力。

六、维修租赁

（一）维修租赁的概念

维修租赁是介于融资性租赁和经营性租赁之间的一种租赁形式,是指在设备租赁期间,由租赁公司对出租的物品提供维修、保养等服务条件的租赁。

（二）维修租赁的特点

（1）出租人一般是制造厂家。维修租赁的出租人除了出租设备外，还要提供如运输工具的登记、上税、保险、维修、清洗和事故处理等一系列的服务，有时还负责燃料的供应和设备的管理以及操作人员的培训等，所以维修租赁的出租人对设备非常了解，一般是设备的制造企业。

（2）租金较高。由于维修租赁的出租人除了出租设备以外，还要提供其他服务，所以其租金要高于融资性租赁，但一般低于经营性租赁。

（3）适用于技术复杂的运输工具租赁。在设备租赁期间，由租赁公司提供的维修、保养服务专业性强，技术含量高，所以该种方式适用于租赁飞机、汽车及其他技术较复杂的运输工具和设备。

第三节　国际租赁合同

一、国际租赁合同

国际租赁合同是处于不同国家（地区）的出租人和承租人之间为了进行某项租赁业务而订立的明确相互权利义务关系的协议，它规定一方当事人（出租人）将自己财产的使用权转移给另一方（承租人），承租人在合同规定时间内使用该财产并支付相应的租金。

（一）合同的当事人

租赁合同的当事人主要是指出租人和承租人。出租人是租赁物的所有者，而承租人则是租赁物的使用者。当事人在合同中应首先予以明确。

（二）租赁物

合同中应明确租赁物的名称、规格、牌号、数量和交货期，并说明出租人根据承租人的要求购买租赁物后，租给承租人的使用条件。

（三）租期

租期一般从交付租赁物之日算起，如需要安装设备，则应从设备安装完毕、承租人正式开始使用算起。租期的长短主要取决于设备的使用寿命。发达国家一般以设备寿命75％的时间作为设备租赁的最低期限。价值较低的通用设备的租期一般在 3 年左右；厂房、机械设备、计算机等的租期一般在 5 年左右；飞机、船舶、铁路机车等的租期一般为10 年。

（四）租金

支付租金是承租人的一项主要义务，租金条款必须明确总金额、支付方式、支付时间、每次支付的数额、付款地点、支付货币等。此外，合同还应规定承租人在租赁开始时应交纳的保证金金额。

（五）租赁物的购买与交货

合同要注明出租人所购买的拟租赁的设备是由承租人选定的，并出具必要的证明。租赁合同还应明确租赁物的交货时间和地点、交货人不能按时交货的责任、验货时间和方法等。

（六）纳税

国际租赁业务中涉及海关关税、工商统一税等多种税。双方应在合同中列明各自应纳的税种。

（七）租赁物的保管、使用和保养

租赁合同中规定承租人对设备的保管义务、设备的使用方法和注意事项以及设备的保养责任。

（八）保险

为租赁物投保也是租赁业务中的一项重要内容，双方应在合同中规定由谁投保。如果是由承租人投保，那么承租人应以出租人的名义投保，并应在由于保险范围内的风险致使租赁物受损时向出租人提交有关文件，以使出租人能顺利获取保证金。

（九）租赁保证金

承租人一般在签订合同时交纳一笔租赁保证金，保证金的具体数字应在合同中注明。保证金一般不计利息，在租期结束后退还给承租人或移作租金支付给出租人。

（十）担保人

担保人必须保证承租人严格履约，并在合同上签字。

（十一）期满后租赁物的处理

在租赁合同中，应规定租期满后租赁物的处理方法。如果退还，应规定租赁物除正常消耗外应保证的状态；如果续租，承租人应提出续租的最后时间；如果留购，应规定留购的价格。

（十二）违约与索赔

出租人和承租人不仅应在合同中规定双方的权利与义务，还应规定履约过程中对各种违约情况的索赔金额和方法。

（十三）争议的解决

租赁合同应规定出租人、承租人以及担保人对履约过程中出现的争议的解决方法和解决地点。

二、国际租赁的租金

租金是指出租人应承租人要求购买承租人所需租赁物租给承租人使用而向其收取的租赁费用。

（一）租金的构成要素

根据国际租赁的实践，租金一般由下列几个要素构成。

1. 购买租赁资产的货款

购买租赁资产的货款是指生产企业根据自己的生产需要向出租人洽租，租赁公司根据承租人的要求出资购置设备而发生的费用构成购置租赁资产的成本。购买租赁资产的货款一般包括购置租赁资产的货价、运输费及途中保险费。

在国际租赁业务中，有些承租人一般无支付运输费的能力，运输费由租赁公司垫付，此时运输费应计算在设备货款中。但也有相当多的租赁项目，运输费由承租人直接支付，此时的运输费不包括在设备货款中。总之，凡由租赁公司垫付的运输费和保险费，均应包括在设备货款中；凡由承租人直接支付的运输费和保险费，在计算租金时均应予以扣除。

2. 设备残值

设备残值也称预计的名义货价，是指租赁物在租赁期满后预计的市场价值。设备残值依租赁资产的种类、性能和市场需求等条件而各不相同。设备残值高意味着租金低，有利于承租人；设备残值低意味着租金高，有利于出租人。

设备残值即设备的未来市场价值，由于影响未来市场需求的因素很多，因此预测租赁期满后租赁资产的市场价值不易十分精确，具有很大的不确定性。在租赁双方洽谈租赁合同时，租赁资产残值的估计具有相当大的商讨余地。

3. 购买设备的银行贷款利息

购买设备的银行贷款利息是指出租人为承租人购置租赁设备向银行支付的贷款利息。一般说来，租赁公司的租赁资本可以有多种来源，不同资产来源决定了利息的多少，从而会影响资金筹措的成本。资金来源不同，利率水平不同。

4. 租赁手续费（初期费用）

租赁手续费是指出租人为承租人办理租赁资产所开支的营业费用（如办公费、工资、旅差费、税金等）和利润。租赁手续费根据租赁项目的不同和市场供需情况的不同而变化。至于收取多少手续费，在计算租金时如何处理，各租赁公司的规定不尽相同。总之，租赁手续费高则租金高，有利于出租人；租赁手续费低则租金低，有利于承租人。租赁手续费是出租人与承租人双方协商的，也是租赁公司进行市场竞争的条件之一。

5. 租期

租期的长短主要取决于租赁设备的法定折旧年限和经济寿命。对于出租人来说，由于技术不断进步，为避免设备提前淘汰而遭到损失，因此愿意采取加速折旧的办法，把设备前期出租的租金定得较高。承租人则希望租赁期限长些，宁可多付利息，以便增加租金支付的次数。国际租赁期限通常为3～5年，大型设备的租期则会稍长一些。还有一些其他因素，如安装调试费、财产保险费、专有技术费、维修和人员培训费等，也会对租金造成影响。

（二）租金的计算

租金的计算方法很多，应根据不同的租赁条件选择适合的租金计算方法，以保障当事人的合理利益。目前，国际上主要的租金计算方法有平均分摊法、递减式计算方法、年金法、附加率法、银行复利法和浮动利用职权利率法等。在此介绍前两种计算方法。

1. 平均分摊法

这是一种租赁成本计算法，租金的高低与购买租赁资产的货价、利息、手续费、租期等有关。其计算公式为

租金＝（购买租赁资产的货价－预计设备残值＋利息＋手续费）/租期

租金的总额，原则上一般要高于实际购买所付出金额的12%，不超过20%。由于租金不是一次性支付，而是分期支付，因此一般比使用货款方式筹资购买风险小，价格也便宜。

2. 递减式计算方法

递减式计算方法适用于承租人所交的租金中，每期偿还的本金相等，其中所含的利润

费不同,即开始所付的租金高,而后几年递减。其计算公式为

租金＝各期占款本金数×年利率×占款年数＋各期应还本金数

【例 10-1】 某企业拟从某租赁公司租入一成套设备,该成套设备的概算成本为 200 万美元,租期为 4 年,每年年末支付一次租金,利息和手续费合年利率为 6%。若采用先期多付、后期少付的办法,则每年应付的租金、4 年应付的总租金、每年的利费额分别是多少?

第一年应付的租金为 200 万美元×6%＋50 万美元＝62 万美元。

第二年应付的租金为 150 万美元×6%＋50 万美元＝59 万美元。

第三年应付的租金为 100 万美元×6%＋50 万美元＝56 万美元。

第四年应付的租金为 50 万美元×6%＋50 万美元＝53 万美元。

4 年应付的总租金为 62 万美元＋59 万美元＋56 万美元＋53 万美元＝230 万美元。

第一年利费额为 200 万美元×6%＝12 万美元。

第二年利费额为 150 万美元×6%＝9 万美元。

第三年利费额为 100 万美元×6%＝6 万美元。

第四年利费额为 50 万美元×6%＝3 万美元。

第四节　国际租赁的运作

一、承租人的租赁决策

承租人在作出租赁决策后,首先根据自己的需要选定拟租赁物和供应厂商,确定租赁物的规格、数量、名称、技术指标,以及售后服务和品质保证的要求。然后准备好各项应向出租人提供的文件,如项目立项书、上级批文、项目可行性研究报告、进口设备的有关批文等,选定租赁人并提出租赁申请。

二、项目的审查与受理

出租人在接到承租人的租赁申请后,参考其提交的项目可行性报告及有关承租人的其他文件,对承租人的资信状况及项目的市场前景进行综合分析,方可确认接受申请。一项国际租赁交易至少包括两个合同:国际贸易合同和国际租赁合同。

三、合同的洽谈与签订

(一)国际贸易合同的洽谈与签订

国际租赁业务中,国际贸易合同的内容和性质与一般国际贸易合同基本相同,仅是增加了一些与租赁有关的条款,主要包括以下两条。

(1) 卖方(供货人)要在买卖合同中确定本合同货物是作为买方(出租人)和用户(承租人)之间签订的租赁合同中的标的物,由卖方向承租人出租。

(2) 供货人要对出租人和承租人同时保证合同规定的规格、式样、质量、性能及其他使用要求,并保证供货人应对出租人提供的服务和应承担的义务。

（二）国际租赁合同的洽谈与签订

出租人与承租人在洽谈租赁合同时,应注意明确以下内容：租期；租金的支付币种、构成与金额；租金的交付方式；租金支付的完整性；租金支付日的一致性；租金的拒付；租赁设备的维修与保养及其费用负担；承租人不得中途解约；期末租赁设备所有权的处置方式。

四、租赁合同履行

国际租赁项下的国际贸易合同履行与一般国际贸易合同的履行基本相同。国际租赁合同履行包括租赁设备保险的办理以及租赁进口设备的交货、验收和报关、处理索赔等。

五、租赁期满后用户的选择

租赁期满,用户对租赁物可做如下选择：将租赁物件退还租赁公司、续租、由双方协商后购买。

新国际租赁会计准则对我国航空业的影响研究

复习思考题

1. 国际租赁的作用是什么？
2. 国际租赁的种类有哪些？
3. 经营性租赁的特点是什么？
4. 融资性租赁的特点是什么？
5. 国际租赁中租金的构成要素是什么？

即测即练

第十一章

国际信息合作

学习目标（teaching objectives）

　　本章侧重介绍国际信息合作的概念及特点，让学生们通过本章的学习，尽可能多地了解国际信息合作及其在国际经济合作中的作用，熟悉有关国际信息合作方面的国际法规。

　　1. 掌握信息要素的特征、类型及其经济效应；

　　2. 重点掌握国际信息合作的概念和主要形式；

　　3. 了解国际信息合作的发展概况。

关键概念（key concepts）

国际信息合作（international information cooperation）

信息高速公路（information superhighway）

国家信息基础设施行动计划（National Informations Infrastructure Agenda of Action，NII）

WTO《基础电信协议》（*Basic Telecommunication Agreement* of WTO）

WTO《信息技术协议》（*Information Technology Agreement* of WTO）

环球银行金融电信协会（Society for Worldwide Interbank Financial Telecommunication，SWIFT）

 开篇案例

三举措推进工业信息安全应急国际合作

　　当前，随着以 5G 为代表的新一代信息通信技术加快发展应用，全球工业版图加速重构，工业化和信息化不断融合，数字经济、智能制造持续发展。工业信息安全作为国家安全的重要组成部分，既面临着更为广阔的发展机遇，也经受着更为严峻的挑战。在第三届工业信息安全应急国际研讨会上，工业和信息化部国际合作司二级巡视员郑凯以工业软件供应链为例谈道，近年来，全球企业软件供应链频遭网络攻击，造成敏感数据泄露、设备被控、网络服务中断等安全事件，引发国际社会高度关注。实践证明，工业信息安全领域国际合作，对于共享机遇、应对挑战具有重要意义，我国更是高度重视工业信息安全的发展与国际合作。

　　郑凯表示，近年来，工业和信息化部积极推动工业信息安全领域国际合作。工业和信

息化部国际经济技术合作中心、中国—东盟中心、武汉市人民政府共同主办 2021 中国—东盟数字经济发展合作论坛,2021 年内共同制定《关于落实中国—东盟数字经济合作伙伴关系的行动计划(2021—2025)》。工业和信息化部 2021 年还举办了第五届金砖国家工业部长会议、2021 金砖国家新工业革命伙伴关系论坛、上海合作组织成员国第一次工业部长会议、中国—拉美和加勒比国家数字技术抗疫合作论坛等,在推进工业信息安全领域国际合作方面取得了一系列务实成果,得到很多国家的好评和赞许。现如今,推动工业信息安全尤其是工业信息安全应急的国际合作,已成为各国深化合作的新领域、新方向、新亮点。就如何推进工业信息安全应急国际合作取得务实成果,郑凯提出以下合作建议。

一是营造良好的国际合作环境。要坚持互学互鉴,加强发展理念、战略政策、标准规范等方面的互认互通,以推动高质量共建"一带一路"合作为契机,协同构建公平健康、高效畅通的工业信息安全应急国际合作环境。

二是建立健全国际合作机制。构建多边、透明的工业信息安全国际治理体系,完善工业信息安全应急领域技术、产品、平台、服务方面的国际合作机制,推动形成政府部门、产业界、智库、科研机构及金融机构之间的交流与合作,不断深化工业信息安全应急国际合作的深度和广度,共同推动工业信息安全应急国际合作行稳致远。

三是推动开展互利共赢的务实合作。不断扩展国际合作的空间和内涵,强化工业信息安全应急能力建设与产业合作,以重大项目合作为抓手,促进企业间合作不断取得新成果,惠及更多民众,从而推动工业信息安全应急国际合作走深走实。

资料来源:王晶晶.三举措推进工业信息安全应急国际合作[N].中国经济时报,2021-10-13(2).

第一节　国际信息合作概述

信息化是当今世界经济和社会发展的大趋势,以通信、网络为载体,以知识创新为核心的信息时代正加速到来,信息技术成为推动世界经济发展的核心。全球经济信息化的表现就是全世界范围内信息作为一种重要的生产要素呈加速流动的态势,流动规模也日益庞大,这就使得国际信息合作成为当代经济不可缺少的组成部分,是国际经济合作中最具活力的研究领域。

一、国际信息合作的概念

所谓国际信息合作,简单地说,就是指信息作为一种生产要素在国际上的流动、组合、配置及与此相关的国际协调合作机制。关于"信息"本身的定义有多种说法,最具代表性的一种是:符号、信号或消息所包含的内容,用来消除对客观事物认识的不确定性。英文 information(信息)一词来源于拉丁文 informatio,原意是解释、陈述。据不完全统计,目前关于信息的定义有 100 多种,分别从不同层次、不同侧面揭示了信息的特征与性质。《中国大百科全书·自动控制与系统工程卷》中有关于信息的论述:人类自诞生以来就在利用信息。信息普遍存在于自然界、人类社会和人的思维之中。

信息的外延相当广泛,包括政治、经济、科技、文化、军事、自然等各个领域的信息。从经济学的角度来为"信息"下定义,那就是:信息是一种特殊的生产要素,这种生产要素的作用体现在它能够促进资源,即各种生产要素的优化组合与配置,从而获得最大的收益。由于现代经济的复杂性和广泛性,几乎每一领域的信息都可对经济活动构成影响。因此,信息作为一种生产要素,其内容非常广泛。信息作为一种促进生产要素优化组合配置的要素,有着与其他生产要素如土地、劳动力、资本等相异的特点。

(1)信息的"软件性"。土地、劳动力、资本等生产要素是组合配置形成生产力的"硬件",信息则是形成生产力的"软件"。要提高生产力水平,仅从生产要素的"硬件"着手,则必须依赖量的增加即扩大外延的方式;然而重视利用信息,却可以依靠对既定的生产要素进行优化配置组合,即扩大内涵的方式来提高生产力水平。

(2)信息的易存储性。相比劳动力、土地和资本要素,信息很容易被人们用记忆书写,或者用计算机存储起来,成本小,费用低。

(3)信息的共享性。信息作为一种生产要素,可以同时多次使用而不受损失,具有很强的共享性。

(4)信息的外部经济性。外部经济性是指每个用户从使用信息中得到的效用,与用户的总数量有关。用户人数越多,每个用户得到的效用就越高,当用户的数量以等差数列增加时,其价值以等比数列增加。

(5)信息的可持续性。信息要素的使用在很大程度上能有效杜绝传统生产对有形资源和能源的过度消耗,有效避免环境污染、生态恶化等危害的产生,实现社会经济的可持续发展。

(6)信息的直接性。信息要素的使用,计算机网络的发展,可以使经济组织结构趋向扁平化,处于网络端点的生产者与消费者可直接联系,降低了中间商存在的必要性,从而显著降低交易成本,提高经济效益。

(7)信息的高渗透性。信息具有极高的渗透性,在三大产业中都能得到广泛的应用,发展迅速,促进三大产业的相互融合、相互支持与和谐发展。

(8)信息的高增值性。信息带来的网络经济价值等于网络节点数的平方,这说明网络产生和带来的效益将随着网络用户的增加而呈指数增长。

(9)信息的边际效益递增性。这主要是因为信息要素可以使网络经济的边际成本递减,同时,网络经济具有累积增值性,使得边际效益递增,而传统土地、资本和劳动力要素的边际效应都是递减的。

 扩展阅读11.1　"中国超算"应用跻身世界一流

(10)信息的"超流动性"。信息是所有生产要素中最具流动性的一种,信息在现代网中可以以光速进行收集、传输、处理和应用。

作为生产要素中最具流动性的组成部分——信息的跨国界直接流动、配置与组合,理所当然是这门科学最重要的研究对象之一。我们正是从这个意义上将国际信息合作纳入国际经济合作的研究范围。

二、信息高速公路建设

(一)信息高速公路的内涵

所谓信息高速公路只是一个形象的比喻,对于它的确切解释目前尚无权威说法。一种看法认为,它是计算机技术和通信技术发展并融合的产物,形成信息时代信息流通的主干线;另一种较为普遍地被人们所接受的解释是:信息高速公路是指一条很宽的信息通道,能够大量、高速、并行地传输信息。

具体地说,一个先进的适应现代社会需要的信息网,应当在空间、时间上无缝地覆盖整个国家,把现有的各种网络综合起来,使之具有极宽的频带和极高的传送交换速度,并且具有高度的智能和灵活性,以便快速地响应各种发展变化的需求,提供各种新颖的信息服务。从理论上讲,它的原则是社会成员"各献其有(即信息),各取所需"。美国的政府工作报告中对信息高速公路有如下定义:"信息高速公路即国家信息基础设施,是能给用户随时提供大量信息的,由通信网、计算机、数据库和日用电子产品组成的完备网络。"具体来说,信息高速公路是一种高速的计算机通信网络,具备多网络传输功能,它通过光纤和电缆把政府机构、科研单位、图书馆、大学、企业以及家家户户的计算机连接起来,使所有的计算机用户可以在办公室或家中,利用其终端设备如电视、计算机等,方便、迅速地传递和处理信息,从而最大限度地实现信息共享。

扩展阅读 11.2　工业信息安全应急国际合作呈现"三新"

(二)信息高速公路的起源与发展

1991年,时任美国国会参议员的戈尔率先提出建立信息高速公路的设想。时任美国总统的克林顿又在 1993 年宣布正式实施"国家信息基础设施行动计划"(National Information Infrastructure Agenda of Action,NII),并在 1994 年投入启动资金 5 400 万美元。伴随着这个宏大计划的开展,互联网(Internet)开始为人们所熟悉,它也被看作信息时代来临的标志,受到了全世界的热切关注。

除美国外,世界上其他国家也开始意识到发展互联网的紧迫性。1993 年,欧洲共同体委员会主席德洛尔在关于"发展和就业"的一份白皮书中提出了建立欧洲信息高速公路的设想,并计划在 5 年内投资 330 亿法郎发展欧洲的信息高速公路。1994 年 10 月 20 日,在欧洲运营计算机网络长达 10 年之久的两大组织——欧洲网络机构协会和欧洲学术科研网决定合并,成立泛欧科研教育网络协会,欧洲信息高速公路时代到来了。

(三)信息高速公路的功能

从当前来看,信息高速公路有以下功能。

(1)播放交互式电视。

(2)用于包括计算机在内的人机通信。它可以把企业、研究机构连接在一起,进行技术信息的交换,分散在各地各单位的科技人员可利用信息网络,不受时间、空间的限制,通过资料中心、数据库查找到所需的资料、数据、背景情况,开展科技合作。

(3)用于医疗服务。传送 X 射线照片图像、各种化验数据,帮助异地诊断提高医疗服务质量。医生可把患者高度清晰的体检图像或数据传输到另一权威中心进行诊断;远离大城市的医生也可以看到最新医疗方法的电视资料;患者可在家中接受定期检查。

(4)使更多的人听到著名科学家、教师的讲演和授课。学生可在家中通过信息高速公路享受异地学校的教学、辅导。

(5)可以及时传送地震、火山爆发等受灾信息。

(6)可以用于电子出版和电子购物。

第二节　WTO《基础电信协议》与《信息技术协议》

一、WTO《基础电信协议》

（一）简介

WTO《基础电信协议》并不是一个单独的文件,而是由《服务贸易总协定(GATS)第四议定书》及其所附《各成员承诺减让表》《最惠国待遇豁免清单》以及《参考文件》组成。它的核心是在客观公正的基础上,无差别地向缔约方承诺部分或全部开放境内基础电信服务业市场。签署《基础电信协议》的 WTO 成员,必须在市场准入、国民待遇方面作出承诺。

中国在加入 WTO 的谈判中,已经对上述市场准入和国民待遇等内容作出了承诺,准备在不同的业务领域,在不同的时间段、地域范围,对外资逐步开放电信市场,并且着手完成了相应的管理办法,中国加入 WTO 后即予以施行。除此之外,WTO 成员还要有一个附加承诺,这就是对《参考文件》的执行,中国对此也作出了承诺。《参考文件》的主要目的是防止在基础电信领域,具有垄断地位的电信业务经营者利用其垄断地位给新进入的服务提供者制造障碍,造成不公平竞争。

扩展阅读 11.3 《中华人民共和国电信条例》

而 2000 年《中华人民共和国电信条例》的正式颁布,对中国电信业来讲,是在发展道路上一个具有历史意义的里程碑,是进一步改革开放的标志,《中华人民共和国电信条例》的指导思想就是要遵循政企分开、破除垄断、鼓励竞争、促进发展和公开、公平、公正的原则。在这一原则问题上,两者是完全一致的。

对主体电信企业的定义,《参考文件》提出了一个"主要提供者"的概念,即"主要提供者是指在基础电信服务领域的相关市场上,对参加的条件(有关价格和提供)有实质性影响的提供者"。实际上,"主要提供者"就是指垄断时期的基础电信经营者,垄断解除后,它们仍有可能利用其拥有的基础设施与新进入的服务提供者进行不公平的竞争。

（二）基本原则

《参考文件》给出了保护竞争的六项基本原则,对主要提供者进行了约束。

1. 保护竞争

《参考文件》中规定不允许有反竞争的交叉补贴,即不允许对不同业务进行不利于公平竞争的交叉补贴。交叉补贴是指电信业务经营者内部不同业务之间进行的财务补贴。如果一个电信业务经营者对某一种业务采用了交叉补贴,那么新进入这一业务的经营者就很难与其竞争,而导致新进入者退出这一业务,最终会形成这一业务的垄断经营。因此,禁止不合理的交叉补贴是为了保护竞争。

2. 保障互联互通

《参考文件》中提出,在主要提供者的网络中,任何技术可行点上要确保与其他服务提供者互联互通,对外提供互联服务,不得有歧视,即提供的技术条件、费率和质量不得低于其为自身提供的服务,也即技术可行、经济合理、公平公正、相互配合。主要提供者应当按照非歧视和透明化的原则,制定包括网络间互联的程序、时限、非捆绑网络元素目录等内容的互联规程。

3. 中立的普遍服务

《参考文件》中提出,各成员只要不是反竞争,且管理透明、非歧视和保持中立,就有权根据其意愿,确定采用何种方式实施普遍服务。也就是说,电信业务经营者必须按照国家(地区)有关规定履行相应的电信普遍服务义务,国家(地区)可以采取指定或者招标的方式确定电信业务经营者具体承担电信普遍服务的义务。

4. 许可证发放保持透明度

《参考文件》中提出,获得经营许可证的条件,申请许可证所需的具体条款、条件和时间要明确,并且应公众要求把拒绝许可的理由公开。以我国为例,我国在《中华人民共和国电信条例》中按照电信业务分类实行许可证制度,即分为基础电信业务和增值电信业务。关于经营基础电信业务规定了 6 项申请许可证的具体条件,审查时间为 180 日;不予批准的,书面通知申请人并说明理由。关于经营增值电信业务,规定了 4 项申请许可证的条件,审查时间为 60 日;不予批准的,书面通知申请人并说明理由。

5. 独立的监管机构

《参考文件》中提出,监管机构应与任何基础电信服务提供者分离,并对其没有任何责任。监管机构采取的决定和程序,对所有市场参与者都是公正的。我国在《中华人民共和国电信条例》第一章第三条中就明确说明:国务院信息产业主管部门依照本条例的规定对全国电信业实施监督管理。省、自治区、直辖市电信管理机构在国务院信息产业主管部门的领导下,依照本条例的规定对本行政区域内的电信业实施监督管理。第四条指出,电信监督管理遵循政企分开、破除垄断、鼓励竞争、促进发展和公开、公平、公正的原则。

6. 稀缺资源分配与使用公正

《参考文件》中要求,任何稀有资源的分配和使用,包括频率、号码和方式权的分配,都要以客观的、及时的、透明的和非歧视的方式进行,但是对具体政府用途的频率分配细则例外。《中华人民共和国电信条例》中专门规定了电信资源的管理办法。首先规定“国家对电信资源统一规划、集中管理、合理分配,实行有偿使用制度”,并定义“电信资源,是指无线电频率、卫星轨道位置、电信网码号等用于实现电信功能且有限的资源”。为保证电信资源分配的透明度和非歧视,规定“分配电信资源,可以采取指配的方式,也可以采用拍卖的方式”。

二、WTO《信息技术协议》

信息技术革命对世界经济贸易产生重大而深刻的影响,推动了经济全球化的不断深入。随着信息技术的迅猛发展,信息技术产品的贸易额不断增加,最大限度地扩大全球范围内信息技术产品市场并降低成本变得越来越迫切和重要。

严格地讲,《信息技术协议》以削减信息技术产品关税、促进这些部门商品贸易发展为目的,应该视为《1994 年关贸总协定》管辖的范畴,而不是《服务贸易总协定》的内容。但鉴于信息技术将对世界经济,特别是服务业的发展产生革命性的影响,因此,有必要将信息技术产品贸易自由化与服务贸易自由化联系起来,考察前者对后者的促进作用。

（一）背景

早在"乌拉圭回合"谈判结束时,美、加、欧、日四大贸易伙伴就曾对有关信息技术部门商品贸易自由化达成初步意向,决定在 1994 年后继续对诸如半导体、计算机及零部件等主要信息技术产品贸易自由化进行磋商。随后,澳大利亚也加入谈判。正式在全球范围内推动谈判是 1996 年 4 月 19 日,四大贸易伙伴在日本神户会议上提出在 2000 年前削减信息技术产品关税,并游说所有国家都参加到谈判中来,不必拘泥于世界贸易组织的范围。时任美国总统克林顿、欧盟轮值主席西班牙总理冈萨雷斯、欧洲委员会主席桑特同意在 1996 年 12 月世界贸易组织首届部长级大会上进行有关信息技术产品的多边贸易谈判,美国希望在此次会议上能够完成谈判,并自 1997 年开始实施谈判结果。

1996 年 12 月 13 日,在新加坡首届世界贸易组织部长级大会上,29 个参加方签署了《关于信息技术产品贸易的部长宣言》,指出自 1997 年 7 月 1 日开始,到 2000 年 1 月 1 日分期削减信息技术产品关税。当所有参加签字方的贸易量占世界信息技术产品总贸易量比例超过 90％的时候,协议正式生效。1997 年 3 月 26 日,占世界信息技术产品贸易总量 92.5％的 40 个参加方在日内瓦 WTO 总部正式在《信息技术协议》上签字。至此,在全球基础电信谈判结束 1 个月后,《信息技术协议》也已达成,该协议是对《基础电信协议》的扩展与补充,两项协议结合起来,涉及全球每年 1 万亿美元的贸易,超过农产品、汽车与纺织品这三种贸易的总和。

（二）初始参加方

参加《信息技术协议》谈判的 40 个参加方政府承诺在 2000 年 1 月 1 日前取消包括计算机硬件、通信设备、半导体以及生产设备、科学仪器在内的约 200 种信息技术产品的关税。其中,在新加坡会议就参与谈判的 29 个参加方为:澳大利亚、加拿大、欧盟 15 国、中国香港、冰岛、印度尼西亚、日本、韩国、列支敦士登、挪威、中国台湾、新加坡、瑞典、土耳其、美国。在 1997 年 3 月 26 日结束谈判前,又有 11 个参加方在协议上签字,它们是:哥斯达黎加、捷克共和国、爱沙尼亚、以色列、印度、中国澳门、马来西亚、新西兰、罗马尼亚、斯洛伐克共和国、泰国。

（三）主要内容

1. 基本原则

《信息技术协议》是一个单独的关税削减机制。要想成为《信息技术协议》的参加方,必须遵守下列三项基本原则:①宣言中所列出的全部产品必须覆盖;②全部产品必须削减至零关税;③所有其他的税收与费用必须为零,在产品覆盖范围上不存在例外。在世界贸易组织成员之间,《信息技术协议》项下所有的承诺均建立在最惠国待遇基础上。

2. 关税削减时间表

《信息技术协议》规定各参加方分四阶段削减信息技术产品的关税,每个阶段按相同比例削减,即每阶段削减 25％。1997 年 7 月 1 日,各参加方将信息技术产品的关税削减 25％;1998 年 1 月 1 日,进一步削减 25％;1999 年 1 月 1 日,再削减 25％;到第四阶段,即 2000 年 1 月 1 日,完全取消信息技术产品的关税。

信息技术产品的其他税费在 1997 年 7 月 1 日前取消,但参加方的减让表中特别规定的除外,多数减让表中没有其他税费的例外。发展中成员可以延长关税减让的实施期,最长可到 2005 年 1 月 1 日。但这种例外不是针对产品的例外,也就是说,所有信息技术产品的关税届时都须降至零。关税减让的实施期超过 2000 年的产品,每年的减税幅度根据实施期长度等分得出。由于各国家(地区)的发展情况不同,对信息技术产品的关税减让,各国选择的产品在数量和部门范围上也不相同,但基本出发点是一致的,即通过更长的实施期,为各自目前一些相对落后的产业部门提供较为充裕的发展时间。

3. 产品范围

产品范围为:计算机,包括整个计算机系统,含中央处理器、键盘、打印机、扫描仪、显示设备(如监视器)、硬盘驱动器和电源等;电信产品(包括电话机、电视电话、电话交换机、传真机、调制解调器、送受话器、应答机、广播电视传输和接受设备等);半导体(包括各种型号和容量的芯片及晶片);半导体生产设备(包括各种生产和测试设备及其零部件);软件(如磁盘、磁带和光盘机等);科学仪器(包括测量和检测仪器、色层分离仪、光谱仪、光学射线设备及电泳设备)。

另外,《信息技术协议》产品还包括文字处理机、计算器、自动取款机、显示板、电容器、电阻器、印制电路、电动开关、连接装置、导体、光导纤维、部分复印机、计算机网络设备(局域网和光域网设备)、绘图仪以及多媒体升级工具。

(四)实施状况

《信息技术协议》的执行情况良好,到 1999 年年底,20 多个发达国家的信息技术产品基本实现零关税,其中 20 多个发展中国家和地区绝大多数产品的关税平均控制在 5% 以下。

2000 年 1 月 1 日,大部分国家和地区对于计算机、通信设备、半导体、半导体制造设备、软件以及科研仪器等信息技术产品都已经实现了零关税。

2003 年 4 月 24 日,在日内瓦总部召开了扩大信息技术产品贸易委员会会议,一致通过中国成为《信息技术协议》的参加方。我国已按照协议的要求,于 2005 年 1 月 1 日前将所有信息技术产品关税降至零。

第三节 国际信息合作的经济影响

现代网络技术发展突飞猛进,将国际社会带进了一个信息化时代,信息要素已成为影响 21 世纪世界经济与贸易走向和发展的最重要因素之一。国际信息合作的广泛开展,必将对世界范围内的资源有效配置即世界经济活动产生复杂而深远的影响。

一、推动信息革命与经济全球化的发展

信息革命是指人类在认识世界的过程中,感知、反映、接收、传递、交流、综合分析和加工处理信息的工具与手段的革命性变革。人类文明的发展始终伴随着信息获取、存储和运用能力的进步,20 世纪中期以来,信息革命开始在全球蓬勃发展。信息革命是继工业化动力革命之后的人类新智能革命,它使人类社会面貌发生深刻的变化。在信息革命的有力推动下,国际信息合作迅猛发展,世界进入经济全球化水平不断提高、民族国家间联系日益密切、相互依存程度不断提高的新时代。

全球化是一个动态的历史进程,是人类不断跨越时空的局限,在全球范围内日益加强国家与国家之间、民族与民族之间、地区与地区之间横向联系的过程,也是人类不断跨越社会制度、历史文化和经济发展水平障碍,在世界范围内进行沟通、联系、相互影响、达成更多共识与共同行动的客观历史进程和趋势。

当代信息技术革命是电磁波革命的深化和发展。各种信息穿越时空自由流动,使世界"时空缩小",人们之间的联系空前密切,经济的横向拓展有了新的动力。借助信息革命的力量,经济的全球扩张大大加快,经济全球化的进程促进了国际信息合作的大发展,而国际信息合作的大发展,又反过来对经济全球化在深度和广度上的发展产生深远的影响,两者密切相关、互相渗透、互相促进、共同发展。

二、促进国际分工、世界产业结构的转移

国际信息合作使国际分工彻底打破了自然条件的局限,国际生产的分工已经从传统的以自然资源为基础的分工逐渐发展为以现代化科技和工艺为基础的分工,在发达国家和发展中国家出现了知识经济的发展鸿沟。传统的国际分工以垂直分工为主,发达国家是世界的工厂,发展中国家是世界的原料产地。信息技术的发展和信息产业的崛起与国际经济合作的发展,改变了国际分工的旧格局,出现了国际分工中垂直分工与水平分工立体结合的新格局。由于国际信息合作首先在发达国家兴起,知识密集型产业与技术密集型产业迅速成为发达国家的支柱产业,劳动密集型产业和资本密集型产业开始向发展中国家转移,这样的国际产业大迁移,使世界经济出现了发达国家与发展中国家之间"大脑与手脚"分工的新格局。

新的国际分工导致了国际产业的梯度转移,形成了发达国家→新兴工业化国家→发展中国家的世界产业链:发达国家发展高新技术产业,生产高知识附加值产品;新兴工业化国家发展中等技术产业,生产中等知识附加值产品;发展中国家发展资本密集型产业和劳动密集型产业,生产低知识附加值产品。国际分工立体化新格局使世界各国之间在经济发展上形成了互补性、融合性和相互依存性,发展中国家处于世界经济金字塔的最底层。

国际信息合作的发展,国际分工立体化新格局的出现,世界产业结构的梯度转移,进一步加深了世界各国在经济发展上的相互依存性和融合性,国家之间在市场、资金、技术和人才方面的互求性大大增强。

三、助力虚拟市场、网络经济的迅速发展

国际信息合作对于世界经济领域的重大影响表现在国际"虚拟市场"的产生上。国际信息合作使得高度依靠信息交换的市场交易可以发生在"虚拟市场",开辟了一个崭新的开放、多维、立体的市场空间,突破了传统市场必须以一定的地域存在为前提的条件,全球以信息网络为纽带连成一个统一的"大市场",促进了世界经济全球市场化。信息流动带动资本、商品、技术等生产要素全球加速流动,促进了全球网络经济的迅速发展。

网络经济是指由于互联网在经济领域中的普遍应用,经济信息成本急剧下降,从而导致信息替代资本在经济中处于主导地位,并最终成为核心经济资源的全球化经济形态。

网络经济作为一种新兴的经济,有别于传统经济,主要表现在以下几个方面。

(1)网络经济是一种高度信用化的经济形态,在网络经济中,参与交易的各方互相不见面,交易的商品和服务最多也是以"图像"的方式虚拟存在,所以网络经济对信用度的要求很高,网络经济的实质就是强化的信用经济。

(2)网络经济是一种物理上虚拟的经济形态,在时间上是虚拟的,是全天候运行的,很少受时间因素的制约;在空间上是虚拟的,建立在综合性全球信息网络的基础之上,突破了国界的限制,使经济活动成为全球化的活动;在物质上是虚拟的,即在互联网上的经济活动实际上只是一个符号体系,它是经济社会实物经济在互联网上的再现,必须与实际经济相对应。

(3)网络经济是一种高度个性化的经济形态,其个性特征主要是:个人化、个体化、客户化和特定化。在网络经济中,个人化代替了效率,个体化代替了大规模生产,客户化代替了客户支持,特定化代替了大规模销售。

四、促进电子商务、国际贸易领域的深刻变革

电子商务,是指交易双方通过计算机网络进行的所有交易活动,即通过交易发生实物性商品(如服装、家用电器等)所有权的转移,或实现了服务性商品(如网络信息咨询服务等)的有偿消费(提供)。其实质就是贸易活动各环节的电子化,即利用电子信息技术和计算机网络来扩大宣传、降低成本、增加价值、创造商机和销售产品及提供服务的商务活动。国际信息合作对电子商务的开展和广泛运用产生了积极的促进作用,带来国际贸易活动全球化、智能化、无纸化和简易化,并实现了划时代的深刻变革,电子商务正在掀起国际贸易领域的一场新革命。

国际信息合作使得网络贸易日益成为占主导地位的国际贸易方式。网络贸易是指在网络平台基础上直接进行的在线交易,利用数字化技术将企业、海关、运输、金融、商检和税务等有关部门有机连接起来,实现从浏览、洽谈、签约、交货到付款等全部或部分业务自动化处理。网络贸易突破了传统贸易活动中物质、时间、空间对交易双方的限制,它的产生与发展必将对世界经济贸易的增长产生巨大的推动作用。

(1)大大降低国际贸易的交易成本。买卖双方通过网络直接接触,无贸易中介的参与,减少了交易的中间环节;参与交易的各方只需支付较低的网络通信和管理费用就可获得、存储、交换和处理信息,节省了资金,降低了成本;有利于交易双方获得完整信息,降低了市场上的搜寻成本,减少了交易的不确定性;在网上直接传递电子单证,既节约了纸质单证的制作费用,又可缩短交单结汇时间,加快资金周转,节省利息开支。

(2)大大提高工作效率。通过国际信息合作,现有网络技术实现了商业用户之间标准格式文件(如合同、提单、发票等)即时传送和交换,买卖双方足不出户就可在网上直接办理订购、谈判、签约、报关、报检、租船订舱、缴税、支付结算等各项外贸业务手续,大大缩短了交易时间,使整个交易方便快捷,从而带动了金融、海关、运输、保险等有关部门工作效率的提高。

五、对传统经济理论、国际法规的挑战

国际信息合作在改变世界经济运行方式和内容的同时,也对传统的国际经济理论提出了新的思考和挑战。比较优势理论认为,各国比较优势的形成基础是自然资源、资本、劳动力和人力资源等方面存在着差异。而在网络贸易的条件下,信息成为最重要的生产要素和资源,这就改变了传统经济理论的基础,即国家之间对信息的生产、传播、反馈与使用能力上的差异——信息比较优势,在国际贸易中的地位越来越重要。国际信息合作使得信息因素成为国家或企业国际竞争力的构成要素,国家或企业的信息处理效率成为其参与国际竞争的基本条件,信息基础设施的发达程度和信息产业的规模比重都极大地影响了该国在世界经济中的竞争实力与竞争地位。

世界各国(地区)的信息基础设施与信息技术的发展程度不同,导致了全球网络化发展很不平衡。这使发展中国家在网络经济和贸易的发展中处于被动的地位,加剧了经济的不平衡发展及贫富差距的扩大。发达国家还试图控制和垄断世界信息资源,以达到继续主导国际贸易的目的。数万亿美元的贸易、投资和国际金融业务变成只是一种信用信息符号之间的流动,瞬间即可完成,大大增加了发展中国家政府实行保护性宏观经济调控政策的难度。

电子商务和网络贸易的发展,对传统的国际贸易法规提出了挑战。传统上的贸易合同必须书面订立,通过手写签名或印章来辨别身份。但在网络交易中,由于大量运用电子货币和电子签名,有形合同的法律规定很难适用无形的网上合同,而无形的网上合同如何确定权利和义务尚待进一步明确规定。此外,网络信息的隐私权与知识产权保护问题,电子数据及网上信息的证据效力问题,电子签名和认证等问题,都要求在贸易立法上作出相应的调整和变更,使之有利于保护贸易当事人的合法权益,促进国际贸易遵循统一的国际条约和国际惯例运行,因此,要为"虚拟市场"建立基本的游戏规则。网络贸易法律法规的制定是一项复杂的工程,需要国际社会的广泛合作。

2018年9月,世界海关组织率先就跨境电子商务和网络贸易发布了"全球跨境电商准则",旨在制定通关事务和相关数据协调的统一标准,促进全球范围内电商的合理发展,"全球跨境电商准则"制定了全球范围内跨境电商的基本标准,世界海关组织表示,"全球跨境电商准则"包含了15条简明扼要、循序渐进的标准,旨在创造更好的电商环境,提供可行、公平、创新的解决方案,同时维护利益各方的合法权益和需求。"全球跨境电商准则"旨在为各国海关提供建立跨境电商相关法案的基本框架,同时也有助于促进现有条例和商务模式的发展。世界海关组织管理部门会与各国政府和第三方展开紧密合作,根据各国不同的市场地位、业务能力、人力资源、财力资源及内部程序情况,逐一执行新标准。在未来,"全球跨境电商准则"将进一步扩充技术规范及相关准则,以便有效地协同各方实施。

中国跨境电商的发展速度快、规模大,在此标准框架制定过程中作出了重要贡献,与其他成员一道就推动跨境电商的健康发展进行了很多探索。2018年8月31日,《中华人民共和国电子商务法》(以下简称《电子商务法》)经第十三届全国人民代表大会常务委员会第五次会议审议并通过,已于2019年1月1日起施行,成为我国跨境电商领域的首部

综合性法律。《电子商务法》除了明确规定跨境电商从业者应该遵守进出口监管的法律规定外，更加强了跨境进口消费投诉热点问题的解决方案法律依据，多角度促进跨境电商行业良好健康地发展。世界海关组织的准则与我国在电子商务领域的立法对世界范围内的电子商务立法具有示范意义。

六、对金融信息化、国际资本流动的加强

国际信息合作的发展和电子信息技术的突飞猛进，使得金融机构的经营活动越来越依赖信息技术，资金流动方式日益电子化，资金流动更加快捷，国际金融市场的信息联系更加密切，世界各国利率、汇率、股市和债券等的变化对世界经济的影响越来越大。

从发展来看，电子自动数据处理系统应用于全球性银行账户的划拨，导致 1973 年环球银行金融电信协会（Society for Worldwide Interbank Financial Telecommunication，SWIFT）的成立，当时由 15 个国家的 239 家银行组成。整个计算机网络分为操作中心、地区处理站和会员银行以及用户三个层次，现已开发的电信传递处理的银行业务有八类。SWIFT 具有以下优点：迅速便捷（每笔电信从发到收只需 25～45 秒），安全可靠（双线制度、严格检查、自动监测和严格保密措施）；费用低廉；标准格式（可进一步保证高效和准确可靠）等。SWIFT 在全球的逐步推广，便利了资金在全球范围的自由流动，已使传统的国际清算和支付业务发生了变革。国际信息合作是当代国际金融市场能够顺利运行的重要基础。

目前，国际金融市场绝大多数没有固定地点，即无形市场。这个市场由众多经营国际货币金融业务的机构组成，它们主要通过电话、计算机网络等现代化通信工具进行各种金融交易。即使是一些有形市场，如证券交易所，也相继进行了电子化、自动化的改造。金融业的电子化和自动化催生了电子货币，金融市场的内部机制和运作方式发生了革命性的变化。国际信息合作使得国际金融市场实际上成为一个通过高效率电子信息传输而相互连接起来的国际信息合作网络。国际信息合作的高效开展使得国际资金的流动性极强，大量资金在全球不断流动，国际资本的跨国流动规模越来越大。国际信息合作的发展极大促进了金融信息化，加强了国际资本的流动性。

七、推动企业跨国经营、管理方式的改变

国际信息合作的发展使得"虚拟公司"成为经营主体。现代信息通信技术通过单个公司在各自的专业领域拥有的核心技术，把众多公司连接为公司群体网络，具备一个公司不能承担的市场功能，可以更加有效地向市场提供商品和服务。这种新型的企业组织形式，在资本关系上不具有强制各个公司发生联系的权力，而是由于承担了一定的信息收集处理和传递动能而具有某种实体性。跨国公司战略联盟便是这种"虚拟公司"的主要表现形式，通过开放系统的动态网络组合寻找资源和联盟，实现"虚拟经营"，以适应瞬息万变的经济竞争环境和消费需求向个性化、多样化方向发展的趋势，给跨国公司带来分工合作、优势互补、资源互用、利益共享的好处。

国际信息合作使企业竞争地位得到很大的提升。企业申请注册域名，在互联网上建

立自己的网站,通过网页介绍产品、宣传企业形象,有利于扩大企业知名度、开拓海外市场和提高国际竞争力。此外,互联网无时间、地域的限制,企业可以进行全天候交易,增加市场机会;同时又有助于及时、准确地掌握市场动态,密切企业同客户的业务联系,提高其市场竞争地位。

国际信息合作使得跨国企业的经营管理方式发生变化。国际信息合作提供的交互式网络运行机制,为企业跨国经营提供了一种信息较为完备的市场环境,通过世界经济的纽带达到世界资源和生产要素的最优配置,使市场机制在全球范围内充分、有效地发挥作用。这种方式实现了"四流一体",即以物流为依托、资金流为形式、信息流为核心、商流为主体的全新经营管理模式。这种方式通过信息网络提供全方位、多层次、多角度的互动式经营管理服务。生产者与用户及消费者通过网络,使及时供货制度和"零库存"生产得以实现,商品流动更加顺畅,信息网络成为最大的中间商,引发了经营管理中间组织结构的革命。

第四节 国际信息安全合作

一、国际信息安全合作的重要性

随着信息化的快速发展,以军事安全为中心的传统安全观,正在被包括政治安全、军事安全、经济安全、文化安全以及信息安全在内的新的综合安全观所取代,世界各国普遍面临着信息安全的威胁。

首先,信息网络的滥用将可能影响国家的政治稳定。互联网是个畅通无阻的虚拟世界,网络空间的开放与便利为一些寻求非法扩散政治影响的组织或个人提供了机会,各国政府部门网站动辄受到"黑客"攻击,如何应对信息网络犯罪的冲击,已成为各国政府面临的一项严峻任务。

其次,信息技术进步将改变未来战争形态和作战样式。以信息技术为核心的高新技术在军事领域的广泛应用,使战争形态出现新的变化。在信息时代,军事领域的各种信息攻防手段快速发展,信息系统与网络成为新的作战要素,网络空间正在成为攸关国家安全的重要战场。随着未来信息技术在军事领域的更广泛运用,各国在维护国家军事安全方面将会面临更严峻的挑战。

再次,信息化社会的发展将使经济安全问题日益突出。信息化使各国经济联系日益紧密,一旦一国经济或金融秩序遭受打击,很快就会波及世界其他国家。随着工业经济向知识经济的转变,世界经济信息化、数字化和网络化特征日趋明显。商务活动的电子化和资本运作的虚拟化在为各类金融活动提供史无前例的快捷和便利的同时,也大大增加了经济活动,特别是金融活动的风险性。维护信息化时代的全球经济安全已成为国际社会需要共同面对的重大课题。

最后,信息传播模式的深刻变化将给文化安全带来新的挑战。互联网、光缆和卫星传送等新的信息传输技术的广泛运用,网络交流工具的相继涌现并日益普及,带来了信息传播模式的重大变化,使信息流动更加便捷和畅通,加速了各国文化的传播与交流,但信息传播广度和深度的变化也使一些国家面临维护本国文化安全的问题。如何在信息化时代充分运用信息手段的优势,传承和发展各种优秀文化传统,推动和增进国际文化交流,维护和促进世界文明的多样性,应成为国际社会共同关注和解决的重大问题。

二、信息安全合作的模式与对策

(一) 模式

1. 双边合作

双边合作又分为正式双边合作与非正式双边合作。信息安全合作中的正式双边合作机制一般通过引渡机制和双边法律援助条约体现出来。非正式双边合作是在没有正式签署相关条约的情况下,双方执法部门即开展合作。

2. 多边合作

由于双边合作固有的缺陷,在网络安全国际合作中,采用多边合作的方式能够取长补短、更好地维护网络安全。从信息安全国际合作的现状来看,多边合作是目前国际社会在信息安全合作中多数采用的形式。但许多国家在信息安全专业技术方面能力不足,限制了多边合作的顺利开展。

多边合作模式又可分为美国国家合作组织模式与欧盟跨政府合作模式,区分这两种模式的主要依据是大国在合作过程中的地位与作用。美国国家合作组织模式主要表现为美国主导下的合作;欧盟跨政府合作模式主要表现为更加平等与纯粹意义上的多边国际协作,各个国家,无论是大国还是小国,都在合作过程中具有相对平等的地位。

(二) 对策

在严峻的信息安全形势下,加强国际信息安全合作是大势所趋。总结起来,主要有下列对策。

1. 推动建立平等互利的国际信息安全新秩序

当前,面对信息安全领域的共同威胁,互利共赢的观念已经为国际社会广泛接受,通过合作而不是冲突、协商而不是对抗、多边而不是单边的途径,共同建立平等互利的国际信息安全新秩序,应成为确保国际信息安全的有效出路。

2. 推动制定广泛适用的信息安全国际法规

随着全球化与信息化的快速推进,日益国际化的信息安全问题已非各国仅凭自身的信息安全法规和一国之力所能解决,制定国际性法规和政策的呼声日渐高涨,这反映了国际信息安全合作与协调进一步强化的趋势。国际社会的不断努力,为制定信息安全国际法规奠定了良好的合作基础。各国应在信息安全国际立法方面进一步加强合作,建立良好互信,维护共同利益,明确责任义务,达成共同打击和制裁国际信息犯罪的共识,为开展国际信息合作提供规范的法律框架,为实施国际联合行动提供有效的法律依据。

3. 推动构建长远有效的国际信息安全合作机制

近年来,随着信息安全挑战的日益严峻,世界各国在维护信息网络稳定、开发信息技术、利用信息资源等方面有着越来越多的共同利益和广阔的合作前景。各国应着眼现实威胁与长远发展,提升信息安全保障能力,共同防范和打击信息犯罪活动,提高危机管理能力;进一步就有关技术、政策、法规等问题进行对话和交流;积极推动信息安全危机预警通报、信息安全灾害救援协作以及联合打击信息犯罪等一系列国际信息安全合作机制的建立和完善。随着信息化进程的继续深入,各国应在平等互利、互相尊重的基础上,进一步开展旨在实现优势互补、共同发展的务实合作。

世界巅峰一抹"中国红"

复习思考题

1. 国际信息合作迅速发展的原因是什么?
2. 信息高速公路的含义是什么?
3. WTO《基础电信协议》有哪些基本原则?
4. 国际信息合作的经济影响有哪些?
5. 国际信息安全合作的重要性与对策是什么?

即测即练

第十二章

国际发展援助

学习目标（teaching objectives）

本章侧重介绍国际发展援助的概念及特点，让学生们通过本章的学习，尽可能多地了解国际发展援助在国际经济合作中的作用，熟悉有关的国际法规。

1. 重点掌握国际发展援助的定义、分类及特点；

2. 掌握国际发展援助的机构和效果；

3. 了解国际发展援助的目标和资金来源；

4. 了解国际对华发展援助的不同阶段和未来趋势。

关键概念（key concepts）

国际发展援助（international development assistance）

赠予成分（grant element）

双边援助（bilateral aid）

多边援助（multilateral aid）

官方发展援助（official development assistance）

方案援助（programme assistance）

技术援助（technical assistance）

财政援助（financial assistance）

联合国发展系统（United Nations Development System）

国际复兴开发银行（International Bank for Reconstruction and Development，IBRD）

国际开发协会（International Development Association，IDA）

国际金融公司（International Finance Corporation，IFC）

多边投资担保机构（Multilateral Investment Guarantee Agency，MIGA）

国际投资争端解决中心（International Centre for Settlement of Investment Disputes，ICSID）

 开篇案例

探索国际发展援助与合作的多重世界

和平与发展是国际关系的根本问题，或者称原问题或基础性问题。在世界大变局背景下，发展权、发展方式、发展组织等与发展相关的问题将日益成为外交与国际关系领域

的重要议题。而理解上述问题的一个关键切入点是国际发展援助（international development assistance）或国际发展合作。

国际发展援助的由来及发展阶段

主权体之间曾有过漫长的、往往不为外界所尽知的礼品互换历史。这种交换通常以实物的形式出现，服从于各种各样的国家利益，乃至服从于在国家中起主导作用的集团利益。

真正形成规模和规则的国际礼品交换发生在第二次世界大战以后。在这段时间里，国家间的礼品赠予获得了"对外援助"的称谓，通常体现为富国对穷国的赠予，成为国家外交政策的一个组成部分，形成一套国家间的行为方式。这种对外援助的目的和宗旨是维护权力的平衡或利益的格局，如用于维持国家间的不平等交易关系。对外援助实践真实地反映了国际社会中各种交错的利益关系。从形式上看，这种以民族国家为主体的对外援助既有实物也有现款，通常是以双边的方式提供，且附加严格的条件。这些条件或用于交换权益，或用于获取财富，或用于攫取资源，真正的利他主义是很少的。

除了主权国家间的援助关系以外，第二次世界大战后的对外援助实践还有些是超越双边、以建立战略阵营为目的的。"马歇尔计划"就是最为典型的案例。"马歇尔计划"从设计到实施，都是以建立西方阵营、巩固霸主地位为目标，其结果是推动了整个西欧的经济一体化，布下了第二次世界大战后的经济和战略格局。

20世纪60年代以后，出现了发展援助的专业组织机构，即经济合作与发展组织发展援助委员会（OECD-DAC），将世界划分为提供援助的北方和接受援助的南方，同时也使对外援助进入国际发展援助的新阶段。专业性的援助组织机构通过整合双边与巩固多边的各种建构，形成了完整的西方发展援助平台，"对外援助"的主题也转换为"国际发展合作"，从而突出了以"发展"作为援助目标的取向。被双边援助国奉为圭臬的"附加条件"随着西方的推动，从早期的"经济社会附加条件"发展到"冷战"结束后的"政治意识形态附加条件"。

事实上，与上述国际发展援助发展同步的还有南南合作。以中国为代表的国家对南方国家提供援助的时间仅仅比"马歇尔计划"晚了3年，对非洲的援助几乎与西欧国家从联系国制度转向援助制度同步。随着发展中国家自身的发展，南南合作的重要性日益增强，且形成了一套不同于北方援助国的经验、规则和方式。

在国际发展合作领域，除了北方传统的援助国、南方新兴的援助国以外，还有国际多边组织。多年以来，国际多边组织的发展观体现了北方国家的普遍认知。但是自联合国千年发展目标（MDGs）和联合国可持续发展目标（SDGs）确定以来，南北双方在联合国框架下开始了越来越多的目标整合、方式整合和工具整合。

国际发展援助多重主体的驱动力及互动方式

通过不同发展援助主体的活动，我们可以看出不同的驱动力。例如，从双边对外援助行动看，有以利益的实现和权益的交易作为驱动力，也有以名誉的获取或历史的继承作为驱动力；从多边机构的角度看，有以多边组织专业性和权威性作为驱动力；从南南合作的框架来看，可以看到国家利益的融合及互动；从多边机构，如联合国的可持续发展目标来看，可以看到各个方面以调试共识并推动共识，从而实现的努力作为驱动力。

如何在世界大变局背景下提炼最大公约数,进而走向人类共同的未来,这些都是值得思考的问题。要更好地理解多重世界下的国际发展合作,还需要关注以下几点。

一是要理解多重行为主体的动力源与互动的工程,这是复杂细致而深入的研究工程。研究才刚刚开始,尚未得出理论性的结论。

二是在务实研究的基础上发展理论概念和学术语言。在过去很长一段时间里,官方发展援助(ODA)都作为一个衡量标准去认识不同源流、不同方式的国际发展援助及其效果。但是当国际发展的视野开始转向更宽广的领域,可持续发展及其资源的广泛性被提上日程,"官方可持续发展援助总量"(TOSSD)概念被提出,国际发展合作开始真正超越了传统的界限,从概念到行动接纳了更多的行为主体,研究就进入一个崭新的场域。新的议题大量涌现,国际发展合作的相关资源和相关行为进入研究视野。可以说,这是一个从实践到理论的转型时期,研究的转型时不我待。

三是要认真寻找国际发展合作主体之间的共性与特性,以及它们的关联性与相互性。无论是北方国家还是南方国家,在该领域都存在着差异性、关联性和相互性,要从中提炼出最大公约数。在很多专业性的国际会议上,参与讨论的可以有中国人、印度人、德国人、美国人,他们之间的观点可能有所差异,但是共同讨论的结果却是另外一种中和的结论,也就是已经提炼出了最大公约数的结果。这种共同的结论中并非完全没有你输我赢,但更多的是你中有我、我中有你。这个最大公约数是与双边国际发展援助的并行共生,也是对双边发展援助的超越。

资料来源:周弘.探索国际发展援助与合作的多重世界[N].中国社会科学报,2021-10-19(5).

第一节　国际发展援助概述

国际发展援助是国际经济合作的一种重要方式,第二次世界大战之后,国际发展援助逐渐成为国际关系中重要的发展干预手段之一,国际发展援助是资本、技术、管理、人才等生产要素在国家之间的流动和重新组合配置。由于世界局势发生了巨大的变化,从"马歇尔计划"开始,对外援助政策就在国际和地区性冲突的善后中发挥着巨大的作用,并迅速发展起来。国际发展援助成为发达国家开展外交活动,带动技术、设备和产品出口,促进本国企业发展的重要手段;而发展中国家也把国际发展援助作为提高技术水平、加快经济发展、缩小与发达国家差距的主要途径。国际发展援助对当今世界的政治经济正产生着越来越重要的影响。中国也是利用和提供国际发展援助的重要国家。

一、国际发展援助的内涵

有关国际上实施经济技术援助的提法有很多,我国习惯上称其为"对外经济技术援助";有的国际组织把它称为"国际开发援助";联合国发展系统(United Nations Development System)的援助则采用"国际发展援助"这一提法,本书沿用这一概念。国际发展援助是国际经济合作的主要方式之一,它是指发达国家和一些经济发展程度比较高的发展中国家及其所属机构、国际有关组织、社会团体以提供资金、物资、设备、技术或资料等方式,帮助其他发展中国家发展经济和提高社会福利的活动。

国际发展援助分为有偿和无偿两种,其形式有赠予、中长期无息或低息贷款以及促进受援国经济和技术发展的具体措施。它的目标是促进受援国的经济发展和社会福利的提高,缩小发达国家与发展中国家的贫富差距。国际发展援助的性质是国际资本流动,它以资本运动为主导,并伴随着资源、技术和生产力等生产要素的国际移动。

本质上,对于大多数发达国家的国际发展援助来说,它是国内政治的拓展,是推行其外交政策的工具。因此,国际发展援助的目标从总体上可以分为政治目标、经济目标以及人道主义目标。其中,政治目标是国际发展援助最重要的目标之一,可以分为三种:第一种是巩固和扩大援助国在国际政治权利格局中的地位;第二种是实现某一直接的政治目的和利益;第三种是实现对某一国家性质和政权的保护或者改变。经济目标包括:带动援助国对受援国的产品或服务出口的增长;促进对受援国的投资,从而获得长远的经济利益;扩大援助国在受援国的经济渗透或影响力,以达到特定的长远经济目标。

二、国际发展援助的方式

国际发展援助的方式可以从不同的角度进行划分,按其援助的流通渠道可分为双边援助(bilateral aid)和多边援助(multilateral aid),按其援助的方式可分为财政援助(financial assistance)和技术援助(technical assistance),按其援助的使用方向可分为项目援助(project assistance)和方案援助(programme assistance)。

(一)双边援助

双边援助是指两个国家或地区之间通过签订发展援助协议或经济技术合作协定,由一国(援助国)直接提供无偿或有偿款项、技术、设备、物资等方式,以帮助另一国(受援国)发展经济或渡过暂时困难而进行的援助活动。双边援助的提供往往与两国之间的政治、经济利益有着密切的关系,带有非常浓厚的政治色彩,而且双边援助一般都附有限制性采购条件。双边援助一直是国际发展援助的主要渠道。近年来,虽然世界各国通过多边渠道提供的援助数额有所增加,但双边援助仍占对外援助的主导地位。

双边援助根据援助的无偿与有偿可分为双边赠予和双边直接贷款。双边赠予是指援助国向受援国提供不要求受援国承担还款义务的赠款,可以采取技术援助、粮食援助、债务减免和紧急援助等形式来进行。双边直接贷款是指援助国向受援国提供优惠性贷款,它一般多用于开发建设、粮食援助、债务调整等方面。

(二)多边援助

多边援助是指多边机构利用其成员的捐款、认缴的股本、优惠贷款、多边援助及在国际资金市场借款或业务收益等,按照它们制订的援助计划向发展中国家或地区提供的援助,是第二次世界大战以后才出现的一种援助方式。多边机构主要有联合国发展系统、经济合作与发展组织、亚洲开发银行等。在多边援助中,联合国发展系统主要以赠款的方式向发展中国家提供无偿的技术援助,而国际金融机构及其他多边机构多以优惠贷款的方式提供财政援助。在特殊情况下,多边机构还提供紧急援助和人道主义援助等。

发达国家一直是多边机构援助资金的主要提供者,其中美国、日本、德国、法国、英国的援助资金在多边机构援助资金总额中占有较大的比重。由于多边机构援助资金由多边机构统一管理和分配,不受资金提供国的任何限制和约束,因此,多边援助的附加条件较少。

(三) 财政援助

财政援助是指援助国或国际组织为满足受援国经济和社会发展的需要以及解决其财政困难而向受援国提供的资金或物资的援助。财政援助可以进一步分为赠款和贷款两种。贷款又分为无息贷款和低息贷款,低息贷款的利率一般低于国际金融市场利率,贷款的期限也较长,一般在 10 年以上,并且有较长的宽限期。

财政援助在资金的使用方式上可分为官方发展援助(official development assistance,ODA)、其他官方资金(other official flow)、民间资金(private flow)和混合资金(mixed flow)四种。

(1) 官方发展援助。官方发展援助是发达国家或高收入发展中国家的官方机构为促进其他发展中国家的经济发展和社会发展,向其他发展中国家提供的赠款或赠予成分不低于 25% 的优惠贷款。赠予成分是根据贷款利率、偿还期、宽限期、收益率等计算出来的一种衡量贷款优惠程度的综合性指标。其援助必须是由援助国政府机构实施,并以促进发展中国家的经济发展为宗旨,不得含有任何形式的军事援助及各种间接形式的援助,援助条件必须是宽松和优惠的,即每笔贷款的条件必须是减让性的,其中的赠予成分必须不低于 25%。

(2) 其他官方资金。其他官方资金是指由援助国政府指定的专门银行或基金会向受援国银行、进口商或本国的出口商提供的,以促进援助国的商品和劳务出口为目的的资金援助。其援助主要通过出口信贷来实施。其他官方资金也属于政府性质的资金,以促进发展中国家的经济发展和改善其福利为援助宗旨,贷款的赠予成分也必须在 25% 以上。它与官方发展援助的区别在于,不是由援助国政府实施援助,而是由政府指定专门银行或基金会通过出口信贷方式向受援国提供援助。

(3) 民间资金。民间资金是指由非营利性的团体、教会组织、学术机构等提供的援助,它主要是以出口信贷和直接投资的形式来实施。

(4) 混合资金。混合资金是指在对外援助中,部分使用政府的赠款或优惠贷款,部分使用出口信贷。混合资金实际上是官方发展援助和其他官方资金结合起来的一种方式。

(四) 技术援助

技术援助是技术先进的国家和多边机构向技术落后的国家在智力、技能、咨询、资料、工艺和培训等方面提供资助的各项活动。技术援助分为有偿和无偿两种。有偿的技术援助是指技术提供方以优惠贷款的形式向技术引进方提供各种技术服务;无偿的技术援助是指技术提供方免费向受援国提供各种技术服务。

技术援助采用的主要形式有:派遣专家或技术人员到受援国进行技术服务;培训受援国的技术人员,接受留学生和研究生,并为他们提供奖学金;承担考察、勘探、可行性研究、设计等投资前的工作;提供技术资料和文献;提供物资和设备;帮助受援国建立科研机构、学校、医院、职业培训中心和技术推广站;兴建厂矿企业、水利工程、港口、码头等各种示范性项目。技术援助已成为加强发达国家与发展中国家经济合作的重要手段。

（五）项目援助

项目援助是援助国政府或多边机构将援助资金直接用于受援国某一具体建设目标的援助。由于援助的资金直接与项目挂钩，每一个具体的援助目标都是一个具体的建设项目，故称为项目援助。

项目援助的资金主要用于资助受援国开发动力资源和矿藏，建设工业、农业、水利、道路、港口、电信工程以及兴办文化、教育、卫生设施等。项目援助既可以通过双边渠道进行，也可以通过多边渠道进行。其资金主要来源于各发达国家或高收入发展中国家的官方援助及世界银行等多边机构在国际资金市场上的借款。由于项目援助均以某一具体的工程项目为目标，并往往与技术援助相结合，因此，援款不易被挪用，从而有助于提高受援国的技术水平，援助效率比较高。由于许多发达国家将扩大本国商品的出口和保证短缺物资的进口来源作为提供项目援助的先决条件，因此，项目援助对援助国也甚为有利。近年来，许多发达国家和国际经济组织，尤其是世界银行实施的援助项目都是通过这种方式进行的。

（六）方案援助

方案援助又称非项目援助。它是指援助国政府或多边机构根据一定的计划，而不是按照某个具体的工程项目向受援国提供的援助。方案援助一般用于进口拨款、预算补贴、国际收支津贴、偿还债务、区域发展和规划等方面。

一个援助方案的完成可能需要数年或数十年，包括若干个项目。尽管一个援助方案包含若干个项目，但方案本身一般不与具体项目相联系。在多数情况下，方案援助的资金往往附带有严格的使用规定，特别是近年来，援助国或多边机构往往对方案援助的执行情况进行严格的监督与检查。方案援助也是发达国家通常采用的一种援助方式。进入 20 世纪 80 年代以后，经济合作与发展组织的发展援助委员会中的 17 个成员以方案援助形式提供的援助额已占到双边发展援助协议额的 1/3 以上。在美国国际开发计划署提供的援助额中，方案援助一般占 50% 以上。

第二节　联合国发展系统的援助

一、联合国发展系统

联合国发展系统是联合国向发展中国家提供发展援助的机构体系，亦称联合国援助系统（United Nations Assistance System）。该系统是一个庞大而又复杂的体系，拥有 30 多个组织和机构。这些组织和机构在世界各国或地区设有众多的办事机构或代表处。目前，直属联合国发展系统的主要组织和机构有：

（1）经济及社会理事会（含 5 个区域委员会）；

（2）开发计划署；

（3）人口活动基金会；

（4）儿童基金会；

（5）技术合作促进发展部；

（6）贸易和发展会议；

（7）环境规划署；

（8）粮食计划署等。

联合国发展系统还包括许多专门机构，它们是由各国政府通过签订协议成立的各种国际专业性组织。各专业性组织根据自己的专业范围，承担执行联合国发展系统相应部门的发展援助项目。虽然这些组织具有自己的预算和各种机构，是独立的国际组织，但是，由于它们通过联合国经济及社会理事会的协调同联合国发展系统进行合作，并以执行机构的身份参加联合国的发展援助活动，故称为联合国发展系统的专门机构。

联合国发展系统内的三大筹资机构是指开发计划署、人口活动基金会和儿童基金会。联合国发展系统的援款大部分是通过这三个机构发放的。

二、联合国发展系统援助实施程序

联合国发展系统所采用的主要援助方式是提供无偿的技术援助。联合国发展系统提供无偿技术援助的整个程序主要包括制定国别方案和国家间方案（inter-country program）、编制项目文件（project document）、实施项目、评价项目及项目的后续活动（follow-up action of project）等，这一程序又称项目的援助周期。到目前为止，某些程序在联合国发展系统内的各个组织和机构中尚未完全得到统一，现行的有关程序均以 1970 年联合国大会通过的第 2688 号决议为主要依据，并在此基础上根据项目实施的需要加以引申和发展而成。

（一）制定国别方案和国家间方案

国别方案是受援国政府在联合国发展系统的有关组织或机构的协助下编制的，受援国政府与联合国发展系统的有关出资机构在一定时期和一定范围内开展经济技术合作的具体方案。国别方案的具体内容主要有：

（1）受援国的国民经济发展规划；

（2）需要联合国提供援助的具体部门和具体项目；

（3）援助所要实现的经济和社会发展目标；

（4）需要联合国对项目所做的投入。

每一个接受联合国发展系统机构援助的国家都必须编制国别方案，但国别方案必须经联合国有关出资机构理事会的批准，经批准的国别方案成为受援国与联合国发展系统有关机构进行经济技术合作的依据。在联合国发展系统的多边援助中，国别方案所占有的援助资金比重最大。国家间方案亦称区域方案（regional program）或全球方案（global program）。它是联合国在分区域、区域间或全球的基础上对各个国家集团提供技术援助的具体方案。国家间方案的内容与国别方案的内容基本相同，但是，必须同各参加国优先发展的次序相吻合，并根据各国的实际需要来制定。国家间方案也须经联合国有关出资机构理事会的批准方能生效。根据规定，国家间方案应由两个以上的国家提出申请，联合国才考虑予以资助。国别方案和国家间方案均是含有许多项目的一揽子方案，其中的每一个具体方案须逐个履行审批手续。根据联合国的现行规定，40 万美元以上的项目须由出资机构的负责人批准；40 万美元以下的项目只需由出资机构负责人授权其派驻受援国的代表批准即可。

（二）编制项目文件

项目文件是受援国和联合国发展系统的有关机构为实施援助项目通制的文件。项目文件主要包括封面、项目文件的法律依据、项目及与此有关的具体情况以及项目的监督、审评报告、预算等部分。项目文件封面主要包括项目的名称、编号、期限、主要作用和次要作用、部门和分部门、实施机构、政府执行机构、预计开始时间、政府的投入、项目的简要说明等。项目文件的第一部分是项目文件的法律依据即编制项目文件所依据的有关法律条文或条款，该法律条文或条款通常包括受援国与联合国发展系统的有关机构签署的各种协议。项目文件的第二部分主要是说明项目及与此有关的具体情况，这一部分是项目文件的核心内容，它主要包括项目的发展目标、项目的近期目标、项目的其他目标、项目的活动、项目的产出、项目的风险、事前义务、后续援助等内容。项目文件是受援国政府、联合国发展系统的出资机构和执行机构执行或监督项目的依据。

（三）实施项目

实施项目指的是执行项目文件各项目内容的全部过程。这一过程主要包括以下几项工作。

（1）任命项目主任。项目主任是直接负责实施援助项目的组织者和责任者，项目主任一般由受援国政府主管业务的部门任命，并经政府协调部门和联合国发展系统有关机构协商与认可。在通常情况下，国别方案下的项目主任由受援国当地人担任，国家间方案下的项目主任由国际人员担任。

（2）征聘项目专家和顾问。项目专家和顾问的征聘一般由受援国政府决定，但受援国政府必须在项目实施开始前的 4 个月提出征聘请求，与联合国发展系统的有关机构协商并编写拟聘项目专家和顾问的报告。

（3）选派出国培训人员。为实施援助项目而需要出国培训的有关技术人员，主要以进修和考察两种形式进行选派，出国进修和考察的具体人选均由受援国政府推荐，经联合国发展系统的有关执行机构对其业务和外语水平审查批准后方可。

（4）购置实施项目所需要的设备。根据联合国的规定，联合国发展系统出资机构提供的援助资金只能用于购买在受援国采购不到的设备或需用国际可兑换货币付款的设备，价格在两万美元以上的设备应通过国际竞争性招标采购，价格在两万美元以下或某些特殊的设备可以直接采购，购置实施项目所需要设备的种类和规模需经联合国发展系统出资机构审核批准。

（四）评价项目

评价项目是指对正在进行或已完成的项目的实施、结果、实际的或可能的功效等作出客观和实事求是的评价。评价项目的目的在于尽可能客观地对项目的实施和功效作出论证，项目的评价工作主要包括对项目准备的审查、对项目申请的评估、对各项业务活动的监督和对项目各项成果的评价。其中，对各项业务活动的监督和对项目各项成果的评价最为重要。对各项业务活动的监督又称进行中的评价，它主要通过两种方式进行：一种方式是三方审评，即由受援国政府、联合国发展系统的出资机构和执行机构三方，每隔半年或一年举行一次审评会议，审评项目的执行情况、财务情况、项目的近期目标和活动计划。三方审评的目的是找出项目实施中的问题,研究解决方法,调整和制订下一阶段的工作计划,三方审评会议一般在项目的施工现场举行。另一种方式是年度审评,它是在三方审评的基础上,由受援国政府同联合国发展系统的出资机构一起对项目总的执行情况所进行的一年一度的审评。

(五)项目的后续活动

扩展阅读 12.1 国际发展援助体系改革和中国的作用

项目的后续活动亦称项目的后续援助(follow-up assistance of project)。它是指联合国发展系统的技术援助项目按照原订的实施计划完成各项近期目标之后,由联合国发展系统的有关机构、受援国政府、其他国家政府或其他多边机构继续对项目提供援助活动,实际上是巩固援助项目成果的一种手段。项目的后续活动一般可分为三种。

(1)在联合国发展系统的有关机构提供的技术援助项目实现近期目标之后,为了达到远期的发展目标,由联合国发展系统的有关机构对该项目继续提供技术援助。这种形式的后续活动被联合国称为第二期援助或第三期援助。

(2)在联合国发展系统对某一项目提供的技术援助结束之后,由其他国家政府或其他多边机构对该项目或与该项目有直接关系的项目,以投资、信贷或合资等形式提供的援助,这种形式的后续援助大多属于资本援助。

(3)在联合国发展系统对某一项目提供的技术援助结束之后,由受援国政府根据项目的实际需要,继续对该项目或与该项目有直接关系的项目进行投资,以扩充项目的规模,增加项目的效用。

第三节　世界银行贷款

除联合国发展系统外,国际上从事向发展中国家提供发展援助的金融机构主要是世界银行集团,它包括 5 个机构,即 1945 年设立的国际复兴开发银行、1956 年设立的国际金融公司、1960 年设立的国际开发协会、1966 年设立的国际投资争端解决中心(International Centre for Settlement of Investment Disputes,ICSID)和 1988 年设立的多边投资担保机构。

其中,国际复兴开发银行、国际开发协会和国际金融公司属于援助性的国际金融机构,它们向发展中国家提供援助的主要形式是给予优惠贷款,并以帮助发展中国家提高生活水平为共同目标。世界银行是目前世界上最大的开发性和援助性国际金融机构。

国际复兴开发银行是联合国下属的一个专门机构,负责长期贷款,是根据 1944 年联合国货币金融会议上通过的《国际复兴开发银行协定》成立的。其宗旨是:通过对生产事业的投资,资助成员国的复兴与开发工作;通过对贷款的保证或参与贷款及其他投资方式促进外国私人投资,当成员国不能在合理的条件下获得私人资本时,则在适当条件下以银行本身资金或筹集的资金及其他资金给予成员国直接贷款,来补充私人投资的不足;通过鼓励国际投资,开发成员国的生产资源,提供技术咨询和提高生产能力,以促进成员国国际贸易的均衡增长及国际收支状况的改善。

根据世界银行的宗旨,其主要业务活动是:对发展中成员国提供长期贷款,对成员国政府或经政府担保的私人企业提供贷款和技术援助,资助其兴建某些建设周期长、利润率偏低但又为该国经济和社会发展所必需的建设项目。

一、世界银行贷款的对象

世界银行的主要目的是通过向成员国中的发展中国家提供资金和技术援助来帮助这些发展中国家提高生产力,以促进发展中国家的经济发展和社会进步,并维持国际贸易长期均衡的增长及国际收支平衡。其中,国际复兴开发银行的主要任务是以低于国际金融市场的利率向发展中国家提供中长期的贷款,国际开发协会专门从事向低收入的发展中国家提供长期无息贷款,国际金融公司则负责向发展中国家的私营部门提供贷款或直接参股投资。

世界银行的主要业务是向发展中国家政府或由政府担保的私人企业提供贷款和技术援助。世界银行的贷款条件非常严格,贷款对象仅限于成员国的政府、政府机构、国营企业或者私营企业。在通常情况下,世界银行只贷款给那些确实不能以合理的条件从其他途径得到资金的成员国,并且要求借款国必须有足够的偿还能力。贷款到期后必须足额偿还,不得延期,除了借款人是成员国政府本身之外,成员国内的公、私机构向世界银行借款时,都必须由成员国政府、成员国的中央银行或其他世界银行所认可的机构担保,保证其能够偿还贷款的本金、利息及其他各种因借款而应付的费用。

原则上,世界银行只对成员国的特定建设项目发放贷款。贷款项目建设单位的确定,必须按照世界银行的采购指南实行公开竞争性招标、公正评标并报经世界银行审查。除了特殊情况之外,贷款只用于世界银行批准的特定项目。另外,申请世界银行的贷款项目在经济和技术上都必须是可行的,并且对该国的经济发展来说也应该是优先发展的项目,因此,在执行过程中也必须接受世界银行的监督和检查。世界银行一般只提供该贷款项目所需资金总额的20%～50%,其余部分由借款国自己准备。

二、世界银行贷款的特点

世界银行是具有开发援助性的国际金融机构,其主要对象是发展中国家。因此,世界银行向发展中国家提供的开发援助性贷款具有以下特点。

(一)贷款期限较长

国际复兴开发银行的贷款期限一般为15～20年,其中含5年的宽限期;国际开发协会的贷款称为信贷(credit),也称为软贷款,期限平均为38.3年,其中含10年的宽限期。世界银行按人均收入将发展中国家分为3档,以决定其贷款期限的长短。人均收入520美元以下的为低收入国家,贷款期限20年,宽限期4～4.5年;人均收入520～1 075美元的为中等收入国家,贷款期限17年,宽限期4年;人均收入1 075美元以上的为较高收入国家,贷款期限15年,宽限期3年。

(二)贷款实行浮动利率

世界银行自20世纪80年代以来实行浮动利率,贷款利率随着金融市场行情的变化每季度调整一次,基本上是按世界银行在国际资本市场筹措贷款资本的成本加利息计算。

由于贷款是分批提供的,所以,世界银行只对已提取的贷款部分收取利息。对贷款协议签订 60 天后还未提取的贷款余额收取年利率为 0.75% 的承诺费。国际开发协会的贷款虽免收利息,但征收年利率为 0.75% 的手续费,手续费按已拨付未偿还的贷款余额计收。

(三) 贷款的还本付息实行"货币总库制"

从 1980 年开始,世界银行对国际复兴开发银行的贷款还本付息实行"货币总库制"。这一制度大体上类似特别提款权初期所采用的一揽子货币办法。每笔贷款,无论其支付的是哪一种货币,都要分摊世界银行所有贷款所支付的多种货币的汇兑风险。也就是说,这种汇兑风险要在所有借款人之间进行均摊。

(四) 申请世界银行贷款所需的时间较长

申请世界银行的贷款要遵循严格的程序,并接受世界银行的严格审查与监督。一般来说,世界银行首先要对申请借款国的经济结构现状及前景进行调查,以便确定贷款的项目;然后派出专家小组对确定的项目进行项目评估;最后才举行谈判,并签署借款协议、担保协议等有关法律文件。从贷款项目的选定、准备、评估到贷款协议的正式签订一般需要一年半或两年的时间。

三、世界银行贷款的发放程序

世界银行贷款的发放需要经过项目的选定、项目的准备、项目的评估、项目的谈判、项目的执行和项目的总结评价六个程序,这六个程序也被称为项目周期。

(一) 项目的选定

项目的选定是指由借款国选定一些符合本国经济和社会发展需要并符合世界银行贷款政策的项目,提供给世界银行进行筛选。作为项目周期的第一阶段,项目的选定至关重要,能否从借款国众多的项目中选出可行的项目,直接关系到世界银行贷款业务的成败,因此,世界银行对项目的选定工作历来非常重视。

世界银行对项目的选定主要采取以下几种方式。

(1) 与借款国开展各方面的经济调研工作。

(2) 制定贷款原则,明确贷款方向。

(3) 与借款国商讨贷款计划。

(4) 派出项目鉴定团。

借款国选定项目以后,编制"项目的选定简报",然后将"项目的选定简报"送交世界银行进行筛选。经世界银行筛选后的项目将被列入世界银行的贷款计划,成为拟议中的项目。

(二) 项目的准备

在世界银行与借款国进行项目鉴定并共同选定贷款项目之后,项目进入准备阶段。项目准备工作的主要内容是借款国对经世界银行筛选过的项目进行可行性研究。项目的可行性研究一般由借款国独立完成,世界银行会派出由各方专家组成的代表团提供资金和技术援助,与借款国一起正式开展对项目利用贷款的准备工作,为下一阶段的可行性分析和评估打下基础。项目准备工作时间的长短取决于项目的性质和借款国有关人员的工作经验与能力,一般需要 1~2 年。

（三）项目的评估

项目准备完成之后，即进入评估阶段。项目的评估基本上由世界银行来完成。世界银行主要就技术、经济、财务、机构、社会和环境几个方面对筛选过的项目进行详细审查、分析、论证和决策。它实际上是对项目可行性研究报告的各种论据进行再分析、再评价、再论证，并作出最后的决策。如果世界银行认为申请贷款的项目符合世界银行的贷款条件，就提出两份报告书，先提出一份项目可行性研究的"绿皮报告书"，随后再提出一份同意为该项目提供贷款的通知书，即"灰皮报告书"。

（四）项目的谈判

世界银行在经过项目评估并提出上述两份报告书之后，一般先和借款国商定谈判的时间，然后再邀请借款国派出代表团到华盛顿进行谈判。双方一般就贷款协议和项目协定两个法律文件的条款进行一一确认，并就有关的技术问题展开讨论，主要包括项目的贷款金额、期限、偿还方式以及为保证项目的顺利执行所应采取的具体措施等内容。项目的谈判需要 10～14 天。谈判结束之后，借款国和项目受益人要对谈判达成的贷款协议与项目协定进行正式确认。之后，借贷双方签署贷款协议，再由借款国的财政部代表借款国政府与世界银行签署担保协议。在此基础上，世界银行管理部门根据贷款计划，将所谈项目提交世界银行执行董事会批准。项目获批准后，世界银行和借款国在贷款协议上正式签字。贷款协议经正式签字后，借款国就可以根据贷款生效所需条件办理有关的法律证明手续，并将生效所需的法律文件送到世界银行进行登记注册。如果手续齐备，世界银行宣布贷款协议正式生效，项目即进入执行阶段。

（五）项目的执行

项目的执行一般由借款国负责，但世界银行要对项目的执行情况进行监督，项目的执行必须是在贷款项目完成法定的批准手续之后。项目的执行主要包括两方面的内容：一方面是配备技术和管理等方面的专家，并制定项目的实施技术和时间表；另一方面是组织项目建设的招标工作，按世界银行的规定，投标者除瑞士之外，必须是国际复兴开发银行和国际开发协会的成员国，如果投标者是来自借款国的企业，还可以给予 10％～15％ 的优惠。

（六）项目的总结评价

项目的总结评价是世界银行对其提供贷款项目所要达到的目标、效益和存在的问题所进行的全面总结。通过对完工项目执行清款来进行回顾，总结项目前几个周期过程中得出的经验和教训，评价项目预期受益的实现程度。对项目的总结评价一般在世界银行对项目贷款全部发放完毕后的 1 年左右进行。一般先由项目的银行主管人员准备一份项目的完成报告，然后再由世界银行的业务评议局根据项目的完成报告对项目的成果进行全面的总结评价。

第四节　我国提供和接受的国际发展援助

新中国成立以后，特别是改革开放以来，中国不断扩大同国际社会的经济技术交流合作，开始接受国际组织和发达国家大规模的经济技术援助。国际发展援助不仅为中国的发展提供了大量的资金援助和技术支持,而且带来了新的发展理念,对中国经济和社会发展起到了极大的促进作用。与此同时,伴随着中国经济社会的发展和国际经济政治格局的变化,中国也积极开展了对外援助工作,成为一个重要的援助国。

一、我国对外发展援助回顾

我国负责对外援助的主要机构有商务部、外交部、财政部、中国人民银行,各专业部委也分别参与了一些相应专业援助的提供和接受的管理与执行工作。中华人民共和国成立之初,我国就本着国际主义的精神,向友好的邻国和发展中国家提供援助。随着我国经济实力的增强及国际政治和经济环境的变化,我国的对外发展援助事业有了较大的发展。纵观我国多年来对外发展援助的历程,大致可分为以下几个发展阶段。

(一) 初始阶段(1950—1963 年)

中华人民共和国成立之初,国内百废待兴,国外资本主义国家对我国实行经济封锁,我国的经济建设困难重重,但是,为了支持一些国家的民族解放运动并帮助这些国家恢复和发展经济,我国先后向朝鲜、越南、阿尔巴尼亚等社会主义国家和亚洲的一些发展中国家提供了军事援助与经济援助。我国的军事援助是通过物资援助和现汇援助来进行的,而我国的经济援助则是通过成套设备援助来实施的。

(二) 发展阶段(1964—1970 年)

随着我国经济的恢复与发展,我国对外发展援助的规模和范围都有了较大的发展。在这 7 年中,援助支出比初始阶段增加了 1 倍多,项目数量增加了两倍多,援助范围从 20 多个国家扩展到 30 多个国家,尤其增加了对非洲国家的援助。

(三) 急剧增长阶段(1971—1978 年)

1971 年 10 月 25 日,在第 26 次联合国大会上,中国恢复了在联合国的合法席位。随着中国在联合国合法席位的恢复,为了加强与广大发展中国家的合作,中国的对外发展援助进入空前的大发展时期。这主要表现在两个方面:一是援助范围从 30 多个国家增加到 66 个国家,援助地区从亚洲国家扩大到拉美和南太平洋国家;二是援助规模也急剧扩大,1971—1978 年对外发展援助额是 1950—1970 年援助总额的 159%。这一时期,我国对外发展援助支出已占我国同期财政收入的 5.88%。

(四) 调整改革时期(1979—1994 年)

进入改革开放时期以后,通过对近 40 年对外发展援助工作经验的总结,我国的对外发展援助工作有了新进展。对外发展援助工作的方针和政策也进行了全面、合理的调整,即既要继续加强对发展中国家的援助,又要量力而行;既要提供援助,也应接受援助。因此,我国对援助的布局、结构、规模、方式和重点领域进行了调整,尤其强调援助投资少、效益好和直接使受援国人民受益的中小型项目;与此同时,我国还改变了援助项目的管理体制,实施承包责任制,克服了其中的弊端。经过调整,我国的对外发展援助工作走上了健康发展的道路。

(五) 发展改革时期(1995—2000 年)

1995 年下半年,我国对外发展援助方式进行了改革。我国对外发展援助工作改革的中心内容是实行对外发展援助方式的多样化和对外发展援助资金来源的多元化,推动我国企业和受援国企业的直接合作。改革对外发展援助工作的目的在于提高援助效益,以便更有效地帮助受援国发展民族经济,促进我国同其他发展中国家的友好关系和经贸合作。

其主要方针是帮助受援国发展当地有需要又有资源的中小型生产项目,并与发展双边、多边经贸关系以及互利合作相结合,让有限的对外发展援助资金为受援国发挥更大的效益,促进受援国和我国的共同发展,具体体现在以下几个方面。

(1) 提供援款的方式多样化。从实际出发,根据不同国别、不同情况、不同需要,并视我国的可能,向受援国提供不同内容、不同性质的援款。允许受援国政府将我国提供的贷款转贷给双方或某一方的企业。

(2) 根据受援国的需要,尽可能选择那些适合受援国发展经济,既能建设又能经营的中小型项目,如工农业生产经营项目、加工装配项目、商品分拨中心、保税仓库、百货商店等;鼓励并支持生产经营项目迈向双方企业合资经营、合作经营的路子;加强各种形式的技术援助。

(3) 对外提供物资援助,除救灾外,要为发展外贸市场服务。保证援助物资的质量,做好供后服务,既适合受援国的需要,又有利于扩大双方的进出口贸易。

(4) 支持对外贸易、海外投资及其互利合作。除政府贷款转贷给企业外,从对外发展援助费用中拨出一定的款项,通过借贷方式支持我国企业到受援国建立合营企业和承包海外工程,也可将援款用于资源考察或项目的勘测设计合作。

(5) 继续采取比较灵活、及时的援助方式,向受援国提供小额赠送(物资、技术援助、小型项目等),帮助它们克服困难。

(6) 加强多边合作。将一部分对外发展援助资金与联合国或其他多边发展机构资金项目相结合,在发展中国家开展经济技术合作。

(7) 对外援助的实施方式和做法既保持中国特色,又与国际通行的规则、做法相接轨。与此同时,项目援助和物资援助的对外合同内容要符合国际惯例,以使不同受援国乐于接受。

(8) 允许受援国以多种形式偿还我国的贷款。

(六) 全新发展时期(2001 年至今)

从国际视角看,21 世纪以来是中国对外援助事业高速发展的黄金时期,我国的对外援助额呈现前所未有的高增长和高弹性,全球占比不断提高,与美、日等国的相对差距在不断缩小。总体来看,中国对外援助的方式呈现以下三个新特点:第一,双边援助与多边援助相结合。第二,政府援助与开展承包劳务合作相结合,帮助受援国家实施发展项目。第三,由中国援建的成套项目,建成后将过去单纯的技术合作发展为管理合作。

2019 年 11 月 25 日,中国国家国际发展合作署公布了新版对外援助标识,新标识保留红色"中国结"的主创元素,保留"中国援助"的中外文表述,新增"为了共同的未来"的外文表述 FOR SHARED FUTURE,突出构建人类命运共同体理念,体现合作共赢思想。新版对外援助标识于 2020 年 1 月 1 日正式启用。

根据国家统计局的数据,截至 2022 年 5 月,中国累计向 153 个国家和 15 个国际组织提供了 46 亿件防护服、180 亿人份检测试剂、4 300 余亿个口罩、22 亿剂新冠肺炎疫苗等抗疫物资。

二、中国对外发展援助的成就

1963 年 12 月至 1964 年 2 月,周恩来在访问非洲十国期间,阐述了中国在进行对外发展援助工作时所遵循的八项原则,其主要内容是:

(1) 中国政府一贯根据平等互利的原则对外提供援助,从来不把这种援助看作是单方面的赐予,而认为援助是相互的。

(2) 中国政府在提供对外援助的时候,严格尊重受援国的主权,绝不附带任何条件,绝不要求任何特权。

(3) 中国政府以无息或者低息贷款的方式提供经济援助,在需要的时候延长还款期限,以尽量减少受援国的负担。

(4) 中国政府对外提供援助的目的不是造成受援国对中国的依赖,而是帮助受援国逐步走上自力更生、经济上独立发展的道路。

(5) 中国政府帮助受援国建设的项目,力求投资少,收效快,使受援国政府能够增加收入。

(6) 中国政府提供自己所能生产的、质量最好的设备和物资,并且根据国际市场的价格议价。如果中国政府所提供的设备和物资不合乎商定的规格和质量,中国政府保证退换。

(7) 中国政府对外提供任何一种技术援助的时候,保证做到使受援国的人员充分掌握这种技术。

(8) 中国政府派到受援国帮助进行建设的专家,同受援国自己的专家享受同样的物质待遇,不容许有任何特殊要求和享受。

这八项原则充分体现了中国同广大亚非国家进行经济、文化合作的真诚愿望,阐明了中国对外援助的性质、宗旨,也是中国对外政策在对外发展援助工作中的具体体现。对外发展援助八项原则不但在过去成功地指导了中国的对外援助工作,而且在今天仍具有现实指导意义。

扩展阅读 12.2　中国的基础设施建设援助与国际发展援助的"共生"——援助国产业结构差异的视角

党的十八大以来,习近平同志明确提出全面参与全球治理,公开承诺并支持联合国的 2030 年可持续发展议程,也使得中国大力提高对外发展援助名正言顺。中国可以更加从容地走进世界舞台的中心,承担起与我国经济实力、贸易实力、投资实力相一致的国际发展援助责任和能力。

中国对外发展援助计划既是"一带一路"倡议的重要补充、重要抓手,又是增强我国软实力、国际影响力的重要手段、看得见的抓手。该计划有四大目的:其一是政治与外交的目的,直接服务于中国的外交战略与目标,特别是直接服务于国家元首出访、参加国际重大会议、重大活动、重大倡议等;其二是国际援助与人道主义,直接服务于援外国别中长期发展战略、发展规划、发展政策,与其主动对接,更加注重帮助受援国增强自主发展能力,集中于减少贫困、医疗卫生、防灾减灾、教育培训、技术转让等核心领域,扩大国际奖学金、助学金规模,招收更多的其他发展中国家国际学生来华学习,投资下一代人;其三是生态环境目的,帮助其他发展中国家推动绿色发展、绿色制造、绿色能源、绿色技术,帮助保护其国家森林公园等；其四是促进文化交流的目的，在世界各国建立中国的央视记者站和新闻中心，资助中国文化团体甚至个人"走出去"，也资助受援国文化团体走进中国。在此基础上，中国有能力开展更大范围、更高水平、更深层次的区域合作，共同打造开放、包容、均衡、普惠的区域经济合作架构。

中国积极参与全球发展议题的研究与讨论。2010—2012 年，中国在联合国的千年发展目标高级别会议、可持续发展大会、发展合作论坛、最不发达国家会议、南南合作高级别会议，以及二十国集团峰会、世界贸易组织"促贸援助"全球审议大会、援助有效性高级别论坛等一系列国际会议上积极阐释中方的原则立场和政策主张。中国以开放的姿态与其他国家和多边发展组织在发展援助领域加强对话沟通，增强互信，相互学习借鉴。中国与英国、澳大利亚、瑞士等国以及经济合作与发展组织举行发展援助研讨或业务交流活动。

今后，中国将继续增加对外发展援助的投入，进一步优化援助结构，突出重点领域，创新援助方式，提高资金使用效率，有效帮助受援国改善民生，增强自主发展能力。中国愿与国际社会一道，共享机遇，共迎挑战，推动实现持久和平、共同繁荣的世界梦，为人类发展事业作出更大的贡献。

三、我国提供对外发展援助的主要方式

（一）优惠贷款

优惠贷款是我国政府指定的金融机构对外提供的具有政府援助性质的中长期低息贷款。优惠利率与中国人民银行公布的基准利率的利息差额由中国政府进行补贴。优惠贷款主要用于我国企业和受援国企业合资合作建设、经营当地需要又有经济效益的生产性项目，或提供我国生产的成套设备或机电产品等。推行优惠贷款援助方式有以下几点好处。

(1) 我国政府的对外援助资金和我国金融机构的资金相结合，可以扩大对外援助的规模和增加资金来源。

(2) 援助项目与投资合作相结合，双方企业在管理和技术上长期合作，可以将项目效益与企业利益紧密结合起来。

(3) 双方企业在投资、设备和技术等方面合作，扩大了项目规模，双方企业也可从中获益，使受援国增加收入和就业的机会，还有利于带动我国的技术、设备、原材料的出口。这也是目前国际上通用的一种做法。

我国的对外援助优惠贷款是一种含有赠予成分的低息贷款，其年利率最高不超过5%，贷款期限（其中包含使用期、宽限期和偿还期）一般为 8～10 年，其中的赠予成分在25%以上。我国与受援国合资企业、受援国企业或经受援国同意的我国企业都可申请使用优惠贷款，但项目必须经过中国进出口银行和受援国借贷机构评估、认为可行后才能放贷。优惠贷款是具有援助性质的贷款，因而主要向经济困难的发展中国家提供。

中国进出口银行是为对外援助政府贴息贷款的承诺银行，商务部为该项贷款业务的政府归口管理部门。我国发放对外援助优惠贷款的程序是：

(1) 根据受援国的需要和我国的可能，我国政府与受援国政府就贷款额度、期限、利率等主要贷款条件签订框架协议。

(2) 受援国政府或两国合资组成的企业向我国政府提出拟用贷款的项目。

（3）根据受援国或我国企业提出使用贷款的项目，经商务部初审后，推荐给中国进出口银行。

（4）中国进出口银行经评估确认项目能产生效益后，与受援国政府指定银行在框架协议范围内签订贷款借款协议并组织实施。

在实际运作中，受援国普遍反映我国的政府贷款利率比其他国家的援助性贷款利率高 2～3 个百分点，而且还款期也短得多，即优惠程度不够，甚至有些受援国视我国的政府贷款为商业性贷款，这也是我国在提供对外援助政策中应注意解决的问题。

（二）对外援助项目合资合作

对外援助项目合资合作是在我国政府与受援国政府原则协议的范围内，双方政府给予政策和资金的支持，我国企业同受援国企业以合资或合作经营的方式实施项目。我国政府和受援国政府同意或批准的企业即为对外援助项目合资合作的实施机构。

对外援助项目合资合作分为三种形式：一是我国政府援建项目中已建成的生产性或其他有条件经营的项目，由受援国企业经营转为双方企业合资、合作经营；二是我国政府对外新承担的生产性或其他有条件经营的援助项目，受援国企业以我国援款作为资本，我国企业再按双方企业商定的股份比例投入资金，项目由双方合资建设和经营；三是受援国政府和我国政府签订原则协议，在两国政府予以政策和资金扶持的前提下，双方企业直接进行合资合作。

对外援助项目合资合作是一种新的援助方式，特点是我国政府和受援国政府在政策与资金上给予扶持，我国企业与受援国企业直接进行合作。其目的是帮助受援国发展经济，培训受援国管理和技术人才，促进我国与受援国的共同发展。其优点是：将政府援外资金与企业资金相结合，可以增加资金来源及扩大项目的规模；两国企业在管理、技术方面长期合作，可以使援助项目的效益与企业的自身利益挂钩，以巩固援助的成果，提高援助效益；由于双方企业的合资合作项目均是生产性及效益好的中小型项目，因而合资合作不仅可以增加我国企业的收益，还可为受援国增加收入并创造就业的机会。

对外援助项目合资合作方式不但培养了受援国的技术人才，提高了受援国的经营管理水平，促进了受援国的经济发展，而且为我国的优秀企业发挥技术优势，选择有资源、有市场、有效益的项目到海外去发展提供了机遇。目前，我国政府的对外发展援助优惠贷款很大一部分用于合资合作的项目。

（三）无偿援助

无偿援助是我国政府在力所能及的范围内向经济困难的友好国家无偿提供的一种援助，主要用于帮助受援国建设中小型社会福利性项目，如医院、学校、低造价住房、打井供水等。此外，无偿援助还可以用于提供物资援助、人道主义紧急救灾援助及人才培训等，受援国人民可以因此而受益。无偿援助不但灵活、多样、实施快、效果好，而且可以配合我国的外交工作。无偿援助的主要对象是经济比较困难的周边友好国家、最不发达国家和外交上有特殊需要的国家。

（四）无息贷款

这是我国政府对外援助的传统方式，主要用于一些民用基础设施项目的实施。我国帮助发展中国家建设了一大批公共民用设施，政治和社会影响重大。今后，为满足受援国的迫切需要,我国政府还将保留适当比例的无息贷款,用于帮助受援国建设民用基础设施。

四、我国接受并利用国外发展援助

1978 年 8 月,我国政府改变原来拒绝国际双边援助和多边援助的做法,决定采用"有给有取"的方针,从而揭开了我国接受国际发展援助的序幕。1979 年,我国开始接受联合国发展系统的援助,之后又开始接受日本等一些发达国家的发展援助。进入 20 世纪 80 年代以后,我国与国际发展援助机构的经济技术合作全面展开。我国利用国际经济组织的援助和外国政府贷款的成效显著,对促进我国国民经济的发展、提高人民生活水平起到了很好的促进作用。利用外国政府贷款和国际发展援助已经成为我国利用外资的重要组成部分。

我国接受的多双边援助也分为有偿和无偿两部分。这些项目涉及扶贫救灾、工业技术改造、农业、林业、畜牧业、教育、医疗卫生及艾滋病防治、环保、交通、能源、通信、体制改革、司法合作、人力资源开发和提高政府管理能力等众多领域。

多双边无偿援助在加快我国改革开放进程、促进社会经济发展,特别是实施国家"西部大开发"战略和促进贫困地区发展等方面,起到了积极的作用。利用国际多双边无偿援助,我国建立了大量交通、灌溉、饮水、学校、医院、科研机构等基础设施,引进了大量先进的设备仪器。此外,我国派出了多名专业人员到国外学习和进修,聘请了大批外国专家来华服务。通过考察、学习、借鉴和引进国外许多新的观念、先进经验和制度,推进了我国经济体制改革和多项社会保障制度的建立与完善,如国有企业改革、财税体制改革、国家行政制度改革,完善全国教育、卫生、残疾人保护、社会保障制度,有助于树立以人为本的发展观,有助于人口与资源协调发展战略、全面协调和可持续发展观的形成等。

外国政府对我国的有偿援助主要通过政府贷款来进行,我国政府接受的外国政府贷款中既有项目贷款,又有商品贷款;既有有息贷款,也有无息贷款;还有与出口信贷相结合的混合贷款。20 世纪 80 年代以来,我国接受的外国政府贷款多为混合贷款。我国接受外国政府贷款的年利率一般为 1% ～ 3%,偿还期为 20 ～ 30 年,综合计算其赠予成分在 35% 以上。自 1979 年以来,我国已与日本、比利时、丹麦、法国、英国、意大利、德国、西班牙、奥地利、瑞士、瑞典、卢森堡、荷兰、挪威、芬兰、加拿大、澳大利亚、科威特、韩国等国建立了双边贷款关系。

外国政府贷款是一种双边发展援助资金,受双边政治关系和受援国经济发展水平的影响。随着我国国民经济的持续快速发展,部分外国政府在对华贷款政策方面也发生了一些变化,有关国家政府或议会内部出现了减少甚至取消对华贷款的声音。

扩展学习视频 12.1 龙永图亲历中国改革开放 40 年:国际援助

中国利用外国政府贷款积累了一定的经验,在汇率风险、项目选择、竞争采购及债务管理等方面,形成了一套比较系统的切实可行的管理办法。值得注意的是,外国政府贷款项目,不管贷款金额大小,无论出自何种原因,只要不能按期还本付息,都会直接影响中国的对外信誉。因此,在借用贷款时,更要重视还款,及时制订还贷计划,采取必要措施,切实保证对外按期如数偿还贷款。

 案例分析

中美国际发展援助模式的差异分析(中英文)

复习思考题

1. 简述国际发展援助的内涵及方式。
2. 简述当代国际发展援助的特点。
3. 简述世界银行贷款的特点。
4. 简述我国对外发展援助的方式。

即测即练

第十三章

国际经济合作组织

学习目标（teaching objectives）

本章侧重介绍国际经济合作组织的概念及特点,让学生们通过本章的学习,尽可能多地了解国际经济合作组织在国际经济合作中的作用,为第十四章的国际经济政策协调打基础。

1. 熟悉各种国际经济合作组织的特点及发展趋势;

2. 掌握经济一体化的形式,以及经济一体化与全球化之间的关系;

3. 了解区域经济一体化的成因及各种相关的理论。

关键概念（key concepts）

经济合作与发展组织(Organization for Economic Cooperation and Development,OECD)

亚太经合组织(Asia-Pacific Economic Cooperation,APEC)

联合国开发计划署(United Nations Development Programme,UNDP)

关税与贸易总协定(General Agreement on Tariffs and Trade,GATT)

世界贸易组织(World Trade Organization,WTO)

世界银行(World Bank)

国际货币基金组织(International Monetary Fund,IMF)

 开篇案例

自贸点睛"一带一路"建设美如画

中国正在加紧形成立足周边、辐射"一带一路"、面向全球的高标准自由贸易区网络。目前,中国已与13个"一带一路"沿线国家签署了7个自由贸易协定。在2022年3月初举行的国新办发布会上,商务部部长助理盛秋平在谈及推动共建"一带一路"高质量发展的重点工作时说,中国将加快建设辐射"一带一路"的自由贸易区网络,提高贸易和投资的自由化、便利化水平。这个过程中,充分挖掘市场潜力,从而拓展贸易空间,进一步促进投资增长。

加快建设辐射"一带一路"的自贸区网络

加快建设辐射"一带一路"的自由贸易区网络是中国实施自由贸易区提升战略的重要组成部分,也是中国新一轮改革开放,特别是制度型开放的重要组成部分。自由贸易区网络是中国与伙伴国家高质量共建"一带一路"进程中构建的机制性合作关系,是双方共同

挖掘市场潜力、拓展贸易空间、促进投资增长的重要合作平台。

中国已签署的双多边自贸协定,很多是与"一带一路"伙伴国家签署的。实践表明,自贸协定提高了伙伴间的一体化程度,同时也从另一方面彰显出中国坚定支持区域经济一体化、支持全球化发展的决心。

中国坚持扩大高水平对外开放,致力于构建面向全球的高标准自贸区网络。近年来,中国与"一带一路"国家的经贸往来发展迅速,加快商签自由贸易协定将更好地巩固已有成果,并提升双边或多边贸易投资水平。

主动对标国际高标准经贸规则

对于应如何加快建设辐射"一带一路"的自贸区网络:一方面,面向"一带一路"推进实施自贸区提升战略。充分借鉴已有的自由贸易协定文本,从"扩围、提质、增效"三个方面发力,主动与"一带一路"国家开展接触、沟通和磋商。探讨商签自贸协定,可先从双边起步,然后推动小多边谈判,逐步扩大大多边的自贸区网络。另一方面,采取多种形式加强政策沟通和前期研究。可推动智库开展双边或多边自由贸易协定的可行性研究,共同举行专题研讨会、经济论坛等交流活动,量身定做地寻找最大公约数,摸索探讨双边或多边都能接受的标准模本。

近年来,中国加快自贸区建设,构建面向全球的高标准自贸区网络,成果有目共睹,在推动区域全面经济伙伴关系协定(RCEP)生效实施的基础上,提出申请加入全面与进步跨太平洋伙伴关系协定(CPTPP)和数字经济伙伴关系协定(DEPA),加快推动制度型开放,持续扩大自贸伙伴朋友圈。

资料来源:李宁.自贸点睛"一带一路"建设美如画[N].国际商报,2022-03-18(1).

第一节 国际经济合作组织概述

随着世界经济的发展,国际经济合作组织的发展也经历了一个非常漫长的过程。最早的国际经济交往是由民间进行的,为推动这种交往并协调交往中产生的矛盾,便出现了民间国际团体。到了19世纪,国家(地区)间开始大量采用国际会议来解决问题,包括经济问题,于是就形成了从民间国际团体到政府间国际会议的一次历史性飞跃。资产阶级革命的胜利带来了生产力的巨大发展,跨国经济活动迅猛增加,依靠临时性的国际会议来解决国际经济领域的问题已不切实际,于是出现了常设性的国际经济合作组织。

国际经济合作组织根据功能和活动范围的不同可以分为一般性和专业性两类。一般性国际经济合作组织具有较广泛的职能,在政治、经济、社会各领域都有活动,如联合国等;专业性国际经济合作组织则只具有较专门的职能,具体又分为政治性的、经济性的、社会性的等。国际经济合作组织是为特定的经济目的而设立的,致力于管辖各国经济政策、制度和促进执行国际统一遵循的经济活动计划与守则,就经济政策和经济领域的冲突进行协调和处理。

现代意义的国际经济合作组织出现在19世纪后半期。1865年建立的国际电报联盟、1874年建立的邮政总联盟、1875年建立的国际度量衡组织、1883年建立的国际保护工业产权联盟等是最早的一批现代意义上的国际经济合作组织。这一时期的组织主要是技术性的,缺乏政治色彩,作用也比较有限,国际经济活动主要还是依靠双边的通商条约和市场自动调节。

第二次世界大战后,出现了大量的国际经济合作组织。现在活跃在世界经济舞台上的国际经济合作组织,如世界贸易组织、国际货币基金组织、世界银行、欧盟、亚太经济合作组织(以下简称"亚太经合组织")等几乎全部都是第二次世界大战之后建立起来的。

一、国际经济合作组织的分类

根据不同的分类标准,国际经济合作组织可以分为以下这些不同的类别。

(1)根据参加者类型不同,国际经济合作组织可分为政府间的国际经济合作组织和非政府间的国际经济合作组织。

政府间的国际经济合作组织是基于政府间的协议建立和运作的国际经济合作组织,它的参加者是各国政府。这种组织在国际经济事务中发挥着重要作用。国际货币基金组织、世界银行、世界贸易组织等都是典型的政府间的国际经济合作组织。

非政府间的国际经济合作组织不是由政府间协议创建的国际经济合作组织,其参加者不是主权国家的政府而是个人、民间团体、法人等。这种组织在国际经济关系的特定方面往往也有重要的影响力,典型的例子如国际商会、国际清算银行(BIS)等。

(2)根据主要的活动范围不同,国际经济合作组织可分为广泛性的国际经济合作组织和专业性的国际经济合作组织。

广泛性的国际经济合作组织是指在所有或一系列重要的经济领域都进行调节的组织,典型的如经济合作与发展组织、欧盟、亚太经合组织等,它们的活动都涉及贸易、金融、投资等国际经济活动的多个方面。

专业性的国际经济合作组织是主要在某一具体经济领域活动的组织,根据国际经济活动的构成又分为国际贸易组织、国际金融组织、国际投资组织、国际税收组织等。贸易领域的组织如世界贸易组织,金融领域的组织如国际货币基金组织、世界银行、国际清算银行,投资领域的组织如解决一国与他国国民间投资争端的国际中心等。

(3)根据作用的地域范围不同,国际经济合作组织可分为全球性的国际经济合作组织和区域性的国际经济合作组织。

全球性的国际经济合作组织是对全球性的经济发展进行调节并产生影响的国际经济合作组织。这种组织一般都属于联合国系统,是联合国的机构或专门机构,比如,作为联合国主要机构之一的经济及社会理事会,作为联合国专门机构的国际货币基金组织、世界银行等。非政府间的全球性国际经济合作组织往往和联合国有固定的联系,但也有部分不属于联合国系统,如世界贸易组织建立时,其成员就力图使它避免受到联合国的影响。

区域性的国际经济合作组织是在一定地域范围内对经济发展进行调节并产生影响的国际经济合作组织,如欧盟、北美自由贸易区[现在的美墨加协定(United States-Mexico-Canada,USMCA)]等。区域性的国际经济合作组织在接收成员时一般只对特定区域的国家开放,关注的问题也主要是本区域内部的经济合作与发展。

区域性的国际经济合作组织有的涉及本区域的贸易、投资等经济活动的各个领域,以促进本地区的全面经济合作为目标,这种组织被称为区域经济一体化组织。同时,也有的区域性国际经济组织只关注经济活动的特定方面,如阿拉伯货币基金组织等各种区域性的货币组织,就只限于促进区域内成员的货币合作,这些组织被称为一般区域性经济组织。

二、国际经济合作组织的作用

(一) 国际经济合作组织是国际经济活动主体就经济问题进行协商和合作的场所

国际经济合作组织是国际经济交往中建立联系的一种纽带,是现代国家(地区)以及其他经济活动主体进行经济交流与合作的一种经常形式。国际经济合作组织对经济领域的国际合作的促进主要是收集和传播信息,提供一个合作决策得以作出的场所,同时为执行这种决策、将决策化为行动提供行政机制。

(二) 国际经济合作组织是制定调整国际经济活动的法规并对经济活动进行监管的机构

经济管理和监督可以是多边的、区域的、双边的或者国家间的,其中,多边的和区域的经济管理往往求助于国际经济合作组织。从各成员的共同利益出发,对经济活动进行监督和管理是国际经济合作组织的重要职能之一,它往往通过制定各成员统一执行的法律规范来执行这一职能。

很多国际经济合作组织制定的原则、规则、制度成为它所调整的领域普遍遵守的基本准则。国际经济合作组织一般不会直接规范各国商人的具体商业行为,但是,国际经济合作组织制定的规范为各国对外政策的制定提供了一个样板,使各国的政策趋于统一。

(三) 国际经济合作组织提供了解决国际经济争端的途径

国际经济交往加深的必然后果是与经济交往相关的矛盾和纠纷的增加。这些矛盾和纠纷如果不能妥善解决,必将危害到国际经济交往的顺利进行。国际经济合作组织为争端当事方提供一个充分交流的渠道,使争端尽可能通过协商来友好解决。国际经济合作组织往往提供了一个专门的争端解决机构和设计一整套争端解决的程序,以便为争端解决提供一个权威方案,甚至规定惩罚的措施,保证争端解决方案得到执行。

国际经济合作组织合多方之力,使争端能够在合理和有利于大多数国家的基础上解决,从而为国际经济合作组织建立的经济体制提供机制上的保障。

(四) 国际经济合作组织是全球经济一体化的支持机制

国际经济合作组织对全球经济一体化的推动主要体现在为世界经济一体化提供重要的体制保障与政策架构。全球经济一体化涉及生产、流通等各种领域,国际经济合作组织在每一个领域都有活动,并成为支持该领域一体化的重要力量。

第二节　国际会议及政府间磋商

国际会议是主权国家的政府代表通过会晤,就相互间的经济关系和有关的国际经济问题进行协商,规定各方权利、义务的协商形式。国际会议一般没有固定的议题,与会国主要就当前迫切需要处理的经济问题及时事政治交换意见,协调各自的政策立场,会议结果可能促进国际协调形式的建立,可能导致采取共同措施达成原则性协调,也可能表明进行某方面政策协调的意见或意向。与会国的责任一般会随着国际经济环境的改变而自然解除,或者持续到下一届国际会议的举行。因此,国际会议所进行的国际协调的约束力不强,大多数是临时性的,而且很不稳定。国际会议既有双边的,也有多边的;既有定期的,也有不定期的。

现在的国际会议以及政府间磋商的重点已转向经济领域,各国领导人和主要官员为改善双边经贸关系和扩大市场而纷纷出访,充当起本国商品和服务"高级推销员"的角色,经济方面的各种国际会议也频繁召开,政府磋商出现加强的势头。与各国之间经济交往加深相伴而生的是各种经济矛盾和纠纷的大量出现,特别是"冷战"结束之后,国家与国家、集团与集团之间的政治和军事对抗让位于经济与科技的竞争。随着竞争的加剧,各方之间的摩擦与纠纷日趋增多,一些全球性的国际问题日趋尖锐,所有这些都需要借助有效的政府磋商来加以处理和解决。

政府领导人之间的互访与磋商,各种协定与条约的达成,主要功能都在于协调国家之间的经济政策和促进经济合作活动的进行。例如,中德政府磋商机制自 2011 年启动以来,对不断充实中国与德国之间的战略伙伴关系的内涵、拓展中德间的务实合作、从顶层规划两国关系等方面发挥了非常重要的作用。再如,自 1996 年建立的中俄两国总理定期会晤机制,截至 2019 年年初已经举行了 24 次会谈,其间从未间断过。定期会晤机制使得中俄双方在经济、军事、人文等领域的合作不断加强,成为统筹规划和指导推动两国务实合作与人文交流的重要平台。尤其是 2018 年以来,在新形势下继续保持中俄全面战略协作伙伴关系的高水平发展、扩大双方的务实合作和深化人文交流发挥了重要作用。与其他协调形式相比,政府磋商形式的级别更高,权威性更大,效果也更加直接。

一、G7/G8 峰会

G7 峰会即七国集团(Group of Seven)首脑会议,"七国"是指美国、英国、法国、德国、意大利、加拿大、日本。20 世纪 70 年代初,西方国家的经济形势严重恶化,先后发生了"美元冲击""石油冲击"和世界性的经济危机。为了共同研究世界经济的形势,协调各国政策,重振西方经济,在法国总统德斯坦的倡议下,法国、美国、联邦德国、日本、英国、意大利六国的领导人于 1975 年 11 月在法国巴黎郊外的朗布依埃举行了首次最高级经济会议。

1976 年 6 月,在波多黎各首府圣胡安举行第二次会议时,增加了加拿大,形成七国集团,也被称为"西方七国首脑会议"。此后,西方七国首脑会议作为一种制度固定了下来,每年一次轮流在各成员国召开。从 1977 年起,欧洲经济共同体(1993 年 11 月后为欧盟)委员会主席也应邀参加会议。

G7 峰会最初以讨论经济问题为宗旨,故也称为"七国经济最高级会议"。1975—1979 年的前 5 次会议都是以经济问题为主要议题,讨论了诸如失业、通货膨胀、能源和贸易等问题,协调了成员经济体的宏观经济政策和成员经济体之间的经济关系。但从 20 世纪 80 年代初开始,各国间经济矛盾加剧,经济方面的协议常常难以取得有效的结果,加之国际形势的变化和发展,政治问题也逐渐成为会议的重要议题。

首先,从 1975 年起举行的几次 G7 峰会,都讨论和涉及了能源问题,由于七国协同调整能源消费结构和采取节约石油措施,西方国家对石油的需求量相对减少。

其次,G7峰会在协调货币政策、对付通货膨胀问题上也取得了明显的成效。

再次,七国协同调整汇率,迫使美元汇价下跌,这对缓解与会国家之间的贸易严重失衡起到了一定的作用。

最后,还应看到,1982年以后西方国家经济所实现的第二次世界大战之后最长的一次持续增长、高新技术领域的合作、失业问题等都得到了一定程度的缓解,而这些都与首脑会议的作用和效果密不可分。1991年7月,苏联总统应邀同七国首脑在会后举行会晤。从此,每年的正式会议后,俄罗斯领导人都要参加"7+1"会谈,且参与程度逐步提升,直至1994年俄罗斯获准参加政治问题的讨论。1997年,美国总统克林顿作为东道主邀请叶利钦以正式与会者的身份参加会议,并首次与七国集团首脑以"八国首脑会议"的名义共同发表公报。从此,七国集团成为八国集团(Group-8,G8)。G7峰会演化为G8峰会,但在经济问题上依然保持七国体制。

随着全球化进程的不断深入,影响世界经济发展的要素也越来越多元化。发展中国家迅速崛起,特别是在"冷战"后,参与国际经济活动的积极性快速上升,发展中国家正成为国际社会的重要力量。与此同时,向来在世界经济总量中占有绝对优势份额的西方大国正面临后工业化时期的一系列问题,社会购买力下降、劳动力成本过高、新移民问题等,一直在影响西方经济的持续发展能力。发达国家与发展中国家在全球化形势下所面临问题的差异性,构成了南北间对话与合作的前提。

在2003年6月举行的第29次G8峰会上,作为东道国的法国邀请了包括中国、印度、南非、墨西哥和巴西等一些发展中国家参加,并在正式会议前举行了发达国家与发展中国家领导人之间的对话(南北领导人对话论坛)。时任中国国家主席胡锦涛应希拉克总统的邀请出席了非正式对话会议,并发表了题为《推动全面合作 促进共同发展》的讲话。从此,包括中国领导人在内的发展中国家领导人参与后来的G8峰会的非正式活动,成为国际舆论关注的重要看点之一。

2004—2013年,G8峰会举办了10届。对于世界经济、能源油价问题、伊拉克重建、中东国家改革、非洲安全问题、教育国际合作、投资与社会责任、知识产权保护、发展、气候变化等议题都进行了广泛的讨论,取得了明显的成效。

2013年年底,乌克兰亲俄派总统亚努科维奇中止了和欧盟签署的政治与自由贸易协议,欲强化与俄罗斯的关系,导致乌克兰冲突爆发。最终,亚努科维奇逃往俄罗斯,乌克兰重新进行总统选举。在此情形下,一直要求自治的乌克兰南部克里米亚岛通过公投宣布独立,并寻求加入俄罗斯联邦。2014年3月21日晚7点30分,普京在克里姆林宫正式签署了克里米亚的入俄条约,其正式产生法律效力。乌克兰冲突及克里米亚并入俄罗斯,引发欧盟与美国对俄罗斯的制裁不断升级。2014年3月20日,德国总理默克尔宣布,鉴于当前的乌克兰危机,八国集团已经不复存在。

2018年6月8日至9日,为期两天的G7峰会在加拿大魁北克省落下帷幕。美国总统特朗普当天在社交媒体推特上发文,指责加拿大总理特鲁多"非常不诚实和软弱",并称自己已指示美国代表不支持峰会结束后发表的联合公报。这是第一次七国集团没有发表联合公报。自特朗普就任美国总统后,美国政府在一系列问题上采取单边主义行动,引发其他盟友强烈反对。特朗普的强硬立场,使得七国集团内部裂痕日益加深。

英国是 2021 年七国集团轮值主席国。英国财政大臣苏纳克与英国央行行长贝利 2021 年 2 月 12 日共同主持了七国集团财政部长和央行行长视频会议,并在会议上呼吁,将对气候和自然因素的考量作为 2021 年决策的核心;6 月 5 日,七国集团已经就税务征收方案达成协议。2022 年 2 月 14 日,七国集团财长警告对俄罗斯实施经济和金融制裁。

二、G20 峰会

G20 峰会是一个国际经济合作论坛,最初于 1999 年 9 月 25 日由八国集团的财长和央行行长在德国柏林成立。2008 年国际金融危机之后,升格为领导人峰会。2009 年 9 月举行的匹兹堡峰会将 G20 确定为国际经济合作的主要论坛。二十集团属于非正式对话的一种机制,由原八国集团以及其余 12 个重要经济体组成。其成员包括中国、阿根廷、澳大利亚、巴西、加拿大、法国、德国、印度、印度尼西亚、意大利、日本、韩国、墨西哥、沙特阿拉伯、南非、土耳其、英国、美国、俄罗斯以及欧盟。

二十集团的宗旨是为推动已工业化的发达国家和新兴市场国家之间就实质性问题进行开放及有建设性的讨论与研究,以寻求合作并促进国际金融稳定和经济的持续增长。按照以往惯例,国际货币基金组织与世界银行列席该组织的会议。二十集团成员涵盖面广、代表性强,该集团的

 扩展阅读 13.1　G20 财长和央行行长会议:加强各国政策协同　推动全球经济复苏

GDP 占全球经济的 90%,贸易额占全球的 80%,因此,G20 已取代 G8 成为全球经济合作的主要论坛。G20 的成立为国际社会齐心协力应对经济危机,推动全球经济治理机制改革带来了新动力和新契机,全球治理开始从"西方治理"向"西方和非西方共同治理"转变。

2016 年 9 月 4 日至 5 日,G20 第 11 次峰会在中国杭州举行,这也是中国首次举办首脑峰会。中国是最大的发展中国家,是新兴市场国家的代表,通过举办 G20 峰会,中国可以代表发展中国家发声,借助"一带一路"、亚投行等与更多国家良性互动,实现与其他国家的共赢。国家主席习近平在会议上发表主旨演讲,代表中国在峰会上传递出的改革强音吸引了世界聆听,中国正在进行的深水区改革为世界提供借鉴,而中国坚定不移力促结构性改革也为世界经济注入活力。

2018 年 G20 峰会在阿根廷举行,国家主席习近平出席大会。2019 年 G20 峰会在日本大阪举行。2020 年 11 月 21 日至 22 日,国家主席习近平出席二十国集团领导人第十五次峰会。会议以视频方式举行,习近平主席在北京出席有关活动并发表重要讲话。2021 年 10 月 30 日至 31 日,习近平主席在北京以视频方式出席二十国集团领导人第十六次峰会并发表重要讲话。

三、上海合作组织峰会

2001 年 6 月 15 日,上海合作组织(Shanghai Cooperation Organization)成员国元首理事会首次会议在中国上海举行。会议签署了《上海合作组织成立宣言》,宣告上海合作组织正式成立。上海合作组织是一个永久性的政府间国际组织,秘书处设在北京;工作语言为汉语和俄语。

上海合作组织的宗旨和任务主要是：加强成员国的相互信任与睦邻友好；维护和加强地区和平、安全与稳定，共同打击恐怖主义、分裂主义和极端主义、毒品走私、非法贩运武器和其他跨国犯罪；开展经贸、环保、文化、科技、教育、能源、交通、金融等领域的合作，促进地区经济、社会、文化的全面均衡发展，不断提高成员国人民的生活水平；推动建立民主、公正、合理的国际政治经济新秩序。

上海合作组织遵循的主要原则是：恪守《联合国宪章》的宗旨和原则；相互尊重独立、主权和领土完整，互不干涉内政，互不使用或威胁使用武力；所有成员国一律平等；平等互利，通过相互协商解决所有的问题；奉行不结盟、不针对其他国家和组织及对外开放原则；上海合作组织的宗旨和原则集中体现在"上海精神"上。"上海精神"是指"互信、互利、平等、协商、尊重多样文明、谋求共同发展"。"上海精神"已被写入《上海合作组织成立宣言》之中。

上海合作组织作为一个年轻的地区性国际组织，经受住了国际风云变幻的考验，逐步走向成熟：通过了《上海合作组织宪章》等几十份文件，启动了秘书处和地区反恐机构，建立了较为完善的组织结构和法律体系；安全、经贸、文化等领域的务实合作蓬勃发展；与联合国、东盟、独联体等国际或地区组织建立了密切联系。通过多年的实践，上海合作组织赢得了广泛的国际承认，特别是互信、互利、平等、协商，尊重多样文明，谋求共同发展的"上海精神"已得到国际社会的承认和认可。上海合作组织已经在国际上赢得了举足轻重的地位，正在成为维护地区和平、促进地区发展的积极因素。这些成功的经验，为上海合作组织进一步发展奠定了坚实的基础。

截至 2022 年 9 月，上海合作组织包括 9 个成员国、3 个观察员国及 9 个对话伙伴。其中，9 个成员国是印度、哈萨克斯坦、中国、吉尔吉斯斯坦、巴基斯坦、俄罗斯、塔吉克斯坦、乌兹别克斯坦和伊朗。3 个观察员国是阿富汗、白俄罗斯和蒙古国。9 个对话伙伴国是阿塞拜疆、亚美尼亚、柬埔寨、尼泊尔、土耳其、斯里兰卡、沙特阿拉伯、埃及和卡塔尔。

2018 年 6 月 9 日至 10 日，上海合作组织峰会在山东青岛举行。这是上海合作组织扩大成员之后的首次峰会。来自 12 个国家的国家元首或政府首脑，10 个国际组织或机构负责人出席峰会，注册外宾超过 2 000 人，参与采访的中外记者超过 3 000 人，成员国领导人签署、见证了 23 份合作文件。

2019 年 6 月 14 日，上海合作组织成员国元首理事会第十九次会议在吉尔吉斯斯坦首都比什凯克举行。

2021 年 6 月 15 日，上海合作组织迎来成立 20 周年华诞，上海合作组织的经济总量接近 20 万亿美元，比成立之初增加了 13 倍多，对外贸易总额达到 6.6 万亿美元，比 20 年前增加了 100 倍。

2022 年 9 月 16 日，国家主席习近平在撒马尔罕国际会议中心出席上海合作组织成员国元首理事会第二十二次会议。同日下午，国家主席习近平出席签字仪式并且成员国领导人签署了《上海合作组织成员国元首理事会撒马尔罕宣言》。会议还签署了关于伊朗加入上海合作组织义务的备忘录，启动接收白俄罗斯为成员国的程序，批准埃及、沙特、卡塔尔，同意巴林、马尔代夫、阿联酋、科威特、缅甸为新的对话伙伴，批准成员国睦邻友好长期合作条约未来 5 年实施纲要等一系列决议。会议决定，由印度接任 2022 年至 2023 年度上海合作组织轮值主席国。

第三节　全球经济合作组织

全球性的国际经济合作组织是指活动于经济领域、跨越国界的政府间组织。其成员国为实现共同目标，必须在一定范围内约束自身的行为。全球性经济组织有着明确的目标和职能，并有常设机构开展活动，进行的国际协调有相对稳定、经常和持续的特征。本节主要介绍几个非常有代表性的全球性经济合作组织。

一、联合国

（一）联合国简介

联合国成立于 1945 年，是一个全球性的国际政治组织。《联合国宪章》中规定的联合国的宗旨是：维护国际和平与安全；发展国际上以尊重各国人民平等权利及自觉原则为基础的友好关系；进行国际合作，以解决国际上经济、社会、文化和人道主义性质的问题，并且促进对于全人类的人权和基本自由的尊重，构成协调各国行动的中心。

《联合国宪章》中规定的联合国及各成员国所应遵循的原则是：

（1）所有会员国主权平等。

（2）会员国忠实履行宪章规定所承担的义务。

（3）和平解决会员国间的国际争端。

（4）会员国不得以不符合宪章宗旨的任何方式进行武力威胁或使用武力。

（5）会员国对联合国依照宪章采取的任何行动应给予一切协助，联合国对任何国家采取防止或强制行动时，各会员国对该国不得给予协助。

扩展阅读 13.2　中国在联合国的角色：从受助者到合作者、支持者

（6）联合国在确保国际和平与安全的必要范围内，应确保非成员国遵循上述原则。

（7）联合国不得干涉任何国家的国内事务，但不妨碍联合国对威胁、破坏和平行为和侵略行为采取强制行动。

联合国设有大会、安全理事会（简称"安理会"）、经济及社会理事会（简称"经社理事会"）、托管理事会、国际法院和秘书处六个主要机构。其中联合国大会是主要的审议机构，由全体会员国组成，每年召开一次例会；联合国安理会是联合国维持和平与安全的主要机构，也是唯一有权采取行动的机构，它由中、法、俄、英、美 5 个常任理事国和 10 个非常任理事国组成，强调和平解决国际争端。

联合国成立 70 多年来，在维持国际和平与安全、实施和平解决国际争端、防止用武力威胁其他国家的主权独立与领土完整、裁军等方面做了大量工作。

联合国的影响主要表现在：①促进殖民地人民的独立；②促进社会、文化、教育、卫生和福利方面的国际合作；③提倡国际人权保护；④支持发展中国家争取国际经济新秩序的活动。20 世纪 80 年代中期以来，联合国在缓和地区冲突方面显示出了不可替代的作用。下面简要介绍联合国中负责国际合作事务的主要机构及其职能。

（二）联合国贸易和发展会议

1964 年成立,作为常设机构成立的贸易和发展会议,是联合国大会主要负责贸易、投资和发展问题的主要机构。贸发会议的主要职能是提供一个政府间的议事论坛,使所有成员国能够就贸易和发展的政策问题自由交换意见并在以下领域开展政策研究和分析、国家各种能力建设活动和技术合作。

1. 国际贸易

促进发展中国家参加国际贸易,协助它们参加多边贸易谈判;加强发展中国家服务部门的能力;促进贸易、环境和发展的结合;分析竞争法与竞争政策的有关问题;力求通过多样化和风险管理,减少对商品的依赖。

2. 投资、企业发展和技术

分析外国直接投资的趋势及其对发展的影响;帮助各国促进国际投资,了解国际投资协议中的有关问题;制定中小企业的发展战略;提出政策选择和实施竞争能力建设计划,鼓励使用新技术。

3. 全球化与发展

研究世界经济的大趋势和前景;对发展中国家的债务问题和外债的管理提出有效的解决办法;研究成功的发展经验;为执行联合国非洲发展新议程作出贡献。

4. 提高基础设施、运输和贸易效率,加强人力资源开发

通过在贸易支持服务中更好地采用信息技术,促进贸易;在这些领域开展各种能力建设和培训;分析在各种电子商业和电子商务的惯例中,发展中国家可以利用的机会。

5. 最不发达国家

分析重大国际措施对最不发达国家的影响;协助它们弄清多边贸易中的关键问题;在重要的贸易、投资和服务领域,开展支持最不发达国家的各种能力建设。

（三）联合国开发计划署

联合国开发计划署是联合国发展系统从事多边经济技术合作的主要协调机构和最大的筹资机构。它是根据 1965 年 1 月联合国大会通过的第 2029 号决议,将技术援助扩大方案和经济发展特别基金合并而成的。开发计划署的宗旨是帮助发展中国家加速经济和社会发展,向它们提供系统的、持续不断的援助。其总部设在美国的纽约。

开发计划署本身不负责承办援助项目或具体将其付诸实施,它主要是派出专家进行发展项目的可行性考察,担任技术指导或顾问;对受援国有关人员进行培训;帮助发展中国家建立应用现代科学技术方法的机构;协助发展中国家制定国民经济发展计划及提升它们战胜自然灾害的能力。

开发计划署的领导机构是理事会,理事会由 48 个国家的代表组成。开发计划署的援助资金主要来源于各会员国政府的自愿捐款,发达国家是主要的捐款国。其援款主要是根据会员国的捐款总额、受援国的人口总数和受援国人均国民生产总值所确定的指数(indicative planning figure)进行分配的。1972 年以后,开发计划署开始实行发展周期制度,即每 5 年为一周期,进行一次援款分配。前两个周期将援款的 2/3 分配给了人均国民生产总值不足 300 美元的国家,从第 3 个周期开始将援款的 80% 在人均国民生产总值低于 500 美元的国家之间进行分配,其中,人均国民生产总值低于 250 美元的国家还得到了

特别的照顾。开发计划署提供援助的方式主要是无偿技术援助。其无偿技术援助活动的范围主要包括：发展战略、政策和计划的研究与开发，自然资源、农业、林业、渔业、工业、运输、通信、贸易和金融等方面的考察与开发，人口、住房、卫生、就业、文化和科技等方面的培训与现代技术的应用等。

（四）工发组织

工发组织帮助发展中国家和经济转型期国家在当今全球化的世界与边缘化做斗争。它调动知识、技能、信息和技术，促进生产性就业、竞争经济和健全的环境。

作为全球论坛，工发组织生成并传播与工业事项有关的知识，并为各种活动参与者、公共和私营部门决策人、民间社会组织和一般性制定政策的团体提供论坛，从而可以促进合作、建立对话和为迎接挑战发展伙伴关系。作为技术合作机构，工发组织拟定并实施种种旨在支持其客户的工业发展努力的方案，并为方案开发提供有具体针对性的专门资助。一方面，工发组织技术合作工作中取得的经验可以与决策者共享；另一方面，该组织的分析工作又可以通过帮助界定优先活动而表明技术合作在哪些方面能够发挥最大的影响力。

二、世界贸易组织

世界贸易组织成立于 1995 年 1 月 1 日，其前身是关税与贸易总协定。截至 2019 年 1 月，WTO 共有成员 164 个。其总部在瑞士日内瓦，是世界上最大的多边贸易组织。世界贸易组织成员分四类：发达成员、发展中成员、转轨经济体成员和最不发达成员，成员的贸易量占世界贸易总量的 95％ 以上。WTO 与世界银行、国际货币基金组织被并称为当今世界经济体制的"三大支柱"。其前身 GATT 共主持了八轮多边贸易谈判，持续时间最长的"乌拉圭回合"多边贸易谈判，从 1986 年开始，前后长达 7 年半之久，其重要成果之一就是创立了 WTO。

WTO 是具有法人地位的国际组织，与其前身 GATT 相比，WTO 在调解成员间争端方面具有更高的权威性和有效性。WTO 的基本职能是：制定和规范国际多边贸易规则；组织多边贸易谈判以及解决成员之间的贸易争端。

WTO 的宗旨是：提高生活水平，保证充分就业，大幅度和稳定地增加实际收入和有效需求，扩大货物和服务的生产与贸易，按照可持续发展的目的，最优运用世界资源，保护环境，并以不同经济发展水平下各自需要的方式，加强采取各种相应的措施；积极努力，确保发展中成员，尤其是最不发达成员在国际贸易增长中获得与其经济发展需要相称的份额。WTO 的具体目标是建立一个完整的、更具活力和永久性的多边贸易体制，以巩固原来的 GATT 为贸易自由化所做的努力和"乌拉圭回合"多边贸易谈判的所有成果。为实现这些目标，各成员应通过互惠互利的安排，切实降低关税和其他贸易壁垒，在国际贸易中消除歧视性待遇。

WTO 的最高决策权力机构是部长大会，至少每两年召开一次会议，可对多边贸易协议的所有事务作出决定。部长大会下设总理事会和秘书处，负责 WTO 日常会议和工作。总理事会设有货物贸易、服务贸易、知识产权三个理事会和

扩展阅读 13.3　WTO 展望 2030：数字技术将从根本上改变全球贸易

贸易与发展、国际收支、行政预算三个委员会。秘书处设总干事一人。

WTO 与原来的 GATT 相比，在很多方面都取得了进步。在组织功能上，WTO 从根本上改变了 GATT 不是正规国际组织的局面，确立了自身国际法的主体资格。它有一整套规范化的国际组织机构，为它行使自身的职能奠定了基础。在调整手段上，WTO 具有一套严格的具有国际法基础的争端解决机制，规定了协商、斡旋、调停和调解、专家小组、上诉复审、交叉报复和仲裁等具体的争议解决办法，加强了 WTO 条约实施的强制性，弥补了 GATT 约束力过弱的缺陷。在调整范围上，WTO 突破 GATT 原有的货物贸易的旧框架，将服务贸易、有关的知识产权和投资措施以及农产品等当代国际贸易的新领域一并纳入其中。

WTO 作为一个多边贸易谈判的场所和论坛组织，为所有成员经济体提供了多边合作和参与的机会。对发展中成员来说，通过这一组织，它们可以提出自己的要求和建议；通过谈判达成协议，其在履行义务与承诺的同时，享受相应的权利和优惠。由于每个成员不分大小均享有一票投票权，从理论上讲，发展中成员和最不发达成员可以充分行使自己的否决权来影响世界贸易组织的发展方向及重大问题的决策，维护发展中成员和最不发达成员的共同利益。WTO 争端解决机制的强化和权威性的确立，也为发展中成员提供了保护自己切身利益的重要手段。

另外，WTO 在许多协定、协议中均考虑到发展中成员的利益要求，允许其有更多的时间来适应世界贸易组织相关条款的规定，并给予人均国民生产总值在 765 美元以下的最不发达成员（1995 年世界银行标准）特殊优惠，这些成员几乎不承担任何义务，却可享受世界贸易组织成员的一切权利。人均国民生产总值在 1 000 美元以下的发展中成员可以在较低水平的义务、给予较长的过渡期安排、发达成员尽最大努力对发展中成员开放其货物和服务市场、技术援助和培训人力资源等方面享受优惠安排。

扩展阅读 13.4
Technological
Innovations have
shaped global trade
_WTO

自 1986 年 7 月 10 日我国正式向关税与贸易总协定递交复关申请起，经过 15 年的艰苦谈判，我国于 2001 年 12 月 11 日起正式成为 WTO 成员。

自 1995 年成立以来，WTO 改革始终是各成员讨论的中心话题，但一直未能取得重大进展。2019 年，WTO 改革之声再起，原因在于 WTO 体系正面临生死存亡的危机，这既有来自美国的单边主义、贸易保护主义的冲击，也有WTO 自身亟待改革创新的内在动因。

第一，WTO 规则体系已远落后于世界经济贸易发展现实。WTO 建立 20 余年来，全球科技革命蓬勃发展，数字经济迅速扩展，全球产业链布局深刻变化，新兴经济体群体崛起。但 WTO 规则供给不足，在制定新规则、完善现有规则上被削弱和边缘化，导致全球多边贸易治理严重滞后于世界经济现实。

第二，WTO 谈判功能和决策效率低下日渐凸显。进行多边规则谈判是 WTO 的一项重要职能，但 WTO 建立以来只在有限程度上取得进展，在一些关键领域没有取得令人满意的结果，迄今未能完成一轮完整的多边谈判。

第三，WTO 争端解决机制恐将陷入瘫痪。作为 WTO 中负责裁决贸易争端的"最高法院"，WTO 争端解决机制被誉为"WTO 皇冠上的明珠"，它保障了 WTO 原则及规则的有效落实和执行。但在美国特朗普政府的阻挠下,DSB 面临因上诉机构成员不能及时纳新而"熄火"的风险。一旦出现这种情形,就相当于全球贸易治理倒退 20 年。如何打破上诉机构成员遴选僵局,是 WTO 面临的最迫切挑战。

第四,日益增长的贸易紧张局势对 WTO 造成前所未有的冲击。美国特朗普政府公开质疑多边规则和多边机制的合理性,批评 WTO "对美国不公",要求 WTO 全面改革,口头上多次威胁"退出 WTO",行动上更是不断绕开 WTO 原则和规则,依据国内法对其他贸易伙伴经济体实施贸易摩擦和制裁。WTO 非但无法制止贸易冲突加剧的态势,反而正在被其摧毁。

中国政府支持对 WTO 的必要改革。中国政府认为,以 WTO 为核心的多边贸易体制是当代国际贸易的基石,是全球贸易健康有序发展的支柱。加入 WTO 以来,中国始终坚定维护以规则为基础的多边贸易体制,广泛参与 WTO 的各项事务,全面参与多边框架下的各项谈判与对话磋商,推动 WTO 更加重视发展中成员的关切,全力支持发展中成员融入多边贸易体制,中国是多边贸易体制的积极参与者、坚定维护者和重要贡献者。

2018 年 11 月 18 日,习近平主席在亚太经合组织第二十六次领导人非正式会议上发言时指出:"我们应坚定维护以规则为基础的多边贸易体制,旗帜鲜明抵制保护主义。世界贸易组织正在探讨新一轮改革,改革的目的应该是让其更好发挥作用,坚持多边贸易体制的核心价值和基本原则,而不

扩展阅读 13.5
Towards a New digital
era_WTO

是推倒重来。我们应该引导经济全球化朝着更加开放、包容、普惠、平衡、共赢的方向发展。"

2018 年 11 月 23 日,商务部发布了中国关于 WTO 改革的立场文件,提出中国对 WTO 改革的三项基本原则和五点主张,支持对 WTO 进行必要的改革,以增强其有效性和权威性。三项基本原则为:WTO 改革应维护多边贸易体制的核心价值,应保障发展中成员的发展利益,应遵循协商一致的决策机制。五点主张包括:WTO 改革应维护多边贸易体制的主渠道地位,应优先处理危及 WTO 生存的关键问题,应解决贸易规则的公平问题并回应时代需要,应保证发展中成员的特殊与差别待遇,应尊重成员各自的发展模式。

WTO 改革既给中国带来了新压力,也给中国提供了新机遇。中国要主动把握国际贸易环境的新变化,与各方一道携手推动 WTO 改革,寻求建立和完善多边贸易规则,推进多边贸易体制更好地造福全人类。

2019 年 12 月 11 日,因 WTO 上诉机构成员只剩一位,低于有效运行的人数下限,世界贸易组织争端解决机制上诉机构在运行了 20 多年后正式停摆。

2021 年 12 月 10 日,WTO 和中国常驻 WTO 代表团在日内瓦共同举办了中国加入 WTO 二十周年高级别论坛,体现中国加入多边贸易体系的重要意义。

2022 年 3 月 21 日,俄罗斯政党公正俄罗斯党议员向俄罗斯国家杜马(俄联邦会议下议院)提交了俄罗斯退出世界贸易组织的法律草案。

三、国际货币基金组织

国际货币基金组织是政府间的国际金融组织。它是根据 1944 年 7 月在美国新罕布

什尔州布雷顿森林召开联合国和联盟国家的国际货币金融会议上通过的《国际货币基金协定》而建立起来的。该组织于 1945 年 12 月 27 日正式成立,1947 年 3 月 1 日开始办理业务。同年 11 月 15 日,国际货币基金组织成为联合国的一个专门机构,但在经营上有其独立性。

IMF 设有 5 个地区部门(非洲、亚洲、欧洲、中东、西半球)和 12 个职能部门(行政管理、中央银行业务、汇兑和贸易关系、对外关系、财政事务、国际货币基金学院、法律事务、研究、秘书、司库、统计、语言服务局)。其宗旨是:作为一个常设机构在国际金融问题上进行协商与合作,促进国际货币合作;促进国际贸易的扩大与平衡发展;促进和保持成员的就业、生产资源的发展和实际收入水平的提高;促进国际汇兑的稳定,在成员之间保持有秩序的汇价安排,防止竞争性的货币贬值;协助成员在经常项目交易中建立多边支付的制定,为成员临时提供普通资金,使其纠正国际收支的失调,而不采取危害本国或国际繁荣的措施,缩短成员经济体国际收支不平衡的时间,减轻不平衡的程度。

IMF 的主要业务活动有:向成员提供贷款,在货币问题上促进国际合作,研究国际货币制度改革的有关问题,研究扩大基金组织的作用,提供技术援助和加强同其他国际机构的联系。

近年来,我国与 IMF 间的技术援助合作迅速发展。自 1990 年以来,国际货币基金组织以代表团访问、研讨班、专家访问的形式对我国提供了技术援助。技术援助侧重的宏观经济领域包括:财政政策和税收征管;商业银行与中央银行立法;货币工具和同业市场的建立;对外经常项目可兑换和统一的外汇市场;经济和金融统计。

IMF 为我国官员提供的培训项目包括:金融分析与规划、国际收支、公共财政、政府财政、货币与银行、对外资本项目可兑换以及金融统计的编制方法。此外,我国官员还参加了国际货币基金组织在奥地利的维也纳联合学院举办的培训课程和研讨班。中国人民银行与国际货币基金组织建立了中国—基金组织联合培训项目。

2008 年 IMF 改革之后,中国份额增至 80.901 亿特别提款权(SDR),所占份额仅次于美、日、德、英、法五大股东国,投票权上升到 3.65%。2015 年 10 月 1 日,中国首次向国际货币基金组织申报其外汇储备,这是中国向外界披露一项重要经济数据的里程碑式的事件。2015 年 11 月 30 日,国际货币基金组织执董会批准人民币加入特别提款权货币篮子,新的货币篮子于 2016 年 10 月 1 日正式生效。

2022 年 4 月 16 日,国际货币基金组织执行董事会批准成立新的"韧性和可持续性信托",以帮助低收入国家和脆弱的中等收入国家应对宏观经济风险的挑战,包括与气候变化和大流行病有关的挑战。

2022 年 5 月,国际货币基金组织完成了 5 年一次的特别提款权定值审查,将人民币在特别提款权货币篮子中的权重从 10.92% 上调至 12.28%。

2022 年 7 月 26 日,国际货币基金组织将 2022 年和 2023 年世界经济增长预期分别下调至 3.2% 和 2.9%。

四、世界银行

世界银行主要通过三种方式实施援助计划:投资贷款、技术援助贷款和赠款(赠款往往由多边合作机构提供,由世界银行管理),并提供分析报告、政策咨询、研讨会和培训等金融服务,根据需要以一种或多种方式相结合来实现具体的目标。

中国于1980年5月重返世界银行,1981年开始贷款。据国家发展改革委数据,2022年7月,经国务院批准,国家发展改革委、财政部联合印发我国利用世界银行贷款2022—2023年备选项目规划。本期规划安排农业农村部、乡村振兴局以及湖北、陕西等省(区、市)利用世界银行贷款31.5亿美元,约合211亿元人民币,用于区域重大战略、绿色低碳发展、绿色农业和乡村振兴、生物多样性保护和可持续生态系统建设等领域的11个项目。截至2022年7月,世界银行贷款项目涉及国民经济的各个部门,遍及我国的大多数省、区、市,其中,基础设施项目(交通、能源、工业、城市建设等)占贷款总额的一半以上,其余资金投向农业、社会部门(教育、卫生、社会保障等)、环保以及供水和环境卫生等项目。所有这些项目对于减少贫困都发挥着直接或间接的作用。我国也是执行世界银行贷款项目最好的国家之一。

2018年4月21日,世界银行宣布,130亿美元的增资计划已获股东压倒性支持通过。此次增资之后,中国在世界银行的投票权较之前上升了1.26个百分点,份额达到5.71%,位次上升至第三位,仅次于美国和日本。美国和日本的份额则均略有下降,分别降至15.87%和6.83%,但仍然占据着第一和第二的位置。

2021年12月15日,世界银行宣布将为世界上最贫穷国家提供930亿美元资金支持,助其应对全球性挑战,实现经济复苏。

当地时间2022年3月7日,世界银行宣布同意向乌克兰拨超7亿美元的贷款,以帮助乌克兰政府为医护人员发放工资、为年长者发放养老金等社会福利。

第四节　区域经济合作组织

区域经济合作组织是区域性的国际经济合作组织,是经济主体为了谋求经济社会利益,促使生产要素在区域之间流动和重新组合配置而成立的组织,同时也是世界经济一体化在区域层次的率先实现。区域经济一体化是指地理区域内比较接近的两个或两个以上的经济体通过签订协议,相互取消阻碍经济贸易发展的障碍,进行不同程度的政策及制度合作,以促进彼此之间贸易的发展及经济的融合。区域经济一体化按贸易壁垒的取消程度可划分为优惠贸易安排、自由贸易区、关税同盟、共同市场、经济同盟、完全经济一体化六种形式。六种区域经济一体化的形式并不存在由低级的经济一体化形式向高级的经济一体化形式发展、演进的必然性。可以根据成员经济体的具体情况决定是停留在原有的经济一体化形式上,还是向前发展。

区域经济一体化的雏形可以追溯到1921年比利时与卢森堡结成的经济同盟,后来荷兰加入,组成比荷卢经济同盟。区域经济一体化真正形成并迅速发展始于第二次世界大战之后。区域经济合作的第一次高潮发生在20世纪50—60年代:1952年,西欧六国(法国、联邦德国、意大利、比利时、荷兰、卢森堡)建立欧洲煤钢共同体,是区域经济一体化的一次具体实践和极其重要的一步。

区域经济一体化发展在20世纪70—80年代处于停滞不前的状态:20世纪70年代,

西方国家经济处于"滞胀"状态,欧共体遭遇两次石油危机、布雷顿森林体系崩溃、全球经济衰退、日美贸易摩擦上升等因素使其成员国遭受巨大打击。区域经济一体化的第二次发展高潮发生在 20 世纪 80 年代中期以来:以 1985 年欧共体关于建立统一市场"白皮书"的通过为契机。欧共体的这一突破性进展,产生了强大的示范效应,极大地推动了其他地区经济一体化的建设。北美自由贸易区、亚太经合组织相继问世。

其中,欧盟、美墨加协定以及中国—东盟自贸区并列为世界三大区域经济合作区。下面将侧重介绍世界上比较有代表性的区域经济合作组织:欧盟、美墨加协定、中国—东盟自由贸易区、亚太经合组织、"一带一路"。

一、欧盟

欧盟是欧洲经济联盟的简称,总部设在比利时首都布鲁塞尔(Brussels),是由欧洲共同体发展而来的,创始成员国有 6 个,分别为联邦德国、法国、意大利、荷兰、比利时和卢森堡,现有 27 个成员国,人口超过 5 亿。

欧盟是当今世界上经济一体化程度最深的区域政治、经济集团组织,也是世界上经济最发达的地区之一,经济一体化的深化又促进了经济的进一步繁荣。欧盟的宗旨是"通过建立无内部边界的空间,加强经济、社会的协调发展和建立最终实行统一货币的经济货币联盟,促进成员国经济和社会的均衡发展","通过实行共同外交和安全政策,在国际舞台上弘扬联盟的个性"。

(一)欧盟的发展历程

1951 年,法国、意大利、比利时、荷兰和卢森堡以及联邦德国签署为期 50 年的《关于建立欧洲煤钢共同体的条约》(又称《巴黎条约》),1952 年成立欧洲煤钢共同体。

1957 年,联邦德国、法国、意大利、荷兰、比利时和卢森堡六国外长在罗马签署建立欧洲经济共同体与欧洲原子能共同体的两个条约,即《罗马条约》。

1965 年,联邦德国、法国、意大利、荷兰、比利时、卢森堡六国签订《布鲁塞尔条约》,决定将欧洲煤钢共同体、欧洲原子能共同体和欧洲经济共同体统一起来,统称欧洲共同体。

1991 年,欧共体马斯特里赫特首脑会议通过了建立"欧洲经济货币联盟"(European Economic and Monetary Union,EMU)和"欧洲政治联盟"的《欧洲联盟条约》(通称《马斯特里赫特条约》,简称"马约")。

1993 年 11 月 1 日,《马斯特里赫特条约》正式生效,欧共体更名为欧盟,欧洲联盟正式成立。

1999 年 1 月 1 日,欧盟正式启动欧元(Euro),欧元正式发行。

2002 年 1 月 1 日,欧元纸币和硬币正式流通。3 月 1 日,欧元成为欧元区(Eurozone)国家唯一法定货币。7 月,12 国原货币停止流通。

2003 年 7 月,欧盟制宪筹备委员会全体会议就欧盟的盟旗、盟歌、铭言与庆典日等问题达成了一致。制作盟旗的目的是表示要建立统一的欧洲,增强人们对欧盟和欧洲统一性的印象。欧盟的盟旗仍为现行的蓝底和 12 颗黄星图案,欧盟的盟歌为贝多芬第九交响曲中的《欢乐颂》(为保证不出现语言问题只有曲子而无歌词),铭言为"多元一体",5 月 9 日为"欧洲日"。

2004 年 10 月 29 日,欧盟 25 个成员国的领导人在罗马签署了欧盟历史上的第一部宪法条约。

2006 年 1 月 1 日,欧盟开始实施新的普惠制。

2012 年,欧盟获得诺贝尔和平奖。

2013 年 7 月 1 日,克罗地亚正式成为欧盟第 28 个成员国。

2020 年 1 月 30 日,欧盟正式批准了英国"脱欧"。

伦敦时间 2020 年 1 月 31 日 23 时,英国正式"脱欧",结束其 47 年的欧盟成员国身份。

(二)欧元区与欧元

"欧元之父"罗伯特·蒙代尔是美国哥伦比亚大学教授、1999 年诺贝尔经济学奖获得者、"最优货币区理论"的奠基人。欧元是由为建立欧洲经济货币联盟而在马斯特里赫特签订的《马斯特里赫特条约》所确定的。成员国需要满足一系列严格的标准,如预算赤字不得超过国内生产总值的 3%,负债率不超过国内生产总值的 60%,通货膨胀率和利率接近欧盟国家的平均水平等。欧元区所有成员国发行的欧元纸币设计均相同,但硬币仅一面相同,另一面通常被称为"国家面",由各国自行设计。欧元是仅次于美元的全球第二大储备货币。

二、美墨加协定

《美墨加三国协议》是美国、墨西哥和加拿大达成的三方贸易协议。2018 年 11 月 30 日,美国、墨西哥、加拿大三国领导人在阿根廷首都布宜诺斯艾利斯签署《美国—墨西哥—加拿大协定》,替代《北美自由贸易协定》。2020 年 1 月 29 日,美国总统唐纳德·特朗普签署修订后的"美国—墨西哥—加拿大协定"(简称"美墨加协定")。美墨加协定的前身是北美自由贸易区。

北美自由贸易区是指美国、加拿大和墨西哥三国达成的北美自由贸易协定。美国和加拿大两国毗邻,交通便利,语言相通,生活习惯相近,双方的经济关系特殊,互相依赖性强。在此基础上墨西哥加入,于 1994 年 1 月 1 日《北美自由贸易协定》正式生效,宣布世界上第一个由发达国家和发展中国家组成的区域经济组织——北美自由贸易区正式诞生,开创了经济发展水平悬殊的国家达成自由贸易区的先例,成为 20 世纪 90 年代世界区域经济一体化深入发展的一个突出标志。

《北美自由贸易协定》是一个内容极为广泛的三边协议,它不仅涉及贸易,且涉及生产、服务、投资、环保、劳工标准等,几乎是一个全面的经济协议,包括:减免关税和取消非关税壁垒;取消投资障碍,同时,协定还对农业、金融、服务业、环境保护、专利和知识产权以及争端解决机制做了相应的规定。

北美自由贸易区的建立对美、加、墨三国的经济的影响主要表现在:

(1)与加、墨的自由贸易使美国产品进入一个更广阔的市场;为美国创造了更多的就业机会;从墨西哥进口大量廉价劳动密集型产品;增强了对欧、日的国际竞争力。

(2)加拿大贸易收益不如美国大,但是区内的自由贸易同样给其带来了贸易量的增长和规模经济利益。

（3）墨西哥免除了关税，成为对美、加劳动密集型产品的主要出口国；美、加大量投资推动其国内经济的发展。然而，墨西哥也同样为贸易自由化付出了一定的代价：比如，墨西哥经济对美国的依赖较大；民族工业遭受巨大的冲击；金融体系的不稳定。

三、中国—东盟自由贸易区

中国—东盟自由贸易区是中国与东盟十国组建的自由贸易区。2010 年 1 月 1 日，贸易区正式全面启动。自贸区涵盖 11 个国家、GDP 达 6 万亿美元，是目前世界人口最多的自贸区，也是发展中国家间最大的自贸区。经历亚洲金融危机后，东盟更加明确加快地区经济一体化，建立有效合作机制防止危机的必要性，中国是一个可以信赖的合作伙伴，因而选择和中国建立区域经济合作机制。

（一）中国—东盟自由贸易区的发展历程

中国—东盟自由贸易区建设大致分为三个阶段。

第一阶段（2002 年至 2010 年），启动并大幅下调关税阶段。自 2002 年 11 月双方签署以中国—东盟自贸区为主要内容的《中国—东盟全面经济合作框架协议》始，至 2010 年 1 月 1 日中国对东盟 93％产品的贸易关税降为零。

第二阶段（2011 年至 2015 年），全面建成中国—东盟自由贸易区阶段，即东盟越、老、柬、缅四国与中国贸易的绝大多数产品亦实现零关税，与此同时，双方实现更广泛深入的开放服务贸易市场和投资市场。

第三阶段（2016 年之后），中国—东盟自由贸易区巩固完善阶段。

中国—东盟自由贸易区发展前景主要表现在以下几方面。

第一，中国与东盟的贸易将有更大的增长，贸易结构进一步合理化。

第二，双方的相互直接投资将逐步扩大。中国实施"走出去"战略，海外投资是重要的措施，投资的重点区域今后首先将是东南亚国家。

第三，经济合作领域将日益拓宽。服务贸易的比重将进一步加大，投资合作方式将更加多元化。

根据国家统计局的数据，2022 年 1 月至 7 月，中国—东盟自贸区的贸易额达到 5 449 亿美元，同比增长 13.1％，占中国外贸进出口总额的比重提高到 15％。中国连续 13 年保持东盟最大贸易伙伴国的地位，东盟作为中国最大贸易伙伴的地位得到进一步巩固。

（二）中国—东盟自由贸易区 3.0 版建设

随着中国—东盟自贸区升级版的呼之欲出，双方合作有望迎来全新的"钻石十年"，将有助于冲破发达国家发起的制度性贸易保护。2020 年 11 月，第 23 次中国—东盟领导人会议以视频的方式举行。中国—东盟领导人会议之所以备受各方关注，原因在于其传递的信息直接关系到中国与东盟如何以亚洲方式深化各领域合作。从经济层面而言，由于 2020 年以来的新兴市场动荡，东盟与中国抱团取暖的需求正在上升。打造中国—东盟自贸区升级版，被认为是此次中国与东盟领导人会议的重大议题。

2021 年 11 月 25 日，商务部举行的例行新闻发布会上，新闻发言人束珏婷发言：我们将同东盟方一道，全面落实好双方领导人在经贸领域达成的重要共识，启动中国-东盟自由贸易区 3.0 版建设，携手共建包容、现代、全面、互利的中国-东盟经贸关系，为构建更为紧密的中国—东盟命运共同体贡献力量。

2022 年 8 月 29 日,商务部在国新办新闻发布会上表示,商务部将促进中国—东盟区域经济深度融合,将继续高质量实施《区域全面经济伙伴关系协定》,推动中国—东盟自贸区 3.0 版的建设,促进贸易自由化、便利化。同时,加大中国—东盟东部增长区、澜湄等次区域合作的投入,提升互联互通水平,使区域经济一体化成果更多地惠及双方企业和人民。

四、亚太经合组织

亚太经合组织是 1989 年由澳大利亚总理倡议,于 1989 年 11 月由美国、澳大利亚、加拿大、日本、新西兰、韩国和东盟六国参加的 APEC 成立,1991 年 10 月,我国加入,目前共有 21 个成员。

亚太经合组织会标于 1991 年启用,呈绿、蓝、白三色的地球状,代表着亚太地区的希望和期待。会标的含义是:用地球太平洋这一半代表亚太经合组织经济体,绿色和蓝色代表亚太人民期待着繁荣、健康和福利的生活,白色代表着和平与稳定;边缘阴影部分代表亚太地区发展和增长富有活力的前景;中间是白色的 APEC 四个英文字母。

亚太经合组织是亚太地区最具影响力的经济合作论坛之一,具有广阔的对话与合作空间,是一个有助于增进地区经济协调与合作、共同克服国际金融危机的"绝佳组织"。亚太经合组织在全面改善区域经济环境、增进可持续发展、促使世界贸易组织多哈谈判取得成功等诸多方面具有重要作用。

亚太经合组织主要讨论与全球及区域经济有关的议题,如促进全球多边贸易体制,实施亚太地区贸易投资自由化和便利化,推动金融稳定和改革,开展经济技术合作和能力建设等。APEC 也开始介入一些与经济相关的其他议题,如人类安全(包括反恐、卫生和能源)、反腐败、备灾和文化合作等。

尽管按照区域经济一体化的定义,亚太经合组织不是一个一体化组织,但就其影响而言,亚太经合组织最能代表整个亚太地区的经济一体化现状。亚太经合组织的宗旨和目标是:相互依存,共同受益,坚持开放性多边贸易体制和减少区域内贸易壁垒。亚太经合组织工作机制——领导人非正式会议、部长级会议、高官会议及其下属委员会和工作组、秘书处。

亚太经合组织与欧盟和北美自由贸易区的差异——地区各成员经济发展水平差异巨大;各成员的社会结构差异也很大;各成员人口规模、自然资源禀赋和实力强弱悬殊;各成员的政治、经济、军事实力呈不对称结构;各成员的文化背景、宗教信仰存在着差异;各成员之间还存在一些历史遗留的疑虑和问题等,使亚太地区的经济合作出现了与以往不同的做法。

1998 年和 1999 年,APEC 进入一个巩固、徘徊和再摸索的调整阶段。2000 年,非正式领导人会议重申了应坚持茂物确定的贸易投资自由化目标,并加强人力、基础设施和市场等方面的能力建设活动。

2021 年 11 月,泰国正式从新西兰手中接任亚太经合组织轮值主席国,成为 2022 年 APEC 会议东道主。18 日,泰国外交部举行 2022 年 APEC 会标设计大赛颁奖仪式,首次公布 2022 年 APEC 会标。

2022 年 2 月 10 日,泰国政府网发布总理巴育关于泰国举办 2022 年亚太经合组织领导人非正式会议的声明。声明表示,2022 年 APEC 会议的主题是"开放建立关系,连通实现平衡",强调利用生物经济、循环经济和绿色经济理念,促进受新冠肺炎疫情影响的地区经济恢复和平衡发展。

五、"一带一路"

"一带一路"是国家级顶层合作倡议,是"丝绸之路经济带"和"21 世纪海上丝绸之路"的简称。"一带一路"倡议深刻诠释了人类命运共同体的理念,体现了中国作为世界大国的责任与担当。

党的十八大以后,面对国内经济新常态和国际政治经济形势变化,以习近平同志为核心的党中央提出了"丝绸之路经济带"和"海上丝绸之路"的构想,并在总结以往国际经济合作经验的基础上,筹划中国对外经济合作的愿景,形成了中国完整的"一带一路"倡议蓝图。"一带一路"倡议遵循国际经济合作发展规律,是"走出去"战略的延伸与拓展,将引领我国在新时期全面参与国际经济合作,在参与完善全球经济治理体系的进程中获得更有力的话语权。

"一带一路"的提出有利于进一步推动各国间的合作,形成政治互信、经济融合、文化包容的利益共同体、责任共同体和命运共同体。"一带一路"沿线经济体的资源禀赋各异,经济互补性较强,彼此合作潜力和空间很大。"一带一路"倡议具有极为丰富的内涵,其中心是和平合作、开放包容、互学互鉴、互利共赢,重点是政策沟通、设施联通、贸易畅通、资金融通以及民心相通。

第一,政策沟通。只有在政策上进行充分交流才能促进经济稳步发展,这是经济发展的基础。在经济往来的过程中,各国应秉承互利共赢的发展理念进行合作,积极采取相应办法,以求同存异的方式解决经济发展过程中出现的问题。

第二,设施联通。其内容包括基础设施互联互通、产能合作等方面,在尊重国家领土完整的前提下,进一步加强基础设施建设,进行国家间能源技术等方面的联通,以联通为基础进行合作,并逐步建成以"一带一路"为中心的联通网络。"一带一路"的建设若想在实践过程中取得成就,就必须坚持基础设施建设,对产能合作等方面进行基础夯实。

第三,贸易畅通。进行国家间的贸易合作是进行"一带一路"建设的主要目的。在"一带一路"建设地域内,所涉及总人口超过 40 亿,具有巨大的市场潜力。在进行"一带一路"建设的过程中,所采取的经贸合作互联互通方式,使"六大经济走廊"各有所获。"一带一路"愿景正在以它独特的魅力吸引越来越多的国家参与进来。

第四,资金融通。资金对于"一带一路"的建设起着至关重要的作用,在"一带一路"的沿线国家之间实行深入金融合作,切实将亚洲基础设施投资银行与丝路基金作为基础,进行资金融通,并尽最大可能进行银行体系和货币体系的建设,需要进一步完善相应的投资体系和信用体系等,建立有效的风险地域系统,进一步增强"一带一路"建设在国际经济竞争中的生存能力。

第五,民心相通。这里的"民"并不只是社会中的普通人民,其中也包括各界的顶尖人才以及政府官员专家。对民心相通中的"通"而言,其中包含三个层面:第一个层面是增进彼此的了解;第二个层面是建立友谊,深化互信;第三个层面是争取创新全球治理模式。我国在这方面所倡导的是合作共赢理念,在发展中谋求人类的共同事业。

"一带一路"的时代特征包括以下几点。

(1)共商共建:"共商、共建、共享"是其核心特征。"共商"是指"一带一路"在建设过程中要采取集思广益、群策群力的方式。"共建"是指需要世界各国进行合作发展,各地区要结合自己独特的优势发挥其应有作用。"共享"是指所取得的成果要与世界各国人民共享,所获得的成果不单是属于一个国家或一个地区,而是属于世界人民的共同利益。

通过"一带一路"的全面建设,数十个沿线国家在海域、铁道、公路、航空、互联网等方面的互通得到了不同程度的完善,在很大程度上帮助沿线国家建设基础设施。"一带一路"建设将欧亚非三洲的发展中国家带入世界经济分工中来,并利用世界经济全球化的发展趋势带动这些国家的经济发展,从而极大地缩小南北地区的经济差距。

(2)互利共赢:"一带一路"倡议的中心,实质是在进行经济发展的过程中,要找到让各国都能得到相应回报的平衡点并将其最大化。同时,能够最大限度表达出各国发展的特征和创意,发挥其独特优势,并进行基础设施建设和体制机制创新,为各方经济发展提供条件,以此来增强各自的经济实力。现阶段,我国正着手新规则的建立,建立健全相应的部门机构,进行新框架的建设。

(3)开放包容:在进行"一带一路"建设过程中,必须对各国的文化历史、制度法规等方面予以尊重。在进行各国文化交流的过程中,要倡导不同文化的互信尊重,在尊重的基础上谋求共同发展。"国之交在于民相亲",在进行文化对话和发展对话的过程中,我国所倡导的是求同存异的思想以及和平共处的原则。

"一带一路"倡议对于我国对外经济合作发展的深远意义:首先,"一带一路"倡议遵循国际经济合作发展规律,是"走出去"战略的延伸与扩展;其次,"一带一路"倡议的实施是生产要素跨国移动的更高层次优化配置;最后,"一带一路"倡议的最高境界是重构国际规则和标准。

目前,中国同很多国家建立了沟通协调机制,一批双边或多边合作项目正稳步推进,亚洲基础设施投资银行、丝路基金等平台正积极发挥重要作用。"一带一路"引领中国主动融入国际经济新格局,进一步加深对生产要素流动是市场经济发展趋势的认识,在全球经济合作新阶段中发挥中国经济与产业发展的新比较优势。

"一带一路"引领中国主动融入国际经济新格局主要表现在以下五大方面:第一,发挥中国经济与产业发展的新比较优势;第二,拉动中国经济新常态下的新增长,调整重构中国在全球价值链分工体系中的地位;第三,输出中国技术和标准,为中国标准的确立独辟蹊径;第四,需要创新更多地以资本为引领的全要素合作方式;第五,"一带一路"新增了一条有效的陆路资源进入通道。

第一届"一带一路"国际合作高峰论坛于 2017 年 5 月 14 日至 15 日在北京举行,是 2017 年中国重要的主场外交活动,对推动国际和地区合作具有重要意义。

2019 年 4 月 25 日至 27 日,第二届"一带一路"国际合作高峰论坛在北京举办。

2020 年 6 月 18 日,"一带一路"国际合作高级别视频会议在北京成功举行。国家主席习近平向会议发表书面致辞。本次会议由中国外交部、国家发展改革委、商务部、卫生健康委共同举办,主题为"加强'一带一路'国际合作、携手抗击新冠肺炎疫情",25个国家的外长或部长级官员及世界卫生组织总干事谭德塞、联合国副秘书长兼联合国开发计划署署长施泰纳与会,会议发表了联合声明。

面对严峻的新冠肺炎疫情,"一带一路"并没有严重受阻,而是为构建人类命运共同体注入强劲动力。比如,中欧班列(长安号)稳定开行,中国对"一带一路"沿线经济体的大型基础设施建设项目如期进行等。应对"一带一路"建设受疫情的影响,可以通过为产业注入互联网、大数据、人工智能等新技术来增强"一带一路"产业链韧性及联系,在经济受疫情冲击的环境下寻求新的经济增长点。

截至2021年11月20日,中国与141个国家和32个国际组织,签署了206份共建"一带一路"合作文件。

G20 峰会共商全球治理之策

复习思考题

1. 简述国际经济合作组织的作用。
2. 上海合作组织的宗旨和任务是什么?
3. 简述世界贸易组织的特征及发展历程。
4. 举例说明全球性经济合作组织在国际经济合作中所起的重要作用。
5. 简述几个重要的区域经济合作组织。

即测即练

第十四章

国际经济政策协调

学习目标（teaching objectives）

本章侧重介绍国际经济政策协调的概念及内容，让学生们通过本章的学习，尽可能多地了解国际经济政策协调在国际经济合作中的作用。

1. 熟悉各种国际经济政策协调的概念及主要形式；

2. 掌握国际贸易政策协调、国际金融政策协调以及国际投资政策协调的形式；

3. 了解国际税收政策协调的主要方式。

关键概念（key concepts）

国际经济政策协调（international economic policy coordination）

相机性协调（discretion-based coordination）

规则性协调（rule-based coordination）

争端解决机制（dispute settlement body，DSB）

中国—东盟自由贸易区（CAFTA）

欧洲联盟（EU）

北美自由贸易区（NAFTA）

美墨加协定（USMCA）

 开篇案例

统筹协调六大国际经济合作走廊建设

共建"一带一路"倡议，目的是聚焦互联互通，深化务实合作，携手应对人类面临的各种风险与挑战，实现互利共赢、共同发展。在各方的共同努力下，一大批合作项目落地生根，"六廊六路多国多港"的互联互通架构基本形成。

新亚欧大陆桥、中蒙俄、中国—中亚—西亚、中国—中南半岛、中巴和孟中印缅六大国际经济合作走廊将亚洲经济圈与欧洲经济圈联系在一起，为建立和加强各国互联互通伙伴关系、构建高效畅通的亚欧大市场，发挥了重要作用。经过几年的扎实推进，六大国际经济合作走廊建设已经实现了良好的发展，下一步还需抓住重点、把握关键，积极稳妥扎实推进，进一步凝聚共识、增进信心、汇聚资源，为更好地建设"一带一路"奠定坚实基础。

与此同时，各个经济走廊的政策沟通总体进展比较显著，国际贸易的稳定性和增长性也都较好。深化国际经济合作，更好地应对诸多挑战。当前，六大国际经济合作走廊建设

逐渐驶入快车道,但也面临诸多挑战。比如,经济走廊建设一般跨越多个国家,当前尚缺乏有针对性的合作机制,现有合作机制又深受世界经济变局的影响,推进经济走廊建设的难度加大,需要平衡好各方面的关系。再如,"一带一路"沿线国家政体复杂多样,政局不稳定对战略和规划对接的时效性影响较大。此外,法律政策连续性较弱、商业风险较大、基础设施建设项目融资成本较高等问题,也在不同程度上存在。

对此,需加大统筹协调力度,以共同规划为抓手凝心聚力,以加强合作机制建设防控商业风险,以示范项目探索成功模式,以早期收获坚定多方信心,先易后难推进,逐步积累经验、汇聚更多资源,实现可持续发展。

一是统筹规划,开放建设。目前,六大国际经济合作走廊建设主要是各自推进,这一情况不利于灵活调配、综合利用资源。建议邀请相关国家和重要国际组织与中国开展联合研究,明确合作建设原则。

二是因"廊"施策,先易后难。各经济走廊的合作重点不同,沿线国家的合作需求与基础条件也存在差异,因此在统筹协调的前提下,应充分考虑各经济走廊发展建设的实际情况,制定差异化、有针对性的合作策略,区别推进。在同一经济走廊内,集中发力,围绕重点合作领域着力加强合作机制建设,优先建设条件较为成熟的项目。

三是政府引领,企业主导。政府通过政策沟通,凝聚共识、营造环境、搭建平台、创造条件。对于非公共设施、非公益类项目,企业要遵循商业原则进行独立决策、自主运营、公平竞争、自负盈亏,充分发挥市场机制在优化配置资源、主体激励、规避风险等方面的优势。

四是协调联动,智力先行。经济走廊内蕴丰富,不仅包括通道建设,还包括物流体系建设和产业合作,在构建交通网络的同时,需推进通关便利化合作、标准体系对接、物流园区规划及产业园区布局,形成内外多方面建设协调、良性互动的格局。同时还要加强智库与工商界的沟通交流,增强共识。

此外,还要着力打造一批示范性项目,围绕各经济走廊核心合作领域,以互利共赢为出发点,选择典型项目、精心设计、稳妥推进,有利于增强各方信心,降低试错成本。并且在强化区域合作的公共品供给上下功夫,整合政府、商业协会、企业、金融机构、中介服务机构、研究机构等多方面的政策、项目、服务、典型案例、商业环境和进展情况评估报告等信息,将其公开发布,供相关方参考。

资料来源:罗雨泽.统筹协调六大国际经济合作走廊建设[N].经济日报,2019-05-09(12).

第一节　国际经济政策协调的含义及方式

一、国际经济政策协调的概念

经济全球化已将世界经济融合为一个整体,各个国家的经济联系日益紧密,一国经济受到外来经济冲击的影响也越来越大。在开放经济条件下,依靠各国自身的力量很难解决国际经济事务中的矛盾,因此,迫切需要进行国际经济政策协调。20 世纪 80 年代以后,国际经济政策协调不仅是各国学者研究的热点问题,而且是各国政府和很多重要的国际经济组织实际工作的努力方向。国际经济政策协调极大地促进了世界经济的稳定,推动了国际经济合作的发展。

国际经济协调是各国政府通过国际经济组织、国际会议以及建立区域经济组织等方式进行对话磋商,对国际经济关系进行联合调节。国际分工是国际经济协调的客观基础;解决彼此间在经济利益中的矛盾和冲突,维护并促进世界经济稳定和正常发展是国际经济协调的目标;各国政府是国际经济协调的主体;通过一定方式,联合对国际经济运行进程进行干预或调节是国际经济协调的主要手段。国际经济协调是当代国际经济发展过程中的重要现象,是经济全球化的突出表现。

国际经济政策协调又称宏观经济政策的国际协调,是指在各个国家或国际组织之间,以发达国家或国际经济组织为主体,就贸易政策、汇率政策、货币政策、财政政策等宏观经济政策进行磋商和协调,适当调整现行的经济政策或联合采取干预的政策行动,以缓解政策溢出效应和外部经济冲击对各国经济的不利影响,实现或维持世界经济均衡,促进各国经济稳定增长。国际经济政策

扩展学习视频 14.1
蒙代尔的"政策配合论"

协调的含义有狭义和广义之分:从狭义上讲,国际经济政策协调是指各国在制定国内政策的过程中,通过各国间的磋商和协调,对某些宏观经济政策进行共同的设置;从广义上讲,只要在国际范围内对各国国内宏观经济政策产生一定程度制约的行为,都可以被视为国际经济政策协调。国际经济政策协调的基础是各国经济的相互依赖和国际经济传递机制。

在日益深化发展的当代国际经济关系中,很多国家提出了双边或多边政策协调措施,这些措施主要体现在贸易、汇率、货币和财政政策方面。

二、国际经济政策协调的目标

从国家角度看,一国的宏观经济政策目标是实现经济增长、充分就业、物价稳定和国际收支平衡。第二次世界大战后的一个较长时期内,国际经济政策协调的目标主要是在经济大国之间达成某些货币与财政政策默契,使其相互间的经济政策在短时期内不至于冲突太大,政策的负面效应不至于对世界经济产生较大的危害。

扩展学习视频 14.2
固定汇率体制下的蒙代尔——弗莱明模型分析

20 世纪 80 年代以后,在经济全球化推动和影响下,国际经济政策协调目标开始向深层次发展,即通过对财政政策和货币政策长期、持续调整,以消除各国间经济结构、发展水平、政策制度的不平衡,使各国间的整体协调能够与经济周期同步;随着协调目标的不断深化,协调范围从流通领域扩展到了生产领域,深入社会再生产和经济生活的全过程。20 世纪 90 年代以来,国际经济政策协调的水平进一步提高,其目的是为各国经济发展创造一个平稳的竞争环境,在考虑本国宏观经济目标的同时,实现各国共同的福利最大化。

由于世界政治经济处于不平衡发展中,不同经济发展阶段和不同经济制度的国家在经济政策目标方面差异性较大,所以国际经济政策协调既是一个复杂的系统,也是一个充满

扩展学习视频 14.3
浮动汇率体制下的蒙代尔——弗莱明模型分析

矛盾和讨价还价的过程。

三、国际经济政策协调的方式

国际经济政策协调主要包括两种基本的方式，即相机性协调（discretion-based coordination）和规则性协调（rule-based coordination）。

（一）相机性协调

相机性协调是指根据各国经济面临的具体条件，在没有既定协调规则的条件下，通过各国间的协商确定针对某一特定情况各国应采用的政策组合。许多学者都认为这种方式实际上是一国宏观经济调控中相机抉择（discretionary approaches）在国际上的推广，如波恩会议及罗浮宫会议，它采取一锤子买卖的方式，在协议当事国中公开进行磋商。自从布雷顿森林体系解体之后，西方国家之间的协调就是采取这种形式。

相机性协调方式的优点在于可以针对具体的情况就更为广泛的问题进行协调。其缺点有两个：一是可行性较差，每次政策协调行动实际上都是各国政府之间的一次讨价还价过程，不仅政策协调的决策成本很高，而且很难对各国政府真正形成制约作用；二是可信性较差，各国政府很难在缺乏明晰规则的情况下，通过一些临时性的措施来合理影响公众的心理预期，从而给政策协调带来相当大的不确定性。

（二）规则性协调

规则性协调是指通过制定出明确规则（包括原则、协定、条款及其他指导性条文等）来指导各国采取政策措施进行协调的方式。这种方式的优点有：一是规则清晰、明了，有利于协调各方理解、参考与执行；二是在较长时期内可保证政策协调的连续与稳定进行；三是这些规则一般都是通过全球性金融组织或其成员共同制定的，具有较高的权威性和可信性，受到更多的重视；四是主要协调方还可参与制定这些规则，在此过程中可以反映本国的情况，体现本国在国际协调上的思想、理念和价值观，因而规则性协调方式受到各国的普遍重视。布雷顿森林体系和欧元区成员国的政策协调，都是规则性协调的典型案例。

四、国际经济政策协调的作用与局限性

（一）国际经济政策协调的作用

国际经济政策协调是由于经济活动的加强而产生的，它主要是为了避免各国宏观经济政策的相互冲突，同时对世界性经济危机和外部冲击进行联合管理与共同抵制。因此国际经济政策协调的作用主要有以下几个方面。

1. 减轻各种危机对世界经济的冲击

第二次世界大战以后，各主要资本主义国家又发生了次数不等的周期性危机和局部危机。当时各国政府和国际经济组织采取积极协调，明显减轻了危机的破坏作用，为更加深入的国际经济合作顺利进行提供了制度保障；同时，也加速了经济全球化的进程。

2. 缓和各国经济之间的矛盾和冲突

随着经济全球化的深入发展，各国经济交往的日益密切，各国、各利益集团之间出现这样或那样的经济矛盾、经济碰撞、经济摩擦是不可避免的。这在客观上要求各国加强国

际宏观经济调控,在全球范围内建立起更加有效的经济协调机制。如美日、美欧矛盾通过西方七国首脑会议协调起到了积极作用,发展中国家与发达国家的矛盾通过国际经济组织的协调及采取相应的积极措施得到了缓和。

3. 对抑制通货膨胀发挥了较大的作用

经济全球化使通货膨胀的全球联动性增强、传导渠道增多,影响范围扩大。在 20 世纪 70 年代出现滞涨以后,国际经济政策协调对各国成功抑制通货膨胀起到了至关重要的作用。

4. 促进国际贸易和资本的流动

这方面的作用突出地表现在国际货币基金组织和关税与贸易总协定/世界贸易组织的协调与管理上。

(二) 国际经济政策协调的局限性

国际经济政策协调虽然对维护国际经济秩序、推进经济全球化发挥了重要作用,但远不是完善的。国际经济政策协调要求各国主权在一定程度上进行让渡,也就是说,国际经济政策协调是以一定程度上牺牲本国利益为代价的。

1. 缺乏约束力和彻底性

国际经济政策协调往往是危机出现时采取的临时性应急措施,缺乏长远性、战略性。

多数国际经济政策协调组织是协商性的,没有法律效力,缺乏约束机制,参与国没有承担落实协议的硬性义务,从而往往使达成的协议缺乏约束性和权威性,效力有限。

2. 缺乏公正性和平等性

国际经济组织往往被发达大国所操纵,协调的措施往往有利于发达国家,对发展中国家的关切则反映得很不充分。

3. 目标与效果的非趋同性

由于各国经济结构的差异性和政策实施中的调整,国际经济政策协调的协议在执行过程中偏离原定目标,效果与既定目标相差甚远。例如,20 世纪 80 年代日元兑美元升值后,日本的贸易顺差继续增加,日本对美国大量进行投资。

4. 缺乏完善的监督机制

国际货币基金组织在 1997 年亚洲金融危机和 2007 年美国次贷危机发生之前没有发出任何警示,受到普遍质疑。建立一个完善的危机预警与监督机制对于国际货币基金组织未来充分发挥其在国际金融领域的作用是非常重要的。

5. 首脑会议政治色彩多于经济色彩

少数大国通过国际经济组织用政治问题作为解决经济问题的附加条件,不仅削弱了对重大经济问题解决的力度,而且加剧了各国之间的分歧和矛盾,使得协调问题更为复杂和困难。例如,20 世纪 90 年代中期以来,八国首脑会议的政治色彩过于浓重。

第二节　国际贸易政策协调概述

一、世界贸易组织与国际贸易协调

国际贸易领域的协调主要是指对关税和非关税贸易政策与措施以及各国贸易关系方

面的协调,包括两个层次:一是在世界范围内进行;二是在区域经济组织成员内部进行。目前,协调范围最广、影响最大的当数世界贸易组织,在贸易以及与贸易有关的许多领域都取得了成果。在关税方面,世界关税税率较第二次世界大战后的35%大大降低了。对于其他非关税壁垒措施,世界贸易组织也制定了相关的规则。此外,在与贸易有关的投资、知识产权和服务贸易方面也达成了一些协议。可以说,通过贸易领域的国际协调,世界贸易的自由化进程显著加快了。世界贸易组织在国际贸易中的协调作用主要有以下几方面。

(1)建立全球多边贸易谈判的协调机制,主要是定期组织全球多边贸易谈判,为成员提供处理各协定、协议有关事务的场所,并为世界贸易组织发动多边贸易谈判做准备和提供框架草案。谈判的议题已由货物贸易逐渐扩展到与贸易有关的投资服务贸易、知识产权等领域。

(2)制定统一的多边贸易规则,主要包括非歧视原则(最惠国待遇原则/国民待遇原则)、互惠互利原则和透明度原则。

(3)协调各成员的贸易政策和措施。通过贸易政策审议机制,定期审议各成员的贸易政策法规是否与世界贸易组织相关的协议条款所规定的权利义务相一致。

(4)主持解决各成员之间的贸易纠纷。世界贸易组织总理事会作为争端解决机构,处理就"乌拉圭回合"多边贸易谈判最后文件所包括的任何协定或协议而产生的争端。根据世界贸易组织成员的承诺,在发生贸易争端时,当事各方不应采取单边行动对抗,而应通过争端解决机制寻求协调并遵守其规则及所作出的裁决。

由于世界贸易组织是由国际上很多国家(地区)共同参加组成的一个国际经济组织,享有独立的法律资格,可以为保证世界贸易的正常进行而行使其各项职能,因此,在国际经济政策协调中,世界贸易组织起到了十分重要的作用。对于一般性的世界贸易问题,世界贸易组织是根据其法律体系中的《建立世界贸易组织协定》、多边贸易协定、双边贸易协定等规范性文件中的几项基本原则来进行协调解决的;而对于比较有争议的各成员之间的贸易问题,世界贸易组织一般是根据其争端解决机制来加以协调和处理的。

"乌拉圭回合"多边贸易谈判所取得的重大成果之一是建立争端解决机制,因其确保更公正地执行裁决,故被描述为"乌拉圭回合"谈判协定的支柱之一。发展中成员比从前任何时候都更期待能在世界贸易组织框架下更好地维护和促进自身利益,因而对新机制的期望使它们广泛认为争端解决机制是一个可资利用的有效工具。

然而,就像任何事物都无法完美无缺一样,WTO争端解决机制也不例外。通过多年的实践,也发现《关于争端解决规则与程序的谅解》(DSU)本身以及DSB的实践存在一系列需要考虑改进的问题。例如,是否应设立常设专家组;国际法的一般基本原则是否可以适用于WTO案件的解决;如何增强案件审理的透明度,即是否可以公开审理案件;是否允许案件之外的独立机构或专业人士(第三人)向专家组提供事实或法律方面独立意见(法庭之友)以帮助审理和裁决;如何扩大第三方的权利;上诉机构是否可以将案件发回专家组重审;如何改进目前案件审理期限过长;执行的合理时间以及报复水平是否必须通过仲裁程序;运用21.5条执行专家组的程序次数是否应受到限制;如何解决DSU程序上执行专家组程序与报复程序的冲突问题;如何能促进败诉方及时有效地执行裁决;

授予弱小成员的报复权利究竟有何意义,如何改变弱小成员胜诉不胜"利"的状况;如何改进专家组和上诉机构报告过长、过于臃肿的情况;如何为发展中成员参与争端解决机制提供便利等。

二、自由贸易区、关税同盟与国际贸易协调

在区域经济组织成员内部,国际贸易协调主要是通过消除关税和非关税壁垒,协调各成员国的经济贸易政策和立场等方面的措施来实现。

自由贸易区和关税同盟是区域经济组织的两种主要形式。自由贸易区是指以贸易为主,发挥工商业多种功能的自由经济区。在贸易区内取消了各成员国之间的关税壁垒,但各成员国对区外的第三国仍保持各自的关税制度。关税同盟是指除了对内取消关税壁垒外,还对外统一关税。关税同盟是在自由贸易区的基础上进一步协调成员国的贸易政策。

关税同盟是比自由贸易区更高一级形式的经济一体化组织,不同程度的经济一体化组织需要协调的目标不同,协调的效果也不同。在对外经济贸易政策上,只有关税同盟有统一的对外贸易政策和措施;在各成员国之间的经济政策协调上,它们都涉及不同程度的经济政策和措施的协调。

在世界经济组织的全球经济协调能力下降,或者是世界经济组织在全球经济一体化的领域还留有协调空间的情况下,区域性协调组织的数量在不断增加,其影响力也日益增强。其中,发展最为成熟的是欧洲经济一体化形式。从它的发展逻辑来看,其主要特征在于协调的领域越来越宽,出现了成员国政府主权让渡的现象。除欧洲外,亚洲也在积极探索经济、贸易和货币领域的合作。区域性的国际协调会影响世界经济协调组织的协调效应和结果。区域性协调除了能弥补世界经济组织协调功能的缺陷之外,更重要的是能帮助其成员增加在世界贸易组织中的议事权力。通过区域性协调形式,各民族国家能在世界经济组织中争取更多的利益。

所以,在当今世界经济的条件下,任何国家参与经济全球化时的对外一体化政策选择也应该是多元的,如果把加入世界经济组织作为一国参与经济一体化形式的唯一选择,那么在区域性国际协调蓬勃发展的国际环境中,该国在世界经济组织中也会面临被边缘化的危险,这无疑违背了民族国家参与经济全球化的初衷。

三、国际公约、协定与国际贸易协调

国际公约、协定是两个或两个以上主权国家为确定它们在经济方面的权利和义务而缔结的书面协议。国际公约和协定以国际法形式规范、管理、协调国际经济交往,使世界经济运行受到法律秩序的规范和约束。同时,国际公约和协定也可以通过有效期结束、达成新协议、废除旧的约定等方式解除签约国的国际协调责任,所以它们不同于具有永久性的国际经济组织及区域经济集团的协调形式,具有时效性。

国际规则在国际政治经济生活中的地位大幅度提升,这种提升表现在许多方面:第一,国际规则或惯例为越来越多的国家或政治实体所接纳。无论是世界贸易组织这样的全球机构,还是欧盟这样的地区性组织,囊括的国家(地区)或经济体日益增多。第二,越来越多的问题或领域都被纳入国际规则的约束范围之内。新增的多边国际规则,包括原

有规则涉及领域的丰富与拓展越来越多。第三,世界各国和各地区之间的交往与纠纷的解决越来越倚重双边或多边国际规则。处理贸易争端如此,打击跨国犯罪亦如此。第四,对某些国家,尤其是对那些能够影响国际规则制定和实施的国家而言,各类国际规则已成为它们维护和增进国家利益的基本手段。第五,一个国家或国家集团在世界结构中的地位,主要取决于它们在制定和实施国际规则过程中的综合实力,或一国的综合实力之大小。大国或国家集团间的竞争,也主要围绕国际规则的制定与实施展开。

第三节　国际金融政策协调概述

1973 年布雷顿森林体系崩溃后,西方各国普遍开始实行浮动汇率制。在浮动汇率制下,汇率由外汇市场的供求决定,市场汇率的波动对国际收支平衡起着一定的自动平衡作用。汇率的变动会引起国内外商品价格的相对变动,当一国货币贬值时,该国出口商品的外币价格降低,使原来用于国外商品的支出转移为国内商品的需求。这种转变,不仅能够刺激国内需求的增加,引起国民收入提高,同时还能扩大出口,减少进口,扭转国际收支,实现经济的外部均衡。因此,当一国出现贸易赤字时,往往会采取本币贬值的汇率调节手段。

但是,一国金融政策往往具有"溢出效应",对他国产生负面影响。金融政策的"溢出效应",是指一国国内的货币政策在作用于国内经济变量的同时,也对相关国家的经济变量产生影响;反过来,国际的货币政策会波及国内,使国内金融政策的效果扭曲,难以达到预期的政策效果。各国政府从各自利益出发加大对汇率的干预程度,对世界经济的平衡发展构成了威胁。再加上浮动汇率的多边性导致了国际金融市场更大的不稳定性和投机性,给国际贸易和国际投资带来了风险。因此各国需要相互协调,减少单边行动,实行有管理的浮动汇率。实际上,自浮动汇率实行以来,国际金融领域协调就一直没有停止过,主要是通过国际金融组织,建立世界稳定的发展机制;通过各国之间的金融政策协调,特别是影响汇率形成机制的主要国际货币美元、欧元和日元中央银行的政策来进行协调。

对国际收支和汇率进行国际协调成为各国的必然选择,也成为各国金融发展内外协调的主要内容。它一般体现在以下几个方面。

(1) 汇率协调。一种是多边协调,主要是对主要工业国家国际收支和汇率政策的相互作用进行协调,并估价这些政策对世界经济的影响。多边协调是以 IMF 执行董事会、理事会和临时委员会每半年一度的《世界经济展望》为依据,主要协调有关国家(地区)对内和对外调整的中期方法。另一种是个别协调,主要是检查成员的汇率政策,要求成员迅速将本国(地区)汇率安排通知 IMF。不过,由于成员不愿交出国(地区)内政策的自主权,因此 IMF 的汇率协调活动还缺乏实际效果。

(2) 为金融发展开展磋商与协调的国际金融组织,主要是国际货币金融组织、世界银行和国际清算银行。IMF 通过磋商来履行监督成员汇率政策的责任,了解成员的经济发展和政策措施,迅速处理成员的贷款申请。原则上,除召开会议外,IMF 还应每年同各成员进行一次磋商。

（3）利用外资及短期信贷进行协调。这些协调主要体现在利用外资的形式上，以及与国内资金的联系、利用宏观经济效益及 IMF 等组织的信贷措施等。例如，成员发生国际收支暂时不平衡时可以卖给其外汇，这样可以向其提供短期信贷，帮助其缓和国际收支危机；同时，通过附加贷款条件要求其采取一定的经济调整政策，使其国际收支能在价格合理、汇率稳定、经济增长持久、实行多边自由支付体系的状态下，尽快恢复到一个可以支撑的水平。

（4）重新安排国际债务。其表现在：为官方和私人债务安排提供技术、资金和心理支持；通过贷款计划促使债务国进行经济调整；参与债务重议谈判、确定债务重议的条件；协调债务重新安排协定的实施，包括：经常向债权者提供有关信息，对不按协定提供"非自愿贷款"的债权银行施加压力，对不执行稳定或调整计划的债务国实行惩罚等。

第四节　国际投资政策协调概述

国际投资政策协调的主要目标是排除投资障碍，减少投资摩擦，调整资金流向和投资利益分配。其主要表现在以下几个方面。

（1）政府投资和经济援助的内外协调。这主要包括：对各国政策进行指导性国际协调；通过建立多边国际金融机构，集中管理政府援助资金和贯彻统一援助政策；进行政府间的联合投资等。在发展中国家，尤其是在经济一体化组织内部，以政府间的联合投资方式开展较为普遍。

（2）投资管理的内外协调。这些内外协调主要表现在：限制投资竞争（如发达国家实行的出口信贷君子协定）、平衡竞争条件（如统一国际银行的资本标准）；对跨国银行进行国际监督、管理和协调（如《巴塞尔协议》规定银行母国与东道国对跨国银行共同承担监督责任，双方并就此进行相互合作）；制定国际投资行为规范等。

（3）外资政策的内外协调。由于在接受外国投资方面，各国经济政策及管理体制存在极大差异，各国外资政策的摩擦和投资障碍，需要通过国际投资条约和协定，即外部的协调来规范相互间的私人投资关系，加强对海外投资和外国投资的保护，维护健康的投资环境。第二次世界大战后，各国签订了 300 多个双边投资保护协定，在外国投资者的待遇标准、投资项目和内容、政治风险、代位权和投资争议等方面做了具体的规定，这类协定已经成为当今国际投资外部协调的主要形式。

（4）国家之间税收分配关系的国际协调。这类外部协调的主要形式有：缔结多边税收协定；在经济一体化组织范围内进行税收合作；非区域性多边合作。另外，国际税收合作在减轻跨国投资经营的税负、促进国际投资及其他国际交易活动的发展方面也起到了一定的作用。

（5）国际债务调整。这些外部协调主要采取债务重新安排（债务重议）、内债与外债的协调等措施。

一、当前对外直接投资国际协调的特点

（一）双边层次的 FDI 协定成倍增加，并已成为各国投资环境的重要标志之一

双边投资协定（BITs）是指为了调整国家间的私人投资关系，保护外国投资者的合法权益，维护健康的投资环境，由母国和东道国签订的一种促进与保护投资的双边条约。BITs 的具体内容因签约国的具体国别而有所不同，但一般均涉及外资的待遇（如国民待遇、最惠国待遇）、涵盖的范围（典型的包括非股权投资和各种类型的股权投资，以及投资周期各阶段的主要问题）、政治风险保障及争端解决（对资金转移、征收和国有化、签约方和投资者与东道国争议解决等具体投资保护标准作出明确规定）等问题。

自 20 世纪 60 年代以来，BITs 的扩展速度令人瞩目：20 世纪 60 年代，75 项（其中 2 项有发展中国家参与）；20 世纪 70 年代，167 项（其中 14 项有发展中国家参与）；20 世纪 80 年代，386 项（其中 64 项有发展中国家参与）。依据联合国贸易和发展会议的统计，截至 2021 年 4 月 15 日，中国共签署了 145 个双边投资协定，其中 19 个协定已经签署但未生效，另外 19 个协定已经终止。有效的协定为 107 个。此外，中国还签署了 23 个包含投资的各类贸易协定，其中 5 个协定签署但未生效，有效的协定为 18 个。各国政府积极参与签订双边层次的国际直接投资协定，已成为推动 FDI 迅猛发展的主导力量，并进而加速了经济全球化的进程。

（二）区域层次的 FDI 政策协调呈现多样化趋势，其协调范围不断扩大且约束力日益增强

现行的区域层次的 FDI 政策协调主要有三类。

（1）区域经济集团内的协调。它一般是在地区经济一体化协议中包含投资问题的条款，如欧盟成员国间资本自由流动的协议、东盟国家投资协定、南锥体共同市场（Southern Cone Common Market）投资议定。其中，1991 年 3 月 26 日，阿根廷、巴西、巴拉圭和乌拉圭 4 国总统在巴拉圭首都签署《亚松森条约》，宣布建立南锥体共同市场（也称南方共同市场），简称"南共市"。该条约于当年 11 月 29 日正式生效。1995 年 1 月 1 日，南锥体共同市场正式运行，关税联盟开始生效。其宗旨是通过有效利用资源、保护环境、协调宏观经济政策、加强经济互补，促进成员国科技进步和实现经济现代化，进而改善人民生活条件并推动拉美地区经济一体化进程。

（2）专项能源和原材料输出国组织内的协调。它主要通过分配销售份额、避免成员国内部削价竞争来防止跨国公司操纵国际市场价格，如石油输出国组织、天然橡胶生产国协会、铜矿出口国政府联合委员会等。

（3）不同类型国家所组成的综合性组织内的协调。它主要涉及投资问题或独立的投资协议。

（三）多边层次的 FDI 协调日益受到重视并取得较大进展，为最终建立一个统一的 FDI 政策框架奠定了基础

在多边层次的 FDI 协调方面，世界银行与世界贸易组织均有重要建树。世界银行达成了多项多边投资协定，如《关于解决国家和他国国民间投资争端公约》等。由"乌拉圭回合"最终达成并于 1994 年由世界贸易组织通过的涉及投资问题的协议，标志着多边层次的国际

直接投资安排取得重大进展。《与贸易有关的投资措施协议》对国际直接投资的业绩要求做了具体规定,该协议明确禁止对外国投资项目提出当地成分、贸易平衡和出口限制等业绩要求,由此通过逐步取消对外国投资者的障碍而极大地促进国际直接投资的发展。

《与贸易有关的知识产权协议》是多边层次贸易和投资中对知识产权保护最为综合的协调机制,该协议虽然没有直接涉及投资问题,但由于知识产权有可能成为 FDI 的一个组成部分,且对知识产权保护与否直接影响跨国公司作出 FDI 的决策,因而 TRIPs 自然成为国际直接投资政策协调中知识产权保护的重要机制。

二、对外直接投资国际协调的发展前景

（一）各种层次的 FDI 国际协调机制无论是在广度方面还是在深度方面均将进一步发展

（1）在国际直接投资领域加强国际合作与协调正日益形成广泛共识,而现有的双边、区域乃至多边层次的国际协调机制已经或正在取得进展,这无疑有利于国际协调机制的发展和深化。

（2）跨国公司对外直接投资已成为当代国际生产组织的重要形式,全球化发展的压力和公司战略的变化必将促进未来国际规范的发展,加快国际规范形成和实施的进程。

（3）现有国际协调机制主要涉及国际直接投资领域一些共同关注的问题（如一般待遇、与准入和开业经营相关的条件、保护标准、争端解决、企业行为及其他投资促进等）,随着国家层次的对外直接投资政策进一步自由化和趋同,目前相对不太受重视的问题会逐渐由国家层次上升到国际层次。

（二）国际协调机制会在积极改进、深化和扩展的同时,将现有的国际安排与协调制度化

虽然现有国际协调机制在推动国际直接投资增长,进而促进全球各国经济增长和发展方面发挥积极的作用,但由于许多政策协调措施尚未统一,在实施的过程中,其实际效果还未充分显现。因此,协调机制的标准化实施与强化对其有效性的发挥至关重要。而现有国际安排允许所有国家或国家集团参与治商有约束力并符合它们各自利益的协议,这为国际安排的制度化提供了可能性。

（三）国际协调机制的长期发展方向可能是立足于建立一个综合性的多边国际直接投资政策框架体系

这主要基于两方面的考虑。一方面,近年来投资和贸易的相互关系日益体现在同一的政策框架体系之中,尤其是区域层次和多边层次的国际协调均出现了将贸易与投资结合起来考虑的发展趋势；另一方面,从长期看,商业活动的全球化、对外直接投资额的增长和重要性的提高、投资和贸易的密不可分和全球一体化国际生产体系的逐步形成等,势必需要一个全球性政策框架体系,以期营造一个稳定、可预见和透明的对外直接投资环境。

（四）国际协调机制的进一步发展和深化应将发展目标放在核心的地位

由于跨国公司行为会对所有国家的发展前景产生广泛而深刻的影响,因此,跨国公司对外直接投资国际协调机制强调的发展目标将是永恒的。这就要求未来国际协调机制的发展和深化必须考虑不同发展水平国家的利益,在各类利益冲突中加以权衡,实现互利。特别是涉及广大发展中国家和经济转型国家的国际安排,尤其应注意特殊的发展政策与目标的重要性。

第五节　国际税收政策协调概述

一、国际税收协调的主要方式

国际税收协调是相关国家采取措施来处理国际税收关系问题,从狭义上理解,是两个或两个以上主权国家对跨国纳税人行使各自税收管辖权所产生的冲突进行协调的行为;而从广义上理解,即各国间在税种、税制要素、相关税收政策方面的全方位协调,包括各国税收制度在国际范围内的趋同乃至某种形式的一体化。

由于税收协调的范围、程度不同,国际税收协调可以划分为四个层次:一是主权国家为适应经济全球化的发展,主动改革本国的税收制度或税收政策,使税收制度或税收政策接近国际惯例;二是两个特定主权国家通过磋商,在意见一致的基础上签订税收协定,协调两国之间的税收双边关系;三是在区域经济一体化的基础上,为了共同的目的,区域经济一体化成员国采取一致的税收政策;四是在国际组织协调下,各成员国采取一致的税收行动,以取得共同利益。当前世界经济合作与发展中的国际税收协调是税收国际化的一个相当重要的环节。

国际税收协调的主要形式为税制改革、税收宣言、国际税收协定、区域协调和国际组织协调。

(1)税制改革。税制改革是指特定主权国家通过改革本国税制,使内税制适应税收的国际潮流,协调并促进国际经贸的发展。20世纪80年代以来,以降低税率、扩大税基为主要特征、席卷全球的税制改革,就是各国适应税制变化潮流的一种主动性税收国际协调。其特点是单方面行为,自主性税收协调,不直接涉及具体对应的国家税收关系。

党的十八大以来,中国不断深化税制改革,不断完善现代税收体系,税收服务经济社会发展大局的作用不断彰显。首先,营改增彻底理顺了我国的流转税制度;其次,绿色税收助力建设美丽中国;再次,个人所得税改革体现了以人民为中心的原则;最后,减税降费激发经济创新活力。

国家统计局的数据显示,从党的十八大到2021年,中国新增减税降费累计8.8万亿元,宏观税负从2012年的18.7%降至2021年的15.1%。财政部、国家税务总局于2022年3月下发文件明确,在2022年1月1日至2024年12月31日期间,各地区可根据自己的实际情况和需要对增值税小规模纳税人、小型微利企业和个体工商户在50%的税额幅度内给予减征资源税、城市维护建设税、房产税、城镇土地使用税、印花税(不含证券交易印花税)、耕地占用税和教育费附加、地方教育附加。

(2)税收宣言。税收宣言是指几个国家联合宣布一项税收政策。例如,亚太经合组织2001年在上海召开了第九次领导人非正式会议,宣称"在APEC区域内对电子交易暂不征收关税"。其特点是简单、明了地表明有关国家的原则、立场。2017年的APEC第二十五次领导人非正式会议,依次通过了包括《APEC跨境电子商务便利化框架》《APEC互联网和数字经济路线图》《APEC供应链互联互通行动计划监督框架》等一系列围绕跨境电商便捷化、自由化的框架协定。

（3）国际税收协定。国际税收协定是指国与国之间签订分配税收管辖权及进行税收合作的规范。通过签订国际税收协定协调税收国际关系是当前世界各国处理税收关系的普遍做法，其特点是尊重缔约国双方的税收管辖权，尊重缔约国各自的税制现状。

（4）区域协调。区域协调是指特定经济区域内的成员国采取统一的税收行动。例如，欧盟已经在区域内取消关税，对外采取统一关税，成员国的国内税制也大体相同。其特点是区域内的多边、区域外的一致。

（5）国际组织协调。国际组织协调是指通过权威性的国际组织，指导、规范和协调各国税收关系，将来还可能存在国际组织的税款征收。其特点是国际性和成员国部分国家税收管辖权的丧失。

上述五种主要形式表现了税收国际协调从低级向高级发展的历史过程。

二、所得税管辖权的国际协调

从世界各国现行的所得税制度来看，所得税管辖权的实施至少有以下四种情况。

（1）同时实行地域管辖权和居民管辖权，即一国对本国居民的境内所得、境外所得，以及外国居民的境内所得都行使征税权。其中，对本国居民境外所得征税所依据的是居民管辖权，对外国居民在本国境内所得征税所依据的是地域管辖权。目前，世界上大多数国家都采取这种地域管辖权和居民管辖权并行的办法。

（2）同时实行地域管辖权和公民管辖权，即一国对本国公民的境内所得、境外所得，以及外国公民的境内所得这三类所得都行使征税权。例如罗马尼亚和菲律宾。

（3）仅实行地域管辖权，即一国只对来源于本国境内的所得行使征税权，其中包括本国居民的境内所得和外国居民的境内所得，但对本国居民的境外所得不行使征税权。例如巴西、阿根廷等国家。

（4）同时实行地域管辖权、居民管辖权和公民管辖权。这种情况主要发生在个别十分强调本国征税范围的国家，其个人所得税除了实行地域管辖权和居民管辖权之外，还坚持公民管辖权。例如美国和墨西哥等。

（一）所得税管辖权的国际协调原则

国家之间所得税管辖权的冲突主要是由有关国家并行两种或两种以上税收管辖权造成的，为了消除矛盾，国际社会有必要对各国的税收管辖权进行协调。这就必须首先解决一个问题，就是对跨国投资所得应按什么标准征税。跨国投资所得涉及所得的来源国和投资者的居住国，如果不协调两国的税收管辖权，跨国投资所得就很容易被重复征税。但协调两国的征税权并不是不对跨国投资所得征税，而是要对其合理征税，这就有一个按哪国的税负水平进行协调的问题。这个问题实际上是所得税管辖权国际协调工作必须明确的一个原则问题。按所得来源国的税负水平进行协调，使跨国投资所得与来源国当地的投资所得税负相同，这种协调原则称为来源地原则；按照投资者居住国的税负水平进行协调，使跨国投资所得的最终税负水平与居住国当地的投资所得相同，这种协调原则称为居住地原则。明确了税收管辖权的协调原则，有关国家就可以采取相应的措施进行协调。

例如，为了贯彻来源地原则，各国在税收管辖权相互冲突的情况下可采取对国外所得免税的办法，这样相互之间的跨国投资所得就只负担来源国的税收。又如，为了贯彻居住地原则,各国在税收管辖权相互重叠的情况下,可采用外国税收抵免法。这时,来源国首先对跨国投资所得征税,居住国则在对本国居民的国外所得征税时,允许其用国外已纳税款冲抵在本国应缴纳的税收,从而使跨国投资所得最终按居住国的税负水平负税。

不难看出,在各国并行两种税收管辖权的情况下,用上述任何一种税收管辖权的协调原则进行协调,实际上都可以达到统一各国税收管辖权的客观效果,但协调的原则不同,统一的方向也就不同。例如,假定两个国家同时实行地域管辖权和居民管辖权,这时如果用来源地原则协调两国的税收管辖权,则两国就都要通过免税法放弃对本国居民国外所得的征税权,这实际上相当于两国只实行单一的地域管辖权。而如果用居住地原则协调两国的税收管辖权,并假定两国同时采用外国税收抵免法来贯彻居住地原则,这时,虽然两国仍要对外国居民在本国的所得征税,但这部分税款可以被外国居民用于冲抵其应缴纳的国外税款,这样,两国实际上可被认为都只对本国居民的国内和国外所得征税,相当于两国都在实行单一的居民管辖权。

税收管辖权的协调可以起到统一各国税收管辖权的实际作用,这无疑有利于避免对跨国投资所得的重复征税以及促进资本市场的均衡发展。然而,在各国的税收管辖权相互冲突的情况下,国际社会是应按来源地原则还是应按居住地原则进行税收管辖权的国际协调,是国际税收领域中一个重要的理论问题,也是一个存有争议的问题。从国家的税收利益角度看,不同的协调原则给每个国家带来的影响不尽相同。采用来源地原则进行协调,可能会使一些经济发达的净资本输出国丧失一部分税收利益;而采用居住地原则进行协调,则可以适当兼顾资本输出国和资本输入国的税收利益。

(二)所得税管辖权的国际协调方式

所得税的国际协调是有关国家为了避免所得税管辖权的相互冲突,或者使各自的所得税制度尽量保持一致而采取的各种税收调整措施,它属于国家之间政府行为的一种协调,既可以用在税收管辖权方面,也可以用在税收制度方面。

税收管辖权的国际协调方式主要包括在国家之间统一居民身份和所得来源地的判定标准、约束各国对跨国所得的征税权等,其目的是解决国家之间税基的合理划分问题。税收的国际协调有合作性协调和非合作性协调之分。所得税的国际协调也包括这两种类型。这里的居民是指在本国长期从事生产和消费的人或法人,可能是自然人、法人。而公民是指拥有某国国籍,并根据该国法律规定享有权利和义务的人。公民只能是自然人。从目前的情况看,国家之间通过签订国际税收协定来约束各自对跨国所得征税行为的合作性协调,是所得税国际协调的最主要方式。而且这种所得税的合作性国际协调,目前以两个国家通过缔结避免双重征税协定而进行的双边协调最为普遍,两个以上国家进行的多边所得税协调还为数不多。

(三)国际税收中所得税面临的问题及国际惯例

随着世界经济一体化的迅速发展,国际经济交往范围不断扩大,国际税收分配关系也日趋复杂。具体到所得税,需要研究和解决的主要问题是:如何规范各国税收管辖权的行使范围,避免对跨国纳税人的双重征税,防范国际避税和避免国际偷漏税,加强国家间的税收协作,共同做好对所得税的国际协调等。

在选择税收管辖权方面,如今大多数国家(地区)基本上是同时选择地域管辖权和居民管辖权,少数国家和地区只实行单一种类的税收管辖权。特别值得注意的是,作为资本、技术输出国的发达国家多倾向于实行居民管辖权,而作为资本、技术输入国的发展中国家多倾向于实行地域管辖权。不过,具体到各国税收管辖权的行使范围,一般都会在双边税收协定中作出约束性规定。

世界各国在课征所得税时,必须判定纳税人的居民身份。国际上通行判定自然人居民身份的标准有四个:住所标准、时间标准、意愿标准和国籍标准。判定法人居民身份的标准有五个:登记注册标准、总机构标准、管理中心标准、控制中心标准和主要经济活动标准。与此相关的一项国际惯例是,世界各国大多把对外国人(自然人和法人)和从境外取得所得的本国人课征的所得税都纳入涉外所得税体系。

三、国际税收协调的发展趋势

(一)以税制改革为手段的国际税收协调

以税制改革为手段的国际税收协调是指,相关国家通过改革本国税制,缩小与其有经济往来的国家之间的税制差异,进而促进相关国家之间的贸易往来。税制改革是国际税收协调的基础与出发点,也是国际税收协调最基本的形式之一。

一个国家若想参加国际税收协调,必须以积极主动的姿态去迎合世界经济发展与国际和税收制度的变化,在自身税制、税率、税基和相关税收政策方面做好前期工作,否则就会在国际税收协调中陷入被动地位,也不利于解决税收纠纷和矛盾。因此,从这种意义上说,一国在保证税收权利不受侵犯的基础上,进行适当的税制改革是国际税收协调的基础,属于国际税收协调的范畴,是一种主动性的协调活动。

(二)以签订国际税收协定为手段的国际税收协调

国际税收协定的目的是协调国家间的税收分配关系,是在遵守对等原则的基础上,两个或两个以上的主权国家或地区就税收方面通过一系列谈判所达成的书面协议。国际税收协定的签订为资金、商品、劳动力、技术等要素的自由流动提供了相应保障,有助于减少税收管辖权的交叉重叠、避免国际重复征税,还有利于消除贸易壁垒,从而促进缔约国经济的共同发展。当前世界各国所签订的国际税收协定大体上可以分为两类:一类是《关于对所得和资本避免双重征税的协定范本》(简称 OECD 范本),此范本是 OECD 在 1963 年发表的。另一类是联合国于 1979 年颁布的《关于发达国家与发展中国家间避免双重征税的协定范本》(简称 UN 协定范本)。UN 协定范本在发展中国家得到了较为广泛的推崇。这两类范本为各国税收协定的签订提供了重要参考,对国际税收协定的签署起到了引导作用。其中,OECD 范本代表发达国家的经济利益,更加强调居民税收管辖权;UN 协定范本代表广大发展中国家的经济利益,因此更加注重收入来源国税收管辖权。两个范本的出现,标志着国际税收协调进入正规化的发展阶段。

从缔约国数量的角度考虑,国际税收协定可以划分为多边国际税收协定和双边国际税收协定两种。虽然在国际税收协定发展的初始阶段,是以双边国际税收协定为主的,但是随着国际形势的改变,从 20 世纪 80 年代开始,经济区域化、区域税收一体化的形成极大地加快了多边国际税收协定的发展。在区域经济发展的过程中,多边国际税收协定在促进地区经济发展、减少经济矛盾、维护区域经济稳定等方面发挥了重要的约束协调作用。当今世界经济全球化的趋势正在不断加强,各国之间的经济事务也变得更加复杂化。在处理各方具体税收事务上,多边国际税收协定比双边国际税收协定有更多的优势。

(三)以通过国际组织协调为手段的国际税收协调

国际组织是主权国家之间为了实现共同的经济和政治目的,通过签订条约的方式组建起来的国际法主体。从20世纪初期开始,国际组织的数量一直在不断增长,并且在国际事务的方方面面影响着世界的发展与稳定。在形式上,国际组织包括政治组织、经济组织、军事同盟组织等,其中对税收事务的协调主要通过国际经济组织来实现。区域性国际组织协调和世界性国际组织协调是国际经济组织税收事务协调的主要内容。

1. 区域性国际组织的国际税收协调——以欧盟为例

随着区域经济一体化的发展趋势加强,在世界范围内形成了多个重要的区域性经济组织,如APEC、CAFTA、EU、USMCA等,这些组织对促进地区间的经济交流合作、推动地区经济发展、解决地区经济纠纷发挥了重要作用,而这其中又以欧盟对国际税收协调的贡献最为突出。

从组织性质的角度考虑,欧盟并非纯粹的经济组织,而是在世界范围内极具影响力,集经济、政治、军事等功能于一身的组织实体。欧盟成立之后对内部成员国间的税收协调起到了积极的推动作用。欧共体在维护成员国的税收制度差异的基础上,通过会议的形式组织成员国协商谈判,采纳成员国的协商意见,后以指令的形式建议成员国实施,用以规范成员国之间的税收政策、税种、税率、计税依据和方法,使之逐步趋同,逐步消除影响区域经济发展的税收障碍,建立起区域经济组织内部特有的税收制度。这种税制不是单独为某一国家设置,而是需要组织内部成员国共同遵守。税制形成之后,生产要素在成员国内部流动的壁垒消除了,各国所拥有的优势资源的配置更加有效。

20世纪70年代初,欧共体内部建立了关税同盟,对内消除了影响成员国之间生产要素流动的关税障碍,对外实行一致的关税政策。同时,欧共体也在推进增值税的协调工作,首先在成员国之间引入增值税,之后对增值税的征收方法作出统一,最后规范成员国之间增值税的税率、征收原则等。1967—1986年近20年的时间内,欧共体连续发布21条指令,用以协调各成员国之间的增值税税制,其中包括:统一各国增值税的征收原则,减少成员国之间增值税差异,确定统一课税对象、课税方法、税率,以及在实践过程中对具体实施方法和特例作出明确的规定。

在直接税协调方面,欧共体于1990年颁布了其相关的《合并指令》《母、子公司指令》《税收仲裁公约》,对内部成员国之间的公司实行统一的会计、税务处理方式。1997年,欧共体发布了《税收一揽子计划》的报告,该报告提出的目的,一是通过协调直接税进而阻止成员国内部侵蚀税基的现象继续发生;二是通过减少双重征税的方法消除内部成员国之间的税收障碍。在这之后,欧共体又提出了统一公司所得税税率的建议。一系列的行为使欧共体内部税收改革进程加快,一体化程度逐步提高。

在内部税收一体化不断发展之际,欧盟对外也在积极寻找税收合作空间。2002年,欧盟与地中海沿岸国家筹划建立欧盟—地中海自由贸易区,实现双方互免关税。与此同时,欧盟同南美洲多个国家逐步建立战略合作伙伴关系,如与智利、巴西等国约定相互逐步减免关税,最终实现全面的自由贸易。2012年,欧盟委员会主席巴罗佐在参加"俄—欧峰会"时表示,支持双方共同建立横跨亚欧的自由贸易区。欧盟在世界舞台上活跃的税收协调活动,对其推行跨地区的经济合作发挥了重要的作用,促进了世界经济的发展。

2. 世界性国际组织的国际税收协调——以 WTO 为例

从世界性经济组织的角度看,WTO 在国际税收协调中发挥了重要作用。协调处理世界各国的贸易关系从而推动国际贸易的良性循环发展是 WTO 成立的主要目的。因此说,WTO 并不是主要针对解决国际税收问题而设立的,但 WTO 的前身——关税与贸易总协定,是以全球范围内的关税协调为最终目标组建形成的。所以,WTO 对世界各国的税收制度或多或少产生了影响,这也是经济全球化趋势下对各国的必然要求。为了促进各国贸易的自由化发展,WTO 规定成员之间要尽最大努力消除关税壁垒,保证成员内部的生产要素与商品能够实现自由流通,而且彼此间应该享受到平等的税负和相关的优惠政策。例如,WTO 贸易自由化原则要求成员之间降低关税、税负公平、最惠国待遇、反倾销、反补贴在实施过程中起到了国际税收协调能起到的作用,因此可以变相地认为,WTO 的一些经济政策对成员的要求是一种税收协调,协调成员之间的经济利益关系。同时在争端解决时,WTO 也发挥了协调成员之间经济利益的作用。

以上介绍的税收协调方式,前提和基础是各国自身的税制改革,签订国际税收协定,减少与其他国家的税制差异。区域性税收一体化可以为国际税收协调奠定坚实基础,有利于资源在世界范围的高效配置,进而促进世界经济的发展。例如,其可以在诸如 WTO 等世界性经济组织的引导下进一步消除贸易壁垒,从而促进经济贸易的自由化发展。

案例分析

新时代中国对外经济合作——现实、特征与政策

复习思考题

1. 国际经济协调的主要形式包括哪些?
2. 试述世界贸易组织协调国际经济的功能和作用。
3. 简述国际税收协调的主要方式及其内容。
4. 当前对外直接投资国际协调的主要特点有哪些?

即测即练

参 考 文 献

[1]　陈漓高，赵晓晨，杨新房.世界经济概论[M].北京：首都经济贸易大学出版社，2006.

[2]　陈岩.国际贸易理论与实务[M].4版.北京：清华大学出版社，2019.

[3]　崔日明，李兵，包艳，等.国际经济合作[M].北京：机械工业出版社，2019.

[4]　崔日明，李兵，刘文革.国际经济合作[M].北京：机械工业出版社，2012.

[5]　崔日明，任靓.世界经济概论[M].北京：北京大学出版社，2013.

[6]　崔日明.步入新世纪的跨国公司[M].沈阳：辽宁大学出版社，2001.

[7]　龚小玲.企业跨国并购的整合问题研究——以沃尔玛并购1号店为案例[J].商贸纵横，2015(30)：107-108.

[8]　公言磊.融资租赁在我的应用研究[M].大连：东北财经大学出版社，2007.

[9]　郭丽，吴笛，张帆.国际经济学[M].北京：对外经济贸易大学出版社，2016.

[10]　江沿，孙雅玲，黄锦明.国际经济合作[M].北京：清华大学出版社，2018.

[11]　黄风志.信息革命与经济全球化[J].东北亚论坛，2003(3)：87-90.

[12]　姜春明，佟家栋.世界经济概论[M].天津：天津人民出版社，2015.

[13]　李萍.国际经济合作实务[M].北京：对外经济贸易大学出版社，2003.

[14]　李小北，李禹桥.国际经济合作学科前沿研究报告[M].北京：经济管理出版社，2014.

[15]　刘文涛，吕佳.国际经济合作[M].北京：中国物资出版社，2011.

[16]　卢进勇，杜奇华，赵囡囡.国际经济合作[M].北京：机械工业出版社，2013.

[17]　卢进勇，杜奇华，杨立强.国际经济合作[M].北京：北京大学出版社，2012.

[18]　卢荣忠.国际经济合作[M].北京：高等教育出版社，2003.

[19]　罗进.跨国公司在华战略[M].上海：复旦大学出版社，2001.

[20]　沈明其.世界经济概论[M].北京：北京大学出版社，2014.

[21]　沈逸.开放、控制与合作：美国国家信息安全分析[D].上海：复旦大学，2005.

[22]　王晓栋，刘慧翮.中国企业跨国并购案例及特征分析[J].决策探索(下)，2020(12)：68-69.

[23]　王志乐.跨国公司在中国投资报告[M].北京：中国经济出版社，2003.

[24]　魏彩慧.国际经济合作实务[M].北京：北京大学出版社，2014.

[25]　吴声功.国际经济合作的理论与实践[M].北京：人民出版社，2000.

[26]　张幼文，屠启刚，李刚.世界经济概论[M].北京：高等教育出版社，2005.

[27]　张志敏，徐学慎，李林玥.世界经济概论[M].北京：中国人民大学出版社，2019.

[28]　习近平：启动中国-东盟自由贸易区3.0版建设[EB/OL].(2021-11-22).https://world.huanqiu.com/article/45glsmqYbzr.

[29]　阳芬.2021年中国企业风险投资发展现状及未来发展趋势分析[EB/OL].(2022-01-26).https://www.chyxx.com/industry/202201/994016.html.

[30]　朱青.我国税制改革取得历史性突破[EB/OL].(2022-06-28).http://www.chinatax.gov.cn/chinatax/n810219/n810780/c5176827/content.html.

[31]　PILBEAM K. International finance[M]. 4th ed. Beijing：Renmin University Press, 2017.

[32]　OBSTFELD M，ROGOFF K. Foundation of international macroeconomics[M]. Beijing：Chinese Finance Press，2010.

[33]　EITEMAN D K，STONEHILL A I，MOFFETT M H. Multinational business finance[M]. 11th ed. New York：Pearson，2010.

教师服务

感谢您选用清华大学出版社的教材！为了更好地服务教学，我们为授课教师提供本书的教学辅助资源，以及本学科重点教材信息。请您扫码获取。

≫ 教辅获取

本书教辅资源，授课教师扫码获取

≫ 样书赠送

国际经济与贸易类重点教材，教师扫码获取样书

 清华大学出版社

E-mail: tupfuwu@163.com

网址：http://www.tup.com.cn/

电话：010-83470332 / 83470142

传真：8610-83470107

地址：北京市海淀区双清路学研大厦 B 座 509

邮编：100084